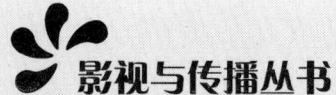

电视栏目和频道辨析

第二版

DIANSHI LANMU HE PINDAO BIANXI

史可扬 ◎ 著

·广州·

版权所有　翻印必究

图书在版编目（CIP）数据

电视栏目和频道辨析/史可扬著. —2 版. —广州：中山大学出版社，2014.8
ISBN 978-7-306-04988-9

（影视与传播学丛书）

Ⅰ. ①电… Ⅱ. ①史… Ⅲ. ①电视节目制作 Ⅳ. ①G222.3

中国版本图书馆 CIP 数据核字（2014）第 182593 号

出 版 人：	徐　劲
策划编辑：	邹岚萍
责任编辑：	邹岚萍
封面设计：	曾　斌
责任校对：	赵　婷
责任技编：	何雅涛
出版发行：	中山大学出版社
电　　话：	编辑部 020-84111996，84113349，84111997，84110779
	发行部 020-84111998，84111981，84111160
地　　址：	广州市新港西路 135 号
邮　　编：	510275　　　传　真：020-84036565
网　　址：	http://www.zsup.com.cn　E-mail:zdcbs@mail.sysu.edu.cn
印　　刷：	江门市新教彩印有限公司
规　　格：	787mm×960mm　1/16　18.75 印张　400 千字
版次印次：	2007 年 2 月第 1 版　2014 年 8 月第 2 版　2019 年 7 月第 2 次印刷
印　　数：	7001~8000 册　　定　价：38.00 元

如发现本书因印装质量影响阅读，请与出版社发行部联系调换

内容提要

本书是一部关于电视栏目和频道的理论专著。

全书按照栏目和频道的类型，分别对电视谈话、电视新闻、电视综艺、电视文化和文艺、电视社教、电视生活服务、纪录片和纪录片栏目、综合频道等，从历史、理论、个案三个方面做了清晰的阐释和辨析，既追求理论的深度与完整，又兼顾实践的可借鉴与可操作性；既有学理知识的系统梳理，又有专业领域的精深探讨。

本书可作为新闻传播、广播电视方向的本科生、研究生专业用书，也可供广电界的专业人士参考。

第二版前言

此书得以再版，首先要感谢读者的厚爱，其次要感谢责任编辑邹岚萍女士的鼎力相助。

这几年来，中国电视频道和栏目变化、革新的速度可以用"瞬息万变"来形容，这也是在旧作基础上做此次修订的主要原因。

第二版在保留第一版基本框架结构的基础上，主要做了以下工作：

1. 每一章的栏目例证都根据最新资料做了更新和调整，以使其符合电视栏目发展的现状。

2. 全书所有数据和资料都做了更新，力求反映电视频道和栏目的最新发展状况。

3. 对书中的定义、概念、术语和重要观点做了订正，尽量做到概念准确明晰、观点客观公正。

4. 对全书做了梳理和文字加工，力争逻辑更为严密，表述更为流畅。

应该说明的是，当下电视频道栏目"更新换代"的速度，超过了以往任何历史时期，面对几乎每时每刻都在"诞生"和"消亡"的电视频道和栏目，一次"修订"肯定无法弥补所有不足，还望读者多加批评指正。

史可扬
2014 年初夏于北师大

目　　录

绪论　电视栏目和频道概述 …………………………………………… (1)

　第一节　电视栏目概述 …………………………………………………… (1)

　　一、电视栏目的界定 ……………………………………………………… (1)

　　二、电视栏目的发展 ……………………………………………………… (3)

　　三、电视栏目的特征 ……………………………………………………… (4)

　　四、电视栏目的分类 ……………………………………………………… (6)

　第二节　电视频道概述 …………………………………………………… (9)

　　一、电视频道的界定 ……………………………………………………… (9)

　　二、专业频道发展历程 …………………………………………………… (10)

　　三、专业频道的优势 ……………………………………………………… (11)

　　四、频道专业化存在的问题 ……………………………………………… (12)

　　五、专业频道的生存与发展策略 ………………………………………… (14)

第一章　电视谈话栏目 ……………………………………………………… (20)

　第一节　电视谈话栏目的界定及发展历程 ……………………………… (20)

　　一、电视谈话栏目的界定 ………………………………………………… (20)

　　二、我国电视谈话栏目产生的背景 ……………………………………… (21)

　　三、我国电视谈话栏目的发展历程 ……………………………………… (23)

　第二节　电视谈话栏目的类别 …………………………………………… (24)

　　一、新闻类谈话栏目 ……………………………………………………… (24)

　　二、娱乐类谈话栏目 ……………………………………………………… (25)

　　三、社会民生话题类谈话栏目 …………………………………………… (26)

　　四、专题类谈话栏目 ……………………………………………………… (28)

　第三节　电视谈话类栏目的元素 ………………………………………… (31)

　　一、主持人 ………………………………………………………………… (31)

　　二、现场嘉宾与观众 ……………………………………………………… (33)

　　三、电视谈话栏目的话题 ………………………………………………… (34)

四、环境和氛围 …………………………………………………………………… (35)
　第四节　电视谈话栏目的价值和问题 ………………………………………………… (36)
　　　一、社会文化价值 …………………………………………………………………… (36)
　　　二、传播学价值 ……………………………………………………………………… (37)
　　　三、目前谈话栏目的问题和建议 …………………………………………………… (38)
　第五节　电视谈话栏目选介 …………………………………………………………… (41)
　　　一、境外谈话栏目 …………………………………………………………………… (41)
　　　二、内地主要电视谈话栏目 ………………………………………………………… (44)

第二章　电视新闻栏目和频道 ……………………………………………………………… (47)
　第一节　我国电视新闻栏目概况和分类 ……………………………………………… (47)
　　　一、我国电视新闻栏目概况 ………………………………………………………… (47)
　　　二、电视新闻栏目的分类 …………………………………………………………… (50)
　第二节　消息类新闻栏目解析 ………………………………………………………… (52)
　　　一、早间电视新闻 …………………………………………………………………… (53)
　　　二、午间电视新闻 …………………………………………………………………… (58)
　　　三、晚间电视新闻 …………………………………………………………………… (62)
　　　四、消息类电视新闻特质 …………………………………………………………… (65)
　第三节　电视深度报道解析 …………………………………………………………… (67)
　　　一、电视专题新闻 …………………………………………………………………… (67)
　　　二、连续报道与系列报道 …………………………………………………………… (68)
　　　三、电视新闻评论 …………………………………………………………………… (70)
　　　四、电视新闻调查 …………………………………………………………………… (71)
　　　五、深度报道的特征和趋势 ………………………………………………………… (74)
　　　六、深度报道新闻栏目选介 ………………………………………………………… (76)
　第四节　电视新闻频道概述 …………………………………………………………… (79)
　　　一、电视新闻频道的发展和现状 …………………………………………………… (79)
　　　二、电视新闻频道的理念与定位 …………………………………………………… (82)
　　　三、电视新闻频道的栏目分类：以中央电视台为例 ……………………………… (84)
　　　四、电视新闻频道的主要问题 ……………………………………………………… (85)
　　　五、国内主要电视新闻频道 ………………………………………………………… (86)

第三章　电视综艺娱乐栏目 ………………………………………………………………… (90)
　第一节　电视综艺娱乐栏目概述 ……………………………………………………… (90)

一、电视综艺娱乐栏目界定 ……………………………………………… (90)
　　二、中国电视娱乐综艺栏目发展历程 …………………………………… (90)
　第二节　电视综艺晚会 ……………………………………………………… (93)
　　一、电视晚会的界定 ……………………………………………………… (94)
　　二、电视晚会的类型 ……………………………………………………… (94)
　　三、电视晚会的特征 ……………………………………………………… (95)
　第三节　电视游戏类栏目 …………………………………………………… (96)
　　一、游戏类栏目的界定 …………………………………………………… (96)
　　二、游戏类栏目的特征 …………………………………………………… (96)
　　三、电视游戏栏目选介 …………………………………………………… (98)
　第四节　电视益智类栏目 …………………………………………………… (99)
　　一、益智类栏目的界定 …………………………………………………… (99)
　　二、益智类栏目的特征 ………………………………………………… (101)
　　三、益智类栏目选介 …………………………………………………… (102)
　第五节　电视"真人秀"栏目 ……………………………………………… (104)
　　一、"真人秀"栏目的界定 ……………………………………………… (104)
　　二、"真人秀"栏目特征 ………………………………………………… (105)
　　三、对"真人秀"栏目的批评 …………………………………………… (107)
　　四、"真人秀"栏目选介 ………………………………………………… (108)
　第六节　电视综艺娱乐栏目综述 ………………………………………… (112)
　　一、综艺娱乐栏目的特征 ……………………………………………… (112)
　　二、综艺娱乐栏目的问题 ……………………………………………… (114)
　　三、综艺栏目的生存策略 ……………………………………………… (116)

第四章　电视文艺和文化栏目 ……………………………………………… (118)

　第一节　电视文学栏目 …………………………………………………… (119)
　　一、电视文学的界定 …………………………………………………… (119)
　　二、电视文学的特征 …………………………………………………… (119)
　　三、电视文学的种类 …………………………………………………… (121)
　第二节　电视艺术栏目 …………………………………………………… (124)
　　一、电视音乐 …………………………………………………………… (124)
　　二、音乐电视 …………………………………………………………… (126)
　　三、电视戏曲 …………………………………………………………… (128)
　第三节　电视文艺专题 …………………………………………………… (129)

一、电视文艺专题的起源 …………………………………………（130）
　　　二、电视文艺专题的界定 …………………………………………（130）
　　　三、电视文艺专题的审美特征 ……………………………………（132）
　　　四、电视文艺专题的类型及结构 …………………………………（134）
　第四节　电视文化栏目 …………………………………………………（137）
　　　一、电视文化栏目的界定 …………………………………………（137）
　　　二、电视文化栏目的分类 …………………………………………（137）
　　　三、电视文化栏目选介 ……………………………………………（140）

第五章　电视社教栏目和频道 …………………………………………（144）

　第一节　电视社教栏目概述 ……………………………………………（144）
　　　一、电视社教栏目的界定 …………………………………………（144）
　　　二、我国社教栏目的发展历程 ……………………………………（144）
　　　三、电视社教栏目的分类 …………………………………………（146）
　第二节　电视社教栏目的特征 …………………………………………（149）
　　　一、内容专题化 ……………………………………………………（149）
　　　二、对象广泛性 ……………………………………………………（149）
　　　三、结构形式多样化 ………………………………………………（150）
　第三节　电视社教栏目个案分析——电视法制栏目 …………………（151）
　　　一、电视法制栏目概述 ……………………………………………（151）
　　　二、电视法制栏目的原则 …………………………………………（154）
　　　三、电视法制栏目存在的问题及对策 ……………………………（162）
　第四节　电视社教频道和栏目选介 ……………………………………（163）
　　　一、社教频道 ………………………………………………………（163）
　　　二、科教栏目 ………………………………………………………（164）

第六章　电视生活服务类栏目和频道 …………………………………（167）

　第一节　电视生活服务类栏目的界定和发展历程 ……………………（167）
　　　一、生活服务类栏目的界定 ………………………………………（167）
　　　二、生活服务类栏目的发展历程 …………………………………（168）
　　　三、生活服务类栏目分类 …………………………………………（170）
　第二节　电视生活服务类栏目的特性 …………………………………（173）
　　　一、以实用信息为中心的内容定位 ………………………………（173）
　　　二、平民化的受众定位 ……………………………………………（175）

三、提高生活品质的文化品位 …………………………………………（176）
　第三节　电视生活服务类栏目分类解析 ……………………………………（177）
　　一、职介类栏目 …………………………………………………………（177）
　　二、饮食服务类栏目 ……………………………………………………（180）
　　三、房产家居类服务栏目 ………………………………………………（182）
　　四、旅游服务类栏目 ……………………………………………………（184）
　　五、医疗保健栏目 ………………………………………………………（186）
　第四节　电视生活服务类栏目的问题和发展趋势 …………………………（188）
　　一、生活服务类栏目的问题 ……………………………………………（189）
　　二、生活服务类栏目的发展趋势 ………………………………………（190）
　　三、国内主要生活服务栏目选介 ………………………………………（191）
　第五节　专业生活频道概述 …………………………………………………（192）
　　一、国内专业生活频道概况 ……………………………………………（193）
　　二、专业生活频道的问题和对策 ………………………………………（194）
　　三、国内主要专业生活频道 ……………………………………………（198）

第七章　电视纪录片和纪录片栏目 ………………………………………………（203）
　第一节　纪录片的本体特征 …………………………………………………（203）
　　一、纪录片的界定 ………………………………………………………（203）
　　二、中国电视纪录片的历史 ……………………………………………（204）
　　三、中国电视纪录片栏目历史 …………………………………………（208）
　　四、纪录片频道 …………………………………………………………（210）
　第二节　纪录片的模式 ………………………………………………………（211）
　　一、专题片与纪录片 ……………………………………………………（211）
　　二、纪录片的模式 ………………………………………………………（215）
　第三节　纪录片的类型 ………………………………………………………（219）
　　一、历史文献类纪录片 …………………………………………………（219）
　　二、科学类纪录片 ………………………………………………………（220）
　　三、人物类纪录片 ………………………………………………………（221）
　　四、人文类纪录片 ………………………………………………………（222）
　　五、人类学纪录片 ………………………………………………………（223）
　第四节　纪录片栏目化 ………………………………………………………（224）
　　一、我国纪录片栏目现状 ………………………………………………（224）
　　二、纪录片的栏目化生存策略 …………………………………………（225）

三、电视纪录片栏目化的利弊 …………………………………………… (229)

第八章　电视综合频道 ………………………………………………… (231)

第一节　我国电视综合频道的发展历程 ………………………………… (231)
一、中央电视台综合频道成长期 ………………………………………… (232)
二、省级卫视全国辐射扩张期 …………………………………………… (232)
三、中央地方两级自觉发展期 …………………………………………… (234)

第二节　电视综合频道的定位 …………………………………………… (235)
一、中央电视台的大综合定位 …………………………………………… (236)
二、省级卫视的特色综合 ………………………………………………… (237)
三、区域综合频道的小综合定位 ………………………………………… (238)
四、综合频道的受众定位 ………………………………………………… (239)

第三节　电视综合频道的节目编排 ……………………………………… (240)
一、新闻是综合频道的重要内容 ………………………………………… (240)
二、电视剧仍举足轻重 …………………………………………………… (244)
三、综艺娱乐栏目仍然占据综合频道 …………………………………… (246)

第四节　电视综合频道的经营 …………………………………………… (247)
一、盈利模式 ……………………………………………………………… (247)
二、电视综合频道的传播策略 …………………………………………… (248)

第五节　电视综合频道的品牌建设 ……………………………………… (250)
一、品牌活动：媒体活动力收获媒体影响力 …………………………… (251)
二、品牌形象：媒体诉求传达 …………………………………………… (251)
三、差异化品牌道路 ……………………………………………………… (252)

第九章　电视栏目和频道的策划 ………………………………………… (254)

第一节　电视策划人 ……………………………………………………… (254)
一、创新思维 ……………………………………………………………… (254)
二、品牌意识 ……………………………………………………………… (255)
三、经营意识 ……………………………………………………………… (256)
四、知识和能力 …………………………………………………………… (257)

第二节　电视栏目策划流程 ……………………………………………… (258)
一、收集信息 ……………………………………………………………… (258)
二、信息资料的采集方法 ………………………………………………… (263)
三、创意构思 ……………………………………………………………… (264)

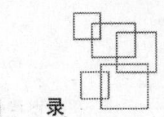

  四、成本核算 …………………………………………………（267）
 第三节　电视策划方案 ……………………………………………（268）
  一、栏目的内容定位 ………………………………………………（268）
  二、形式策划 ………………………………………………………（270）
  三、运作方式 ………………………………………………………（272）
  四、电视频道的规划和设置 ………………………………………（273）
  五、电视栏目策划方案 ……………………………………………（277）

主要参考文献 ………………………………………………………（282）

绪论　电视栏目和频道概述

本书立足于中国电视现状，对电视栏目和电视频道做辨析。在对具体栏目和频道进行分析之前，首先要做的是厘清电视栏目和电视频道的概念、历史发展、种类和特征。

第一节　电视栏目概述

电视栏目的辨析，要弄清电视栏目以及相关的基本概念、历史和基本理论。

一、电视栏目的界定

电视栏目借用了报纸专栏形式，是由固定主持人主持、内容主题明确、风格和形式统一、定时定量定期播出的节目单位。

"电视栏目"的称谓是对报纸专栏的借用。"栏"是报纸编辑的一个基本构成单位，将报纸版面分隔成几个竖长条块，这样的一个竖长条块就称为一栏；将内容相近或有某种联系的几条新闻编排在一起，"通常带有头花，有固定的栏目名称或总标题，以四周围框或勾线与版面的其他内容隔开，形成相对独立的格局。组成专栏的稿件都有某种共同性，或是同一主题、同类题材，或是同一特征、同一体裁"①，就成了栏目。而栏目如果刊登在报纸相对固定的版面位置，又有作家专门定期为该栏目写文章，这个栏目就成了专栏。专栏一般都有固定的名称和位置，在报刊版面中具有相对独立性，可以进行单独而集中的稿件组合。

电视专栏一词与电视栏目有一定的区别，但在大多数情况下是同一的。电视栏目"一般以栏目名称、特定的标志图像和间奏乐等与节目其他部分区分开。其所有内容或同一主题、同类题材，或同一体裁、同一特征等，又与整个节目和谐统一，使节目布局

---

① 《广播电视简明辞典》，中国广播电视出版社1989年版，第31页。

与结构层次化、精致化、延续化"①，它有固定的播出时间和周期。

电视节目走向栏目化是一个电视台水平和成熟的表现，是电视发展的必然。

1. 有利于电视台建立现代管理体制 因为，通俗地说，栏目化就是对节目内容分门别类。节目编排，是指电视台根据自己的立场、对节目予以选择和决定的一切活动，主要是决定具体的各种节目条数、播送时间、播送顺序和播送的结构等。电视节目栏目化使整个电视台节目编排、播出趋向于合理、规范、有序，是电视节目管理走上现代化的重要标志。这样，电视栏目不仅是一些相同内容的节目的集合体，还成为节目经营与运作、电视管理的基本单位。由此，电视与市场经济全面接轨，电视节目成为特殊商品，经营理念进入电视领域，电视经营成为具体的、有规律可循的事情。

栏目化的运作使电视事业的管理体制开始从简单的行政管理向规范有序、符合新闻传播规律和市场经济规律的节目生产管理体制过渡。制片人以对节目负责的管理者形象出现，节目的好坏直接决定着他们的生存，他们不再只对上级负责，更重要的是对节目负责、对观众负责。这样，在电视机构传统的行政管理体系之外出现了节目管理体系，并且节目管理体系对行政管理体系的冲击越来越大，节目管理越来越具体化，对电视媒体的管理作用越来越重要。电视传播机构内部行政管理体系的职能和工作方法面临着全面调整和重新定位，电视节目栏目化有利于节目的调整和定位。

2. 有利于创造品牌 一个栏目的成功就意味着一批优秀节目的诞生。好的栏目不但使栏目自身名誉、效益双丰收，还能带动栏目所在的整个时间段，这个时间段内，开机率、收视率可以成倍增长，广告客户纷至沓来。中央电视台（简称央视）《东方时空》栏目开播，收视率节节上升，很快就稳定在1.8%以上，每年广告收入更是以数千万元计；《新闻30分》的成功开办，使中央电视台午间时段成为又一个黄金时段，收视率稳定在5%以上，又与后来出现的《今日说法》栏目相得益彰，将央视午间同时段打造得更加红火。湖南电视台的《快乐大本营》、《玫瑰之约》、《晚间新闻报道》的年广告收入也都分别达到数千万元。

成功的栏目还造就了一大批具有栏目形象代表意义的主持人，风格突出的主持人也使栏目更加出彩，大大提升了栏目的知名度。成功的主持人、名牌的栏目更成为电视台的资源，在激烈的竞争中，富有个性的栏目大大提升了所在媒体的整体形象，在电视市场上产生极大的品牌效应，增强了电视台在媒体竞争中的实力。

3. 有利于电视台联系观众 现代接受美学、传播学理论都认识到，一切传播，其效果必须在受众身上体现，只有从观众的反馈中，才能确定传播的目的是否达到，单一的不考虑对象的传播模式正被淘汰，新的面对面双向交流的传播模式被确认。面对面交流有一种极大的信任感、尊重感，而且在交流中能激发双方的思想、兴趣。电视尽管具

---

① 甘惜分：《新闻学大词典》，河南人民出版社1993年版，第248页。

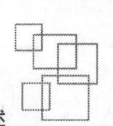

备面对面的交流条件，但也长期处于传统的单向传播，到节目栏目化之后，人们才找到了双向交流的最佳手段：观众可以直接参与到节目的进行中来，参与镜头、话筒前的活动；可以直接与主持人面对面、近距离交谈，畅所欲言；可以任意选择自己喜欢的栏目，对其他不感兴趣的栏目则可回避，直到自己想看的节目出现。特别是对象性栏目与公共服务性栏目的发展，使得节目不仅可以做到"雅俗共赏"，也能"雅俗分赏"，从而最大范围地赢得观众。

而且，由于栏目都有确定的内容和时间定位，这对于满足观众的特定需要、养成收视习惯具有极大的便利。

4. 有利于充分发挥电视的多种功能　电视具有认识、教育、审美三大功能，但是要求每一个节目都三者齐备是不现实的。节目栏目化后，各专栏节目分工明确，针对性强，题材广泛，内容丰富，短小精悍，形式自由，能及时地反映生活，或传递信息、传播知识、提供娱乐和服务，或兼而有之，它们各司其职，各显其能，使电视的多种功能得到全面发挥。

二、电视栏目的发展

电视发展的初期，无论国内还是国外，播出的电视节目都只是一些简短的新闻、零碎的文艺节目和大量的电影等，电视台被称作"空中影院"。世界上最早的专栏节目是20世纪40年代末出现于美国的《骆驼新闻大篷车》。到80年代初，栏目化播出已经进入发达时期，如日本NHK电视台，1981年有21个专栏，1982年就增加到66个专栏。在美国，以三大广播电视网为代表的电视专栏节目早在六七十年代就较发达，80年代则进入鼎盛时期。苏联中央电视台在80年代也开始把电视节目走向栏目化作为发展口号，先后开办了新闻、科学与知识、少儿、文艺、体育等七大类的近百个专栏。与电视专栏发展相同步，与电影明星齐名的电视明星主持人出现了，如美国新闻栏目主持人克朗凯特、丹·拉瑟、詹宁斯，法国《健谈》主持人毕柏，日本《彻子的房间》主持人黑柳彻子，等等。

我国电视真正进入栏目化阶段已是20世纪80年代后的事。1983年，中央电视台《为您服务》栏目调整节目内容，固定播出时间，由沈力出任专职节目主持人，这是中国电视第一个可称之为栏目的电视栏目。这时，专栏节目才以它特有的魅力走进了我国电视网，按时播出各种固定的或不固定（特别）专栏节目成为全国各主要电视台努力的目标。

20世纪80年代初期，央视率先提出宣传管理要实行"栏目化"。1984年7月开始实行酝酿已久的栏目化播出；1985年，中央电视台全部节目实行栏目化播出，当时共开办栏目80多个。目前，全国省级以上电视台已全部实现栏目化。

在多样化的专栏节目发展中，尤其值得一提的是服务性节目的开办，对开拓电视传播功能、转变传播者角色地位都具有重要的意义。从央视开播之初的《实用知识》、《气象预报》和《节目预告》等栏目，到 20 世纪 70 年代末，全国电视台普遍办起了定期或不定期的服务性栏目，内容有为生产建设服务的各种信息，也有为日常生活服务的各种常识。特别是中央电视台 1979 年 8 月开办的《为您服务》专栏，在社会上引起了强烈的反响。在此前后，各地涌现出了一大批生活服务性栏目，如广东电视台的《家庭百事通》、浙江电视台的《生活杂志》、天津电视台的《观众之友》和云南电视台的《电视与观众》等。

经过 20 余年的不懈努力，我国电视节目品牌化、栏目个性化、频道专业化已经成为电视人追求的目标，取得了令人瞩目的成绩，这从电视屏幕上可以切身感受到。但是，目前还不能说创建名牌电视栏目的工作已经完成。以中央电视台为例，全台共有栏目数百个，而一年一度的中央电视台优秀栏目评选，入选优秀栏目的也不过十几个，大多数栏目还流于平庸，没有特色。其他各电视台情况大多如此。应该说，栏目个性化、名牌化的发展空间还非常广，任重而道远。

三、电视栏目的特征

（一）固定化

固定化是栏目最基本的特性也是其最直观的特征。它要求有固定的栏目名称、播出时间、片头、栏目长度、栏目主持人等，便于受众定期、定时收看。

1. 固定的栏目名称 栏目名称犹如一个人的姓名，一经推出便不能随意更改。如《新闻联播》、《开心辞典》、《曲苑杂坛》、《今日说法》等，多年固定不变。名称固定是基本的，它仿佛给一个栏目定性，是一个栏目的标签，栏目名称是栏目内容的符号概称，只有性质稳定，这个事物才稳定。固定的栏目名称还可以起到广告作用，天长日久，日积月累，名称会深深地印在观众心里，一听某栏目名称便联系到其表现内容；如果经常更换栏目名称，不仅在心理上给观众以不稳定的感觉，而且不能给观众留下确切印象，仿佛匆匆过客，模糊不清。

2. 固定的播出时间和固定的节目长度 这是栏目得以实施的保证。所谓专栏节目，必定是编排在某一个特定的时段，并以准确的时间播出。比如《新闻联播》栏目每天 19∶00、《焦点访谈》每天 19∶38 准时开播。固定时间准时播出，一方面是整个电视台统筹安排节目的要求，另一方面也方便观众，使他们不至于错过自己喜欢的节目。这种播出的准时性具有社会集体意义，已在广大观众脑海里形成了一个明确的概念，所以，电影和电视剧中出现以《新闻联播》为背景的场景时，人们自然而然就会明白其中的时间含义。要做到栏目准时播出，各栏目中节目的长度就必须固定，不能一个栏目内的节目各期之间长短不一。节目长度固定是节目得以按时播出的保证。比如，《焦点访谈》每期13分钟，《新闻调查》每期50分钟，《新闻联播》每期30分钟，《共同关注》每期20分钟，等等。节目长度的规范化是实行节目栏目化与正点播出的重要前提。从栏目安排表中，我们可以看出，对各种栏目、节目的长度都做了非常具体的规定，要求以秒为单位，播出中，可以负5秒，但必须是正秒。现场直播节目可以负5分钟，但不能超时，否则将会影响后续栏目的播出，甚至打乱整个栏目播出时间表，因此总编辑有权对超时的节目进行硬性处理。

3．固定的片头　它是栏目的标识，也是栏目给观众的第一印象，一个栏目要想让观众认识并记住，有一个时间过程，经过反复刺激才能为观众所熟悉。因此，固定的片头及片尾是栏目的重要特征之一，大凡字体、图案、音乐徽记等都应该固定。

4．相对固定的栏目主持人　在西方，很多重要栏目都将主持人作为栏目的最重要元素，主持人与固定栏目相伴而生，相辅相成，栏目因主持人而具有人格意义，主持人在栏目中展示自己的魅力，栏目必须有固定或相对固定的主持人。一个固定的栏目主持人，有利于与观众沟通，甚至以往栏目还能成为大家交流中共同的熟悉话题。比如，《实话实说》，主持人的更换几乎决定了其存亡。

5．节目内容、类型性质的稳定　栏目的设立应该经过严格和缜密的科学论证，其宗旨、内容、形式等都有具体明确的规定和规范，在整个频道乃至电视台有其不可替代的独特性，因此，一档栏目必须保持其特定的内容和类型，只有如此，才可以使栏目的地位得以保证。

（二）综合性

这种综合性体现在栏目的节目的具体内容与表现形式上。

1．具体内容的复合性　每一期栏目的具体内容，可以是复合性的，可以是曲艺性节目的综合，如中央电视台的《曲苑杂坛》；可以是服务节目的综合，如中央电视台的《生活》、《为您服务》；可以兼有新闻、知识、教育、文艺、服务等多方面的内容，如中央电视台的《东方时空》、《焦点访谈》等。

2．栏目形式的多样性　从一个栏目的表现形式来看，是丰富多样的，可以是报道式，可以是纪录片，可以是专题片，可以是访问式或讲话式，也可以是上述各种形式的交错使用，灵活多样，并无定法，《东方时空》、《焦点访谈》等的表现形式都极具综合性。

（三）观众高度参与

与其他电视节目形态相比，专栏节目最具有观众色彩，它是一种极为开放的节目形态，不仅表现为其内容的现实性、日常性、亲切性，更表现为观众走进镜头、走进演播室等，许多节目是在观众直接参与下才完成的，观众不仅仅是一个接受者，而且是节目不可缺少的一个组成部分。此外，观众的反馈信息还影响、制约着节目内容与形式的选择。观众的这种"深度参与"在电视专栏节目中体现得最充分。

四、电视栏目的分类

处于不断发展变化中的电视栏目创作，使电视专栏的分类也具有了动态性，而且，按照不同的标准，可以划分出不同的栏目类别。

（一）按栏目表现对象划分

1992年11月—1993年11月，央视先后三次组织部分专家、学者，参加了"电视专题节目分类界定"的大型研讨活动，基本统一了对界定标准的认识，拟出了专题分类条目，对分类条目及定义逐条逐目进行了分析。这项界定工作在"涵盖周全、分类准确、界定周密、表述精当"的方针下，把电视专题节目分为四大类，即报道类、栏目类、非栏目类和其他类。在栏目类下，再根据该类的性质和特点采用了不同的划分标准。

1. 对象型栏目 是指向特定对象播出并侧重表现特定范畴或兼而有之的专题节目的形态，一般根据观众的职业、年龄及其他方面的特点分别设置，对象节目的内容和形式要充分考虑特定收视对象的兴趣、爱好和特殊需要，通常兼有新闻性、教育性、娱乐性、社会性和服务性的功能。①

如按职业设置的对象型栏目有《人民子弟兵》、《当代工人》、《农民之友》、《商界名家》等；按年龄设置的对象型栏目有儿童栏目《七巧板》、少年栏目《第二起跑线》、青年栏目《十二演播室》、老年栏目《夕阳红》等；按性别设置的对象型栏目有《半边天》、《女人天下》、《女性时空》等；按地域设置的对象型栏目有少数民族栏目《民族之林》、港澳台栏目《天涯共此时》和对外栏目《中国报道》等。

当前电视屏幕上设置的对象型栏目大致有军人栏目、青少年栏目、妇女栏目、老年栏目、残疾人栏目、少数民族栏目、港澳台胞栏目、对外栏目等。

2. 公共型栏目 是指面向广大电视观众播出的栏目类专题栏目。与对象型相对而言，公共型栏目无特定对象，面向全社会，其选题也多为电视观众普遍关心的题材，栏目类中的多数栏目属于此种类型的栏目形态。② 中央电视台的《东方时空》、《焦点访谈》、《经济半小时》等就是比较典型的公共型专题栏目。

公共型专栏主要有社会性栏目、经济栏目、文化栏目、体育栏目、科技栏目及卫生

---

① 《中国电视专题节目界定分类条目》，《电视研究》1994年10期。
② 《中国电视专题栏目界定分类条目》，《电视研究》1994年10期。

栏目等。

社会性栏目以中央电视台的《焦点访谈》、《社会经纬》（现改为《法治在线》）等为代表。这类栏目内容涵盖面广，反映各个领域发生的重大的或有典型意义的事件和现象，以及在人们现实生活中所发生的并对社会产生一定影响的行为和事件，大都是社会热门话题和人们关注的焦点。这类栏目具有较强的纪实性、政论性和一定的思想倾向，并对被报道的人物、事件、现象作出一定深度的分析、探讨，对公众舆论、社会时尚和人们的行为方式起着一定的导向作用。基本报道手法是采访、摄影，表现形式多样，如专访、座谈讨论、社会调查、追踪报道等。社会性栏目观众面大，较易受到观众的普遍关注，容易产生轰动效应。

经济栏目是我国改革开放深入到一定程度的结果。1984 年，中央电视台开办了全国第一个经济栏目《经济生活》。今天，各省、市电视台都成立了专门制作经济栏目的部门，中央电视台的《经济半小时》、《经济世界》、《经济广角》等有较大影响。经济栏目主要报道国内外经济问题，分析经济现象，阐释经济政策，普及经济知识，提供经济信息。

文化栏目指专门对文化方面的现象、事件和问题进行报道和探讨的栏目，包括介绍各类文化艺术人物、介绍和欣赏文学艺术作品、报道与组织各类文化活动、探讨各种文化现象与事件等，如中央电视台的《文化访谈录》、《文化视点》。

体育栏目是公共型栏目中较为观众喜闻乐见的栏目之一，如《体育大世界》、《体育大观》、《体坛巡礼》、《体坛大观》等。体育栏目以报道国内外各项体育竞赛为主体，另外还包括介绍体育人物、提供比赛背景资料、进行体育评论等。除固定栏目外，遇到奥运会、亚运会及全运会时，还会安排临时性栏目。

科技栏目主要传播科学知识、介绍科技成果，如中央电视台的《走近科学》、《科学·探索》。卫生栏目传播卫生知识，以中央电视台的《健康之路》最为著名，它以介绍常见病及多发病的防治、生理知识、指导计划生育、妇幼保健、饮食卫生、老年保健、国内外医药学新成就为主要内容。

（二）按栏目表现内容划分

北京广播学院电视系学术委员会1993年编写了《中国应用电视学》，其中对电视专栏采用了按节目内容分类的方法，把专栏分成新闻信息类、综艺娱乐类、社教类、文艺类、生活服务类五大类别。

1. 新闻信息类 主要指电视屏幕上传播新闻信息，分析、解释与评论新闻事实的各种新闻性栏目。它包括：①消息类新闻栏目。如《新闻联播》、《晚间新闻报道》等。②深度报道类的新闻栏目，主要是对当前具有普遍意义的事件、问题或社会现象进行评论。如"焦点"类的栏目和《新闻调查》等。

2. 综艺娱乐类 包括综艺栏目、游戏栏目、文艺晚会等。

3. 社教类 社教栏目又名社会教育栏目，即面向公众、以社会教育为宗旨的电视专栏节目。它的主要功能是传授知识、疏导理念、修正思想和指导行为。按题材和内容可细分为：①社会、政治、法律类。即以反映一个时期内重大社会问题、社会现象、重大政治事件、历史事件等为内容的栏目，法治栏目。②经济类。即以经济信息、经济政策、经济活动、经济服务为内容的栏目。

4. 文艺类 按照《中国应用电视学》的分类，电视文艺专栏又细分为三大类：欣赏性专栏、综合性专栏和竞赛性专栏。以中央电视台第三套节目改版（2000年）为标志，综艺频道较为全面地体现出了文艺专栏的设置情况。这次改版以创作精品栏目、繁荣电视文艺为宗旨，融戏曲、综艺、音乐、资讯服务、文学、谈话、歌舞、广告包装等各类节目于一体，设置了丰富多彩的文艺栏目，后来又经过多次改版和调整，出现了《星光大道》、《开门大吉》、《综艺喜乐汇》等栏目，深受观众喜爱。

5. 生活服务类 是近年来较为活跃的栏目之一。这类节目是指"那些实用性强，采用传信息、作咨询、当参谋、反映群众呼声等方式，为帮助社会各界解决各种实际问题提供方便，对受众的心理和生活需要有直接影响作用的电视节目"①。

服务性栏目，根据不同的标准又可进一步细分。如依节目形态可分为单项型服务节目和综合型服务栏目，前者如中央电视台第二套的烹调类节目《厨王争霸》，后者如北京电视台生活频道的《生活面对面》。以功能为标准，又可分为指导型服务栏目，如养花、电视直销类栏目；公益型服务栏目，如《股市行情》、《艺术品投资》、《天气预报》、《节目预告》等；广告型服务栏目，如《都市消费》等。

（三）按栏目表现形式划分

如果把电视栏目的表现形式罗列出来，将是一个十分庞杂的体系，且因为有些栏目对多种表现形式的兼容，很难用一个界定较清晰的形式概念将其归类阐述。因此，这里只对电视专栏最基本的形式类别作一些分析，以便在各种电视专栏的解析中，进一步了解这些基本形式和体裁的适应性，并希望以此作为开拓电视专栏创作新思路的基点。

1. 电视专题式 这是电视专栏节目中最基本、最常用的形式。电视专题作为电视专栏最常用的体裁，与我国电视诞生之初的节目形态单一有关。直到20世纪80年代中期，绝大部分电视媒体的栏目仍基本上由专题片充任。关于电视专题片，理论界倾向于把它归入电视纪录片，认为是同类别的两种表现手法，电视纪录片更趋向纪实性，电视专题片则趋向表现性。

2. 电视杂志式 杂志栏目的"杂"，由于其内容上的包容性和形式上的灵活性，

---

① 《中国应用电视学》，北京师范大学出版社1993年版，第68页。

被各电视媒体的栏目广泛采用,极大地丰富和活跃了电视节目。

3. 电视访谈式 电视访谈式栏目是继娱乐栏目热之后,在当今电视台最为活跃、最普遍使用的节目类型之一,电视谈话栏目作为电视专栏中重要的形态之一,不仅适用于新闻的深度报道,而且还大量用于教育性、知识性、服务性甚至娱乐性栏目中。

第二节 电视频道概述

随着电视事业的发展,栏目化不可能永远是基础,它必定会被新的形式所取代。目前,以频道为单位的电视节目版面编排方式已经出现,它是电视发展的必然方向,我们应该为它的出现做好充分的准备。

现在可以说,电视已进入以频道专业化作为电视栏目设置与编排基础的时代。尽管频道专业化在20世纪末期的中央电视台已开始实施,电视理论界也开始进行学术讨论,但作为全国性的电视媒体的转化,还源于21世纪初我国兴起的广播电视集团化。

我国广播电视集团化的典型模式是以电视台作为集团的核心层。而要形成这个核心,必须整合现有区域内的电视媒体,加强有线电视台与无线电视台的合并,统一频道规划,逐步实现频道的专业化、对象化。

自2000年8月在兰州召开全国广播影视厅局长会议后,全国各地加快了有线电视台与无线电视台合并工作的步伐,到2001年6月底,已全面完成全国有线与无线电视台合并任务。针对这一现状,我们有理由认为,我国已经进入多频道时代,从电视节目编排这个专业角度看,完全可以说电视专栏也随之进入了频道专业化的发展阶段。

一、电视频道的界定

"频道"原来是一个纯技术名词,是指声音、电波、光波等波传送的频率范围。电视频道是指在电视信号传送播出时,高频影像信号和伴音信号占有的一定宽度的频带。频带是波在传送时介于两个特定频率之间的所有频率范围。电视节目是通过把声、画转换成一定频率电波信号传播出去,电视接收装置再把电波还原为声、画。因为一个特定频道只能传送一路电视信号,所以接收时,一个频道可以收看到一套电视节目。一家电视台如果有两套以上电视节目,就必须通过两个以上相应频道播出电视节目,现在人们通常借用"频道"这个词指代一套电视节目。一家电视台有了不同的频道,电视节目系统的构成中就增加了"频道"这一重要的层次。

目前,我国电视节目发展正处于栏目个性化向频道专业化的过渡时期,我国观众一般可以收看到近60个频道。中央电视台副总编辑孙玉胜在20世纪90年代根据当时国内电视频道的现状和形态，把各种专业频道分为三个层次，第一是大众化专业频道，如新闻、电影、电视剧、娱乐、体育等频道；第二是分众化专业频道，如财经、历史、探索、国家地理等频道；第三是小众化专业频道，如机场、高尔夫等频道。现在看来，这种划分仍然是符合我国及世界范围内电视频道的分类实际的。

就频道资源而言，综合频道已经饱和，分众化或小众化专业频道尚未适应国内传媒市场，大众化的专业频道应该是目前电视频道专业化的首选。如电影频道、体育频道等，所获得的高收视率、高效益已经为实践所证实。因为这些频道兼顾了大众化和专业化两个方面，既可以满足目标受众群体的收视需求，又可以保证对大众收视市场的占有比率，此种定位是相对优化的专业频道模式所具有的特征。

国内卫视频道的专业化实践显示，许多频道很难兼顾自身资源的各种优势，或是偏重一方、忽视另一方，或是风格化与专业化对峙。各地的专业频道一般都比较侧重本地文化特征，这固然有助于增强对本地受众的亲和力，实现差异化的风格传播，但这种偏安一隅的定位策略与卫视跨地域覆盖的目标追求是极不相称的。

对于频道而言，目标受众群体定位如果忽视了频道专业主题下的多样性和多层次性，那么这种窄化或片面化的受众定位必然导致在节目编排上缺乏大局观念，从而可能丧失部分潜在的收视群体。

二、专业频道发展历程

电视频道专业化在美国和欧洲的一些国家早有成功经验，而且专业化程度已经很高，不仅有像"国家地理"、"科学探索"、"历史"这样的在国际上影响广泛的专业频道，还有更加细化的如"购物频道"、"高尔夫频道"、"家庭及庭院频道"、"钓鱼频道"、"科幻小说频道"等。

在我国，1986年以前，同一家电视台开办的两套节目是按传输方式和覆盖范围划分的。电视节目频道分工的真正出现是1988年，当时的广东电视台按照系列频道的思路，将广东电视台第一、第二套节目分为广东电视台岭南台、珠江台，力争从节目设置、播出安排上突出系列布局，各具特色。

电视节目明确打出频道专业化大旗是在1993年，北京电视台分别将6、21、27频道调整为综合、文体、教育频道，各套节目专业化分工得到明确。中央电视台于1995年元旦开办第四套节目，通过卫星面向全世界播出，中央电视台对外宣传频道正式诞生。这之后，尤其是在2002年，各地无线台和有线台频道资源整合以后，全国出现了许多拥有五六个频道甚至更多频道的大台，中央电视台则开办了16个频道节目。各个频道都具有各自的专业化名称，综合频道、经济生活服务频道、文艺频道、影视频道、体育频道等频道标志出现在电视荧屏上。在频道的统一包装策划上，中央电视台的经济生活服务频道、文艺频道、体育频道，北京电视台的生活频道等开始显现出专业化的形象。与世界先进水平相比，我国电视频道专业化大概落后了20年。在我国，电视频道专业化的领头羊当属中央电视台，先是于1987年推出经济信息频道，之后相继开设了体育、电影、文艺、科教、戏曲等频道。现在，中央电视台拥有综合、电影、电视剧、综艺、财经、科教、国际、英语、体育、新闻、少儿、音乐、戏曲、纪录等多个专业频道。继中央电视台之后，以湖南经济电视台为代表的省级专业频道陆续问世，2002年，随着国家有线无线电视合并政策的出台，各地电视频道专业化改革大面积推开。在各电视台创办的各种专业频道中，除了人们所熟知的如电视剧频道、电影频道、经济频道、文艺频道、科教频道、体育频道等之外，有的还别出心裁、独树一帜地以纪实频道、足球频道、女性频道、廉政频道等定位命名。海南卫视更是开省级卫视专业化之先河，于2002年2月全面改版为旅游卫视。众多事实表明，频道专业化已成为我国电视媒体发展的新趋势。

三、专业频道的优势

电视媒体为什么要走频道专业化之路？

一是多频道并存的必然选择。有线与无线合并之前，各省级台一般只有1~2个电视频道。自从2002年中国广播电视体制实行改革，有线与无线实施合并重组后，各台频道数量成倍增加，少则四五个，多则十来个，加上省会城市台和教育电视台的电视频道，数量更多。比如在沈阳市，辽宁电视台、沈阳电视台和辽宁教育电视台共有12个电视频道。多频道并存，不可能都办成清一色的新闻综合频道，也不可能办成清一色的综艺频道或其他频道，如果不想把多个频道办成一个面孔，最现实的选择只能是进行频道专业化细分，不管这种细分是依节目类型而定，还是依受众市场而定。

二是多元化需求的必然要求。频道专业化，本意就是以频道为单位进行内容定位划分，使其节目内容和频道风格能较集中地满足某些特定领域受众的需求。随着信息时代的到来，受众在信息供求市场上呈现出系统化、专业化、个人化的消费趋势。而媒体运营要获得成功，必须将受众分类，区别对待，这一切意味着媒体正逐步迈向"分众时代"、"小众时代"。显然，在"分众时代"的背景下，面对一个广而分散的受众群体，使得今天以受众为本位的电视媒体不能置不同受众的不同需求于不顾，唯一的选择就是在充分了解和研究受众的基础上，适时推出专业频道，走频道专业化之路，而有线、无线电视合并后所占有的多频道资源，又为频道专业化的实现提供了资源与技术上的支持和保证。实现频道专业化，就可以最大限度地适应和满足目标观众的收视习惯，刺激目标观众的收视需求，以形成分类收视群体的约会意识。

三是市场竞争的必然产物。如今媒体间的竞争越来越激烈，电视媒体不仅要面临国内同行业的竞争，还要应对境外电视媒体的竞争以及广播、报刊和互联网的竞争。受众在选择媒体，媒体必须以其特色和价值追求有选择地吸引相关的受众，这种选择就是媒体的市场定位。在现代竞争型传播市场的条件下，任何一家媒体都不可能以所有人的所有需要的满足为自己传播运作的定位，必须要有所选择，有所为，有所不为，根据不同的细分市场确定频道的竞争策略，提高频道在细分市场的竞争能力。只有准确定位，才能最大限度地减少区域内电视频道间的价值冲突和无序竞争。因此说，电视市场的激烈竞争是引发电视频道专业化热的基本动力。

通过20余年的实践，专业频道已经显出了许多优势：

一是个性化栏目涌现。目前，我国的专业频道设置大致有以下一些：新闻频道、经济频道、生活频道、电影频道、电视剧频道、文艺频道、体育频道、科教频道、少儿频道、女性频道和法制频道等。

二是有利于品牌栏目生长。品牌，是一种质量和信誉的保证，代表的是这个产品。电视品牌，也就是拥有广泛的受众忠诚度和重复收视率的电视栏目。而有了专业频道，就可以集中精力，树立频道的拳头产品，培育品牌，并由此带动整个频道的发展。

三是有利于栏目内涵增加和外延扩展。专业频道的设立，可以使电视台对某一专业领域的题材做深入而广泛的报道。因为频道专业化使电视媒体有了较为充裕的频道资源，能容纳更多的定向节目内容来集中反映某些特定领域的需求。专业频道是以整个频道为单位进行定位划分的，只有按照各自的专业定位向纵深发展，才能充分发挥专业频道的功能作用。

四、频道专业化存在的问题

（一）频道设置重叠，内容大同小异

目前，全国各台共拥有各类电视频道3000多个，各省台除了上星频道为综合性频道外，其余基本冠以专业频道名称。但如果细心考察一下就不难发现，这些频道的名称却是惊人的一致，几乎都以影视剧频道、综艺频道、经济频道、体育频道、生活频道、科教频道等命名。而且这些频道的内容类型、节目安排也大同小异，个性化鲜明的专业频道屈指可数。即使在同一区域内，频道设置的趋同性也很严重，一个省会城市同时拥有多个定位相同的频道不足为奇。有人说，我国电视市场虽然有几千个电视频道，但除去行政区域名称，就只剩下生活、影视、经济、科技、综艺、娱乐、体育等十几种，这话不无道理。

（二）专业频道不专业

专业频道是相对于综合频道而言的，综合频道是以新闻为龙头，包括文艺、社教、

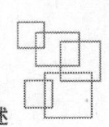

国际等类节目；不论男女老少，不分社会层次和文化取向，力图把观众"一网打尽"；而专业频道则按照一定划分标准（或节目内容，或电视观众群分类），对现有的综合性节目进行归类重组和划分，从而体现专业化、对象化、个性化的频道优势。

然而，专业频道不"专业"，却是时下业内外对专业频道诟病最多的问题，甚至被挖苦为"挂专业频道羊头，卖综合频道狗肉"。的确，专业频道只有用符合频道定位的专业化的内容来支撑才能实现专业化要求，这是常识，也是所有频道策划者和决策者都明白的道理。但由于受自办节目生产制作能力不足、内容市场资源匮乏、经营创收任务艰难等条件的制约，难以坚持纯粹的专业方向。许多所谓专业频道，名义上是专业频道，实际上却行综合频道之实。

根据电视频道专业化的发展现状，结合国际电视专业频道发展实际，我国专业频道的发展大体可以分为两个阶段，即专业频道的类型化阶段和细分化阶段，也可以说是初级阶段和高级阶段。类型化阶段，就是在原来节目、栏目的基础上，对各频道的同类节目进行撤并、归类、扩充，从而形成具有某种特征的专业频道，也称为大众化专业频道。这种频道的节目构成既有频道定位特征的主打栏目，又有追求共赏效果的电视剧等大众化节目，其专业化的目的只是方便大众在不同时间、根据不同心态和环境，容易从众多的频道中搜寻到自己喜爱的节目而已。细分化阶段，就是将类型节目划分为更小的单元，形成高度的专业化分工，满足特定受众的特别需求，给不同受众以特色鲜明的节目。又将这一类型细分化为两种类型：一是分众化专业频道，如探索、国家地理等频道；二是小众化专业频道，如机场、高尔夫、足球等频道。

（三）收视份额少，广告收入低

电视媒体面对的是两种消费者，即观众和广告主，从理论上讲，频道专业化后有利于不同观众分层按需收视，有利于为广告主搭建一个指向明确的广告投放的平台，但无论是从收视率上看，还是从广告投放的效果看，并未达到理论上预想的那么乐观。收视率不高、广告收入少是目前电视专业频道存在的通病，无论是中央电视台还是地方台，广告收入的份额主要来自综合频道或大众化的综合频道已是不争的事实。究其原因，其一，许多专业频道的本身定位不明确，频道形象模糊，无论是对观众还是对广告主，缺乏应有的吸引力；其二，广告主投放广告主要看收视率和千人成本，在这方面综合频道明显优于专业频道。

因此，电视频道专业化的首要问题就是对受众细分市场的选择与确定。在频道多元化的今天，一个频道不应该也不可能在整个市场上与其他频道展开竞争，而应该确定自己最具吸引力的细分市场，针对各个市场的特性和需求选择并采取策略。一个总的原则就是要尽力突出自己的个性，以个性立频道，以特色立频道。同样是面对大众群体，同样是大众化内容，定位方式一变，就会别有洞天，柳暗花明。

如果把电视专业频道的第一个层次即大众化专业频道视作大路的话，那么，电视专业频道的第二个层次即分众化专业频道和第三个层次的小众化专业频道则可以比作社区街道和市场小道，而我国的受众市场目前还处在大众受众时代向细分受众时代的过渡阶段，观众群对某一类专业内容尚未达到不可或缺的程度，在我国目前的条件下要想开办像高尔夫频道、钓鱼频道这样的小众化频道不符合国情，只能落入陷阱，这是由目前电视媒体单一的盈利模式和观众的消费水平、需求水平决定的。

总之，电视频道专业化是大势所趋。如何在我国现有的电视频道资源基础上，寻求频道专业化的突破方向，这是电视界正在探讨的热门话题，也是电视界正在探索的严峻课题。相信，随着市场竞争的加剧，今后的频道细分必定会更加理性、更加科学、更加繁荣，最终步入规范化、科学化、市场化的轨道，真正按市场规律办事，优胜劣汰，汰弱留强。

五、专业频道的生存与发展策略

以下将以央视第二套节目（CCTV-2）的改版为例，探讨专业频道发展中所要面对和解决的一些问题。

CCTV-2于2003年10月再度变脸为"经济频道"，成为央视在2003年的几大动作之一。与以前任何一次改版都不同的是，此次CCTV-2的改版，是央视直面市场竞争、寻找频道明确定位的自觉之举，也是电视的"生态环境"及电视自身发展规律的反映，必将对中国电视的发展产生巨大影响，尤其是对专业频道的生存和发展提出了许多值得我们深入剖析的问题。

（一）CCTV-2改版的可取之处

1. 频道理念的成功定位 此次CCTV-2的改版，是它从最初的央视仅有的两大综合频道之一到20世纪90年代开始的、向以经济为特色的专业化频道迈进过程的延续。最直接的承接则是2000年7月改版中确立的"经济·生活·服务"频道定位，以及使经济节目更具权威性、服务节目更有实用性的频道方向，这次改版后，CCTV-2成倍地增加了经济类节目的比重，初步确定了以"大经济"为主的基本特征。

此次的改版遵循"为百姓大众、为中国经济"的宗旨，由原来的"CCTV经济·生活·服务频道"改为"CCTV经济频道"。改版后，频道成为以经济资讯为核心内容，具有专业特色的服务频道。这是继"CCTV新闻频道"之后央视完成的又一次频道专业化改版，尽管CCTV-2所做的调整还不是十分到位，但频道的形象已经基本树立了起来，频道的理念也有了明晰的定位，而不是像改版前将"生活"、"服务"等专业特色不明显的栏目或节目都填入其中，它已经成功迈出了第一步——频道的宗旨和功能明确

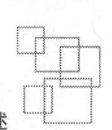

而鲜明，为CCTV-2今后更好地发展提供了充足的空间和平台。

2. 目标受众的成功定位 频道专业化，意味着受众细分，培养和服务于自己的目标受众，但受众细分的标准及尺度掌握是一件极为复杂的事情。由于不同的受众在年龄、性别、职业、收入、兴趣和休闲时间等方面都存在着差异，因此对于一个专业频道的设置来说，究竟是以哪种或哪些因素作为频道目标受众的标准与依据，栏目和节目的设置又该遵循什么原则，需要有一个对受众的收视心理进行细致分析的过程，而这次CCTV-2的改版就充分考虑到了受众的因素。

改版后的CCTV-2体现了对目标受众的清晰定位，那就是大众化和专业化并举，既满足广大一般观众对经济资讯的需求，也兼顾经济领域的投资者等专业人士对这一领域深度信息的渴望，力求使节目更通俗、更为最广大的人群所接受。这从栏目的设置中可以得到比较清晰的印象。首先，改版后保留并仍然以《经济信息联播》、《经济半小时》和《中国市场信息》等三档重头新闻资讯栏目为主打，在此前提下，增加了一些更专业化的栏目，保证并满足观众对新闻的需要。其次，增加了栏目的知识含量和专业水准。如《艺术品投资——鉴宝》栏目，就因极具趣味性和知识含量大而受欢迎，《绝对挑战》、《劳动·就业》兼具时代特色和人文关怀，而《中国证券》、《经济与法》、《前沿》等，则定位于专业领域，很有看点和针对性。再次，在可视性和娱乐性上下了很大的功夫。《开心辞典》、《幸运52》曾经是CCTV-2影响力最大也广受好评的栏目，改版后推出的《非常6+1》也获得了成功，并已经成为新的收视热点。

明显可见，这三大类节目的受众定位是大众化和专业性并举的，同时兼顾了信息资讯和深度报道，从实践效果来看相当不错，可以说保持了其作为央视第二大频道的地位并已经成为新的亮点。

3. 频道的成功专业化 近些年来，随着电视事业的迅猛发展尤其是上星卫视的急剧增加，我国很多电视台都开办了专业频道，但细究起来，为数不少的所谓专业频道，从频道定位、栏目内容到节目风格都大同小异，或者说是专业频道不专业，这其中的原因很多，除了人们惯常提到的诸如体制、人才、资金、技术、节目源不足等问题外，在笔者看来，没有个性和特色是最大的弊病。

而2003年央视进行的几个巨大的变革——除CCTV-2的全面改版外，新闻频道稍早于它面世，少儿频道等针对特定群体和收视人群的专业化频道也于12月29日开播，在一定意义上就是对这种现象的反拨，也是对现有频道格局的一种冲击。CCTV-2此次改版的一个重要成绩，就是对央视节目资源整合进行较大规模的尝试，使现有的节目资源配置更加合理，栏目的专业性更强。因此，CCTV-2这类专业化频道，改革的主要目标在于专业化程度的加深，使其个性化极大增强，以及与央视其他频道乃至其他电视台相比较而言的特色更为突出，在很大程度上也为CCTV-2的进一步发展拓展了空间。应该说，这是CCTV-2在困境中寻求突围的一次成功尝试，是直面竞争的自然选择，因而有理由对其未来前景寄予更大希望。

（二）专业频道要处理好的三大矛盾

1. 综合化和专业化的矛盾　对于电视频道的发展方向，目前我国电视界的观点可以归纳为两类，即频道专业化与频道综合化。前者认为，频道专业化符合世界电视发展潮流和社会化大生产的需要，有助于满足不同观众群体对不同电视节目的收视需求；后者则认为，由于电视观众的时间及空间有限，所以应该在同一频道里集中不同内容的精品节目，频道改革应加强和完善综合频道，即频道综合化。而从电视实践看，也基本上是这两种模式：一是以综合频道为主，以专业频道为辅，以面带点，目前我国中央及省级电视台基本采用此种模式；二是以专业频道为主，以综合频道为辅，以点带面，各地有线电视台特别是都市电视台、教育电视台基本上采用此种模式。

应该说，这提出了一个非常有代表性的问题，即，如何在有限的频道资源内，兼顾频道的大众化和个性化，因为大众化是频道收视率的保证，个性化是频道得以立足的根本。因此，在电视逐步向分众化和窄播化快速发展的今天，是采取综合为主的频道模式，还是采用专业为主的频道模式，应该具体情况分析。不过，从目前各国电视台收视份额、收视率及广告收入来看，综合频道仍占绝对优势。例如，中央电视台一套（CCTV-1）、四套（CCTV-4）、九套（CCTV-9）3个综合频道的收视份额、广告收入是其他8个专业频道的总和。从全球来看，综合频道依然为各主要电视媒体的主打频道。美国的三大电视网CBS、ABC、NBC都是以权威新闻为主的综合频道而闻名于世。在世界电视100强中，前25名依然是以综合频道为主的电视台。

但从电视发展的趋势看，专业化应该成为频道的基点，因为它代表了未来电视发展的基本走向。而CCTV-2的这次改版就是在专业化方向上迈出的重要一步，它的运营情况和发展前景（还包括新闻频道和少儿频道）必将对我国电视的未来走向产生风向标式的指示作用，意义不容低估。

2. "自我本位"还是"观众为主"的矛盾　换句话说，依据什么设置频道？电视界有两种观点：一种观点认为，应该以节目内容为依据进行频道规划设置，即以电视台为本位，有什么样的节目资源就设置什么样的频道；另一种观点认为，应该以电视观众的收视需求为依据进行频道规划设置，即根据电视观众的共同需求来编排频道和栏目。

哪一种方式好？这涉及评价频道成功与否的标准问题。对于一个专业频道来说，能否满足本专业领域内电视观众的需要，以及满足广大观众对这一专业领域信息的需要，就成为衡量一个专业频道成功与否的决定因素。消费决定生产，而电视观众是电视频道的消费者，所以应该以观众为本位。从CCTV-2这次的改版来看，就是以满足观众对经济领域内的信息资讯需求为主，并在此基础上提供经济生活服务，应该说这一方向是对路的。

频道的生存和发展，实质上是在激烈竞争的电视市场上对生存之路的寻找，最基本的是面对两个市场，即观众市场和广告市场。就观众市场而言，观众对电视的要求，如果从分类学的角度看，仍然是资讯和娱乐两大块，这样，对于一个专业频道而言，播出的内容必须考虑电视观众的实际需求。就广告市场而言，我国电视业95%左右的资金来源于广告市场，这意味着广告收入的有无和高低，将直接影响甚至决定一个频道的命运。在这种情况下，以观众为本位也是更为科学有效的，因为它对观众收视市场的细化和收视心理的尊重和满足，保证了频道可以生产出"适销对路"的产品并能按重点收视群的爱好来制作和编排节目，做到有的放矢。因此，应该将观众市场的专业化作为设置电视专业频道的基本依据。

3．计划模式和市场化的矛盾 在频道经营管理上，以央视为例，目前主要采取两种模式：一是自营型，即频道由自己经营，自己管理，利益自享，风险自担，这种模式占大多数，也是目前我国绝大多数电视台的频道经营管理模式；二是联营型，即电视台拿出全部或部分频道、全部或部分栏目来与其他单位进行合作经营管理，如电影频道（CCTV-6）、军事·农业频道（CCTV-7）。在一定意义上，前者可以称作计划模式，后者可以叫作市场化运作。

一个电视台究竟采用何种模式，应该具体问题具体分析。决定电视台经营管理模式的因素很多，包括所有制形式、功能定位、财务状况、人才储备状况、节目源情况等。其中最根本的是功能定位和经济状况。中央电视台作为国家电视台，担负着党和政府舆论导向的政治重任，具有鲜明的意识形态特色，它不可能像西方国家电视台特别是商业电视台那样，完全市场化运作。但是，随着改革的逐步深入，在一些专业频道中最大程度和可能地采取市场化机制，也许是必然的趋势，尤其对CCTV-2这样的专业性经济频道，更应该在这方面作出努力和开拓，而它的这次改版，已经做了非常有意义的尝试，也取得了相应的经验，这无疑是极有启发价值的。

（三）频道专业化要注意的问题

毋庸讳言，我国目前的其他电视专业频道的处境并不太好，有的甚至是从一开始就陷入了困境，收视率不高，收益下降，更谈不上建立起自己的品牌和特色。在此情况下，CCVT-2的改版留给我们思考的东西就更值得回味。

1．频道专业化不应该削弱电视的传统优势 当前的电视生存环境已经非比往昔，它面临着平面媒体、网络媒体等多种媒体日益激烈的竞争和挤压。尤其近几年，网络以兼备大众传播媒介和个人通讯媒介的优势给电视媒介带来了巨大的威胁，电视受众在不断减少和分化。频道的频繁改版、栏目的急剧变脸等，都可以视为电视在这一新"生态环境"下的突围之举，那么，频道专业化是否是明智的选择？这要比较网络媒体和电视媒体各自的优劣才可以明了。

我们知道，电视作为传统媒介的优势，在于它的大众性和普及性，它能够建立起一种社会共识，增强社会生活所必需的社会凝聚力，通过范围和阶层广泛的电视播出渗入社会心理之中，在社会文化的整合、舆论和公共话题的引导、时尚的制造等方面起着其他媒体尤其是网络媒体无法替代的作用。相比较而言，网络最显著的特点之一就是为人们提供了互动性的个性化、专业化服务，这也正是电视媒体逊色于网络媒体的地方。在这个意义上，电视频道专业化——变广播为窄播、受众细分、对一定领域受众和受众特定兴趣的满足等，可以看作电视对自身劣势的纠正和弥补，有其合理和可取之处。

但是，电视频道专业化的程度越高，受众市场的分众化越细，就意味着电视媒介与网络的差异性在缩小，趋同性在增加，也就有丧失电视的独有优势和特色的危险。而在市场竞争中，是否有自己的个性化服务和特色，是否具有自己不可替代、舍我其谁的周到和细致，往往是决定其成败与否的因素，这点我们可以从海南卫视全面改版为旅游卫视中得到一些启示。虽然旅游卫视已经以其比较鲜明的个性赢得了一些赞许和收视率，但与互联网比较起来，它所提供的旅游专业知识和信息的丰富性是明显处于下风的，尤其在个性化和多样化服务方面，几乎与网络无法相提并论，这还不包括网络提供的诸如预订车（机）票、旅馆等电视无法完成的任务。我们看到，旅游卫视所提供的更多还是类似风光专题片的"旅游游记"。当然，这个例子也许不很恰当，但是，在电视频道的改版热、专业热的情况下，怎样既借鉴和学习其他媒体的经验和长处，又不丧失自己的传统优势，确实是应该认真思考的问题。

2. 频道专业化应该因时制宜和因地制宜　频道专业化，并不是电视台内部的孤立事件，它受到诸如电视产业经营、集团化进程的影响，也与各地区的文化发展政策、文化管理体制等密切相关。因此，CCTV-2的改版成功，并不能成为各地处于不同管理体制、不同环境、不同级别的电视台在频道改版中机械照搬的理由，而应该因时制宜、因地制宜地进行。

目前我国的媒介体制存在着一个很大的矛盾，一方面，它的管理仍然是建立在行政区划基础上的条块分割，每家电视台都有着大致相同的管理体制和经营理念，频道设置和栏目编排也大同小异；另一方面，各家电视台又纷纷上星，如同面目相似乃至相同的星星在同一片天空下闪烁，其结果是观众收看到的电视节目在一定程度上存在着彼此克隆、似曾相识、没有特色的弊端。就以专业频道的设置来说，目前上星的30多家以省级为主的电视台，已经暴露出重复和"一窝蜂"的毛病，这无疑既是一种极大的资源浪费，也制约了电视的发展。所以说，频道专业化并不仅仅是电视台自身的事情，更不仅是对频道进行重新定位划分这样简单的事情，而是涉及整个电视行业的统筹和规划问题，更是与整个中国电视媒介产业经营、集团化的体制改革进程密切相关的一项事业。可以预计，如果现行的管理体制不改革，将来的地方电视台将可能失去立足之地，因为，在中央电视台凭借其独有的"天时地利"将受众市场按专业划分完毕并逐步蚕食

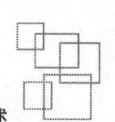

以后，如果地方电视台没有出奇制胜的法宝，将何以生存？

所以，我国的电视业只有真正地打破旧有的体制模式，尤其是打破条块分割的行政区划运行方式，或者"全国一盘棋"，实行跨越式、超常规的发展和跨媒体、跨地区、跨行业的经营战略，或者各地电视台被允许有充分的空间办特色频道和栏目，通过采取资本重组的集团化运行方式，电视频道专业化的发展才可能有一个良好的前景。

3．频道专业化要适应我国电视新的运营规律 实际上，CCTV-2的这次改版，是我国电视发展以坚持导向、优化结构、面向市场为特征的深化改革的产物。换句话说，电视媒介将要遵循企业运营和发展的操作规律，改变传统的运营模式，即由国家拨款、公益化、行政化的事业模式，转向自我发展、市场运作、以服务为中心的产业模式。

说到底，电视的生存和发展是靠赢得最大数量的消费者——电视观众和广告投资人——而实现的。尤其在我国，电视台盈利主要靠出售"广告"，在这个意义上说，频道专业化的成败，主要就是要看它是否吸引了广告，而广告收入与收视率呈正比例关系，收视率就成了频道的生命线。

那么，专业化频道对这两类消费者的吸引力如何？从理论上来说，专业频道由于观众更集中，针对性更强，会为广告主搭建一个更好的广告平台。但是，由于专业化的频道本身如何定位并不是很明确，电视广告成本相对居高，知名度又相对较弱，广告的投放并没有理论上预想的那么乐观。因此，就目前看，在市场竞争中，弱势、新生的专业化频道如果要单靠广告收入还难以生存和发展。从观众的角度看，就目前来说，虽然已经有了开办收费电视的举措，但可以预计，在相当长的一段时期内，我国内地大多数电视观众除了交纳有线电视网络的月租费外，收看电视节目仍然是免费的。而且，即便收费后，它也是一把双刃剑：面对同样付费的网络和数量众多的其他频道，观众是否会将眼球投向专业频道？因此，无论从广告投资人角度还是从观众角度分析，频道专业化都面临着严峻的挑战，有着漫长的路要走。

第一章 电视谈话栏目

第一节 电视谈话栏目的界定及发展历程

一、电视谈话栏目的界定

电视谈话栏目的英语原文为"TV Talk Show",其字面的意思是"电视交谈展示",港台电视业则音译为"电视脱口秀",这也许是外来语中翻译得最为传神的,不但声音相近,而且也颇为形象生动。

但关于电视谈话栏目的精确界定历来说法不一。本书认为,电视谈话栏目是指主持人与访谈对象就特定的话题在演播现场进行讨论,并可以接受场内外受众参与的一种栏目类型。它是将人际间的口头传播引入屏幕,并将这种传播方式本身直接作为栏目的内容和形式的栏目形态。

谈话栏目(Talk show)源于美国,电视史学家一般都把全国广播公司(NBC)1954年推出的《今夜秀》看作开电视谈话栏目先河的栏目。经过半个多世纪的发展,在西方国家,电视谈话栏目已成为电视栏目的主体样式之一,占整个西方电视栏目总量的60%~70%。以美国为例,上百档各色各样的夜间和日间谈话节目在商业电视网、有线电视网和地方电视频道播出,而在英国,电视谈话节目也被安排在黄金时段。从内容来看,美国的电视谈话节目主要分为"新闻·信息"类栏目、"综艺·喜剧·采访"类栏目、"人际关系·自立·心理分析和日常生活"类栏目、为特殊观众专门设置的谈话类栏目等四类。其中"新闻·信息"类栏目被美国多数媒介评论员认为是最为地道的谈话节目,包括《拉里·金现场》、《夜线》和《里韦拉讨论》等新闻讨论、嘉宾采访和热线电话相结合的栏目。而在"人际关系·自立·心理分析和日常生活"类栏目中,反映私人问题和不正常人际关系的娱乐性节目是当今美国数量最大的谈话栏目,著名的有《奥普拉·温弗瑞秀》、《大卫·莱特曼深夜秀》和《珍妮·琼斯秀》等。

相比较而言,我国的电视栏目强调参与性和传播优秀文化、教育社会民众的功能。

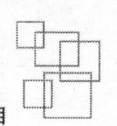

因此，在话题的选择上，我国电视谈话栏目强调的是教育性、指导性，在嘉宾的选择上注重的是权威性和专业性，在嘉宾和观众的现场反应上，尽量回避尖锐的矛盾和冲突，强调的是困惑的解决和心态的调适。《东方之子》、《实话实说》开播以来，各个台基本都有自己的谈话栏目，每逢庆典节日，以相应的谈话栏目作为一种特别栏目更是成为惯例。同一时段有几个谈话栏目同时播放也不鲜见。但整体而言，在栏目运作上，话题、话题的切入角度、栏目的形式不是跟着主持人的个性和风格走，而是追踪"社会热点"、强调"宣传"作用。吸引力、趣味性、话题的深度、广度都有遗憾之处，还有很长的路要走。

虽然中西具体语境有所不同，但从本质上来讲，电视谈话栏目这种栏目类型都是通过建立一种全国或地域性的谈话系统来实现它作为"公共领域"的功能。它为大众提供了一种类似于古时议事那样的公共话语空间。但与古时不同的是，当代电子媒介的平民化性质造成了这种公共空间的私人化，电视谈话栏目就是此种公共领域私人化的典型代表。

二、我国电视谈话栏目产生的背景

（一）社会转型与宽松的谈话氛围

我国的电视谈话栏目诞生于20世纪90年代初（1992年，我国第一档谈话栏目、上海东方卫视的《东方直播室》开播），而中国社会发生重大转型正是这一时期。

在一定意义上，谈话栏目的兴起反映了处于20世纪90年代社会转型期的中国大众的一种价值取向。一方面，人们的思想观点长期没有机会在公共场合得到沟通、碰撞和理解，因此谈话栏目的出现就为这种交流提供了一方舞台。另一方面，随着社会改革的不断深入，商品大潮的节节进逼，人们的价值追求越来越多元化，反映在审美取向上则是开始转向世俗化，强调个人的价值，包括对于社会问题的思考，也趋于个人化和平民化。观众不再满足于媒体整日正襟危坐的形象，而是开始有了对娱乐、幽默、轻松节目的需求；他们也不再满足于只做传播过程中被动的接受者，而是希望在节目中找到一个能参与其中并能表达自我的位置，这也直接导致了我国传媒的传播理念的深刻变革。媒体开始关注普通人的生存状态，并以这种关注为我国当时趋于呆板的电视栏目注入了生机和活力。可以说，电视谈话栏目的创立与发展，是电视媒介从传统传播理念到现代传播理念的一次成功突破。更重要的是，它使人们所生活的这个社会产生了某种改变，而这种改变本身的意义已远远超出了它在传播学上的突破，有着很强的现实意义。

而且，在社会转型过程中，各种价值观念的相互冲突是难以避免的，这种冲突势必导致一定程度的社会失序，造成一定程度的社会心理混乱、失衡，人们的行为选择迷茫、失范。电视谈话栏目就是在社会存在价值冲突、人们心理存在失衡、行为选择存在失范的情况下诞生的。一方面，价值冲突使谈话栏目的论辩成为可能；另一方面，人们心理的失衡、行为选择的失范，以及由此而日益增长的个人痛苦和对社会的怨气为这些谈话栏目提供了丰富的原料。

20世纪90年代末期，社会又出现了新的变化，不仅出现了大批"下岗工人"、无职业人员和流动人口，在业在岗的工作人员也面临空前巨大的竞争压力，他们的不平、不解和愤懑情绪需要找一个宣泄的通道，谈话栏目无疑是一个有效的缓解压力、宣泄情绪的窗口。谈话栏目对于人们心理结构的平衡和调整，对于社会秩序的建立和维护发挥了它的文化整合功能。

（二）电视传播观念的转变

电视栏目制作的重点转化为与百姓息息相关的生活：内容上多注重从日常生活中提取话题，形式上多强调平民百姓的广泛参与和使用平实质朴的交流语言，从而打破了我国电视以往的居高临下传播的局面。

观念的转变带来了我国电视栏目的繁荣，电视谈话栏目体现了这种观念转变。正如崔永元在其所策划的《实话实说的实话》前言中所说的："由于历史的原因，电视媒体常以'官话'、'套话'为主体表现形式。它那居高临下的架势和声调，让人只能仰视着接受。这与其说是受众的直觉，不如说是媒体自身的下意识的惯性。正是这种惯性使电视与民众产生了距离，以至于传达的信息本身的魅力大大降低。然而，有这样一群电视人风云际会，以现代文化观念及行动能力，产生出思想的聚核效应，从无到有地创造了一种全新的电视文化形式，将弥散的民众话题引入一条妙趣横生又独具规范的河道，《实话实说》使一群各怀衷肠、各持己见的平民百姓，从城市的四面八方涌来，在一个极具平民风范的主持人的引领下，开始畅所欲言的对话。"

综上所述，处于转型时期的我国社会为电视谈话栏目的产生和发展创造了良好的外部环境，不仅为谈话栏目创造了宽松的谈话氛围，提供了丰富的话题来源，而且也促进了电视从业者的传播观念的转变，在考虑意识形态要求的同时也考虑到了市场经济的要求，努力创造出类似当年《实话实说》这样为大众喜闻乐见的谈话类栏目样式和栏目内容。

（三）开放心态和交流欲望大大提升

随着中国的改革开放及经济发展，中国社会正发生着巨大的变化，新情况、新问题不断涌现，人们的思想观念也在发生着深刻的变化。了解社会事件的缘由和他人的见解，越来越成为现代人观望社会环境、把握现实世界进而作出决策的重要参照。

交流是人获得本质属性的方式之一。人是社会的动物，世界无非就是一个不断进行能量交换的过程。电视在本质上就是交流的工具，谈话类栏目适应了电视的这个本性。

敞开自我,了解他人,是谈话栏目的当然功能。

三、我国电视谈话栏目的发展历程

继上海东方电视台《东方直播室》开播之后,全国各省市电视台相继推出一批电视谈话栏目,如广州电视台的《羊城论坛》、山东电视台的《社会话题》等。而中央电视台在1996年3月16日正式开播的《实话实说》,成为在全国影响最大的电视谈话栏目。紧接着,仅中央电视台各个频道就开办了《文化视点》、《五环夜话》、《读书时间》、《对话》等一系列电视谈话栏目,该种电视栏目类型在国内日渐成熟。目前,全国约有近200档电视谈话栏目。

概括说来,我国电视谈话栏目经历了两个发展阶段:

第一阶段:1993年1月—1996年3月。这一阶段从以《东方直播室》为开端到《实话实说》创办前,这时谈话栏目刚刚出现,数量不多,尚未引起重视,但是也有较高水准的谈话栏目。

东方电视台首创的电视直播谈话类栏目《东方直播室》,是一档涉及社会、家庭、法律、经济、文化、历史等各方面热点问题的谈话节目,其特色是讲究谈话的自然,追求谈话的真实,而这一点正是当今许多电视谈话节目所欠缺的,包括《实话实说》也是如此。《东方直播室》的创办者能在谈话节目刚刚开始的时候就认识到这一点尤为可贵。

另一个颇具代表性的栏目是中央电视台的《东方之子》。它一改我国电视对人物理解和刻画的模式化、表面化的传统,以面对面访谈的形式,通过人物自己的叙述来展示人物的人生经历和人格魅力,从而挖掘更深层次的人文内涵。这种谈话节目充分体现了对人的尊重,电视传媒也实现了从以往的单向传播到双向传播的一大跨越。

第二阶段:从1996年3月《实话实说》创办至今。这一阶段的特点是,在《实话实说》的带动下,中央电视台以及各地方电视台的谈话栏目蓬勃发展,并逐渐有了各自的特色,话题、形式越来越丰富,各个谈话栏目之间形成了相互竞争的态势。

谈话栏目发展至今,从最初的一哄而上、单纯靠话题的异和奇来吸引观众走向了以个性见长而生存发展的阶段,谈话栏目的种类也日趋丰富,有访谈式、讲述式、论辩式等。

谈话栏目不再是单一的谈话,而是在谈话的同时融合了多种电视文体——新闻、纪实、娱乐等,如湖南电视台的《零点追踪》,以发生在我国各地的大案要案为主要关注对象,兼有新闻的时效性、专题片的评论、纪录片的纪实性、电视剧的模拟表现、对戏剧结构的借用等,发挥各种艺术形式的优势和特长。再如中央电视台的《经济半小时》、《国际观察》等,把新闻题材和谈话形式合为一体,节目放一段新闻,主持人就

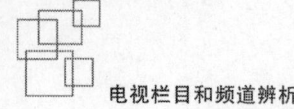

请演播室的"特约观察员"（多为经济界专家）作一番评论，借助外脑对新闻的来龙去脉进行深入的剖析，在谈话中加深了节目的力度和深度。

当代谈话栏目还出现了许多新形式。如《谁在说》的首席观察人点评、网上直播。河南电视台还引进了综艺形式，如按键选择、题板注释、纸条交流、外景报道和互联网调查等。有的电视台还大胆采用了直播，并利用热线电话吸引更多的观众参与。

而以《鲁豫有约》、《艺术人生》、《可凡倾听》为代表的讨论型谈话栏目、以《非常静距离》、《超级访问》、《咏乐汇》、《天天向上》、《壹周立波秀》为代表的综艺娱乐型谈话栏目，以及《面对面》、《对话》等社会性深度谈话栏目，是当下传播较为广泛、具有一定代表性的访谈节目。

第二节 电视谈话栏目的类别

按不同的标准和视角，电视谈话栏目可以分为不同的类型，比如，按栏目功能，可分为娱乐性电视谈话栏目、严肃性电视谈话栏目；按栏目播出方式，可分为现场直播型谈话栏目、录制播出型谈话栏目；按有无现场观众，可分为无现场观众类谈话栏目、带现场观众类谈话栏目；按受众定位，可分为女性谈话栏目、男性谈话栏目、老年谈话栏目、青少年谈话栏目；等等。如此之多的分类方法，各有千秋，很难说哪一种更可取、更科学，本书根据常见的分类方法，从内容的角度对之进行分类。

根据内容来划分，电视谈话栏目则大体可分为新闻类谈话栏目、娱乐类谈话栏目、社会民生话题类谈话栏目、专题类谈话栏目四大类，下面分而述之。

一、新闻类谈话栏目

新闻类谈话栏目，即就某一新闻或专业话题与现场嘉宾和现场观众进行采访、讨论，以信息为主的电视谈话栏目，既包括多人访谈，又包括二人对谈。现场嘉宾选取多是新闻的发布者、执行者、专家以及当事人，强调准确性、权威性、贴近性。主持人、嘉宾或观众共同对某一新闻事件进行讨论，以帮助人们了解新闻事件和公众舆论对这一事件的看法。

这类栏目往往围绕当前社会上的热点、难点、焦点问题或者令人关注的新闻事件而引发的社会话题来进行讨论，话题一般为比较严肃的"硬话题"。

新闻类谈话栏目多在演播室或某个特定场所进行，基本构成为主持人、嘉宾、相关的静态及动态新闻片，有的也有观众参与。在主持人用几个关键性的问题把事件引出来之后，演播室里或是电子屏幕上的嘉宾就开始了谈论，与此同时，直拨电话也对全世界的观

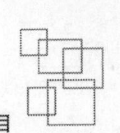

众开放了，而且随着网络与电视的渗透，在线互动、电子邮件等形式也介入了谈话现场。

此类谈话栏目是对新闻、专题节目的一个有效配合。比较著名的像美国的《拉里·金现场》，及时就新闻事实在演播室对嘉宾进行采访；我国的《东方之子》以名人访谈形式与记者对话，《对话》围绕热门经济话题与焦点人物对话；中央电视台的《国际观察》，凤凰卫视的《时事开讲》、《新闻今日谈》，紧扣时事新闻，由固定主持人和相关专家进行对谈。

可以将新闻类谈话栏目进一步细分为知识信息类谈话栏目和新闻人物访谈栏目。

（一）知识信息类电视谈话栏目

知识信息类电视谈话栏目直接展示信息源，既提高了信息的准确性，又以谈话促使观众进行思考，与观众达成一种新的、更为积极与健康的对话方式。例如中央电视台的《央视论坛》，该节目淡化了新闻事实本身的动态报道，突出了主持人和嘉宾的谈话，将新闻作为背景、由头，从"评事"走向"论理"，通过嘉宾的声音表达媒体的观点，通过权威人士的深度分析让观众知道"应该知道的"事实。同类的栏目还有凤凰卫视的《时事开讲》，栏目中，嘉宾主持针对当时最热门的国内外新闻话题，从不同角度对事件作出分析评论。再如话题性的事实评论栏目《新闻今日谈》，主持人与时事评论员针对当天最热门的时事问题，作深入的分析及评论，让观众能直击事件背后鲜为人知的事实，更全面地透视事件的真相。

（二）新闻人物访谈栏目

新闻事件和新闻人物是分不开的，所以这类谈话栏目也常常邀请新闻人物到演播室做客，与之访谈。如中央电视台的《新闻会客厅》，以主持人和现场嘉宾为主要组合形式，关注的是当日或近期国内发生的重大新闻事件中的人，强调开掘新闻事件中当事人和关联人的亲历、亲为和亲感，突出新闻中人性和新闻性的结合。再如中央电视台财经频道的《对话》，也常将重要新闻人物请进演播室。新闻性在这类栏目中处于首要的位置，栏目常常以新闻人物为由头，在此基础上构筑对话空间，由此引发深层次的思考。

二、娱乐类谈话栏目

娱乐类谈话栏目，指借助谈话的框架，通过特殊的人物选择，在栏目中设计表演活动或特殊的情景，并通过即兴的问话等多种方式，充分展现话语中的娱乐元素的谈话栏目。

人们需要一种人人可参与、可以轻松获得的愉悦和乐趣，从言语中直接获得娱乐和放松是一个简单而有效的途径，娱乐类谈话栏目作为脱口秀类栏目的边缘性发展，以谈话为基本载体，或是借助设计的表演活动，或是通过随意即兴的问话，运用多种方式充分展现话语中的戏剧性、娱乐性。

比如美国的《大卫·莱特曼深夜秀》、《杰·莱诺谈话节目》都是在深夜播出的充斥了各种娱乐因素的滑稽访谈。星空卫视的《星空不夜城》更是把谈话的娱乐性作为栏目的主要元素，栏目开始是主持人播几段笑话或故事段子，中间加入嘉宾的才艺展示，谈话内容也完全是带有私密性的话题，满足观众的好奇心理；而台湾的《非常男女》则通过私人话题的公开谈论，既为渴望相识相知的异性提供一个在话语中展现自我的舞台，又满足了人们潜在的窥视欲望，客观上来看，也为了解社会风气、婚恋观念以及解读情感因素开启了一个温馨有趣的窗口，具有相当的娱乐效果。至于台湾的《康熙来了》，则把谈话变成了纯粹的插科打诨，虽然在格调上有可商榷之处，但其对娱乐性的追逐，还是可见一斑的。

此类节目以主持人与单个受众交流的形式为主，有时也出现多人交流的情况，内容以个人的感情抚慰为主，话题多涉及家庭、恋爱、婚姻甚至隐私。诸如中央电视台的《艺术人生》、安徽卫视的《爱传万家——说出你的故事》、国内30余家电视台合力打造的《超级访问》等。这类栏目主要是和娱乐界著名人物之间的谈话，气氛温和，避免争论，同时还可挖掘明星们不为人知的一面。对观众来说，这种栏目是对日常生活的一种调节，因为其中不仅有耀眼的明星出场，而且还以一种轻松的谈话为特征。

如《超级访问》，其中最具有娱乐性的当属连线场外嘉宾的亲友环节，围绕一个现场嘉宾，栏目组能采访20个以上的嘉宾亲友，并出其不意地通过大屏幕展现在现场嘉宾面前，连嘉宾本人都连呼意外，具有相当的娱乐效果。

另一种方式是节目较着重于娱乐、放松，更像是平常生活中朋友间的聊天，更具日常性的生活原生态特性。消解严肃主题，以怡情为主，娱乐观众，获得身心的放松。最典型的栏目形态有窦文涛的《锵锵三人行》。

以《锵锵三人行》为例，它实际上脱胎于美国的夜间电视谈话栏目。该栏目有一套固定的模式：栏目开始时，主持人发表一番似乎不着边际的议论，但是其内容大多与当前的热门话题相关。栏目中聊天的话题很松散，注重营造日常聊天谈笑风生、天马行空的氛围，以某一话题为由头起兴，主持人和嘉宾则坐在一块像聚会的朋友一样无中心、无主题地海聊神侃，纯粹聊天过程的展示，说到哪是哪，往往以开放式的结尾收场。这类栏目很个性化，主持人视域的宽窄决定着话题的深浅，受众青睐度取决于主持人的个人魅力、对谈话"场"的控制和氛围的营造。

三、社会民生话题类谈话栏目

社会民生话题类电视谈话栏目，指以日常生活中的平常事件为讨论由头、由大众参与的人际倾诉或讨论为主体的电视谈话栏目。

从民生话题的内容来看，它关注的是寻常百姓的身边事、麻烦事、有趣事，以普通百姓为核心角色，用民众的眼光和话语，表达民众的情感和呼声，反映民声、民意、民情，体现亲民、爱民、服务于民的宗旨。

这类电视谈话栏目具有较强的故事性和情节性，谈话的本身强调平等交流和人情味。其重视的不是权威性，而是大众参与性，以及正常人际沟通所产生的愉悦感、放松感，选题一般不具新闻性，但为公众所关注。栏目注重普通人的生活，讴歌普通人的真实情感。

《实话实说》是我国最初出现的此类谈话栏目，话题往往涉及伦理、道德、法律、人际关系、教育等社会内容的方方面面，讨论社会的良性运行、文化的交融沟通、人际的和谐相处，一般为受大众关注的"软话题"。既有个人体验，也有不同生活状态的展示，它的魅力来源于强烈的说话意识和鲜明的平民意识，其独特意义在于：它不仅提供了一个人们说话的场所，更重要的是体现了另一种新的思维方式，体现了一种人文关怀，即每个人都有平等的说话、表达意见的权利。它所选的话题都是普遍性的，加上主持人平民化的主持风格，嘉宾和观众朴实真切的谈话，这些都为节目本身营造出了一种亲切的氛围。

此后各地方台脱口秀栏目风起云涌，如北京电视台的《生活广角》和《荧屏连着我和你》、湖南电视台的《有话好说》、重庆电视台的《龙门阵》、云南电视台的《周末夜话》、凤凰卫视的《冷暖人生》等，发展至今天，还出现了针对不同对象的细分化谈话节目，如中央电视台《夕阳红》栏目的老年人谈话节目《相约夕阳红》，上海东方电视台少儿栏目《欢乐蹦蹦跳》的儿童谈话节目《童言无忌》、《商务电视》的商务类谈话节目《商务俱乐部》，等等，展现了活跃的社会思想，培养了平民的话语意识。中央电视台少儿频道于2005年推出的《成长在线》主要关注少年儿童的健康成长。湖南电视台的《天下女人》关注都市女性的精神状态和情感世界。山东电视台的《天下父母》则是全国唯一一个以弘扬传统"孝道"为宗旨的电视栏目。由上海文广新闻传媒集团推出的《新老娘舅》是一档民生调解类谈话栏目。东方卫视的《今晚80后脱口秀》打着"代际牌"，展现年轻人对社会热点、文化事件、时尚潮流的态度和思想。

在这类栏目中，主持人的主要角色是作为一个倾听者、一个组织者，来调动现场气氛，控制话题的行进方向，营造一种日常人际交往的友好氛围。而嘉宾在现场的谈话是节目的重要组成部分，现场观众则是谈话节目气氛的营造者，也是节目中一些趣味横生的枝杈的生成处，有时候能将节目带到一个新的高度。

此外，此类谈话栏目强调谈话的本身就是一种展示，让人从中获得身心的释放，因此，在满足人倾诉和参照的需求之余，还注重谈话过程中的形式要素，以便在内容之外也形成很强的可视性。比如以幽默元素形成一种人际互动的催化剂，瞬间拉近人际距离；利用冲突元素，以张弛有度的谈话激起观众极大的收视欲望。栏目中既可以通过争议性话题的设置，在一个相对狭小的空间和谈话所形成的场氛围中进行不同观点的交锋，也可以通过在谈话现场将嘉宾和观众分成不同的阵营，以轻松善意的方式展开话题；还可以利用对谈话场景的不同设置来增强可视性。比如，《实话实说》中用小乐队为现场谈话弹出适当的节奏，重庆电视台的《龙门阵》利用方言谈话渲染氛围，奥普拉的《读书俱乐部》根据不同的内容进行不同的现场安排，一次在谈论有关婚宴铺张浪费方面的话题时，甚至将演播室装扮成一个大餐厅，参与谈话的人如同参加一次婚宴，等等，都是在强化这种可视性。

四、专题类谈话栏目

专题类谈话栏目围绕某一专业领域如文化、影视、经济、股市、体育、科技等领域的话题进行较为深入的讨论，通常会邀请相关领域的专业人士参与讨论、点评。这类栏目一般安排在专业频道（频率）或者特定时间播出，以吸引特定的受众群。

此类谈话栏目还可以细分为以下几类。

（一）辩论类谈话栏目

该类栏目通常以谈论或辩论的方式展开，以大家普遍关注的话题作为中心或讨论的由头，由主持人、嘉宾或者现场观众共同参与探讨。其基本特色是，至少安排两个或两个以上的出镜者，而栏目主持人基本上是不变的，他是这档节目的招牌标识、形象代言人，栏目以讨论聊侃的形式进行对话交流，并借助电视媒介向大众传播，展现屏幕内人际对话交流的过程。讨论类电视谈话栏目侧重于发挥媒介传递信息、交流思想、引导舆论、监视环境的功能，是电视谈话栏目整合大众传播和人际传播的典范。

辩论类电视谈话栏目就像"群言堂"，每期关注一个中心话题。辩论类电视谈话栏目借助特殊的谈话形式辩论，针对当下人们普遍关心的社会现象、新闻事件、观念思潮等进行论辩，为交流思想、启发智慧提供新的谈话平台。从栏目形态来说，辩论类电视谈话节目主要是谈话人在演播现场就某个话题展开讨论、交流、评说和争辩，提出各自的观点和看法。话题的选择至关重要，它关系到谈话人参与电视谈话节目的热情和兴趣，同时又直接影响着节目现场内外观众的情绪，进而影响电视谈话节目的效果，而多种社会热点、焦点问题的设置都体现出节目内容的多样化、多元性和包容性。另外，演播室如同一个不分胜负的辩论赛场，这个特点尤其体现在话题结论的开放性上。

凤凰卫视的《时事辩论会》最具有典型性。从辩论的内容到形式，都是理性的争辩较量。其节目定位为"扣紧时事，让事实越说越清；交锋观点，使真理越辩越明"，每次设定一个时事热点话题，并特意从内地、香港或海外邀请名家参与，由多位背景各异、慧黠过人的嘉宾形成热烈的争辩气氛。通过多角度的辩论，使观众能洞悉事件的不同角度，对事件的真相本质有更透彻的了解。

凤凰卫视的另一档栏目《一虎一席谈》，也是具有理性思辨色彩的辩论类电视谈话节目。嘉宾一般都是话题相关方面的权威、专家学者、社会人士，能言善辩，讨论起来是唇枪舌剑、各抒己见，现场气氛激烈，谈话交锋碰撞，引发现场和场外的脑力冲击、震荡。如2006年7月22日播出的《香港大学能够挑战北大清华吗?》就把这一特点发挥到了极致。

相比较而言，讨论类电视谈话栏目更注重于让观众对于各种值得关注的严肃问题有一个更深入、更全面的了解，不管是宏大叙事，还是鸡毛蒜皮的话题；不管是精英化诉求，还是平民化视角，节目风格、形式上做得都相对中规中矩，都希望能够给那些处于困境中的普通人以有效的帮助，更侧重于发挥电视媒介交流思想、传递信息、引导舆论、监视环境的功能。在当下，这类栏目日益成为电视谈话栏目的主流类型，是主流话语、精英话语和大众话语合谋最为成功、到位的电视谈话节目类型之一。

（二）访谈类谈话栏目

访谈类电视谈话栏目也可以看作专题类的一种，它是指以电视为传播媒介，主持人调动各种电视表现元素，以现场访谈或者连线等方式，与被访者、嘉宾和观众进行平等对话交流的电视谈话节目类型。在访谈类电视谈话栏目中，从采访访谈上升为一种平等交流，对话的境界不仅是一种技巧，更是一门艺术。

人物专访是访谈类谈话栏目的主要类型，它以为观众介绍一个或多个有个性、有影响的人物为主，通过主持人对节目的主角、相关人物进行访谈的方式，展现人与人之间对话交流的过程，呈现鲜活的人或生活本身。让观众充分了解他人的思想和人生、对生活的理想和追求，观照他人的生活方式，分享个体内心的生命体验。

人物专访中，被访对象既可以是专家权威、政界高端和风云人物，也可以是草根平民，但都应该着重于个体生命的展示，围绕一个人，以人为立足点来做文章。如中央电视台的《高端访问》、《对话》、《艺术人生》，阳光卫视的《杨澜访谈录》，浙江卫视的《与卓越同行》，上海电视台的《财富人生》，等等。

阳光卫视的《杨澜访谈录》定位锐意求新，突出人文和国际化特色。栏目以精彩人物、精彩话题为主要特色，关注人的性格特征和独到见解，以历史的深度和广度，表现个体与社会的相互作用，寻找人类智慧的光芒。《杨澜访谈录》创办于2001年2月9日，首访的是前国家主席刘少奇的夫人王光美，迄今已访问240多位各国政界要人和科技、社会、文化界精英，很对知识精英的胃口，以名人的故事抓住观众的心；其谈话内容涉及对时事政治经济的深入分析，展示文化、艺术领域的最新潮流，畅谈个人成长经历，分享成功人士的成功经验。其话题设置不围绕时事或专业，而以人的经历、感受和智慧为中心，剥丝抽茧地讲述人的故事，以成败得失、人生百味体现人的智慧和感悟，让观众通过屏幕去感受那些平常可望而不可即的世界名人，抹去距离、建立沟通。

凤凰卫视的《鲁豫有约》曾经是一档比较成功的人物访谈栏目。该栏目寻访拥有特殊经历的人物，一起见证历史、思索人生，直指生命的体验与心灵秘密，关注人的存在，以及寻求与被采访者心灵的对话，创造出了一种新颖的谈话记录模式。

如果说《杨澜访谈录》和《鲁豫有约》，一个是定位高端，另一个是面向平民，那么中央电视台的《艺术人生》则是追求用艺术点亮人生的品质，把"用文化引导娱乐"定位为栏目的终极目标。《艺术人生》对节目的主角明星嘉宾的选择是极其审慎严谨的。节目中谈论的话题重点在一个字——"情"，亲情、友情、爱情，让观众和明星们一起感悟生活，体味情感，不是肤浅的明星访谈，而是一切围绕"情"字的相互交流。在这样的定位下，《艺术人生》以"综艺明星"为主打特色，进行感情交流，打造出了自己的品牌特质。

（三）讲述类谈话栏目

讲述类电视谈话栏目也是专题谈话栏目的一类。它通过引入访问人与被采访者谈话的形式，以被采访者的讲述为主，来展现人物背后的故事，或者除了被采访者讲述故事外，还让专家、嘉宾以及演播厅的观众对讲述中有疑问的情节和有争议的观点进行讨论，发表观点和看法。比如中央电视台仍然热播的《讲述》、曾经的《社会记录》，湖南卫视曾经的《真情》，凤凰卫视曾经的《李敖有话说》、《口述历史》和仍然热播的《世纪大讲堂》，北京电视台的《档案》、《最佳现场》、《光荣绽放》，安徽卫视的《爱传万家——说出你的故事》，浙江卫视的《与卓越同行》，等等，都是在受众中颇有口碑的讲述类电视谈话栏目。

演讲类谈话栏目可以被看作讲述类谈话栏目的变异形态，它是主讲人借助电视媒介，面对广大电视观众，就某一话题作专题演说的电视谈话节目类型。演讲的选题一般是当下人们所关注或感兴趣的事件，论点与论据也要有严密的逻辑性，语言要求精练生动、通俗易懂。比如，《李敖有话说》由李敖一手包办，以历史事实为基本道具，闯出一片言论天地；将严肃的学术话题融于活泼电视形式的互动对话型演讲式电视谈话节目《世纪大讲堂》，特邀国内外众多名家讲学论道，跨学科、跨领域互动式讨论与交锋，形成了一个经典的论坛。与此相类似的是陕西卫视曾经的《开坛》栏目，虽然由于地域、频道整体关注度等原因，影响不大，但其话题的新锐、嘉宾的层次和见解、主持人的把控能力和学识，都有可圈可点之处。

口述历史类电视谈话栏目也可视为一种栏目类型，其中一个很重要的意义在于，如果真的能把人的历史、历史中的人这部分资源做足做活，把历史还原成个人的历史、人的命运史、由千万个个体的生命和生活构成的历史，因而也是活在个体记忆中的历史，能让我们感受到一种"活"到现在的历史。

第三节 电视谈话类栏目的元素

根据传播学的一般理论，传播包括五个基本元素：传播者、传播内容、传播效果、接收者和传播环境。据此，分析电视谈话栏目，可以从主持人、现场嘉宾与观众、话题、节目效果等方面来入手。

一、主持人

栏目主持人是在电子媒体中，以个体行为出现，代表媒体群体观念，用有声语言、形态能动地操作和把握节目进程，直接、平等地进行大众传播活动的人。对于电视谈话节目来说，主持人是栏目的核心元素，是形成一个电视谈话栏目自身独特品格的最重要元素。

谈话节目是真正意义上的"主持人"的节目，其风格与成败主要取决于主持人个人的风格与魅力。在美国，谈话栏目都是以主持人的名字来命名的，优秀的主持人常常能使一档谈话节目持续数年甚至数十年。《今夜秀》的主持人琼尼·卡森主持这档节目长达30年后方才光荣退役。2011年9月9日退役的被誉为"谈话节目皇后"的黑人女主持人奥普拉·温弗瑞挂帅一直按其名字命名的谈话栏目23年，长期高居收视率榜首的宝座。因此，美国电视界在选择主持人时，最看重的不是个人的容貌和仪表，而是学识、经验和幽默感，因为这些内在的素质和涵养是不会随着时间的推移而消逝的。

电视谈话栏目主持人承担着三种角色：首先，虽然主要处于在现场嘉宾和现场观众之间穿针引线的位置，但主持人本身就是一个谈话者。其次，不论是否有现场观众，即使一对一的访谈，电视谈话栏目主持人都是现场的组织者，他一方面要主导节目，引导话题，另一方面要作为现场嘉宾和现场观众之间的桥梁和纽带，拉近彼此之间的距离并产生亲近感，创造良好的沟通氛围。主持人的责任在于能够激活嘉宾、现场观众的谈话欲望，在谈话中间穿针引线，因势利导、有条不紊地调度好发言的逻辑顺序，让人们充分发表意见，把现场琐碎而微妙的谈论组合、串联起来，显示出事物内在的联系或因果关系，因此，他在现场充当的是一个重要而特殊的媒介角色控制器。最后，作为栏目的形象代表，主持人是媒体对外的传播者，是电视谈话栏目风格的塑造者，人际传播的独特魅力促使主持人往往成为节目本体特质的人性化载体。

为此，一个优秀的谈话栏目主持人应该注意如下几方面：

1. 倾听意识，给嘉宾以话语权 倾听是交流的基础，学会倾听，给观众以话语权，是电视谈话节目中一种基于全场驾驭基础上的倾听。倾听的目的在于引导、启发观众嘉宾说话。主持人更多的时间在听，听对方谈话的意思和意味，不要急于自己讲什么，而要保证嘉宾讲得好。

中央电视台曾经的《实话实说》主持人与传统意义上的电视节目主持人相比，其最具转型意义的变化，在于主持人的基本姿态是作为一个认真的倾听者而不是倾诉者，倾听来自社会的声音。倾听的目的在于引导、启发嘉宾和现场观众进入谈话的氛围和流程，激发不同的思想观念的交锋，在于调节、调整谈话的偏差，最终达到电视谈话节目"用谈话的形式最大限度地逼近人物心灵"，进而折射出整个社会状态的目的。

2. 对话题和现场的驾驭能力　会倾听才会驾驭。在倾听中科学地驾驭整个谈话现场，对于主持人来说，是在第一境界基础上的一种提升。实质上，每一类谈话栏目的每一期节目都会有一个宏观的主题，在实际操作中，主持人既能抓住现场观众与嘉宾的精彩语言形成活跃点，又会适宜地转移话题调整方向。驾驭能力可以概括为几个方面：一是对谈话题目的了解和背景资料的掌握；二是对现场谈话的判断理解和分析处理能力；三是对谈话主题的宏观调控能力。第一点是驾驭能力的基础。主持人全面了解话题的由来与发展，以及与话题相关的背景知识，才可能在交流的现场去理解掌握着各种各样的信息的嘉宾与观众，与他们形成互动。而具备了对话题知识的掌握，还必须能够对现场作出准确的判断，不时地制造趣味点，活跃现场气氛。第三点可以说是理性的提升。主持人自己对谈话题目的导向即主持走向应该心中明确，谈话节目尽管是各抒己见，有不同观点的交锋，但主持人在现场提问时要注意导向的把握和嘉宾谈话内容质量的把握。这就要求主持人不仅要有很强的沟通能力，也要有较强的政策理论水平。

3. 平等公正意识　主持人要用真诚拉近与对方的沟通距离。谈话栏目主持人经常面对各种各样的人，这就要求主持人具备平等意识，用真诚与形形色色的人打交道。

主持人要始终保持客观公正，不要做权威代言人，也不代抢嘉宾表达，因为观众更想知道的是专家和嘉宾的看法。作为谈话节目主持人，可以自然地流露情感和表达看法，但很多时候应该倾听社会不同层面的声音，善于倾听事物对立面的声音，选择事物的最佳观察点以了解事物的全貌，从而做到公正直言不偏激。

与此相应，主持人的形象定位也应该是平民化的。谈话类节目的宗旨和风格，决定了主持人从心态到谈话方式和行为方式的平民化，以减少观众的距离感和隔膜，有利于和观众更好地沟通。

4. 机智幽默的语言风格　谈话类栏目主持人的关键在于语言表达的内涵和技巧，电视谈话也不例外。主持人机智幽默的语言，可以活跃谈话气氛，消除现场观众和嘉宾的紧张感；可以控制、调整谈话的节奏；可以缓解激烈的言辞交锋中出现的矛盾和尴尬。机智幽默的主持语言，还能够巧妙地概括谈话的主题，提炼出正确的观点，同时表现出生活的哲理和思辨的睿智，体现电视谈话节目的文化意识和理性精神。

此外，栏目主持人扎实的理论背景，尤其是人文知识、社会科学方面的积累，有助于主持人在节目中从容发挥；而主持人高尚、宽容、正直的人格魅力和道德形象也是赢得观众的重要因素。这些虽不是严格意义上的主持艺术的范畴，但对于主持人在节目中的发挥和观众对主持人的接受程度有着重要的影响。

所以，必须注重对主持人的包装，突出主持人的作用。主持人是谈话栏目的核心，主持人的个性决定了栏目的个性，主持人的知名度决定了栏目的知名度。

二、现场嘉宾与观众

（一）现场嘉宾

在电视谈话节目中，嘉宾的地位举足轻重，他们是节目现场的主要谈话人。从受传双方的关系来说，在录制现场人际传播的情境里，嘉宾既是传者，又是受众；而针对场外观众，嘉宾与主持人一样是传者。如果说，主持人只是交代、引导话题，那么话题的展开、深入、升华则主要由嘉宾来完成。

美国各谈话节目的特邀嘉宾多为普通人，也是真正的"当事人"。他们会以非常具体生动的生活实例现身说法地展现谈话节目的主题并表明自己的观点，他们只报姓名而不标明身份。相比较，我国的谈话节目所邀请的嘉宾多为名人或专家，且均表明身份。他们在节目中的作用不以现身说法为主，而以阐述观点和提供建议为主，只是谈话的"参与者"，而非全身心投入的"当事人"。这种区别和中美谈话节目在选择话题时各有侧重是密切相关的。

作为节目的主要谈话者，现场嘉宾发挥得如何直接影响节目的质量，因此，在选择时需要考虑以下一些问题：一是现场嘉宾是否有"谈资"，即对某一具体话题是否掌握有大量的资料，并对该话题具有权威性发言权；二是现场嘉宾是否有"谈品"，即在节目中能否顾及交谈者，而不是一味地表现个人，搞"话语霸权"；三是现场嘉宾是否有"谈技"，即是否具有一定的口才和辩才，包括说得是否有逻辑、有道理，语言表达是否简练、清晰，甚至具有幽默感。此外，如果不止一位现场嘉宾，那么，根据节目收视特点的需要，选择的现场嘉宾不能都是持有相同或相近观点的人，必须能够代表几种主要观点，这样在谈话过程中才可能对话题从多侧面多角度进行深入分析。

（二）现场观众

有些谈话栏目设置了现场观众，一方面，现场观众的出现可以增强谈话的现实感，营造现实的谈话氛围；另一方面，现场观众的参与可以起到拾遗补阙、调节气氛和节奏的作用。而且，现场观众是电视节目目标受众的代表，是电视机前广大观众的代言人，更是整体节目的重要组成环节，他们的出现还改变了节目的传播模式，提高了节目的客观性、真实性，容易使电视机前的广大观众产生参与感和认同感，有助于提高传播效果。

美国谈话节目现场观众的发言极为踊跃，他们或是触景生情地讲述自己的故事，或是为某位一筹莫展的台上嘉宾出主意、想办法，或是以热烈的语言对某位嘉宾的观点表示支持，抑或是陈述自己的不同见解。在美国的谈话节目现场，常常能看到观众与嘉宾激烈争辩的场面，也不乏对着嚷、对着骂乃至于大打出手的情景。有一段时间，热拉尔多·里韦拉主持的《里韦拉讨论》因强烈的对抗性而名声大噪。比如，在节目中，观众和嘉宾因争论种族问题而大吵大嚷，继而一个人朝对方扔了一把椅子；而在另一场节目时，一个支持新纳粹主义的现场观众打破了里韦拉的鼻子。

与美国人的狂放不羁、热情如火形成鲜明对照的是，我国观众是在传统文化氛围熏陶下长大的，在谈话现场表现出的参与性要弱得多，绝大多数的观众不会积极地参与到现场的讨论中去，只是以旁观者的身份观看讨论。另外，根据"交流暗示"理论，嘉宾的名人或权威身份也是现场观众不敢发言或不便发言的因素之一。

三、电视谈话栏目的话题

有调查表明，电视谈话的话题是大多数观众决定其是否收看一个节目的最重要因素。既然谈话节目的话题选择如此重要，那么，若能抓住社会热点，切合社会心理，一方面可以调动起嘉宾与参与节目的受众的谈话兴趣，另一方面又可以吸引电视观众收看。要根据节目的设定指向，选择既可以激发谈话者的积极性，又能调动电视观众兴趣的话题。话题的选择不仅要有意义，还要有意思、有意味，话题选择应该是多元思维后的结果，应该具有时代感，贴近生活、贴近实际、贴近公众，应该是公众普通关注的社会热点和焦点问题。

美国的电视谈话节目敢言天下一切能言之物，大至时事政治、国际态势、种族冲突，小至家庭暴力、两性关系、性变态、吸毒等，无不被囊括于其中。而注重话题的猎奇性、以新奇取胜，是美国各个电视网和电视台为实现商业利润最常用的竞争手段。因此，美国的谈话节目往往不存在任何价值判断和教育诱导，但常常能让人耳闻目睹一些刺激敏感或稀奇古怪的事情。美国收视率最高的谈话栏目《奥普拉·温弗瑞秀》之所以能够长盛不衰，除了主持人奥普拉的个人魅力外，一个重要的原因就是它经常涉及性、强奸、乱伦、卖淫、吸毒等非常敏感、非常刺激的话题。

相较于美国谈话节目对猎奇性的追求，我国的谈话节目注重教育性、指导性和政治性，在观点上带有明显的舆论导向性，选题的范围大受限制，讨论的主题大多集中在不太敏感的社会问题上。以中央电视台的《面对面》、《对话》为代表的正统类谈话栏目的话题一般为社会生活事件中的"软话题",主要包括新闻性、社会性热点问题和教育类、主旋律话题。

目前来看,电视谈话类栏目的话题样式基本上有三种:其一是社会思潮系列讨论;其二是新闻事件延伸讨论;其三是新闻人物访谈。

话题的选择一般考虑这样几个因素:

1. 时效性 也就是要选择具有新闻价值的话题,这种话题因为和受众关注点相吻合,往往有比较高的收视率。

2. 引导性 一个成功的谈话节目,话题的导向必须是健康向上的。谈话栏目需要宽松民主、从善如流的气氛,因此,观念可以超前,但不能脱离实际。由于东西方国情、文化背景的差异,价值观念、道德观念上的标准也不一样,因而对于一些"社会新潮",不能跟着一起"发烧",而是必须保持清醒的头脑,对事物有冷静、理性的思考。

3. 接近性 栏目话题应更多关注发生在受众身边与其自身利益密切相关的人和事,这也符合社会心理学的要求,这种关注是唤起社会公众参与讨论的根本动因。

4. 普及性 电视谈话类栏目一般是在轻松随意的家庭环境中播放的,因而其话题要有一定的普及型,适合不同层次的受众一起收看。

5. 具体、形象、平实 话题应当符合电视表现手法,一般不宜定得太抽象、太高深、太玄奥,而应该具体、形象、平实一点,这样更容易谈得开,也适合电视的表现手法。如果缺少画面元素,电视声画并茂的特点无法发挥,就会使节目平淡无趣。

四、环境和氛围

电视谈话栏目的谈话环境设置要做到形式与内容的协调一致。比如,重大的时政话题,谈话环境宜简洁明朗;深刻的经济话题,谈话环境宜朴实大方;轻松的社会话题,谈话环境宜动感活泼。一个普遍的原则就是:内容越是深刻复杂,谈话环境就越应简单明了。要尽可能地缩短谈话环境、电视屏幕与观众的距离。谈话环境的设计上要给人透明、开放的视觉感受。

电视谈话类栏目中,"氛围"应该是指演播室里形成的一种适合谈话交流的心态、心理感觉。演播室内不仅是一个语言场,同时也是一个心理场,在这里,无论是对在场的谈话者还是电视机前的观众而言,都应该感觉到谈话本身是愉悦的、轻松的、有兴味的,更妙的是富有幽默感的。谈话者可以采取夹叙夹议的方法,通过讲故事、举例子等通俗易懂的方式表达自己的观点,特别是用亲身体验来增强说服力、感染力。

第四节 电视谈话栏目的价值和问题

一、社会文化价值

(一) 建造公共文化空间

谈话类栏目客观上透视出当代中国日益丰富多变的生活内容，展示出当代中国人在改革开放时代的精神风貌。一般说来，热线参与、现场直播的电视谈话类栏目能够更直接、更真切地反映社会生活，倾听百姓的声音，给大众提供了一个解脱出来，将他们原有的群体心理释放出来，参与公共生活、表达社会情绪的民间思想空间。

"公共空间"最早是由汉娜·阿伦特提出的，哈贝马斯将它发展成"公共领域"的概念。"公共领域"是指在政治权利之外，作为民主政治基本条件的公民自由表达以及沟通意见、达成共识的社会生活领域。"公共领域"是同"私人领域"相区别的，在现代社会以前，私人领域和公共领域是泾渭分明的，后者主要用于讨论公共事务。在哈贝马斯看来，随着公众由主要依靠阅读书籍（文学）变为依靠画报、杂志、广播、电视等现代传媒来进行沟通，文学公共领域消亡了，文化批判的公众逐渐转变为文化消费的公众。以电视为代表的当代电子传媒在这一点上表现得特别突出。与以往的纸质媒介相比，以广播、电视为代表的当代电子媒介是更为平民化的，它们对受众的素质要求很低。这种受众定位就确定了它们所传播内容的价值取向。当代媒体开始关注普通人的生存状态，这在以图像为主要传播介质的电视中表现得更为明显。就现代传媒的理念来看，电视的生命在于对人的关注：关注各种各样的人的命运，关注人的内心的不同感受以及他们的深层心理状态，关注与他们生活相联系的社会大背景的变迁，等等。而谈话栏目就是寻找到的表达对人的关注的最好方式之一，它使普通大众终于在媒体上听到了自己的声音，而且开创了双向交流的模式。从主持人、嘉宾、现场观众到电视机前的观众，人人都既是传播者，又是被传者。毫无例外，中国和西方的脱口秀都是从与人们密切相关的事出发，通过小事来达到对人的生存状态的深切关怀。

(二) 有利于民众参与精神和开放心态的养成

谈话类节目有助于塑造国民性、国民人格中"现代化"的一面，有助于我们摆脱"小市民"封闭苟安的不良文化人格，走向开明练达的"大市民"状态。

当代媒体的这种平民化倾向，观众和电视至少是表面上看起来的这种平等关系使得大众对其产生了虚拟的信任感。电视具有把公众和个人融合起来的力量。当它与人联系或者是传达信息时，它是被一个个的家庭所收看的，电视已经成为人们家庭中的一员，激荡个性，让人自身得到充分的显现，是电视体现其成员关系的一个重要方面，作为大众话语的空间，电视谈话节目为个性化的表达提供了良好的环境。

电视谈话栏目中的信息是个人发布的，观点不论偏颇与否，但它是"我"而不是长期以来的"我们"的声音，这就让信息有了鲜活的生命力。实际上，这种个性化的表达方式是有其社会基点的。人的个性都是社会性的体现，人的语言因个人的身份及其所处的社会经济条件的不同而有不同的方式，在观点的碰撞中展现的实则是不同的社会文化、心理的碰撞，这就使得个性的展示具有普适性，能够引起广泛层面的认同。

人的谈话具有动态性、偶发性，电视谈话节目以现场的特定空间最大限度地刺激了人的交流欲望，人的智慧、情感都会在语言中流淌，谈话栏目中大家感兴趣的话题和主持人的适当引导，引发了嘉宾及观众的机敏对答，加速了谈话中的动态撞击，激发出人最为本质的一些内涵，强化了人际交流互动中的张力。

（三）观照社会文化现象，提升受众的文化品位

谈话类栏目积极观照社会文化现象，提升受众的文化品位。一些专业话题的谈话栏目，通过专业人士直接与受众讨论和解答问题，有利于话题的深入，同时，平等的沟通方式也会消除普通受众对专业话题的"畏惧感"，使传播内容更容易为受众接受，有利于全社会知识层次、文化品位的提升。

二、传播学价值

（一）对传统的电视传播方式的突破

在此之前，我国的电视观众基本上处于"你播我看"的单向、被动传播模式之中，传播活动是以传者为中心的，传者与受者缺乏面对面或者是直接的沟通与交流。

而在电子和数字技术的保障下，电视谈话栏目具有最符合电视本质的传播状态。它能够以人自身作为传播符号，将谈话的完整状态加以保留、物化、传递，以人际交流的即时互动构成节目内容，满足并延伸了人们面对面交谈的愿望，而且将人际传播和大众传播良好地结合在一起：经由电视媒介的放大，创造了一种广域的人际传播空间，成为现代社会人与他人、与世界建立联系，加强沟通的重要渠道，还原出生命本身的质感。也就是说，谈话类栏目的传播特点实际上把人际传播引入大众传播，主持人、嘉宾与参与栏目的受众在同一时空中有问有答、你来我往、彼此呼应、平等讨论、亲切交流，在进行了通常意义上的人际传播的同时，也完成了大众传播的过程。

谈话类栏目在公众与媒体之间开启了一扇窗口，构建了一座桥梁。谈话类栏目具有亲切、自然、随意、真实的特性，能保留谈话的完整性和动态性。人在谈话中进行的是一种涵盖了语言、表情、姿态、动作、心态、氛围的整体传播，而人的接收也处于一种瞬间全盘吸纳状态，而且由于在谈话中人的情绪、气氛处于相互的激发、生成中，整个谈话现场会随着谈话的进行而形成一种信息"场"，不同观点、不同心态、不同思想、不同年龄的交锋都完整地展现在观众面前，不是戏剧却胜似戏剧，激荡人的情感。

（二）发掘电视声音潜力

电视是综合运用画面和声音两种传播符号的媒介，这两种传播符号各有自己的功用，但是，声音在电视中的地位长期以来被我国电视界所忽视，取而代之的观念是，电视是以画面为主的媒介，而声音则只是画面的辅助。电视谈话栏目的出现和盛行，对这种观念不啻于一种挑战。

而且，在电视谈话栏目中，声音符号充当了主角：新闻事件的发生和发展，被邀嘉宾的情感和经历，通过口头语言被"绘声绘色"地描述出来，各界人士对所讨论话题的看法也在节目中得到充分表达。

（三）体现电视的传播本性

电视在本质上属于"传播"（communication），传播的原意是通讯、传达、交流、交通，在这个意义上，电视就是交流和沟通。交流和沟通正是人获得和保持自己的社会性的主要方式，所以，交流和沟通在确证人的本质和自我实现方面具有本体论性质。也正因为如此，在人类社会的发展过程中，人们曾经有过多种交流方式，电视，就是现代社会人们通过交流获得其本质和社会性的方式或方式之一。

而且，从技术的层面上，现代传播技术的发展使得电视谈话节目能够在谈话的现场插入多重信息渠道，进行系统化结构。如多画面、叠加字幕、图表、三维动画、数码合成，等等，利用大屏幕插入图像、文字，利用电脑引入场外信息和见解，参与现场讨论，等等，多路素材融汇于具有实质意义的谈话现场之中，人们在进行人际交流的同时，又能获得多重信息、情感需求的满足。

目前虚拟演播室技术的发展又为电视谈话节目开拓了新的信息结构方式。如在《锵锵三人行》中运用虚拟演播室技术，不但提供了一个多维的谈话空间，还随时无缝插入谈话所涉及的影像及文字资料。而虚拟出席可以将分散在世界各地的主持人、嘉宾、观众以及各种动态资料集结在一个电视空间里，使得谈话方式的变化更为活跃，人物的交流有超越时空的互动性。

三、目前谈话栏目的问题和建议

（一）我国谈话栏目的问题

1．主持人的综合素质不高　称职的栏目主持人应有独特的气质、文化底蕴、人生阅历和临场经验，不容否认，这样的主持人在我国的谈话栏目中仍然是凤毛麟角。对于一档强调主持人的核心作用的栏目，这样的缺陷无疑有碍栏目的生长甚至生存。

具体说来，主持人缺乏智慧和知识，从而在谈话中难以形成观点碰撞和思想交锋。谈话节目吸引人的主要不是娱乐元素，而是话题，是谈什么和怎么谈，这需要智慧和知识，需要文化底蕴。虽然现在大部分谈话栏目已经摒弃了"俊男靓女"式选拔主持人的思路，但真正符合栏目要求的主持人仍旧罕见。

幽默感的基础是智慧和知识积累，缺乏智慧的直接结果就是幽默感的贫乏和人格气质的阙如。轻松幽默对于缺乏娱乐元素的谈话栏目来说是必不可少的，它往往成为栏目收视率的一大因素，同样，气质是内心丰富程度的表现，没有知识和智慧，丧失的就是人格魅力。

2. 嘉宾选择随意，难见真观点 也许是出于收视率的考虑，许多谈话栏目纷纷把目光盯上各种明星或者成功人士。当然，名人比较容易控制话语主导权，他们说出来的话可信度大。但是，如果这种栏目做得太多太滥的话，明星们在观众心目中的"号召力"和栏目对观众的影响力肯定就会下降。而且这些嘉宾反复谈的基本上都是雷同的话题，谈不到见解，更谈不到真诚，不客气地说，这类嘉宾的存在已经成为谈话栏目的癌瘤，如何选择适合栏目风格和话题的嘉宾，应该引起重视。

与之相关，因为"话语权"掌握在名人嘉宾的手中，现场观众未能成为谈话的元素，甚至沦为"道具"般的角色，自然更谈不上与台上嘉宾的互动。

3. 话题陈旧和散漫 我国的电视节目一直偏重于舆论监督方面的功能，大众传媒作为教化手段被一再强调。因此，在话题的选择上，我国电视谈话栏目强调的是教育性、指导性，由此话题的范围大受限制，讨论的主题大多集中在不太敏感的社会问题上。

话题散漫，主旨不清。嘉宾们像是绕着圈的朋友，坐在一起挑些无关痛痒、惹人发笑的事件讲讲。有的栏目，不管是嘉宾还是观众，都喜欢贪多求全，搞人海战术，观众也充当欢乐气氛的配角，随着工作人员的手势鼓掌、叫好。电视本身就是一遍过的，一期节目话题应该相对集中。以挖井为例，我们应该在一块地上圈定一小块地方，然后往深处挖，如果到处都挖几锄头，肯定挖不到水，何言解渴。

4. 节目严肃有余，轻松不足 也许是对谈话节目理念的理解偏差，有的谈话栏目在栏目中常常是用一种观点去压制另一种观点，没有真正理解谈话栏目的本质是一个"公共空间"和"公众论坛"。

当前，我国的许多谈话栏目实际上称为访谈节目更恰当，因为谈话栏目不能是我说你听，必须形成平等的交流和对话。无"对"不成"话"，如果只是一种声音，"对话"不如改名为"演说"。很多谈话类栏目已从当初的令人耳目一新演变成目前的略有八股论坛之嫌，其缘由大多是它们在不知不觉间落入了"演说"的窠臼。蜻蜓点水、

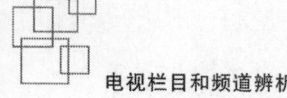
电视栏目和频道辨析

浮光掠影、老调重弹是这种节目的致命弱点，说一件事物往往是拉大旗侃大山，对所有问题大而话之，而且甲乙丙丁方方面面都要谈到，听起来就像在作一篇论文、上一堂专业课。栏目内容面面俱到，却什么也没给观众留下深刻印象，假、大、空，令人深恶痛绝。

5. 栏目同质化严重 虽然我们可以勉强对我国目前的谈话类栏目作出大致分类，但严格说起来，真正有代表性的、有个性的、风格独立的谈话类栏目实不多见，在遍布全国各级电视台的众多谈话类栏目中，不少栏目不但在内容形式上雷同，甚至播出时间也互相撞车。

（二）改进建议

借鉴国外的谈话栏目，我国的谈话栏目应该在如下几个方面作出努力：

1. 坚持栏目化原则，重视品牌效应 栏目化原则主要有三点，即周期性、稳定性和持续性。

所谓周期性，是指除非有特殊情况或明显的改动需要，电视谈话栏目总是在每周的固定日期的某个固定时段播出。日期和时段的固定有利于培养稳定的观众群，以星期为周期也符合现代人的生活节奏。

稳定性包括主持人的稳定和栏目样式、风格的稳定。在美国，谈话栏目很少更换主持人，若由于不可抗拒的原因失去了原来的主持人，许多谈话栏目宁可就此收场。前文提到的《今夜秀》在60年的历史上先后有过5位主持人，但每一任至少有数年之久，其中琼尼·卡森主持了整整30年。至于一个栏目的样式和风格，包括各板块的组成方式，也应保持不变。固定的主持人、固定的样式、固定的风格，成为一个成功谈话栏目的品牌标志和外部质量标准，也为观众提供了信誉保证。在我国，这种稳定性无疑是极大地被忽视了，崔永元离开《实话实说》，导致整个栏目的衰落，就是一个最惨痛的例子。

一个谈话栏目如果获得了一定的声誉和较多的稳定观众，若非收视率下降到不可容忍的地步，或是受到巨大的社会压力，就不要随意取消或是大幅度改版。《今夜秀》至今已经持续了60年，《唐纳休访谈》持续了42年，具有超级影响力的《奥普拉·温弗瑞秀》也存在了23年。由此可见，美国电视业是非常重视名牌栏目中的无形资产价值的。相反，我国电视栏目的频繁改版似乎已经成为一种时髦，个中弊端也无须赘言。

2. 注重对主持人的包装，突出主持人的作用 主持人是谈话栏目的核心。主持人的个性决定了栏目的个性，主持人的知名度决定了栏目的知名度。在美国，一个精心策划出台的谈话栏目总是千方百计地包装自己的主持人，同时也会利用各种时机让主持人在媒介焦点中大出风头，提高其社会知名度。奥普拉是在获得奥斯卡金像奖提名后才开始主持全国性的谈话栏目的；另一位日间谈话明星莉基·蕾克在筹备她的谈话栏目时，努力争取参加了3部影片的拍摄；而大卫·莱特曼参加主持1995年的奥斯卡颁奖晚会后，知名度也大大提高。现在，每一位谈话栏目的主持人都在互联网上开设有若干个网址和网页，在报刊上开辟了专栏，并且频频在各种大众媒体中露面，这实际上体现了电视谈话栏目一种重要的经营策略。

此外，在美国，为了突出和张扬主持人的个性，栏目的形式、话题以及对于话题的切入角度都是根据主持人的特点而确定的，而不是相反。每个成功的谈话栏目正是由于有着在主持人个人魅力基础上的栏目个性，才能抓住一大批观众，在激烈的行业竞争中保持一席之地。

3. 话题切入现实生活　　当今社会是一个剧烈变革的社会，也是一个充满压力和竞争的社会，大到国际紧张局势、经济危机和环境污染，小到个人的情感纠纷、心理障碍和生活困境，还有社会发展带来的生活方式、文化观念的剧烈变化，全都关系到每一个人的生存，也引起了大多数人的关注。撇开商业性的因素不谈，电视谈话栏目正是敢于触及所有严肃和敏感的问题，并且相当深入地切入这些问题的核心，才会在广大观众中引起强烈的反响。事实上，各式各样的电视谈话栏目不论其格调高低，它们讨论的话题大体上都应当是相当严肃的，或者至少也有一个严肃的背景。那种随意性、琐屑性乃至无聊的话题应该尽早抛弃，或者至少不应该成为我们谈话节目的主要话题。

总之，一档谈话类栏目能否成功，主持人、嘉宾和观众、话题等，都必须精心选择、策划和设计，如此，电视谈话栏目才具有巨大的发展空间。

第五节　电视谈话栏目选介

一、境外谈话栏目

（一）《奥普拉·温弗瑞秀》（*The Oprah Winfrey Show*）

《奥普拉·温弗瑞秀》是美国电视史上创下最高收视率纪录的谈话栏目，由哈珀公司（Harp）制作，主持人奥普拉·温弗瑞也被称为首席谈话之王。它定位在社会、家庭生活领域。话题非常宽泛，从家庭厨艺交流、失业人员的理财建议到父母对摇头丸的了解、妇女遭遇的暴力侵扰。即便请来好莱坞明星，谈论的也是他们的家庭生活。奥普拉以善意的态度对待嘉宾，对别人的发言总是满怀兴趣和深情地倾听，不断给予他们积极的鼓励，此外，她还敢于大胆地袒露自己的痛苦遭遇，现身说法，以此安慰他人。由于这个栏目表现出了对嘉宾的尊重，鼓励人们积极乐观地面对人生，受到了大众的欢迎。

（二）《大卫·莱特曼深夜秀》（*The Late Show with David Lettermant*）

《大卫·莱特曼深夜秀》是美国哥伦比亚广播公司（CBS）播出的在纽约百老汇剧场演出的一档1小时的栏目。它是包括了深夜喜剧、新闻评论和脱口秀节目的混合体。栏目于1993年8月30日首播，每周一至周五23：30至次日凌晨0：30播出。其中包含许多小栏目：《CBS信箱》、《愚蠢的宠物骗局》、《愚蠢的人类骗局》，均由大卫·莱特曼制作并主持。其音乐总监和CBS自有乐队的指挥是保罗·沙佛（Paul Shaffer）。莱特曼以前曾担任NBC《深夜》（*Late Night*）的主持人。他首创了在栏目中增加即时的背景音乐，并以幽默、讽刺的风格见长。他经常拿名人开涮，讽刺美国社会的一些阴暗面，甚至痛斥一些荒唐、不公平的事情，让观众在批判精神的娱乐中找到慰藉。通过这种幽默调侃的方式，政治事件的严肃性和重要性被消解了，观众在现实生活中的压力与紧张也得以松弛，夜间谈话栏目因此深受喜爱。

（三）《今夜秀》（*The Tonight Show*）

1954年9月27日《今夜秀》由美国全国广播公司（NBC）播出。开播时，栏目时长为60分钟，在1954年曾增加到90分钟，现在又回复到60分钟，播出时间为23：35—00：35。

作为全国广播公司的王牌栏目，它曾造就了著名的主持人史蒂夫·爱伦、贾克·巴尔和琼尼·卡森。《今夜秀》第五任主持人杰·列农几乎已经成为美国脱口秀栏目的代名词，并在1995年获得电视艾美奖。

《今夜秀》一般由两部分组成：无厘头版的新闻联播与名人八卦访谈。按照惯例，节目会邀请至少两位嘉宾，通常是一位喜剧演员和一位音乐家。现在在这个栏目上做客的则多为好莱坞名流和政坛精英。在邀请嘉宾入场之前，主持人都会喝着咖啡，调侃今天的时事或轶闻，以营造轻松的气氛。在调侃版的新闻中，主持人常常会列出各种各样的排名，数落新闻人物或事件。值得一提的是，戈尔和小布什在竞选总统时都曾到这个栏目来跟大众逗乐，因此《洛杉矶时报》说："通往白宫的路显然穿过伯班克（该节目制作地）。"在《今夜秀》中，政客们并没有加入太多政治色彩，而是被戏剧化、脸谱化：克林顿风流成性，布什老谋深算，克里则单调乏味。与大部分娱乐脱口秀栏目一样，《今夜秀》把美国政坛描绘成充斥着形式主义、晦涩和愚蠢之处。《今夜秀》就这样孜孜不倦地每周5次为美国观众提供晚间娱乐笑料。

（四）VIP

VIP由法国电视二台播出，是法国电视二台最重要的谈话栏目。这是一个多主题的外景栏目，主持人是青年女性，收视对象为有较高收入的青年女性。该谈话栏目安排在

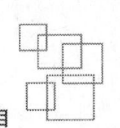

周六的黄金时间 19：25—20：15 播出。

栏目的内容主要是关于一些知名人物如演艺人士、体育明星、名门人士的个人经历和故事，每期节目会有几个不同的话题。该栏目最与众不同的地方就是它并不是固定不变地在演播室进行，而是经常在一些不同的外景展开讨论。场景的选择与话题的内容相匹配。这种谈话类栏目的设计和场景安排在同类栏目中是比较少见的，其中的某些做法的确值得我们学习。

（五）《锵锵三人行》

香港凤凰卫视名牌栏目。主持人窦文涛。时长 30 分钟。首播为周一至周五 23：30—00：00；重播为周一至周五 13：00—13：30、周二至周六 5：25—5：50。

《锵锵三人行》由窦文涛与两岸三地嘉宾一起针对热门新闻事件进行研究，各抒己见，并借话题引申出人意料的联想，激发另类观点，达至"融会信息传播、制造乐趣与辨析事理"三大元素的目的。主持人的角色是引导嘉宾发表具有个人色彩的大胆言论，营造日常聊天的形态、谈笑风生的气氛，力求轻松、搞笑，同时强调平民化、趣味性和知识性。

形式上，整个栏目浑然一体，一气呵成，用广告自然分开。"锵锵三人行，广告之后见"也成了此档栏目的标志性话语。这样的谈话设置很自然，而且符合交谈逻辑与既往习惯。中间插播视频，以激发谈话的兴奋点，增加谈话的角度与纵深，以显示时效性与可看性。

与以往的谈话类栏目不同，《锵锵三人行》并不将主持人作为一个倾诉者，而是一个参与者，也是谈话角色之一。谈话互动性强且有立体感，构建了所谓的"立体式谈话空间"，受众接收也天马行空得舒适自然。

《锵锵三人行》的演播室是利用电脑 3D 技术合成的一个不大却很有时空感的房间，背景玄妙且有时尚感。嘉宾围桌而坐，三角形分布显得自然而稳定，没有面对面交谈的突兀，有的全是轻松自如的真诚交流。在这样的氛围中，观众能够很快进入角色。

（六）《康熙来了》

台湾中天综合台金牌栏目。主持人为蔡康永、徐熙娣。时长 60 分钟，首播为周一至周五 22：00—23：00。

栏目邀请台湾当红明星，通过访谈让人了解艺人不为人知的一面，多才多艺的小S、知识渊博的蔡康永，再穿插助理主持陈汉典的搞笑模仿，在知性与理性的对话中了解明星的幕后故事。

栏目内容主要涉及八卦讨论、女明星卸妆、搜查女明星的包包、话题辩论、拯救音痴、台湾美食介绍、网络明星、舞蹈大赛、交换礼物、明星专访、探访明星家庭等。

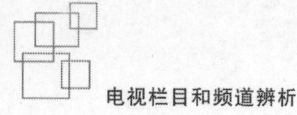

电视栏目和频道辨析

二、内地主要电视谈话栏目

（一）《面对面》

《面对面》是中国中央电视台新闻频道（CCTV－13）的一档人物专访栏目。主持人为董倩、王宁、古兵。时长45分钟。首播为周日21：30—22：15，重播为周一0：15—1：00、2：15—3：00、5：10—5：55、14：10—14：55。

《面对面》是中国电视新闻领域第一个初具规模的新闻人物访谈栏目，也是迄今为止发展最为成熟的新闻人物专访栏目。节目关注新闻人物，以主持人和嘉宾面对面、一对一交流的形式讲述人物背后的新闻事件，在人物与事件的碰撞中，用新闻人物解读新闻事件，用新闻事件凸显新闻人物。

《面对面》从其产生之日起就承载着鲜明的新闻性、实验性和前卫性，它以人物的新闻感为基点，更强调主持人与谈话嘉宾的言论交锋，以揭示谈话的主题和目的，让受众获得与其他谈话节目不一样的言语冲击。它始终追求对新闻人物背后的新闻事件的解密和说明，与观众一起见证一个深入探寻的过程，追求"第一时间"、"第一现场"和"第一需要"。

（二）《艺术人生》

《艺术人生》是中央电视台综艺频道（CCTV－3）名牌栏目，主持人为周军。时长50分钟。CCTV－1首播为每周三22：49，重播为次日凌晨4：19；CCTV－3首播为每周五21：15，重播为周日12：45；CCTV－4首播为周四9：00、16：30、22：00。

《艺术人生》秉承的宗旨是：用艺术点亮生命，用情感温暖人心，探讨人生真谛，感悟艺术精神。主要嘉宾为文学艺术界的名人，话题围绕人生成长、从艺之路、情感之旅展开，以情感饱满为特征。演播室现场由主持人、嘉宾和观众三方组成，主要环节是主持人访谈＋观众（亲友）互动。

（三）《对话》

《对话》是中央电视台经济部2000年7月改版CCTV－2之后推出的一档演播室谈话栏目，是中央电视台目前播出时间最长的严肃栏目。主持人为陈伟鸿。时长60分钟。首播为周日21：55—22：55；重播为周一16：00、周六7：00、23：50。

每次节目由突发事件、热门人物、热门话题或某一经济现象导入，捕捉鲜活经济事件，探讨新潮理念，演绎故事冲突，突出思想的交锋与智慧的碰撞。

《对话》通过主持人和嘉宾以及现场观众的充分对话与交流，直逼热点新闻人物的真实思想和经历，展现他们的矛盾痛苦和成功喜悦，折射经济社会的最新动向和潮流，同时充分展示对话者的个人魅力及其鲜为人知的一面。针对的目标收视群体为关注经济改革动态并具有决策能力的社会精英人士。

《对话》致力于为新闻人物、企业精英、政府官员、经济专家和投资者提供一个交流和对话的平台。这里出现的人物颇具分量：左右经济走向的权威人士、经历商海沉浮的企业巨头、见证热点事件的当事各方。

经济热点的幕后故事、富传奇色彩的企业家个人经历，形形色色经济现象发生的背景分析，等等，是其主要话题。

（四）《大家》

《大家》是目前中央电视台容量最大的人物访谈栏目之一，采访的主要对象是在我国科学、教育、文化等领域作出杰出贡献的"大家"。

2003年5月18日于中央电视台科学教育频道（CCTV－10）正式开播，主持人为曲向东。时长45分钟。

作为一个以传承人文精神为宗旨的栏目，《大家》在介绍大师们的学术贡献及成长过程的同时，还着力铺叙他们所亲历的时代风云，以期借助他们的慧眼看世界、看历史。节目在演播室访谈中，穿插有大量珍贵的历史资料和鲜为人知的故事，力图在真实的时代背景下，展现当代知识巨子们独特的生命历程与探索精神；以一个个典范式的例证，反省个人与时代、科学与人文的重大主题，并在大师们不经意的讲述中领略人生的真谛，掘取文明的碎金。

（五）《超级访问》

娱乐谈话类栏目，北京东方欢腾文化艺术发展有限公司发行，在全国30多家省市电视台播出。主持人为戴军、李静。时长50分钟。首播为重庆卫视周三22：05—22：55。

《超级访问》就是一档以访问明星为主要内容的大型电视娱乐谈话栏目，每期邀请一位明星来到演播室，接受主持人全方位的访问。栏目把演播室内的明星访谈与大屏幕播放的外景采访相结合，将娱乐与谈话巧妙融合。《超级访问》虽然定位为娱乐节目，却能在搞笑中交流，在轻松中引发真情，这样的一种与众不同，使它在众多同类栏目中脱颖而出。一流的制作班底和大规模的资金投入，使《超级访问》从开播起就获得成功，收视率迅速攀升，被业内人士称为不可多得的一档娱乐访谈栏目。

节目结构分以下几个主要环节：①开场白。两位主持人介绍一段栏目近期的动态。②嘉宾出场。主持人通过一定的背景材料或影像资料的介绍，引导嘉宾出场，嘉宾登场时配合烟雾和音响效果。③嘉宾访问。在嘉宾简单的亮相以后，即进入节目的主要环节——对明星的访问。在访问进行过程中，会适时地插入对嘉宾的家人、同学、好友采访的视频资料，以及嘉宾的即兴表演。④结尾。节目会在一个动情点处达到高潮，让观众意犹未尽。

在节目进行过程中，每10分钟会安排广告时间，并播出栏目小片头。

（六）《天天向上》

《天天向上》是由湖南卫视推出的一档大型礼仪脱口秀栏目。主持人为汪涵、欧弟、田源、钱枫、俞灏明、矢野浩二、金恩圣。时长90分钟。首播为每周五22：00—23：30；重播为每周六14：00—15：30。

《天天向上》以礼仪、公德为主题，分为歌舞、访谈、情景戏三段式，氛围欢快轻松幽默。该节目于2008年8月4日首播，名为《天天向上前传》，8月7日正式播出，节目以传承中华礼仪、公德为主，也经常邀请一些明星、企业知名人士来讨论礼仪，并有专门环节用搞笑的方式诠释古代礼仪。由于节目主持阵容强大，类型新颖，诙谐幽默，受到了广大观众的好评，拥有较高的收视率。

第二章 电视新闻栏目和频道

电视新闻栏目，是以传播新闻信息、反映和引导社会舆论为主要内容和功能的电视栏目。

第一节 我国电视新闻栏目概况和分类

一、我国电视新闻栏目概况

这里所说的新闻栏目是指广义的新闻栏目，指的是所有以传播信息、引导舆论为主要目标的栏目，包括定期、定时播出的新闻栏目，新闻性专题栏目，新闻事件现场直播和特别节目，等等。

世界各国电视台均把新闻看作电视的重要功能，也是竞争最激烈的电视传播领域。在我国，电视新闻资讯节目虽然起步较西方国家晚了近20年，但发展势头却非常迅猛。

（一）我国电视新闻栏目和电视相伴而生

可以简单列一个我国新闻栏目（节目）的开办时间表：

1958年5月1日，我国第一家电视台第一天播出的电视节目就含有新闻节目"五一座谈会"和具有新闻性的纪录片《到农村去》。

1976年7月1日，《新闻联播》的前身《全国电视新闻联播》开办，并通过微波传送在全国十多家电视台联合播出。

1978年元旦，《新闻联播》正式开办，电视新闻进入新的发展时期。

1986年开始，中央电视台新闻节目的信息量大幅度增加。如，1984年中央电视台全年共播出新闻4865条，1987年增加到3万条左右，1993年3月1日，第一套节目新闻播出由4次增至13次（包括体育新闻），实现了整点播出、新闻直播和重要新闻滚动播出，全天播出总量由65分钟增加到150分钟。

1993年5月1日，《东方时空》开播，它与20分钟的《早间新闻》一起，构成1

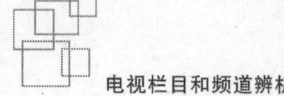

个小时的早间节目板块。

1994年4月1日推出《焦点访谈》，它与《新闻联播》一起构成晚间黄金时间新闻板块，而《世界报道》和改版后的《晚间新闻》同时开播，则形成了第一个收视高峰。

1995年4月3日推出《新闻30分》，达到了开发午间新闻的目的。

1996年1月1日，改版后的《新闻联播》采取直播形式，增大增强时效性，同年，《新闻调查》栏目开播。

2003年5月1日，中央电视台新闻频道开始试播。在此之前，内地第一家真正意义上的新闻频道是福建电视台新闻频道，该频道是以新闻节目为主的福建电视台第四套节目，于1999年5月23日在福州开播。福建电视台新闻频道不仅是内地第一家24小时的专业新闻频道，也是内地首家地方性电视新闻频道。除此以外，一些地方新闻频道也陆续成立，香港凤凰卫视资讯台便在内地部分地区落地；2005年12月8日正式开播的广东电视台新闻频道部分新闻节目还通过广东卫视、珠江频道海外版覆盖全球。2008年10月1日起重庆新闻频道正式改版，并在11月1日正式成为24小时的专业新闻频道。

从以上可以发现，我国电视新闻栏目和节目是和电视相伴而生的，从我国第一座电视台诞生的那一天起，电视新闻就成为电视节目不可或缺的组成部分，而20世纪90年代以来，是新闻节目和栏目快速发展时期，以2003年中央电视台新闻频道的开播为标志，我国的电视新闻发展进入新的发展阶段。

(二) 种类丰富

目前，中央电视台的各类新闻栏目品种齐全，而且省级电视台和地方电视台都十分重视新闻栏目，在栏目的构成中占有突出的比重，还出现了一批可圈可点的电视新闻栏目，从形态上丰富和补充了中央电视台的新闻栏目。

比如湖南卫视的《晚间新闻》，开始于1983年，几经改版之后，现在的《晚间新闻》以不同的风格在全国新闻网中独树一帜。栏目定位为"五性"：新闻性、社会性、贴近性、趣味性、服务性。《晚间新闻》尝试以另一种方式报道新闻，不再走国内新闻的说教套路，而是尽量发掘新闻的娱乐性。

安徽卫视曾经的《新闻观察》是安徽电视台的一档条状评论性栏目，其宗旨是关注社会热点，透视社会现象。针对"领导重视、群众关心、普遍存在"的社会问题进行报道，主持人对所报道的人和事加以点评。栏目在报道形式上侧重于新闻事件的过程和现场的展示，强调纪实感，强调记者目击和亲历。

北京卫视的《今日话题》，是北京电视台综合频道晚间播出的新闻评论栏目，与《焦点访谈》相似，不同之处在于每期围绕一个话题出几个现场，突出北京的地域性。

《南京零距离》是江苏省广播电视总台城市频道倾力打造的一档日播类新闻直播栏

目，该栏目于2002年1月1日开播，节目面向省会南京，以报道南京、服务南京、宣传南京为宗旨，主要内容由社会新闻、生活资讯、孟非读报、观众热线、现场调查等构成。该栏目一经推出，即受到了广大电视观众的热烈欢迎和广泛好评，真正实现了与电视观众的"零距离"，被誉为"南京人的电视晚报"。由该栏目主创人员提出的"民生新闻"理念在业内同行及观众心中得到了广泛认同。从2009年5月1日起，《南京零距离》升级为《零距离》（播出时间及播出方式不变）。在操作层面上，自采节目的题材向全省辐射，一些重要题材多采用SNG卫星直播等手段实现跨省报道。频道的品牌推广体系向全省延伸，过去重点面向南京的"社区行"、"便民网"、"电影进社区"、"爱拼就会赢"等活动，向全省尤其是苏南地区推进。在技术层面，则全方位推进"网络化传播"，通过运用首页、搜索、视频、留言板等形式来实现栏目的网络化表达，并进一步强化与广电总台网站、知名论坛和门户网站的合作进行自身的宣传推广。

（三）时空覆盖广泛

我国的电视新闻节目在时间分布上实现了早、中、晚、夜都有新闻可看，尤其是新闻滚动播出以及新闻频道的出现，更是做到了新闻可以随时看。电视新闻节目样式也从单一的口播、新闻纪录片变得丰富多彩起来，现场报道、动画演示、访谈、评论、戏说等形式都使新闻节目更加生动形象、更显深广厚重、更具新闻时效。

而且，新闻栏目覆盖了几乎所有电视台和电视频道，哪里有电视台，哪里就开办有电视新闻栏目。近年来，频道专业化开始出现，新闻频道、综合频道开办新闻节目顺理成章，各专业频道也同样离不了新闻类节目：影视频道报道影视新闻、综艺频道报道文化动态、农业频道有农业新闻、少儿频道有少儿新闻、军事频道有军事新闻、生活频道更离不开生活信息。

（四）电视新闻成为各级电视台栏目重点

电视新闻在电视中的主导作用不仅表现在节目构成比重上的重要性上，更表现在新闻改革对电视节目改革的促进作用和新闻节目对电视经营的带动作用上，"新闻立台"已经成为电视媒体的共识。

作为传播媒体，电视离不开新闻节目，新闻节目在电视台各类节目中占有重要的比重。尤其是进入20世纪90年代，新闻节目所占比例基本确立并稳定下来。根据统计，20世纪90年代以来，电视新闻节目在各台节目总量中的比重基本稳定，1998年中央电视台新闻节目在各类节目中的比重已经达到14.8%，而进入新世纪后，这一比例又有增长，基本达到国际水平。

随着各地无线台、有线台等电视资源的整合，新闻综合频道甚至新闻专业频道大量涌现，新闻直播等特别节目的增多、插播新闻和新闻字幕等新闻形式的广泛采用，新闻节目在电视节目总量中的比重将继续保持稳定并适度增长的状态。

二、电视新闻栏目的分类

从不同角度审视电视栏目，按不同的需要分析电视栏目，就会对电视栏目有不同的分类。电视栏目分类标准五花八门，表明人们认识电视栏目的视角多种多样，同时也反映了电视栏目的日益丰富多彩。

而对电视新闻栏目的分类，也是仁者见仁，智者见智。本书以栏目的结构形态作为划分标准，把电视新闻栏目大致归结为以下几种形态。

（一）消息类新闻栏目

消息类电视新闻栏目是以现代电子技术为传播手段，以多元素的图像、声音为传播符号，迅速、简要、客观地报道新近发生、发现的事实的电视新闻节目。

消息类电视新闻栏目能迅速、及时、客观、简要地报道国内外最新事态，充分地体现了电视新闻时效性、客观性、社会性的传播规律，其基本表现形态为演播室口头播报与现场记者采访报道有机结合，是电视台实现要闻总汇功能的主要栏目，可以说是天天与观众见面，中央电视台的《新闻联播》以及各省、市电视台的新闻联播类栏目均属此类。

消息类新闻栏目包括整点播报、滚动播出、随时插播最新消息等多种形式。其中，整点播报使得观众能够在固定的时间里看到新闻；滚动播报则满足了人们对最新信息的需求，并使得新闻与时间的流动相呼应；而随时插播最新消息则又具体涉及口头插播、文字插播以及图像插播等不同样式，更是充分体现了电视新闻对突发新闻事件的应变能力。

消息类新闻从内容特点上可分为系列报道、连续报道等类别。系列报道即对重大新闻事件的立体化、全方位报道，它以集中宣传形成规模，扩大新闻的社会影响，能满足观众对某一新闻事件整体把握的要求。连续报道即对具有相关性的新闻在时间维度里的追踪报道。电视新闻以连续报道发挥其优势，对一个新闻事件，随着它的发展进程不断地对其作出新的报道，引入新的发展内容，直至知道最终结果，从而形成一条长长的信息链。

（二）电视专题新闻栏目

电视专题新闻是对新闻做深度报道的新闻节目，相对于消息类新闻栏目，专题类新闻栏目的容量更大，挖掘更深。

电视专题报道是电视新闻深度报道的主要形式之一，与报纸、广播中的通讯相对

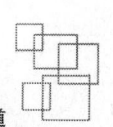

应，通常是对新近发生、发现的具有典型意义的人物、事件、问题、社会现象等，进行记录、调查、分析、解释、评述等，深入完整地反映该事物的发生、发展、结果及影响的全过程，揭示主题的深刻意义。专题报道强调新闻依据，用现场拍摄的纪实手法反映新闻事实，不允许扮演、补拍、摆布和组织拍摄，但可综合运用画面形象、同期声现场效果、背景材料以及特技、字幕、图表、动画等视听因素，尽可能调动相宜的表现手法，增强可视性，鲜明、生动、深刻地传达主题，既强调针对性、适时性、形象性，也强调现场感和参与感。

（三）评论类新闻栏目

评论类电视新闻栏目是指通过对新闻事实的深入调查采访认真分析论证，在摆事实讲道理的过程中，由记者或主持人代表传播媒介旗帜鲜明地表达对所报道新闻事件或社会问题的看法和认识的一种栏目形态，它是电视新闻报道的重要形式之一。

新闻评论栏目的繁荣源于现代受众的要求，他们认为新闻报道既要尽可能客观公正地报道新闻事实，同时也要将主观的见解体现在报道中，从而使其在事实和见闻的同步接受中，开拓自己判断的思路，提高信息的价值。那种报道就是报道、评论就是评论、两者必须严格分开的观点和做法，已不合乎电视传播的特性和观众的心理需求。具有报道和评论并行这一重要特性的电视新闻评论恰恰就由两部分构成：作为事实的信息和作为意见的信息，二者互为依附。电视媒体所报道和揭示的事实本身就包含评论，而且是最有力的一种评论。报道和评论在不同方式和不同层面上的组合和交融，搭建了现今电视新闻评论栏目形态的基本框架。

与其他栏目类型相比，新闻评论栏目的最大特点在于在相对较长的时间内能够深刻地揭示新闻事实的本质，注重的是理性抽象的道理而不是直观形象的事实，是意见信息而不是事实信息。其劣势主要是时效性相对较差，每期节目评论的题材比较单一。

目前，这类新闻栏目在所有新闻栏目中占有的比例较小，也不很成熟。但是，它被誉为新闻媒体的旗帜和灵魂，在各类新闻栏目中地位最高。

（四）杂志类电视新闻栏目

不同题材（体裁、形式）的新闻，由不同的主持人从不同的视角予以演绎，以不同的风格展现在观众眼前，各个单元各具特色又和谐一致，这便是杂志类新闻栏目的形态特征。

杂志类电视新闻栏目是指采用杂志式的专栏化分类编排方式、由节目主持人串联播讲的综合性电视新闻资讯节目。这种电视新闻资讯节目形态借鉴杂志的编辑手法，将长短不一、表现形式各异的新闻性稿件，按栏目的宗旨加以取舍，有机地组成一个定期定时播出的单元。它融信息、舆论、知识传播于一炉，杂而有序，内容上中心突出，形式

上灵活多样，既有信息量大的众多简讯，又有一定的深入报道，是电视节目栏目化的具体表现，也是主持人栏目的一种。杂志类电视新闻栏目最早出现于美国，这种节目形态推出以后，很快被各国电视界广泛地运用并得以快速发展，今天它已成为很多国家电视屏幕上运用最广泛的节目形态之一。

杂志类电视新闻栏目的结构包括两个层次：一是局部结构，主要处理节目素材之间的关系，赋予每一个局部相对确定的意蕴和相对完整的形式；二是整体结构，即根据节目方针、本次节目的预期目标，把各个局部联结为井然有序的有机整体。

杂志类电视新闻栏目最突出的特质就是在节目结构上的分类编排，这种板块模式使杂志类新闻栏目在传播上占据了独到的优势。

（五）谈话类电视新闻栏目

谈话类电视新闻栏目是指以面对面人际传播的方式，通过电视媒介再现或还原日常谈话状态的一种栏目形态。通常是围绕新闻事件、社会热点等当前群众普遍关心的问题，在主持人、嘉宾和观众之间展开即兴、双向、平等的交流，它本质上属于大众传播活动。谈话类电视新闻资讯节目的特点不在于对新闻事件诸要素的具体报道，而是通过主持人与参与者的访谈，一方面可以传播思想、观点，另一方面也可以通过采访时的对话，对新闻事实进行更深入的挖掘和探询。如香港凤凰卫视的《新闻今日谈》和中央电视台新闻频道的《新闻会客厅》、《面对面》等，都是比较有代表性的此类栏目。

第二节　消息类新闻栏目解析[①]

消息型新闻栏目，也可以称为集纳型新闻栏目，是指消息类电视新闻节目的汇编单位和划分形式。依据不同的分类标准，消息型新闻栏目可以划分为不同的类别：根据栏目内容的不同，可以分为时事类、经济类、体育类、娱乐类和综合类等；根据报道地域的差别，可以分为国际新闻栏目、国内新闻栏目以及地方新闻栏目。而在当今最能体现栏目各自特点和风格的分类方法，应该以播出时段为依据，划分为早间电视新闻、午间电视新闻、晚间电视新闻。

---

① 本节所采用的资料，见张宁：《中国电视观众现状报告：2012年全国电视观众抽样调查与分析》，中国传媒大学出版社2013年版；王丹彦：《中国电视艺术发展报告》，中国广播电视出版社2010年版；王兰柱：《中国电视节目创新与收视》，中国传媒大学出版社2010年版；庞井君：《中国广播电影电视发展报告（2013）》，社会科学文献出版社2013年版。

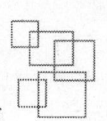

一、早间电视新闻

早间电视节目一直是西方电视的重要竞赛场。从国家广播公司（NBC）在50多年前的第一个清晨电视节目 *Today* 开播后，在美国四大广播网 NBC、ABC、CBS、FOX 之间，早间电视战就一直如火如荼地进行着，而且，早间电视新闻仍然是电视发展的增长空间。

我国的早间电视节目基本上还是处于起步阶段。《东方时空》在20多年前的开播也许确实打破了"中国人早晨不看电视的习惯"，但与其说人们从中看新闻，还不如说它的杂志型栏目形态及相应的非新闻板块更吸引观众。我国早间电视新闻栏目的开发还有很大空间，电视战的热点还是在晚上和白天的其他时段。

（一）收视特性及对策

所谓收视特性，也就是"什么人？什么时间？看什么？怎么看"，现分别加以阐述。

1. 什么人在早间看电视　据相关资料，每天约有2000万左右的城市观众在收看早间电视节目，这些人的构成及特点是：

（1）性别构成。男性居多。这在中央电视台早间电视观众构成中表现得尤为明显。

（2）年龄构成。呈现"中间高，两头低"的态势。一方面，30～49岁年龄段的城市居民构成了早间电视观众的主体，另一方面，早间电视观众的平均年龄略低于我国城市居民的平均年龄。

（3）学历构成。收看早间电视的人以具有中高学历者居多。从实际构成比例上看，初中以下学历的城市居民收看早间电视节目的发生概率较低，而高中及高中以上学历者收看早间电视节目的人员比例明显地高于其在居民总体中所占比例的平均水平。

（4）职业构成。从绝对数量上看，早间电视观众中构成比高的社会人群依次是工人、离退休人员、待业或无业人员、企事业领导或管理人员、其他人员、私营或个体劳动者、各类专业人员、党政机关干部；从相对于自然人口比例的构成差异上看，待业或无业人员、企事业领导或管理人员、私营或个体劳动者更多地会成为早间电视的观众。

（5）收入构成。就全国电视观众的总体情况而言，收入高低与是否成为早间电视观众之间不存在必然联系。但差异分析表明，中高收入者以高于其人口比例的水平更多地成为中央电视台早间电视节目的观众，相形之下，低收入者在中央电视台早间电视观众中所占的比例要明显低于他们在自然人口中所占的比例。

（6）居住地构成。就全国电视观众的总体情况而言，东北地区、华北地区、西北地区的城市居民更多地会成为早间电视节目的观众。

从中我们可以看出，目前我国早间电视节目所吸引的主要观众是男性、中青年和具有中高文化程度以上的人，而20～39岁的城市居民最为集中。因此，办好早间电视新闻的关键在于如何争取这个群体。

此外，对于大多数人为什么不收看早间电视的原因分析，对我们认识早间电视传播的市场空间将提供有力的解释。

调查数据显示，约有七成的城市人不看早间电视节目。最主要的原因有三种：

一是和早晨快节奏的生活状态有关。比如"时间太紧顾不上看"（占64.3%），或者因为"外出锻炼，没法看"（占41.8%）；

二是由于目前开办的电视节目还不足以吸引他在这段时间里收看（8.5%）；

三是由于人们的习惯以及其他类别的传播媒介的竞争所造的（7.7%）。

由此可以证明，早间电视传播的市场空间还是有相当大的余地的。

2. 什么时间看、看多长时间　央视调查中心《中国城市居民早间收视情况和收视意愿调查》数据和分析显示：观众平日起床时间集中在6：15左右，比例为45%。而在周末周日，在这段时间起床的观众比例为35%，减少了10%，这样，6：00—7：00是我国城市居民起床比例的高峰值所在的时段，达到人数比例的约3/4。据此，6：00是开办一个有影响的早间电视节目的时间上限，早间黄金时段为6：30—7：30。

超过半数观众早间可用于观看电视的时间长度在30～60分钟之间（29.9%在30分钟内，23.5%在30～60分钟内），这也就意味着，除去约1/4（27.5%）离退休或无业在家人员之外，绝大多数观众在这一时段的可支配时间是有限的，30分钟和60分钟是早间电视节目滚动播出的周期性单元的上限和下限。

3. 看什么　央视调查中心1999年5月《中国城市居民早间收视情况和收视意愿调查》和《2002年全国电视观众抽样调查分析报告》表明，虽然不同的人群对早间电视节目内容的需求不同，但时事新闻、热点话题、生活资讯仍然是人们对早间电视节目内容的需求热点；《中国城市居民早间收视情况和收视意愿调查》还对早间电视节目"必视性"新闻资讯类内容进行了考察，结论如下：

（1）观众必视率很高的内容共2个，它们依次是：天气预报、国内新闻。

（2）观众必视率高的内容共3个，它们依次是：国际新闻、生活小常识、热点访谈。

（3）观众必视率较高的内容共3个，它们依次是：批评揭露性报道、健康指导、本地新闻版。

（4）观众必视率尚高的内容共10个，它们依次是：体育新闻、奇闻趣事、电视节目预报、社会新闻、消费指导、科学新知、观众之声、新闻分析、流行时尚、经济新闻。

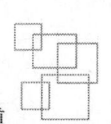

(5) 观众必视率较低的内容共12个，它们依次是：名人访谈、新闻背景、今日生活提示、理财资讯、域外传真、文化新闻、就业指导、业余爱好指导、中外报纸摘要、文化艺术资讯、史海钩沉、出行信息。

需求"影视剧或文艺戏曲"者主要是离退休人员及待业或无业人员；"知识性节目"和"文化体育报道"的需求者以女性和青年观众为主，而"财经资讯（股票、证券、汇率等）"的需求者以男性观众、企事业领导或管理人员、其他人员以及待业或无业人员为主。因此，新闻节目和服务类信息应该成为早间电视节目的"主菜"，而且风格要轻松，节奏要快。

此外，考虑到尚有1/4强的"非上班上学族"群体对娱乐的需要，影视剧和适合老年人收看的地方文艺戏曲节目也应该在早间节目中占有一席之地。

4. 怎么看 早间对大多数人来说是忙碌的——洗漱、吃早饭、准备出门，不可能像晚上那样身心放松地收看电视，更多情况下，电视更像是一个"背景"，在做其他事的同时，偶尔看一下电视。

这样一种收视状态决定了早间电视节目应该简洁明快，信息量要大要密集，栏目或节目的时段要短，尽可能在最短的时间内把最重要的新闻传播出来，以短、平、快的新闻资讯为主，可以进行滚动播出，使错过某些内容的观众还有再次了解的机会。尤其应该强调的是，由于"非专注"的收视状态，大多数观众与其说是"看"电视，不如说是"听"电视，所以对声音元素的要求大大增加，所以早间电视节目对语言和播音的要求应该更高，要注意"可听性"，即在画面之外的信息。

（二）早间新闻的编播策略

美国的早间电视新闻栏目在编排上一般都分为七大块：

第一大块，是整个节目的缩影，通过短短的开头表现整个节目的情调、节奏和特色。

第二、三、五大块，一般安排突发性新闻、介绍情况的成套新闻以及有关健康科学的专业新闻。

第四大块，往往安排一则新闻特写，以形成"峰谷技巧"编排。所谓峰谷技巧，就是把电视节目想象成一系列的山峰，错落有致、高低不平。每次新闻节目都用当天最新、最重大的消息做头条，越在后，紧迫性和价值就越小。在低谷状态下，应找出一个办法，使节目重回高峰状态。在前面两大块新闻重要性依次递减的情况下，一般采取新闻特写的方式制造高潮。

第六大块，一般是体育新闻。

第七大块，内容回顾和最新消息。最后一条一般选用新闻特写或风趣新闻，使观众

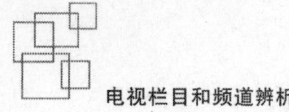

在清新隽永的结尾中轻松结束。

这对我们具有很好的借鉴意义。

(三) 我国早间电视新闻现状及个案分析

调查统计数字显示：每天在1716万18～70岁的早间电视观众中，41.7%的人收看的是中央电视台的节目，18.3%的人收看的是本省市电视台的节目，另有10.5%的人收看的是其他电视台的节目。换言之，在每10位收看早间电视节目的人当中，平均约有4位是中央电视台的观众，2位是本省市电视台的观众，余下的才是其他电视台的观众。然而早间节目总的收视率仅在25%左右。

以2014年4月12日为例，查阅16家电视台（分别为中央电视台综合频道、凤凰卫视、湖南卫视、东方卫视、北京卫视、浙江卫视、江苏卫视、广东卫视、四川卫视、安徽卫视、云南卫视、东南卫视、广西卫视、甘肃卫视、青海卫视、河南卫视）的节目编排表，早间新闻播出情况如下：

5：00左右，播放新闻节目的仅有1家——安徽卫视（《超级新闻场》）。

6：00，播出新闻节目的有2家——中央电视台综合频道（《朝闻天下》）和广西卫视（《壮语新闻》）。

6：30左右，播放新闻节目的有4家——东方卫视（《子午线》）、凤凰卫视（重播头晚《全媒体全时空》）、浙江卫视（重播头晚《今日聚焦》）、云南卫视（《新视野》）。

7：00，新闻节目数量开始急剧上升，播放新闻节目的有中央电视台综合频道（《朝闻天下》）、凤凰卫视（《劲酒凤凰早班车》）、湖南卫视（《湖南新闻联播》）、东方卫视（《看东方》）、北京卫视（《北京您早》）、浙江卫视（《新闻深一度》）、江苏卫视（《江苏新时空》）、广东卫视（《广东早晨》）、四川卫视（《汇说天下》）、东南卫视（《早安福建》）、青海卫视（《青海新闻联播》）、河南卫视（《中原晨报》），共12个卫视，形成早间第一次新闻高峰，持续到7：30。

就上述数据来看，中央电视台、凤凰卫视是早间新闻的主要渠道，从时间上看，中央电视台6：00就开播大型新闻板块栏目《朝闻天下》，在早间时段已经有了重大的突破；凤凰卫视早间的主打新闻节目是7：00的《凤凰早班车》，而且是凤凰卫视的名牌栏目，并在8：00重复播放，随后8：55的《大外交新思维》围绕最热的新闻话题，串联历史，解读时局。主持人从一个外交事件解读世界格局的变迁，内容上较有分量。9：40的《凤凰全球连线》在内容上更加丰富多元，聚焦社会热点、国际事件、政治话题、社会舆论。

中央电视台综合频道和新闻频道并机播出的《朝闻天下》的栏目特色：第一，热点最先关注，引领全天生活。6：00开播抢了时间上的先机，同时还改变以往早间节目仅仅梳理前一天新闻的理念，通过四次滚动播出的"今天早知道"板块，以及节目全程交替出现的滚动字幕,第一时间关注当天焦点事件,提示当天生活服务,占据内容上的高度。第二,服务贯穿始终,吸引流动观众。150分钟的节目中,每30分钟将以天气预报的方式提供一次天气出行服务,同时还将在节目中以滚屏字幕方式全程发布天气信息,并全程加挂标准时钟,以吸引观众锁定频道,并形成收视习惯。第三,拓展选题范围,突出电视特点。在保持原有国内国际时事新闻权威性的同时,强化了对社会民生新闻、天气出行资讯、文化体育资讯、时尚生活资讯等可视性强的题材,同时在表现方式上强化电视特性,突出视听感受。《朝闻天下》整合了早间时段原有的《6:00早新闻》、《媒体广场》、《7:00早新闻》和《新闻早8:00》,并把收视效果不佳的专题类节目重播从早间移走,以新闻和服务资讯为主,打造出一个统一的品牌早间高收视平台。第四,调整编排,高点起步,固化优势。中央电视台新闻频道早间节目的收视起点很高,其改版从高点起步,从6:00开播,推出强势新闻资讯类节目,保持持续播出,以期固化优势。第五,拓展内容,改进形态,提高竞争力。《朝闻天下》从内容上着力于拓展选题范围,确保原有重大国内、国际新闻报道权威的优势不丢,加大观众收视意愿更强的社会新闻、文化体育新闻和天气出行资讯、生活服务资讯的报道量;在形态上,从主持人表达、节目包装、演播室设计等元素入手,改进节目的形态,使节目形态更趋时尚。《朝闻天下》是年轻的栏目,存在很大的上升空间。但就现在的栏目形态来看,却不免使人把它与2000年11月27日《东方时空》改编版(由40分钟激增到150分钟)相联系,有似曾相识之感。对一档早间新闻栏目来说,更重要的是遵从新闻传播规律和早间的收视特性,增加信息量,而不是把力量主要花在栏目形态以及频繁改版上。

相比较而言,凤凰卫视的《凤凰早班车》则保持相当的稳定性,作为凤凰卫视的名牌栏目,以其信息量大、时效性强、编排灵活、主持人亲切平和赢得更多的关注。

凤凰网对于《凤凰早班车》的介绍是:

> 《凤凰早班车》是众多中国电视频道中,每天第一个报道最新世界新闻的直播节目,欧美观众透过联机同一时间收看。节目除了报道两岸三地的新闻、国际间最新的重要事件外,还有亚洲主要华文报章之文摘及评述;而关心经济的观众,可以从财经环节中第一时间接收最新欧美以及中国香港的股市行情和财经消息。

"警醒的一天,从《凤凰早班车》开始","说新闻"、信息量大、深度报道少、节奏快等形成了《凤凰早班车》鲜明的节目风格。此外,凤凰台的新闻非常重视信息传播中的娱乐性、灵活性和互动性。而其新闻选题也比较注重社会新闻的选择,经常报道香港或国际上的一些人情味新闻,如动物新闻、本港人情世故等。这样一种编排方式符合早晨信息的传播规律——早晨人们往往行色匆匆,不可能专心致志地收看电视节目,

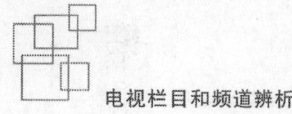

而是边看边从事其他工作，因而，迅速赢得观众，形成了品牌。

二、午间电视新闻

对我国观众来说，中午是一个重要的休息时段，也是看电视的一个高峰。《中国电视市场报告（2002—2003）》和《2012年全国电视观众抽样调查与分析》显示：全天收视的第一个高峰出现在12：00—13：00，最高达到14.7%，在全天9个时段收视率排名中，列第四位，前三位都出现在晚间：第一位是晚间黄金时段（19：00—22：00），平均收视率为50.8%，第二位是深夜（22：00—24：00），平均收视率为17.5%；第三位是傍晚（17：00—19：00），平均收视率是16.5%。故午间成为一个重要的竞争平台。

《2002年全国电视观众抽样调查分析报告》对观众在不同时段的收视意向的调查结果显示，无论是在工作日还是在周末，新闻都占据首位。而据央视调查咨询中心的信息，观众常收看的电视节目中，新闻节目是第一位的选择（34%），表明新闻类的栏目仍然是这一时段的主打。

《2012年全国电视观众抽样调查与分析》比较2002年、2007年、2012年观众收视节目的数据排名时，"对新闻资讯的了解"这一项由2002年的第三位上升为2007年、2012年的第一位。根据2010年全国电视节目制作构成数据显示，新闻资讯类和综艺娱乐类电视节目的制作比例都比较高，在20.0%以上，其中新闻资讯类比重最大，为26.24%。2011年电视收视统计数据显示，电视剧、新闻/时事和综艺娱乐是电视媒体收视比重最高的三种节目类型，其中新闻/时事占所有电视观众收视时间的13%，居第二位。

（一）午间收视特性

仍然从"什么人？什么时间？看什么？怎么看"四个方面分析。

1. 什么人 对午间收看电视的观众做定性分析也许是不大可能的，因为，一方面，边看电视边吃饭似乎已经成为很多中国人的习惯；另一方面，对大多数"上班上学族"来说，中午都有1~2小时的休息时间，许多人又把这段时间消耗在看电视上。所以，午间观众构成成分极为复杂，行政机关干部、企业单位管理人员、公司白领、教师和学生、自由职业者、离退休老人、夜班工作者等，都可能是午间电视节目的忠实观众。

人群构成的这种复杂性，也使得午间电视节目纷繁多样，新闻栏目只能算是其中的一个类别，面向其中的部分观众。不过，虽然没有直接资料可以证明，但午间新闻的主要受众群体是"社会的中坚力量"，仍然是业内外的共识。

2. 什么时间 12：00，是大多数观众的中午下班时间。地区、行业的不同，中午休息时间也大不一样，大城市一般为1个小时，中小城市为2个小时之内，高峰在12：00—13：00。

3．看什么 就新闻栏目来说，及时准确的新闻信息公布是午间观众最大的内容需求，同时，与之相关的反应迅速、有见解有深度的新闻评论也是热点，因此，午间新闻的一般构成应该是消息+评论两大块，但从目前午间新闻总体状况看，主要力量仍然放在消息类新闻上，有影响的深度新闻评论基本属于空白。

实际上，这是非常大的一个欠缺，也是大有开发价值的领域。因为，随着信息渠道的增加和畅通，电视早已经不是人们获取新闻信息的主要甚至唯一渠道，在一上午的区间内，很多观众通过网络、收音机、手机短信、报纸、口头交流等，早已经获知了上午或当天发生的新闻，但来不及回味和判断，这时最需要的是对这些信息的分析和归纳，因此午间是最好的"谈论"新闻而非"发布"新闻的时段，倘若电视可以在这方面有所作为，预计会有比较好的前景。凤凰卫视的《锵锵三人行》栏目偶尔有这样的话题，但时效性和深度都有所欠缺，尤其在它将午间节目改为重播后，实际上等于让出了这一时段，也给其他电视台留出了更大的发展空间。

节目形态上，午间新闻的限制相对于早间新闻要少得多，但"说新闻"和"谈话"的形态更宜于午间收看。考虑到网络在这一时段对电视的冲击更大（有资料显示，许多"办公室人群"以上网作为午间休息时间的主要消遣方式），电视应该充分发挥自己的优势，即在"可视性"上下功夫；而且风格上力求轻松活跃，"硬"消息软着陆，深分析浅言论，以适应午间的气氛。

4．怎么看 午间是紧张的夹缝当中的休闲小插曲。从我国的基本情况来看，除家庭主妇外，这段时间属于大部分人的可支配时间，是大部分人在一上午紧张的工作、学习后难得的调节时间。因此，休息、放松、恢复精力，是午间观众的主要身心状态，这也就决定了午间时段人们随意性强的收视状态：边吃边看，边说边看，边睡边看；可看可不看；随意看看。而且，收视地点和环境多样：办公室、会议室、车间、宿舍、教室、家等，与其他时段相比，集体收看的现象比较突出，传播性强。

（二）午间电视新闻节目编播策略

目前内地很多电视台都加强了午间电视时段的开发，午间新闻栏目的设置是其中主要的开发项目。综观这些午间新闻栏目，节目编排策略基本可以归纳为：

1．定位上 午间新闻的设置，就是要播发早间新闻播出后，上午时间段发生的新闻，这是它的原始功能。午间新闻就其功能性定位应该是以报道上档新闻与本档新闻的报道间隔内发生的新闻为基本诉求。从定位来看，它应该及时播发上午发生的最新事件；迅速承接午夜和早间栏目包括平面媒体刊发的重大新闻的"第二落点"，及时追踪最新发展；捕捉聚焦新闻事件，适时实施新闻常态直播；收集财经、生活资讯，为观众

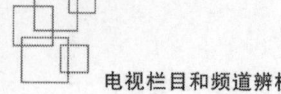

提供实用信息。

2. 新闻内容上 午间新闻主要包括国内国外两大部分新闻,而这些新闻又分为时政和社会两部分。内容安排必须考虑收视人群的时段特征与收视需求。从观众组成特征来看,午间时段的主要受众是城市观众,且相对分散,要找到最有可能引起他们共同关注的东西。在此基础上,追求时效性、信息量,增强社会新闻和"软"新闻的分量,对热点或焦点新闻进行深度评论。

3. 节目形态上 考虑到午间人们较为懒散,对电视的必看性需求相对较低,必须以"新"求胜,在节目编排上要打破常规,节目节奏上要张弛有度,形式上要灵活多变。

在这方面,央视二套《全球资讯榜》栏目有可圈点之处。作为中央电视台财经频道新闻主框架的组成部分之一,在正午时段为观众提供以国际为主、国内外融通的全球经济资讯,汇聚国内外权威新闻网站的排行和全球媒体的热点聚焦,以此为参考,以分类新闻排行榜的发布方式,在浩如烟海的资讯海洋中精选观众最需要知道的新闻。观众还能看到颇具视觉冲击力的新闻图片,知悉沪深股市涨跌幅前五位的"股市红绿榜",在轻松之中得到令人耳目一新的全球资讯。主要板块有:①"要闻排行榜":以经济的视角,报道关注度最高的时政要闻和突发新闻排行;②"财经新闻榜":以百姓的视角,发布财经领域最具影响力的新闻排行;③"新闻人物榜":当日全球风云人物;④"公司新闻榜":介绍全球哪几家公司制造了行业内最受震动的新闻事件;⑤"科技新闻榜":前沿性和实用性相得益彰、激发人类好奇心和创造力的最新科技新闻;⑥"今日之最":好看、有趣、轻松、让人耳目一新的新闻集萃。"全球资讯榜"板块式排行播报方式,使每个板块都能满足不同的受众,每个板块都有其不同的诉求点。

4. 加强策划 与早间新闻时段不同,午间新闻有一个上午的时间进行细致策划,因此理应做得更为符合新闻规律和受众需要。

美国著名新闻主持人丹·拉瑟接替克朗凯特主持CBS《晚间新闻》节目后,确立了一条"后院篱笆原则"(Back-fence principle),重新奠定了CBS《晚间新闻》的节目基调。所谓"后院篱笆原则",丹·拉瑟是这么解释的:"20世纪80年代,电视新闻关注最多的是这么三件事:英阿福克兰群岛之战、中东战争和英国戴安娜王妃的新生王子。新闻对哪件事更关注、更多报道?去报道新生小王子!设想一天结束时,两个主妇倚在后院的篱笆上聊天,她们多半会谈到新生的小王子。"做电视新闻应该把新闻价值建立在受众最感兴趣的话题上。

《全球资讯榜》栏目策划的强烈服务意识是有目共睹的。中午时段,人们不习惯于观看大量正规模式化的新闻报道,更关注的是一些趣味性比较强的事件。在这方面《全球资讯榜》做得很到位,其栏目的宗旨是大众、综合和实用,一切渴求经济信息,并想以此提升自己经济地位的人都是他们的受众。同时,秉承大经济的概念,报道反映中国和世界经济脉动和趋势的信息,而不只是某几个专业领域的新闻。另外,秉承大资讯的概念、信息总汇概念，做经济信息的总装厂，来自国内外、台内外的信息都将成为他们的资源。最后，栏目秉承"实效信息观"，做有用的新闻。不难看出，《全球资讯榜》栏目在策划上是下了大功夫的。

（三）我国午间电视新闻现状

在选取国内电视台 12：00—13：00 时段的节目进行调查统计后可以发现：午间节目基本集中于法制、新闻和电视剧这三类节目。就全国性频道而言，法制栏目典型代表是中央电视台综合频道（CCTV－1）的《今日说法》，新闻栏目的典型代表是中央电视台综合频道的《新闻30分》，中央电视台新闻频道（CCTV－13）的《新闻直播间》也有相当影响。而各地区也有类似的栏目编排，如北京电视台的《特别关注》（午间版）、《法治进行时》，东方卫视的《东方午新闻》，广东卫视的《午间新闻》，东南卫视的《海峡午报》，等等。

全国性有影响的午间新闻栏目有：

1. 中央电视台《新闻30分》 国内影响力最大的午间新闻栏目，于1995年4月3日开播，节目长度30分钟，每天12：00—12：30播出，填补了以前电视新闻播出在这个时段的空白。据央视－索福瑞的调查，该栏目的平均收视率约为3.38%。

此栏目属于消息类新闻栏目，以播出当天上午发生的国际国内新闻为主，但偏重于社会新闻和服务性信息。

2. 中央电视台《新闻直播间》 由中央电视台新闻频道播出，2011年7月4日开播，在150演播室播出10～20分钟的新闻，新闻频道实现真正意义上的24小时播出，其午间播出时段主要为每天11：00—11：55。

《新闻直播间》每小时都会将当天的重点新闻滚动播出一遍，但并非简单重复，而是随时增补该新闻的后续追踪、背景资料或请专家和特约评论员做解读而逐渐增加深度。时效性是这档节目追求的目标，在长达8小时的直播中，经常插播"最新消息"以及"突发新闻"。此外，在加强新闻性的同时，《新闻直播间》还有意识地增强了娱乐性。在每小时节目接近尾声时，甚至使用了网络上流行的滑稽图片与视频，如"小松鼠抢镜头"、"狗妈妈'义哺'猪宝宝"、"灰熊不请自来，享用豪宅"等新闻，令观众忍俊不禁。

3. 凤凰卫视中文台《凤凰午间特快》 是凤凰卫视中午的新闻强档栏目，向观众传送全面的国际社会经济大事等第一手信息。播说结合，主持人以互动、全球联机的直播形式，同时为欧美观众提供最新最快的信息报道。软性新闻少。

此外，值得注意的是，凤凰资讯台新开办了《新闻十二点》，周一至周五12：00播出，时长30分钟，以短消息为主；周六、周日仍提供高质素的新闻节目《周末正午播报》，时长也是30分钟，承接《周末晨早播报》的新闻播报形式，总结周末发生之

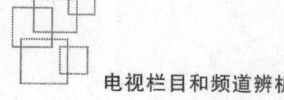

新闻大事,送上最新最快的信息。

客观地说,在内地能对中央电视台构成威胁并被列为竞争对手的,恐怕只有凤凰卫视,它的落地率虽低,但影响力极大,而且有其鲜明的自身特色。

4. 北京卫视《特别关注》 一档以民生新闻为定位的新闻栏目。自2000年11月16日开播以来,就以贴近百姓生活的社会新闻、焦点热点的深度报道、新鲜快捷的时效信息而引起关注。始终坚持"关注社会发展,贴近百姓生活"的栏目宗旨,力求用特快的速度、特别的视角、特色的电视手段,突出平民化、地域性、服务性的特点,致力于真实客观地诠释新闻事件,理性细致地关注点滴生活。倾听百姓心声,报道百姓关心的事、身边的事、困难的事、烦心的事,为百姓排忧解难。

三、晚间电视新闻

(一)收视特性分析

1. 什么人看晚间电视新闻 根据《2012年全国电视观众抽样调查与分析》中《全国电视观众收视偏好》的统计,我国电视观众的总体特征是:

(1)学历越高的观众了解新闻资讯的动机越强;年轻的高学历观众休闲娱乐的动机突出。城镇、男性、年龄在30岁以上和学历较高的电视观众了解新闻资讯的动机强度更高。女性和40岁以下的青年人群对电视娱乐方面的追求比较突出。年龄越低的观众通过电视节目增长见识的目的更明显,其中30岁以下年轻人通过看电视增长见识的目的提及率明显高于总体水平。

(2)农村、低学历者及处于年龄结构两级的观众电视依赖性强,但收视目的性弱。值得关注的是,农村、学历低的观众以及处在年龄结构两极(18岁及以下和50岁以上)的观众表示没有明确收视目的的比例相对较高。80%的农村观众几乎每天接触电视,原因是他们更信任"眼见为实"的电视媒体。

(3)以"了解新闻资讯"为主要收视目的的观众收视时长稳定性和收视导向性都比较强。"了解新闻资讯"的观众收视时长"没有变化"的比例为70.04%,明显高于其他收视目的的观众。以获取新闻资讯为主要目的的观众的节目导向性也比较强,"固定收看自己喜欢的频道和节目"的比例高于其他收视目的的观众,该类观众更习惯固定频道收看节目的收视方式。

2. 什么时间看,看多长时间 根据《2012年全国电视观众抽样调查与分析》中的统计,电视收视环境的变化对观众的收看率有直接的影响:

(1)几乎每天收视的观众比例较5年前下降13.14%,经常、有时收视观众增长约一倍。2012年全国电视观众收看电视节目的频率较2007年有较大变化。"几乎每天"收看电视的观众比例从87.89%下降到74.75%,降幅明显;但"经常收看"(每周不少于三天）和"有时收看"（每周不少于一天）电视节目的观众比例显著增加；此外，"从不收看"的人群比例略有下降。

（2）深度接触频率排名前三的媒体位序由5年前的电视、报纸、杂志改写为电视、网络、手机。电视仍为人们接触的主要媒体，深度渗透率为88.76%，但该比例呈缓步下降趋势，比2007年下降6.29个百分点，比2002年下降10.24个百分点。

互联网媒体和手机媒体正取代报纸和杂志等纸质媒体，成为电视观众的主要接触媒体。其中，经常接触网络的观众比例达到33.67%，比2007年提高了21.41个百分点；经常接触手机的观众比例达到28.46%，大幅超越了报纸、杂志和广播，重新改写了媒体格局。

（3）超过1/4的城镇观众"几乎每天"接触网络媒体，但近六成农村观众从不接触网络媒体。城镇观众中"几乎每天"使用网络媒体的比例为27.97%，农村观众中"几乎每天"使用网络的观众比例为13.32%，而"从不"接触网络的观众比例达到58.90%。

（4）城乡观众在手机媒体深度接触上的差异相对较小。

3. 看什么　《2012年全国电视观众抽样调查与分析》的数据表明：

（1）综艺娱乐和新闻是影视剧之外观众最喜欢的节目类型，观众对法制类节目的认可度也在逐渐凸显。除电影和电视剧外，观众最喜欢看的电视节目类型集中在综艺娱乐、新闻和法制类，提及比例均在10%以上，累计提及率超过80%。

（2）中央电视台和省级卫视分别以新闻、法制和综艺娱乐节目取胜。观众最喜欢中央电视台的前10个栏目覆盖新闻、综艺、法制、体育等类型，前三个栏目分别是《新闻联播》、《星光大道》和《今日说法》。从频道归属来看，观众最喜欢的央视节目主要集中在综合频道（CCTV-1）、综艺频道（CCTV-3）、体育频道（CCTV-5）和社会与法频道（CCTV-12）。

观众最喜爱的省级卫视电视节目前10个均属于综艺娱乐类，且累计占比达到17.97%，其中，湖南卫视在省级卫视中的观众喜爱度最高，《快乐大本营》和《天天向上》两个栏目共获得超过10%的观众喜爱提及率；其次是江苏卫视和浙江卫视。

（3）喜欢综艺娱乐和新闻节目的观众在年龄和学历上均呈现交错态势。从不同学历观众对不同节目类型喜爱提及分布来看，总体呈现出学历越高的观众喜欢娱乐节目的比例越高、最喜欢新闻的比例越低的特点，而学历越低的观众喜爱法制类节目的比例越高。

值得注意的是，高学历观众了解新闻资讯的收视动机强，但最喜爱新闻节目的比例明显偏低，与这类人群对新闻节目的期望较高有关。

4. 怎么看　身心的放松、大段的时间、习惯和无意识心理，决定了晚间电视观众的基本状态是自由、随意、轻松、懒散。

家庭的收视环境，亲属、子女、夫妻共享的收视状态，要求晚间电视节目老少皆宜，突出电视节目的家庭共享性，强化电视作为家庭成员联络感情的一种方式的作用。

晚间电视观众时间充裕，为110分钟左右，这大大地高于早间、午间的收视时间，也正是这个比较长的时间，使得观众可以静下心来领会、欣赏、参与一些东西，所以，深度报道、专题节目等需要观众一同思考的节目在晚间就成为一种很好的选择。

但晚间电视时间的特性是变化的，不同的状态使得观众在不同的时间段对电视的内容、形态、节奏等都有着不同的需求。晚饭时的"非独占"收看方式，要求视听兼备；晚饭后至就寝前，集中收看内容连贯、有深度或娱乐性的节目；临睡前，节奏再度放慢，营造适宜就寝的气氛；等等。

（二）晚间新闻的编播策略

通过以上对晚间电视收视特性的分析，我们可以提出以下晚间新闻的编播策略：

1.《新闻联播》式的当天新闻总汇，仍然是晚间新闻栏目必不可少的主打新闻栏目样式　一天的工作和学习生活结束，既要为刚刚结束的一天进行总结，也要为新的一天作出计划和预期，人们就有对一天来发生的国内外大事有所了解的愿望。因此，准确、客观、全面的一天新闻汇总，是傍晚新闻栏目最主要的任务。从我国现状看，中央电视台的《新闻联播》承担了这一任务。长久以来，《新闻联播》已经形成了固定的节目编播模式：先国内后国际，国内新闻占总量的约3/4；遵循政治、经济、文化的顺序做新闻排序；承担意识形态宣传任务，加播数量、时长不定的专题片；等等。虽然观众对《新闻联播》的新闻编排已经表达出越来越强烈的不满，比如，不遵循新闻规律，会议消息及领导人活动报道过多又没有新闻含量，不按新闻价值大小编播，信息量不大，模式僵化，不是新闻决定栏目编排而是要新闻适应栏目格式，等等，但以我国的具体国情、电视新闻承担的意识形态功能，以及中央电视台的权威性，加上行政化的《新闻联播》必转要求，可以预计，《新闻联播》所确立的我国晚间新闻编播模式很难在短期内改变，我们只能期望《新闻联播》可以在尊重新闻规律的基础上更好地满足观众对晚间新闻的需要。

2."地域新闻"、"民生新闻"是地方电视台新闻的特色　对于我国大多数新闻专业工作者来说，中央电视台《新闻联播》播出之前的18：30—19：00，才是他们施展才能的时段和天地。而这一时段，从观众收视状态来说，是大多数上班族准备晚饭或做家务的时间，无法专注于电视，所以应该尽最大可能地加大新闻预报的分量和时长，使观众可以用较短的时间了解省（市、自治区）内的大事要闻，并由此决定是否收看接下来的详细报道，甚至有条件的话，可以预报某条新闻在节目中的播放时间，这对于"非独占"状态的观众是最大的便利；从内容的角度看，省级卫视或者地方电视台又无法和即将开播的《新闻联播》抗衡，所以地方新闻、社会新闻就成了必然的选择，"软新闻"及新闻的"软"化处理，也已经成为许多省级电视台新闻栏目的编播策略甚至

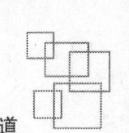

新闻取向,以南京电视台《零距离》为代表的"民生新闻"成为一大亮点。换句话说,省级及地方电视台的优势在于地域和心理的接近性,CBS《晚间新闻》主持人丹·拉瑟提出的"后院篱笆原则"也许用在这里更为恰当。

3. 深度报道,是晚间新闻节目的一大选择 从观众的心理需要上,对新闻不仅要满足知道"是什么",而且要了解"为什么"以及"怎么样",晚间观众也有着较从容的收视状态;从新闻栏目或节目分类上讲,大的方面,无非是消息和深度报道两大类,在新闻的三个时段中,晚间时段较为充裕的时间资源,也为深度报道类新闻栏目提供了很好的条件。实际上,晚间时段仍可以细分为傍晚时段和夜间时段,傍晚时段以消息类(如中央电视台《新闻联播》和省市《新闻联播》)为主,那么夜间时段则是深度报道类新闻的主要战场。具体安排上,既可以是强调时效性的当天热点新闻的深度解读,也可以(或者是更主要的)是对重大新闻事件的回顾剖析,前者如北京电视台的《今日话题》,后者如中央电视台的《新闻调查》、《社会记录》,从实际效果来看,这些深度新闻栏目的影响、观众忠诚度都相当不错。新开播的中央电视台新闻频道的《360度》,则集消息和深度报道于一体,也不失为一种选择。

(三) 我国晚间新闻的现状

由于新闻栏目对一个电视台举足轻重的地位和出于意识形态宣传的目的,各家电视台基本上都把自己的新闻主打产品放了上星频道中,可以说,新闻栏目遍及各级电视台晚间时段。其中又分为三种情况:一是专门的新闻(资讯)频道。如中央电视台新闻频道、凤凰资讯台、福建电视台新闻频道等。二是新闻综合频道。内地大部分的上星频道都定位为新闻综合频道。三是上星频道的整体定位虽然不是新闻或新闻综合,但是仍然作为主要新闻栏目的平台。如湖南卫视和上海东方卫视。

新闻栏目形态齐全,专题、消息、深度报道、谈话、论坛等几类新闻栏目不仅在中央电视台,而且在许多省级乃至地方电视台都一样不少,当然这里有创新不足、存在"克隆"、行政和宣传要求等多方面原因,但就现象看,新闻栏目和节目处于较为繁盛的发展阶段,"新闻立台"也成为一些电视台决策者的理念,而中央电视台新闻频道在2003年的开播和成功,凤凰资讯台的影响日著,也为电视新闻热持续升温,福建电视台新闻频道的开播,开创了省级卫视开办专业新闻频道的先河,预计还会有新的省级乃至地方新闻专业频道跟进。

四、消息类电视新闻特质

(一) 时效性强

新闻必须讲求时效性,而消息类电视新闻资讯节目还必须具备消息所特有的"以快夺人"的特点。消息类电视新闻资讯节目追求时效性表现在两个方面,一方面是取材新。消息类电视新闻资讯节目所报道的内容必须是新近发生、发现的事件。另一个方面是报道的速度快。这是消息类电视新闻资讯节目与其他媒体新闻节目竞争的核心点。因此可以说,时效性强是消息类电视新闻资讯节目生存的基础。

在电视发展的初期阶段,受技术、设备、传输条件等多种因素的制约,消息类电视新闻资讯节目的时效性比较差。随着科学技术的不断进步,电视新闻的传播手段得到了突飞猛进的发展。消息类电视新闻资讯节目中的现场报道、现场直播日益增多,许多具有重大意义的历史时刻,在电视新闻的节目中都实现了新闻报道与新闻事件的"同步进行"。在不同媒体的激烈竞争中,消息类电视新闻资讯节目以其灵活多样的报道形式,已经彻底改变了时效性差的形象,成为观众及时了解天下大事的主要选择之一。

(二) 形式简要

由于消息类电视新闻资讯节目要迅速、及时地报道国内外的最新事件,时间短、速度快,因此记者必须以最简洁的文字、最典型的画面把信息传递出去,这就对消息类电视新闻资讯节目的篇幅有一定的限制。另外,消息类电视新闻资讯节目在栏目内要汇集尽可能多的信息,根据栏目编排的需要,消息类的电视新闻也要尽可能地简练。因此,消息类电视新闻资讯节目在形式上都比较简短。

(三) 题材广泛

电视新闻的观众是一个庞大的群体,不同的观众由于受其政治、经济地位及所处的具体环境的影响,对信息的需求也各有不同。因此,为了满足不同观众的需求,消息类电视新闻资讯节目很少单独播出,每期节目都由若干条新闻组成。消息类电视新闻资讯节目的报道领域非常广泛,涵盖了社会生活的各个领域。《新闻联播》、《时事直通车》、《直播上海》等具有代表性的消息类电视新闻资讯节目,都成为国内外的要闻总汇。

(四) 讲求新意

有新意的新闻能给人新鲜感、吸引力,同时还能激发人们的思索。消息类电视新闻资讯节目贵在"新",这种新不仅是时间新、题材新,还要求报道的角度新、主题新、表现手法新。

消息类新闻栏目要做到出新,很不容易。中央电视台财经频道《全球资讯榜》在编播上的技巧,《零距离》在题材、角度方面的探索,可以被看作比较有代表性的求新之举,值得借鉴。

第三节　电视深度报道解析

深度报道起源于20世纪40年代的西方报界，随后逐渐被引进电视新闻。1968年，美国哥伦比亚广播公司推出大型杂志型电视新闻节目《60分钟》，以对社会问题作有深度的调查为特点，很快成为全美电视节目中收视率最高的节目。《60分钟》的成功，表明电视新闻不仅可以像报纸一样搞深度报道，而且由于声画结合，更具说服力、更具特色。《60分钟》加速了深度报道的电视新闻专题、专栏节目的繁荣和发展。

西方新闻学概括深度报道"是一种阐明事件因果关系、预测事件发展趋向的报道形式"，它"不仅要说明新闻发生的来龙去脉、前因后果，而且还要分析它的意义，预见事件的发展和影响"。[①]

深度报道类电视新闻是指以现代电子技术为传播手段，以图像、声音为传播符号，对新近发生的新闻事件所做的解释性、调查性、分析评述性等具有思想内容深度的报道。深度报道类电视新闻资讯节目不满足于向受众提供简单的新闻事实，而是对新闻要素作进一步的深化处理，要求一方面剖析新闻事实的内部要因，另一方面展示新闻事实的宏观背景，对新闻事实进行综合、立体反映，从总体上把握其真实性。

这就是说，深度报道既要说明"怎么样"、"是什么"，更要解释"为什么"。"是什么"可以从画面中看到，"为什么"则需要报道者深入挖掘。所以有人会这样说："不必告诉我发生了什么，请告诉我发生的事意味着什么。"

在我国，电视深度报道也出现在报纸深度报道之后。随着影响较大的连续报道、系列报道播出，特别是《新闻调查》、《面对面》、《焦点访谈》、《国际观察》、《360度》等固定栏目的开辟，电视新闻深度报道的社会意义已有目共睹，消息类新闻节目也在尽可能的时间范围内力求报道深度。从目前荧屏上多种多样的深度报道节目形态，就可以了解深度报道的重要地位，这些节目形态有电视专题新闻、专题调查、电视论坛、新闻杂志节目、连续报道与系列报道等。

一、电视专题新闻

电视专题新闻侧重于对新近发生、发现的重大新闻事实进行充分报道。与消息类多属短新闻相比，它不仅要报道"是什么"、"怎么样"，还要说明"为什么"，因此要求内容较为详尽、完整，能够较为全面地反映某一事件的全貌及其关键场面和典型的细

---

① 《中国应用电视学》，北京师范大学出版社1996年版，第85页。

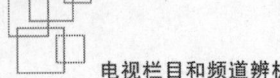

节。专题新闻通常是当日或近日重大新闻事件动态报道的延伸、补充和深化，因此较为注重播报的时效。重要会议和重大运动会期间逐日编播的当日新闻专辑，国家领导人出访时，及时编播反映出访全过程盛况的专题，等等，都是常见的专题新闻例子。

电视专访是新闻性专题节目中以人物谈话为主要表达方式的一种报道形式，它不同于消息类新闻中常见的人物访问，它的谈话内容必须构成独立而完整的新闻，而不仅是表现主题的某个部分。常见的电视专访有两大类：一是对某些为广大群众所关注的新闻人物、知名人士进行访问；二是就当前政治、经济、社会生活中为广大群众所关心的热点与疑点问题，访问有关机构的负责人和有关专家。电视专访成败的关键在于选好主题和访问对象两个方面。主题应有重大的现实意义，反映社会生活前进的脉搏，为广大观众所普遍关心。采访对象必须是具有"信息源"价值的人物，诸如有关机构领导、专家、知情人、当事人等，他们能为新闻事件提供确凿的事实或权威的见解，以说明事实真相与实质，或澄清观众关心和疑惑的问题。电视专访中，记者的提问是谈话的指向根据，对访问影响较大，访问前应作充分准备。

二、连续报道与系列报道

（一）新闻连续报道

连续报道是就一个事件的起因、变化、发展、结果组织跟踪报道或评论陆续播出；系列报道是以一个主题为核心，从不同角度和方面组织多条消息、多篇报道或评论播出。

连续报道和系列报道能克服单篇报道的偶发色彩和势单力薄的不足，能在一定时期内形成强大的宣传声势，既可以反映面的广度，又可以跟踪线的深度，还可以把报道和评论结合起来，多层次多视角地解决一个或一类问题，是电视深度报道的重要节目形态。

连续报道的题材应是广大观众深切关注的重大事件，一般取材于不可预知的事件性新闻，整个报道大体上与新闻事件相始终。它以新闻事件自身的发展和时间顺序纵向展开，要求电视记者和电视台在事件演变过程中紧密追踪，不断以新变动为依据进行后续报道，分段分层地将事件发展中有新闻价值的信息及时向公众传播，直到事件终结或告一段落为止，从而构成反映该事件全过程和问题实质的新闻报道整体。

时效性强、报道的连续性与完整性、报道层次的递进性、传播信息量大、社会效果显著、报道的客观性和结果的不可预知性等，是连续报道的特点。

1. 时效性和密集性 连续报道中的每一个新闻都是事态的最新动向，它是记者在新闻事件演变过程中，以事态变动为依据，作追踪式报道的结果。随着电子采录设备的使用，连续报道几乎与事件发展同步。

密集性指连续报道围绕新闻事件的发展，在传递信息上比单条新闻容量大，对事件可以作纵向追踪和横向联系。

2. 连续性和递进性　这体现为连续性报道的事态发展和各新闻内容的追踪连续。一个连续报道中的各个单独报道在时间先后顺序、事态变化发展的承接上紧紧相连，互为依据，形成一个严格按事件发展过程为秩序的有序连续。前面的报道是后面报道的基础，后面报道是前面报道的延伸、发展、继续。

递进性是指连续报道在报道层次上随着事物发生、发展的递进来展现事件全过程的不断深化。递进性是由新闻事件自身发展的先后顺序、层次性决定的。这犹如接力赛跑，随着选手一棒一棒往下传，新闻事件也在发生、发展、高潮中一层一层地递进。

3. 完整性和客观性　连续报道从事态产生一直追踪到事态结束，总体结构有头有尾，反映出新闻事件的全过程。完整性是连续报道产生强大效力的重要条件，各条报道相辅相成，形成一个完整的统一体，使每条报道在大系统中发挥自己的作用。如果是零零散散的，不能形成整体，每条单独报道的意义也就极为有限。

连续报道的未知性决定了其报道的客观性，只有按照事态发展的自然程序，准确、真实地记录事件进程，才会顺理成章，反映事物规律。

（二）新闻系列报道

电视新闻系列报道是在一定时期内围绕同一重大新闻主题或典型事物，从不同角度、不同侧面，对不同对象进行连续、多次的报道，强有力地体现、揭示和深化特定的主题思想，宣传重大成就和推广典型经验。

系列报道一般取材于可预知的非事件性新闻，整个报道以新闻主题为依据横向展开，有目的、有计划、有选择地对彼此独立存在却反映相同本质的事物或某个典型事物进行逐一的或分解式的报道，从各方面和各层次反复揭示其必然联系，实现主题，从而构成全面、系统和深入地反映新闻事物内在本质和发展趋势的新闻报道整体。针对性、导向性、密集性、完整性、显著性及递进性是系列报道的特征。

1. 针对性和导向性　这是系列报道主题先行的必然结果。系列报道有明确的目的，或是围绕某新闻主题，或是围绕某典型事物。系列报道的选择和组织材料都必须针对这一新闻主题或典型事物，其最终目的是，通过全面的多角度的论证，将主题烘托出来，引导人们认知和接受这一主题。

2. 密集性　系列报道由于是对某一主题或某一典型事物的全方位报道，信息相当丰富，具有集束效果。与连续报道相比较，系列报道更注重横向开拓，极具开放性，可以"旁征博引"，凡是相关的事物都可以报道、"引证"，为主题服务。

3. 完整性　系列报道要充分地表达一个新闻主题或一个典型事物，就必须做到全面，兼顾事物的各种情形。在完整、周密中证明主题，才能给人以信服感。

4. 显著性 这是就系列报道的效果而言。系列报道的单个报道虽然只是一个个片断，整体组合形成的大系统却可以产生巨大的优势。犹如一棵树易折，一片树林就能阻挡肆虐的风沙、产生巨大的力量。同时，系列报道的连续性也加强了强势效果。

5. 递进性 尽管系列报道的单个报道之间彼此独立，没有外在的联系，但一旦纳入系列报道的大系统中，它们之间就不再是没有关系。结构上各个报道可能是并列的，但在内容上却互相增加"厚度"，以"平行累积"的方式互为"阶梯"，形成递进。这与连续报道在时间先后、内容前后、因果关系的递进相比，是另一种方式的递进：每增加一个方面、一个片断，就更进一步地完善新闻主题或典型事物。

此外，系列报道也有连续性特点。不同于连续报道追踪采访的连续，系列报道的连续性是指播出时间和传播效果的连续。

三、电视新闻评论

电视新闻评论是电视机构或评论者、评论集体对当前现实生活中具有普遍意义的事件、问题或社会现象明确表示意见和态度，对事态的演变、发展进行分析、评述，是电视机构的政治旗帜和引导社会舆论的重要手段。

电视新闻评论，可由评论员、主持人直接出面评论，亦可请特邀评论员、节目参与者和观众进行评论。就体裁而言，有评论员评论、电视论坛、电视述评、电视座谈、主持人议论、电视答问等；另外还有播报员播报的本台评论、短评、编后语等。电视台的意见和态度主要体现在评论员评论和主持人议论中。

从功能来看，电视新闻评论可分为提示性评论、倡导性评论、批评性评论等。

提示性评论只是提出问题，指明方向，目的在于提醒人们注意，引导人们思考。提示性评论是电视台鉴于时间因素的制约和受众收视效果而经常采用的一种"短平快"的体裁。这种评论易于掌握和采制，也有利于受众的接受。对于处在萌芽状态和具有多种发展前景的事物，通过提示性评论唤起人们的注意。

倡导性评论以正面论述为主，鲜明地表示赞成什么、提倡什么，支持和扶持它认为应该支持和扶持的事物。这种评论的论述对象和范围极其广泛，凡是符合社会发展趋向、代表时代潮流的事物，都是它取之不尽的论题。倡导性评论的特点：一是因事倡导，从具体的评论对象出发，这是倡导性评论说服力的基础；二是因时倡导，时代和社会的主旋律，是这类评论思想深度的主要依据。

批评性评论通常是揭露、抨击社会上存在的错误、有害的现象，明确指出错误在哪里、危害是什么，以及错误和危害的原因，目的是帮助人们正确认识所揭露和所批评的思想行为，促使事物转化。

电视新闻评论成功的关键，一是选题，二是评论水平。选题必须面向广阔的社会生活，把握时代的脉搏，抓住热点、焦点与难点。

从选题来说，一是选择老百姓共同关注的社会话题。电视是给广大老百姓看的，节目谈论的话题就必须想老百姓之所想、急老百姓之所急、说老百姓之所说，贴近观众，拉近与观众的距离。二是选择与改革开放大业有直接关系的社会话题。改革开放关系到国家的繁荣富强，也与老百姓的自身利益休戚相关，在新与旧的交替时期，各种问题、各种矛盾都会暴露出来，有许多新的课题、疑点需要解决。电视评论应勇于面对，善于发掘问题，给予即时的评论，发表独特的见解，给观众以正确的舆论引导。三是选择典型事例，批评、抨击社会中的不良行为和丑恶现象。前文说过，从功能看，电视评论有提示性评论、倡导性评论和批评性评论。作为电视台的舆论武器，除了颂扬真善美，还必须对社会中假丑恶的东西予以驳斥、抨击，既可以抑制坏人坏事，又可以让人民群众感到正义与真理的力量，从而更好地净化社会。

真正代表一个电视台新闻工作总体水平的，是电视评论的水平。如凤凰卫视的名牌栏目大都集中在新闻评论栏目，《新闻今日谈》、《时事开讲》、《时事辩论会》、《社会能见度》等，与其有一批学者、睿智的专家评论员和记者型主持人是分不开的。因为，一个电视新闻评论员，既需有记者的敏锐，更要有社会学家、思想家的智慧和深刻。对电视新闻评论主持人来说，学者的智慧与权威更为重要，只有智慧和权威的电视评论，才能产生反响，达到引导舆论的目的。

四、电视新闻调查

新闻调查在表现形式上借鉴美国《60分钟》"调查性纪录片"的形态，用纪实式的视听语言，展现记者对新闻事件的采访和调查过程，把新闻当成故事来讲，在质疑、悬念中突出事件中的矛盾和冲突。具体说来，电视调查性报道是一种以展示记者揭秘性的调查行为为主的新闻报道方式，它以探寻事物真相为最终目的。接近真相，从现场开始；接近真相，从质疑开始。标准的调查性报道由调查意识、调查样式、调查手段和调查的途径构成。

《新闻学大词典》给深度报道下的定义是"运用解释、分析、预测等方法，从历史渊源、因果关系、矛盾演变、影响作用、发展趋势等方面报道新闻的形式"。而在西方新闻界，习惯将调查性报道与揭露、曝光画等号。尽管对于调查性报道有多种不同的解释，但这种节目样式区别于其他新闻报道类型的基本要素主要有三个：第一，调查目标明确，致力于揭示对公众有重要意义的事实的真相；第二，调查行动由媒体与记者独立完成；第三，调查难度在于对方着力掩盖真相。

综上所述，新闻调查作为调查性报道须具备三个先决条件——记者独立展开调查，调查内容是损害公众利益的行为，这种行为有人试图掩盖。只有符合这三个条件的选题才被纳入"调查"的范围之内，调查事实真相是其主要目的。

（一）新闻调查的选题

选题直接决定新闻调查的成败，一般地说，新闻调查的选题应该考虑如下因素：

1. 影响力 从受众的心理认知角度来讲，与公众利益相关的、贴近公众生活的选题更容易产生传播效应，因此，新闻调查在选题上强调那些与公众利益有重大关系、公众十分关注且具有一定时效的事件与现象。

2. 信息量 在新闻竞争异常激烈的今天，从纵深层面对信息的开拓和挖掘达到了前所未有的状态。因此，对于一个相对较长时段的电视深度报道栏目来说，信息传播者不仅需要提供可"读"的信息，更需要"解读"信息。如果这个事件或现象蕴含重大隐情，有公众必须填补的知识空白，真相大白后有可能使观众或恍然大悟、或怵然警醒、或深刻反思，那么这样的事件和现象就值得调查，哪怕是迷雾重重的历史事件。

3. 故事性 英美传媒业甚至是学术专著中都将新闻事件称为"故事"，将制作新闻节目称为"讲故事"，其根本在于电视要想吸引受众，必须强调视听表现的可能性。新闻调查要求每一个节目都应该引起观众的注意而不是漠视，其理想的状态是：不同的内容能够引起观众不同的情感与态度——对不幸者的同情，对不人道与不民主的愤慨，对偏见的警觉，对观念与制度的反思，等等。

4. 命运感 新闻调查在强调对事件的挖掘展示的同时，强调无论多么重大的题材，都要重视事件的意义及其进程，要关注其中涉及的人物。如果要说"卖点"的话，这些人物的智慧、欲望、情感、奋斗、处境、与他人的关系就是最大的"卖点"，是吸引观众不可或缺的元素。

5. 独家性 独家性绝不仅仅是独家视角，还要有独家的消息来源。新闻调查以记者调查的方式探寻事实真相，并不是仅仅调查已成为新闻的事件，还要主动出击，发现有价值的题材。

（二）记者的质疑精神

调查意识实际上是一种问题意识。对于新闻调查的记者来说，所有进行调查的人物和事件都应该是有问题的，所以质疑是生存的方式。当然，质疑绝不是怀疑一切的意思，质疑是一个新闻要素。把质疑作为新闻的切入点，并在节目中贯穿始终，环环相扣，不断地刺激被采访者，有意制造一点冲突，就会更符合观众的心理，也不断刺激观众把节目看下去，质疑之后的事实才是最有真实感和说服力的。从质疑出发，也绝不是不尊重采访对象，反而是为被采访对象建立了一个平台——当对方的回答一个个解答记者的质疑时，就层层接近了他最真实的人格。

独立的调查报道要求记者必须在镜头前展示调查的过程，这不仅是节目真实性的需要,更重要的是通过这种样式揭示事实的真相。调查报道的核心在于报道的不是一个事件,而是调查这个事件的过程。新闻调查记录和展示的,是记者如何通过各种各样的手段进入事实本身,一步步获取真相。过程即内容,调查的过程构成了节目的骨架,这种过程感十足的调查性报道很容易使观众对节目产生信任。如果直接把自己的结论说给观众,而不是依靠自身的调查过程,节目的可信度就会大打折扣。

因为记者的质疑,事实的深度才有可能实现,事实的真相才有可能被顺理成章地揭示。质疑是新闻调查不断调整自身定位、寻找最有效地探寻事实真相方式的结果,而这也必然使得质疑从始至终贯穿于调查的全过程。新闻调查的定位最终走向"探寻事实真相",核心特征是对问题的探究和内幕的揭露,也就是"真相"。新闻调查的形态定位、内容定位和目标定位决定了质疑的必要性。

(三) 客观理性的记录

新闻调查的选题一般比较重大、影响广泛,在大多数情况下,对要调查的事件或人物是社会舆论在前、电视调查在后,加之各种复杂因素的介入,事件的真相会扑朔迷离。因此,电视调查不仅要尽最大可能查明真相,还要使真相为广大观众和社会舆论所接受,并使事件回到法治和文明的轨道上来。这就要求新闻调查必须是客观的,不应该因社会舆论而掺杂记者个人的感情因素,用理性的思维追溯事件的本源,用客观的精神记录真相,就成了新闻调查必备的品格。

换句话说,有的选题从情感的角度可能是一种取向,而从事实和法理的角度衡量,往往是"事与愿违",在这种情况下,无条件地遵从理性客观原则,是新闻调查唯一的选择。

(四) 独家发现和调查过程完整

所谓独家发现,强调的是调查记者的发现对揭示事实真相具有推动的作用,能够深化节目的主题。比如在《运城渗灌工程》节目里,记者从蓄水池的地上拔出塞着木头的水管,揭开渗灌过程的造假真相;《死亡名单》中,记者在太平间核实死亡人名单,发现被隐瞒的死难矿工;《"非典"突袭人民医院》中,记者在北大人民医院发现把"非典"患者写成普通患者的名单,甚至画出一条线就是隔离区,这些都属于新的独家发现。

记者作为调查行为的主体,其行为贯穿节目的始终。记者在调查当中,提出问题,求证问题,得出结论或者判断,在完整地揭示真相的基础上得出结论是调查性报道的最高境界。

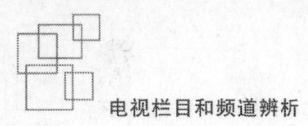

电视栏目和频道辨析

五、深度报道的特征和趋势

（一）深度报道的特征

1. 选题原则 深度报道常常给人以启示，引起社会巨大反响，因此，深度报道的选题和舆论导向都至关重要。

就选题而言，应遵循"领导重视、群众关心、普遍存在三点重合"的基本原则，选择广大群众普遍关心的重大新闻事件、重要的社会问题、社会现象，选择广大群众关注的或迫切需要解决的社会热点、难点和焦点。

（1）重大新闻事件。重大新闻事件因为其深切的社会影响、广泛的社会关注，而成为大多专题型新闻栏目所不愿放弃的关注点。对重大新闻事件的评论、调查，以对事实的深入报道为宗旨，立足于重大事件的发生、发展，向纵深延伸，通过对事态的深入挖掘，以翔实的材料向观众阐明事物起因与发展、结果，作出令人信服的评论或分析性报道。

（2）焦点性新闻。表明新闻事件要具有普遍性或广泛的社会关切度。这类深度报道围绕某个主题，就相关的多个事实进行分析比较，归纳评述，从而揭示事物本质。

（3）可视性。即评论的精彩、叙述的有意味。深度报道在选题上一般是社会热点问题，这就要求评论要敢于正面接触和介入矛盾，勇于回答群众的问题，一针见血，把对事物的认识上升到哲理高度，提出新颖的观点、见解；对新闻事件的调查也应该追求故事性，在矛盾和冲突中来展开调查，并最终揭示真相或使观众获得揭开真相的启示。

（4）感染性。即指对题材及其思想的挖掘多从人性的角度着眼，尤其是以情感因素来打动观众。

2. 思辨色彩是深度报道最显著的特征 深度报道必须由表及里，透过现象表现本质，提供给观众可以思考、受到启迪的东西。深度报道，顾名思义，绝不是一大堆现象的罗列，必须有"深度"。思辨色彩是一个深度报道得以成功的最重要因素，是衡量一个报道是否达到深度报道的根本标准，是深度报道的内容要求。理性思辨体现为报道从思想观念上给人以启示，不是简单介绍典型经验、做法，而是通过典型事例剖析，传播思想，颂扬精神。

3. 报道的多侧面、多角度、多层次、立体化 任何事物都是复杂多面的，事物与事物之间的联系更是错综复杂，如果只从一个角度、一个方面看问题，其结果必然是片面的。立体化报道要求对一个事物作全面的、全方位的考察，既纠析它自身的方方面面，又剖析它与周围事物的关联，报道立体化是深度报道思想深刻性的重要保证。

报道立体化，离不开新闻背景材料的运用。电视新闻背景材料是指与新闻事件发生发展相关的环境材料和背景材料。背景材料如果选用得充分而适当，有助于说明新闻事实的内涵、成因、意义及影响,从而深化主题。

应当注意的是,尽管背景材料在某些情形下也可以成为新闻性节目的主体,如所谓背景新闻之类,但大多情况中,新闻背景都应处于新闻的从属地位,运用时要精炼、简明。

4. 表现手法多样性,是深度报道在形式上的特征 内容决定形式,深度报道内容上多侧面、多角度、全方位,必然要求形式的丰富多样。综观屏幕上的各类深度报道,我们可以充分感受到电视的兼容性特点,即在深度报道中,只要能够真实、客观、准确、完整地揭示主题的表现形式,都可以运用,诸如客观介绍、被访人物述说、主持人采访、资料运用、对话式、现场报道、主持人或记者评论等。在这当中,主持人形式越来越显示出其优越性,这是由深度报道要求有思想深度的特点决定的。主持人形式可以更充分地表达思辨理性,而且便于与观众交流,有"面对面"的效果。

(二)发展趋势

随着电视与观众的逐渐成熟与理性化,这类栏目也发生了明显的转变。

1. 栏目定位:事实为据,理性主导 《焦点访谈》的意义在于它开创了一种报道的崭新模式。这种以批评性报道为主的栏目,对于正处在艰难改革进程中的中国社会来说有一定的现实意义,所以,这种栏目一问世,即火暴全国。但是,这种一味地曝光与揭露,由于缺乏理性思考与深度的论证,也潜伏着隐忧。正因此,1998年,《焦点访谈》把定位语由原来的"时事追踪报道、新闻背景分析、社会热点透视、大众话题评说"调整为"用事实说话"。改变后的定位语不仅在于它变得简洁了,更表明了新时期新闻媒体对于舆论监督和批评权力的内涵理解的转变,那就是以事实为报道的依据,以理性为思考的工具。

以此为标志,各地的"焦点"节目在经历了几年的喧闹之后,都渐渐归于平静。电视舆论监督的终极目标是推动社会的进步而非一时的嫉恶如仇,所以,更多的关注点投向于具有建设性的意义和题材,报道与老百姓息息相关的话题,于是,城市交通、环境污染、住房困难、产品质量、下岗再就业等就成了"焦点"栏目的着眼点。

2. 栏目视点:尊重现实,真实记录 在前几年"不怕上告,就怕上报"的奇特社会背景下,记者的地位与作用被扭曲地夸大了,而"报纸审判"、"电视审判"的现象也确实发生过。记者不是法官侠士,也不是钦差大臣,在一个民主、文明、法制健全的社会中,法律才是最终的裁定者。

在经历了最初的嫉恶如仇、侠肝义胆之后,深度报道栏目的记者们终于找准了自己的定位:"社会现实的记录与思考者"。

六、深度报道新闻栏目选介

(一) 内地主要深度新闻栏目

1.《焦点访谈》 中央电视台新闻评论部1994年4月1日创办,是一档"以深度报道为主、以舆论监督见长的电视新闻评论性栏目",时长13分钟,每日在综合频道和新闻频道19:38首播。

《焦点访谈》选择"政府重视、群众关心、普遍存在"的选题,坚持"用事实说话"的方针,反映和推动解决了大量社会进步与发展过程中存在的问题。

在节目管理和制作上,《焦点访谈》采用制片人制;在节目形态上,《焦点访谈》采用演播室主持和现场采访相结合的结构方式。

《焦点访谈》在我国的新闻事业史上有着特殊的意义,是新闻评论栏目的开创者。

2.《新闻调查》 《新闻调查》是中央电视台最具深度的调查类栏目,1996年5月17日正式开播,节目时长45分钟,每周一期。

它以记者的调查行为为表现手段,以探寻事实真相为基本内容,以做真正的调查性报道为追求目标,崇尚理性、平衡和深入的精神气质。

3.《东方时空》 开办于1993年5月1日,这个时长40分钟的杂志型新闻节目播出伊始就产生了广泛影响,改变了内地观众早间不收看电视节目的习惯,被誉为"开创了中国电视改革的先河"。

经过2000年11月27日的一次大改版,《东方时空》时长从40分钟扩展为150分钟,以演播室为调度中心,用直播方式将新闻、实用资讯、新闻专题等诸多内容有机串联,更加突出信息的时效性和服务性,还推出了《东方时空》独有的周末版节目,构成浑然一体的大型早间新闻杂志型节目,被兄弟媒体评价为"中国新闻晨报"、中国"新世纪传媒新动向的代言人"和"电子媒体发展的趋势"。在这次改版中,《生活空间》改名为《百姓故事》,《时空报道》改为《直通现场》。

2001年11月5日《东方时空》再次改版,将新闻及资讯节目分离出去,在保留原有的《东方之子》、《百姓故事》、《世界》、《纪事》各子栏目的基础上,将《直通现场》改为《时空连线》。

2003年5月1日中央电视台新闻频道开播,《东方时空》由中央电视台综合频道、新闻频道并机播出。

2004年9月1日,《东方时空》移至晚间黄金时段,联手中央电视台综合频道《新闻联播》、《焦点访谈》打造晚间强档新闻板块。面对难得的机遇和空前的挑战,《东方时空》以新的起点、新的面貌、新的高度打造电视新闻杂志第一品牌。

2009年8月3日,《东方时空》再次改版。从这一天起,该节目改为每天20:00—

20：55 在新闻频道播出，综合频道将不再播出该节目。这次改版大大增强了对实时新闻的报道，整体变为时长 55 分钟的新闻资讯类节目，只保留一个应急采访小组。一般不再外派记者采访，而是依靠各地电视台的相关联络员代为拍摄，栏目组主要负责策划、编辑、整理。

4.《中国新闻》 创办于 1992 年 10 月 1 日，是中央电视台中文国际频道（CCTV－4）最重要的新闻节目品牌之一，多次获得中央电视台"年度十大名牌节目"称号。《中国新闻》的栏目宗旨是向全球华人传递最新、最快、最权威的新闻资讯。

历经 20 多年的发展，《中国新闻》已由创办初期的每天一期、每期 10 分钟发展为现在涵盖全天 24 小时各个时段的统一的新闻节目品牌。包括每天四档重点节目，播出时间分别是北京时间 21：00—21：30、12：00—13：00、4：00—5：00、8：00—9：00。每天还有十几档整点《中国新闻》，节目时长为 10 分钟或 15 分钟。

21：00 的《中国新闻》以"权威盘点"为理念，梳理全天发生的最重要的国内国际新闻，要做到"重点突出、大事不落"。

12：00 的《中国新闻》因为 60 分钟的篇幅，内容更为丰富，分"头条"、"要闻"、"直通台湾"、"媒体—焦点"、"媒体—速览"（目前已去除该板块）、"天气预报"等板块，其中台湾新闻和全球媒体内容摘播两部分是其最大特色。

8：00 的《中国新闻》由原《新闻 60 分》改版而成，主体观众首先定位于美洲黄金时间收看电视的华侨华人、驻外机构人员、留学生，其次为亚太地区早间收看新闻节目的华语电视观众。

4：00 的《中国新闻》主要针对欧洲观众播出，前半小时播出时事新闻，后半小时重播《今日关注》。

（二）境外深度报道类新闻栏目

1. 美国《60 分钟》 开播于 1968 年，属于哥伦比亚广播公司（CBS），在每周日 19：00—20：00 黄金时间播出。

《60 分钟》采用杂志型电视新闻编排方法，每个板块都有自己的主持人。一期节目往往有好几个主持人。每期节目主题为 3~4 个。第一个报道即为当晚的重头戏，具有较强的政治性和时效性，往往由经验丰富的人担任记者和制片人，约 20 分钟。第二个报道略短，但仍然较为严肃。第三个报道可视为当晚节目的闪光点，一般富有人情味，风格较为轻松。最后主持人出现在黑色背景上，用 5 分钟的时间以简洁而有趣的方式作出评论。

《60 分钟》因全面的背景介绍、真实的现场记录、公正客观的立场以及鲜明的风格而成名。

连续播出 45 年的《60 分钟》是美国新闻历史上资历最老、收视率最高的 10 个电视栏目之一，连续22年高居收视率前10名，5次成为美国收视率最高的电视栏目，一直高居美国黄金时段转播率的榜首。1999年甚至创下了同时在1423家电视台黄金时段转播的记录。它还是美国电视节目中获得美国电视最高奖——艾美奖最多的栏目之一。它的成功不仅影响着新闻本身，成为新闻业的旗帜，更成为客观、公正、自由的新闻品质的象征和时代精神的标榜。

2.《日界线》（*Dateline*） 由美国全国广播公司（NBC）开播于1992年3月31日，每周5档。

《日界线》为时长60分钟的杂志型新闻栏目。该栏目的节目理念在于"对一切受到社会关注的热点人物和热点事件进行深入报道"。每档1小时，栏目内容长度可以自由伸缩——该栏目一般由3~4则新闻专题报道组成，有时会用整个1小时的时间集中报道一个事件，并开办了一些如《本周概观》、《本周问题》、《时界》、《猜猜是谁》、《时间坐标》等子栏目。栏目内容多是有关教育、儿童、人际关系的话题，非常注重揭示和刻画细节。消费新闻占有很大的比重。因此，相对于《60分钟》来说，《日界线》结构更为零散、丰富，包装上更时髦，人情味更足，并且具有一定的娱乐性。从1996年3月起，《日界线》又增加了每个星期天晚上的播出，与《60分钟》展开竞争，并对《60分钟》带来了直接的威胁。

3.《传媒论坛》 由美国有线新闻网（CNN）播出。《传媒论坛》以国际传媒为焦点，每星期均以分析国际传媒对一周大事的报道为手法。通过访问报刊及电视记者，从而评论传媒对事件的报道是否公正客观，以及带出记者对世界各地采访时所面临的种种挑战。每集的《传媒论坛》都会邀请著名且经验丰富的业内人士，讨论影响传媒行业的新闻时事。比如这个半个小时的节目曾邀请了一些全球著名的国际新闻工作者，包括BBC、卡塔尔半岛电视台、马来西亚的The News Straits Time、巴基斯坦的The News、印度尼西亚的Tempo Magazine及凤凰卫视的代表，畅谈当地传媒是如何报道伊拉克战事的。

4.《面对全国》 美国哥伦比亚广播公司（CBS）的一档传统形式的以新闻人物为主体构成的"提问+回答"模式的半小时新闻访谈型栏目，创办于1954年。

栏目由一位嘉宾主持人（由电视网新闻部记者、其他新闻媒体的记者、专栏作家或政客担任）和三位参与讨论的记者组成，四人围坐在一张咖啡桌旁。该栏目的意义在于通过记者或主持人在节目中对舆论领袖或政府决策人的采访，对时事予以关注。

5.《20/20》 由美国广播公司（ABC）播出。它的报道题材涉及范围较广，对国内国际时政、社会问题、儿童问题等都有过报道。节目同《60分钟》类似，每周一播出，一般由3~4个小专题报道组成。其特色在于每段专题节目结束后，记者会被请到演播室和两位主持人坐在一起，提供关于报道事件的最新进展或发表对于事件的个人看法。美籍华裔女主播宗毓华曾经主持这档新闻节目。

6.《新闻今日谈》 香港凤凰卫视资讯台新闻评论栏目，每天 17：30 播出，时长 30 分钟。

《新闻今日谈》针对当天最热门的时事问题，在观众最关注的时刻及时作出评论，让观众及时洞悉事件的真相。此栏目广为中国内地及海外精英人士所喜爱，独当一面的重量级评论家阮次山，是国际知名华人评论家，其独特见解是该栏目的灵魂。

7.《时事开讲》 凤凰卫视的时事评论节目，周一至周五 23：00—23：25 首播。

主讲人针对当前最热门的新闻话题，与主持人对国际和两岸的重大事件、突发新闻，从华人的角度与视野作出分析评论，并展望事态发展的状况，请来相关专家，深入讨论事件的真相及内幕，为观众提供更多的最新信息和背景资料，使观众更立体、更全面地了解和判断国际与两岸形势。

第四节 电视新闻频道概述

所谓电视新闻频道，是指专门播出新闻节目和具有新闻属性的节目的专业电视频道。

一、电视新闻频道的发展和现状

电视新闻频道（以下简称"新闻频道"）首创于 20 世纪 80 年代初的美国，在世界范围内兴起于 90 年代中期。而作为我国第一新闻媒介的中央电视台所创办的新闻频道也是其历年新闻改革的必然归宿。出于适应我国国情的需要，央视一套节目新闻改革走的是一条以栏目为单位，在保住既有阵地的同时，不断开拓新领域，单点突破、分层次整体推进的路子。

（一）世界新闻频道发展历程

1. 专业新闻频道并未确立，存在于集中的新闻播出节目 20 世纪 40 年代后期，电视新闻媒介首先在传播发达国家兴起，到 80 年代之前，大致有两种体制：私营与公营，前者的代表是美国，后者的代表是英国和德国。当时并不存在现在意义上的新闻频道，只在早中晚（尤其是晚间）集中播出专门的新闻节目。在这个阶段，某些电视台的综合频道已经有了在小范围有意识地向新闻频道转型的思维变化，即在新闻播出的时间量与质量以及及时性等方面强化了，但是，这毕竟是小范围的思维意识流。在新闻频道从综合频道彻底分出去之前，新闻的播出还是依附于综合频道的播出与改动，观众还无法享受到独立而充足的新闻信息量。因此，这时的电视频道还只是一个新闻的播出载体，而非独立的新闻体。

2. 专业新闻频道创办，引领全球新闻传播的变革潮流 在经过了上个阶段的蓄势准备之后，1980年美国有线电视新闻网（CNN）的创办，打破了美国广播电视界名宿爱德华·默罗所谓的商业电视的新闻、娱乐、广告的三位一体，创造了一种全新的电视新闻传播样式，引领了全球电视新闻传播的变革潮流。这次变革潮流的来袭，使人们的观点也随之发生了转变，之前的新闻来源于频道专门的新闻栏目，而潮流过后，独立的新闻频道的出现使得人们获取新闻的途径和渠道变得明确而独立。但是，这个时候的新闻频道并没有形成独立的风格，其新闻的充实度和信息量与现在相比都远远不足，新闻含量没有亮点，频道的特性就没有发挥出来。

3. 新闻频道专业品牌效果凸显，树立独特风格 在经历了前两个阶段之后，在20世纪90年代的中期，专业的新闻频道终于迎来了它的繁荣期，世界各个国家和地区的电视台都在开办其独立的新闻频道，24小时不停地向全球播出新闻，使当代重大事态的发展与电视传播的有机运动基本实现同步，使人类对社会、自然环境的监测水准上升到了前所未有的高度。CNN率先大量运用现场采访的手法报道全球突发事件。采访小组利用地面的流动卫星站即时报道世界各地的新闻，目前已在世界上212个国家和地区拥有2.1亿观众。老牌世界性通讯社路透社和美联社分别于1992年和1994年11月创办电视部（Reuters TV和APTV），为世界各地新闻频道的发展推波助澜。到90年代中后期，美国又相继出现鲁珀特·默多克的福克斯新闻（Fox News）、微软全国广播公司（MSNBC）和美国全国广播公司财经频道（CNBC）等新闻频道，对CNN构成了强有力的挑战。

继美国之后，英国BBC于1997年11月开办了24小时新闻频道，全天滚动播出世界各地新闻，通过卫星站发来的同步现场报道将新闻触角伸向全球每一个角落。在进行新闻报道时，强调使用冷峻和超然的手法，大量提供"事实性新闻"和"平衡性新闻"的报道。西班牙、瑞典和意大利等国近年也已开办24小时新闻频道。瑞典电视台和意大利广播公司的新闻频道的工作人员都不到40人，它们像拥有60多个成员的欧洲广播联盟其他成员一样，每天可以从欧洲电视节目交换网得到成员台之间交换的大量新闻，彼此免费使用。

在这个阶段，除了欧美国家，在中国大陆的周边地区，日本公营的NHK电视网和私营电视台先后实现了全天候新闻滚动播出。在中国台湾，东森、民视、TVBS、三立、真相新闻网等多家新闻频道展开激烈的竞争。在中国香港，凤凰卫视于2001年开办新闻频道"凤凰资讯台"，从娱乐立台到新闻立台，从创名牌新闻栏目到筹划准新闻频道，凤凰卫视的这两次战略性转变值得研究。在电视对传播资源的开发上，新闻资源的大量、实时和可持续利用带来了巨大的社会经济效益。

目前，在美国等发达国家，有线电视和无线电视在国民经济的统计指标中已属于不同的门类，这主要是两者获取经济来源的方式不同，前者主要依赖广告，后者90%以上的收入来自用户付费。总体来看，有线电视处于上升时期，发展空间广阔，无线电视黄金时期已过，在竞争中处于相对不利地位，这表现为有线电视扩大用户的机会较大，而无线电视增加广告的市场份额机会较小。由于有线电视播出广告的时间严格受限，相对来说，新闻频道的新闻信息纯度较高，节目形态容易得到观众认可，而无线电视由于广告播出量较大，对不良广告的抵御力较差，因而媒介形象不如有线电视（美国传统三大电视网与 CNN 的差别就是明证）。

一般来说，境外新闻频道可以做如下分类：

（1）按播出内容分，有纯动态新闻频道（如中国台湾的 TVBS、三立新闻台、东森新闻网）和动态综合新闻加分类（专题）新闻频道（如 CNN、BBC 世界台）。

（2）按经营方式分，有完全不带商业广告的公营新闻频道（如 BBC 世界台）和带商业广告的私营电视频道。

（3）按技术类型和经济来源分，有有线新闻频道和无线新闻频道；前者的主要经济来源是用户付费（占 90% 以上），广告播出受到严格限制，后者几乎全部依赖广告。

（二）内地专业新闻频道的现状

中央电视台新闻频道的经历与现状，基本可以代表内地专业新闻频道所走的道路。创建新闻频道是中央电视台历年新闻改革的必然归宿，在维持综合频道中的新闻类栏目不变的同时，独立开创出了适应官方政治宣传需要，并依托现行体制而推广的新闻频道。这一频道的出现不但加深了原有的政治需要，更扩大了观众人群，开拓了更为广阔的市场空间。

从综艺内容为主到新闻节目为主，是近十几年来中央电视台内容发展的基本脉络。两类内容主次位置的互换是从 20 世纪 90 年代初开始的。《焦点访谈》崛起，正点新闻亮相，《晚间新闻》、《新闻 30 分》和《现在播报》三档栏目相继推出并迅速获得高收视率，随后又推出过《东方时空·早新闻》和《国际时讯》等，形成了不同时段、不同层面的新闻栏目体系。新闻频道所走的路线，即"新闻立台"这一目标，也是在与国际接轨的标志，作为国家的国立电视台，"新闻立台"必定是其根本之所在。经过不断的努力，现阶段，虽然在某些方面与 CNN、BBC 等大台还有差距，但是在新闻价值观念、新闻信息总量、传递速度和播出形态上，央视新闻频道已经走出了自己的品牌风格，树立了良好的国际形象。

（三）专业新闻频道的类别

专业新闻频道按照其播出的内容，在概念上大致可分为两种类型：

第一类就是以央视新闻频道为代表的纯新闻频道。这类频道播出的节目是纯新闻性质的，并且是隶属于政府的新闻频道，在为广大观众播放新闻的同时还会传递政府的意向，掌握着舆论的正确导向。

第二类就是以凤凰卫视推出的凤凰资讯台为代表的准新闻频道。这类频道之所以叫作准新闻频道，是因为它不代表官方态势，而是代表了纯新闻者的立场，并且在其频道中还有很多其他生活方面的咨询，不是纯粹意义上的24小时新闻频道。

二、电视新闻频道的理念与定位

研究专业新闻频道，就先从央视新闻频道说起。作为中国第一个国家级的新闻专业频道，新闻频道的开办无疑是中央电视台以及整个中国电视界的一件大事情，从2003年5月1日诞生之日起，它就引起了海内外的高度关注。今天，新闻频道开播11年了。在过去11年里，新闻频道以其崭新的面貌、大容量的资讯和同步报道的手段逐步赢得了业界和观众的好评，成为仅次于央视综合频道之后观众获取新闻信息的最主要频道。

开办11年来，央视新闻频道之所以取得了这么大的成就，也是和其理念的正确以及定位的准确性密不可分的。

首先我们要了解什么是频道的理念与定位。尽管新闻频道在国外已经成为一种潮流，但是在国内还属于比较新生的事物。作为新近创办的频道，如果理念不清、思路混乱，频道就容易形象模糊、节目涣散，难以集中资源打造核心竞争力，全面提高综合影响力。因此，频道的理念，实际上就是频道将来发展方向的大问题。央视新闻频道的理念与定位集中在以下几点。

（一）"以人为本，贴近生活"

开办之初，新闻频道旗帜鲜明地提出了"以人为本，贴近生活"的理念，并将之树立为频道建设的指导思想。综观新闻频道从开播到现在的运行情况，不难看出，新闻频道关于"以人为本，贴近生活"的观点不是一句空话虚话，也不是一时的权宜之计，而是一种承前启后、一脉相承的新闻创新理念的探索与实践。"以人为本，贴近生活"的理念不仅仅是要求面对观众，而且要以观众需求为主；不仅仅是具有真诚面对的态度，而且还要有强烈的服务意识。它不仅仅把观众当作市场主体、受众主体，而且把观众当作报道的主角和报道的主体，用民众的眼光反映民众的事情和民众的情怀与命运。它不仅仅要最大限度地满足观众多元的信息需要，还要最大限度地满足观众多元的舆论诉求，充分反映民情、民意、民愿、民生和民声，关注老百姓的关注点、兴奋点、疑惑点，把群众的需要作为"第一信号"。

"以人为本，贴近生活"的理念精髓，就是善于把握社会动脉，真正了解群众需求，分析研究新闻规律，及时捕捉社会热点，努力去实现新闻报道的思想性、艺术性与观赏性的有机统一。综观新闻频道的整个创办理念，我们可以清晰地看到，"以人为本，贴近生活"是新闻频道最重要的指导思想，而这一思想一直坚定不移地贯穿在频道的栏目设置和节目内容之中。

（二）"第一时间，第一现场，第一需要"

"第一时间，第一现场，第一需要"目标的提出，使新闻频道的新闻特性得到了空前的加强。新闻频道并不是简单地将各种与新闻有关的各类节目有机地结合在一起，也不是将所有采集到手的新闻素材进行节目化处理后拿给观众看就完了那么简单。评判一个新闻频道做得好坏，一个非常重要的标准就是在它的 24 小时播报中，能否让观众在重大变动发生时第一时间以亲临现场的第一角度去获取最新鲜的信息。如果一个新闻频道能够在观众心目中养成不管发生什么事，在这个频道都能得到最新、最快、最身临其境的报道的印象的话，那么观众对这个频道的信任度必然会大幅度提升。而央视新闻频道在创办之初就提出的"第一时间，第一现场，第一需要"也正符合了上述的种种追求。

第一时间，追求的是新闻的时效性，时效性是新闻类节目的首要追求，第一时间满足观众对新闻的获取权，就谓之"第一时间"。

第一现场，追求的是新闻的客观性，只有深入到事件的第一现场，通过实地的采访与调查，掌握事情的全部情况，才可以最大限度地增强新闻报道的客观公允。

第一需要，追求的是新闻的有效性，即以观众的第一需要作为制作节目时全力以赴争取的目标，借以提升新闻的针对性与有效性。

（三）"与世界同步"

"与世界同步"理念的提出，使新闻频道具有了深厚的开放性和国际性。"与世界同步"这一基本理念的提出，并不是一时的心血来潮，而是在深思熟虑之后得出的一个准确的判断。现在的世界已经进入信息时代，新闻报道的信息生态环境发生了巨大的变化，一方面表现为国内外的信息渠道增多，信息流通量加大，信息阻隔系数越来越小，信息的透明度越来越高，信息的易得性越来越强，所以，信息的竞争日趋激烈。另一方面表现为广大观众对信息渠道和具体信息的可选择度越来越多，对新闻报道的鉴别力、挑剔度也越来越精，这就自然而然地对新闻报道和信息发布提出了越来越高的要求。同时，对正在平稳崛起的我国而言，国内信息的国际化与国际信息的国内化趋势也越来越明显，所以，在新闻频道创办理念上也必须遵循"与世界同步"。

"与世界同步"就是要充分发挥央视信息整合和传播的优势，根据时代和媒体的发展要求，不断满足观众对信息日益增长的需求，最快速地表达、最全面地反映中国和世界的变化，具有前瞻性。

"与世界同步"就是要求新闻频道必须及时吸取国内外先进的新闻理念，大胆探索

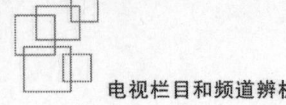

电视栏目和频道辨析

新闻传播手段,以开放的姿态选择和吸纳国内外一切资源,使新闻频道成为国内外新闻的总汇,具有很强的开放性。

"与世界同步"就是要让新闻频道在全球化的背景下,以崭新的面貌走向世界,投入到世界新闻媒体的广大竞争中去,努力提升自己的水平,使自己成为具有国际影响力的世界一流新闻大台。

三、新闻频道的栏目分类:以中央电视台为例

(一)以新闻内容分类

纷繁芜杂的新闻资讯如果不经过有序化、绩优化的处理,其传播效果就会大打折扣。以相关性为原则形成的节目内容和板块,是频道结构最基本的单位。按新闻内容分类,有融合国内外时政、体育、商业、技术、生活方式、社论、旅游、健康、房地产、家居和园艺、教育、食品、展望、杂志、书籍、新闻文摘等多方面内容的新闻资讯类栏目,如《整点新闻》、《新闻30分》、《新闻联播》、《天气·资讯》等。这类新闻栏目内容的多样性极强,以对各种社会新闻资讯的广泛涵盖和及时反映为自己的特色,以"横向覆盖"的方式传递新闻。而《新闻社区》、《人物新周刊》、《每周质量报告》等栏目则有比较明确的地域性划分、领域性分割和专业类区分,这些栏目围绕相关的核心内容,以"纵向延伸"的形式深度分析、评论新闻。

(二)以形式分类

如中央电视台的新闻频道在开播前强调的"新闻、直播、专题",即是强调三个形式层级上的节目创制。它包括了新闻资讯节目基本平台,谈话类、杂志类专题节目组成的深度平台,实时性直播类节目形成的拓展平台,在多个平台上,优选意义重大的焦点新闻进行报道。

新闻资讯类节目如《新闻联播》,专题类节目有《焦点访谈》、《法治在线》,直播节目有新闻频道开播以来对伊拉克战争、"非典"、禽流感等重大事件做了"第一时间"、"第一现场"的直播报道。

(三)以播出时段分类

观众收视行为的多次调查表明,早中晚三段时间内的新闻受众所处的职业有所不同。同时,不同时段观众的收视需求也各不相同,早间新闻以听为主,午间新闻以快为主,晚间新闻以深为主。这就要求新闻频道节目在时间设置上应充分考虑不同受众的收视需求,形成以短时滚动播出类新闻栏目、重播类栏目、日播类栏目、周播类栏目和机动性的现场直播等形式相辅相成的时段栏目机制。

四、电视新闻频道的主要问题

我国的专业新闻频道在经历了 11 年的运行之后，取得了很显著的成绩，但是在某些方面仍然存在着很多的不足。

（一）新闻敏感欠缺，现场报道不足

目前在国内的各家新闻频道中，没有一家电视新闻频道能绝对做到"向全世界介绍全世界"、"从新闻发生的现场播报新闻"，即使有，很多情况下也是在事件发生后的一两天才做好现场播报的准备，已失去"第一时间"的效果，尤其对突发事件上的行动素质仍有待提高。而这些问题的主要制约因素就是财力限制、机制制约和判断标准。财力有限，就无法在全球构建一个无缝的新闻报道网络；新闻运作机制不灵活，就难以充分利用可以利用的新闻资源；遵循的新闻价值判断标准单一，就会导致一些重大新闻事件报道的偏颇甚至遗漏。

新闻频道应该做到对新闻事件特别是突发事件实现实时和准实时传播，使观众能充分及时地获知任何时间内发生的新闻，因为一般综合性频道由于只能在固定时段设置新闻栏目，一些时效性强的新闻往往因播出时段的延迟而受到影响。而 24 小时大密度报道新闻甚至不间断滚动播出的电视新闻频道，可以将这种因播出造成的迟延减少到最低限度，甚至实现新闻现场的同步直播，这也应该是开办新闻频道的最大意义，在"现场"、与新闻"同步"，应该被看作新闻频道的生命。

（二）资源分割存在问题

电视新闻频道的特点决定了它对资源的需求不仅是庞大的，而且是多方面的。我国目前的电视产业管理体制和运作机制，使各级电视台和电视新闻资源处于各级行政力量的严密掌控之下，成为各级行政机构的附庸而非社会公共资源，造成各级电视台的新闻资源长期处于一种分割和闲置浪费状态。这种由行政区域分割导致的市场分割和电视新闻资源分割，是我国至今没有出现一个成功的跨地域经营的电视新闻频道的根本原因。解决这个问题的唯一办法，就是让电视新闻机构按照市场规律和新闻规律运行，实现新闻资源的有偿和自由流动。

对电视台内部来说，也有一个新闻资源整合和合理使用的问题。要实现经常性的新闻直播并能保证随时开展新闻直播、插播和作现场同步报道，必须有一套与之相适应的新闻管理机制，即新闻资源的整合机制。只有实现全台新闻资源的整合与共享，才能有整体的新闻频道意识，才能提高快速报道和直播的能力，统一协调各新闻栏目对重大事件作连续跟进追踪报道，实现真正意义上的"锁定频道"。具体而言，可将中央电视台

13个频道的新闻力量凝聚到新闻频道上来，可统一计划统一调度，一台摄像机采访的新闻，各频道各栏目若需要都可以使用，实现新闻共享，还可以建成立统一的新闻选题策划系统、新闻资料管理系统、新闻采访传送网络。新闻频道还可以把台内外的力量合到一起，中央台及各地方台遇有重大新闻事件，可以通过微波、卫星、转播车、移动卫星站、电话以及互联网络等各种传送手段及时地把新闻插到新闻频道播出，实现全国电视新闻网的联合。

（三）直播误区

新闻频道开播以来，尤其是在汲取了几次重大新闻事件反映缓慢、播出滞后（如被批评最多的是对美国"9·11"事件的反映）的教训后，中央电视台明显加强了直播数量，对一些重大新闻的处理也有可称道之处（如对伊拉克战争）。但存在着两个直播误区：一是直播过度使用或不当使用。如对考古挖掘、一般经济建设项目甚至文体活动的直播，显得"小题大做"，更无新闻性可言。二是突发新闻直播偏少。这实际上仍然反映出新闻敏感度不强、现场意识欠缺的问题。我们现在看到的许多所谓直播，多数是一些预知或可以预知、经过精心策划的重大事件性新闻，新闻之外的意义或附加意义远远高于新闻本身的意义，实质仍然是对新闻规律的漠视。

而对直播的组织和内容制作亦存在不少问题：一是同一电视台各频道各行其"道"，分别直播，致使资源重复，浪费严重；二是经常使用延时装置，造成画面滞后；三是漏播不少重大新闻。

（四）编播无特色

新闻频道在新闻标准的选择上已有所改进，但总体上讲，新闻价值规律仍然没有得到彻底贯彻，表现为不是按新闻的重要性、公众关注程度、影响力等因素来编辑新闻，而是沿袭一贯的先国内后国际、政治、经济、文化、社会新闻的顺序，四平八稳，影响了新闻价值的实现，这对新闻频道来说亟须解决。

在国内专业新闻频道的运作上，我们既要看到所取得的巨大成绩，又要努力弥补自身的不足，要想让我国的专业新闻频道更上一层楼，就必须增强竞争意识、品牌意识、国际意识、网络意识和使命意识。摆脱旧观念、旧机制的约束，尽快脱胎换骨，走上创新之路，只有这样，我们才能在日趋激烈的国际新闻竞争中闯出属于自己的一片新天地。

五、国内主要电视新闻频道

（一）中央电视台新闻频道

2003年7月1日，中央电视台新闻频道正式播出。

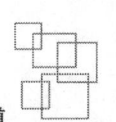

开播至今，新闻频道在栏目定位、频道结构及对直播节目的拓展等方面都在不断突破创新。它以深度访谈、谈话、评论类栏目为点，如提供新闻背景、分析、评论、综述、意见等；以滚动新闻栏目为线，突出新闻实时报道的优势以及全天播出的特点，内容从政治、经济到科技、娱乐等无所不包，在广度和深度上不断拓展，初步形成了一个符合现代传播规律的新闻频道框架。

该频道全天24小时播出，每逢整点有新闻，实现滚动、递进、更新式报道，全天24档。安排在整点新闻后的分类新闻主要有财经、体育、文化、国际四大类，已经成为中国内地影响最大的新闻频道。

（二）福建电视台新闻频道

2005年5月，福建电视台新闻频道开播。

开播至今，福建电视台新闻频道坚持以"新闻创造价值，新锐引领主流"为口号，以建立"中国大陆第一家真正意义的专业性新闻频道"为目标，把自己定位于为初中以上文化程度观众提供最新最快新闻的大众化专业频道。通过9年的努力，新闻频道在频道的包装宣传、快速的新闻报道和统一的栏目特色等方面逐渐形成了"最快的频道"这种相对稳定的品牌形象。

该频道24小时连续播出，设置了19个栏目（均安排了定时重播），涵盖了国际、国内、省内重大的时政、财经、文化、社会、体育、娱乐、科技、法制、环保和时尚等方方面面的最新新闻信息，既有快讯、动态、现场报道、深度报道、调查性报道、连续报道、评述、言论、谈话类栏目和纪录片等纪实性栏目，也经常在每2小时一次的直播栏目中插播最新的动态。遇到福建观众关注的重大新闻事件和突发事件，各有关栏目联手合作，相互策应，重拳出击，或中断原定播出的栏目，或打通栏目界限，十多个小时甚至30小时持续跟进报道。

平民的视点和平民化的风格是该新闻频道的主要理念。它比较善于通过平民视点，将提供资讯和百姓需要紧密结合起来，达到宣传功能和服务功能的融合和统一。

（三）广州电视台新闻频道

广州电视台新闻频道定位于"一切土生土长、生长于斯的广州原住民的新闻频道，也是一切从内心深处接受和认同广州城市文化生活形态的外来人群的新闻频道"，坚持"本土化"和"平民化"；视点是普通广州市民生活的真实状态和真实情感：有平等报道普通市民百姓柴米油盐生活俗事的新闻消息《G4出动》，有真实记录广州人自己人生故事的纪实专题《新闻面对面》，有以音乐、歌声和音像反映广州人真实生存/生活/情感状态记录和广州城市历史文化记忆的《广州影像》，有让市民百姓发表自己真实意见和看法的《有乜讲乜》论坛，有报道需要救助的困难群众的《爱心MTV》，倡导

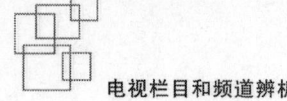

"新广州人主义";理念是"最地道的,尽在广州电视新闻频道,纯正广州,新闻频道"。

作为广州电视台打造"强势新闻"媒体重要组成部分的新闻频道,是一个主要为广州地区观众提供各种新闻资讯服务的大众化专业频道,每日播出 18 个小时的新闻资讯类节目,是广州地区唯一一个不播电视剧的电视专业频道。

频道节目内容主要由自制节目和引进节目两大板块组成,包括重要的本地消息、民生新闻和国际国内资讯,热点的时事追踪和新闻时评,先进科技文化动态和时尚生活方式、流行娱乐资讯的介绍,等等。

该频道是比较有代表性的地方新闻频道,"本土化"和"平民化"也是地方电视频道普遍采用的定位原则。不过,相对于其他专业频道,如电影频道、电视剧频道、生活频道、体育频道在地方电视台的蓬勃发展,地方电视台新闻频道仍然处于起步阶段。

(四)凤凰卫视资讯台

2001 年 1 月 1 日,凤凰卫视资讯台开播。

开播 13 年来,凤凰卫视资讯台以独特的传播视角,向全球华人提供实时、第一手的时事、财经新闻报道和客观、权威的分析,深受各地华人观众包括华商旅客的欢迎;该台节目当中,每逢正点播出的 30 分钟新闻,以及第一时间直播全球新闻大事,更广获业内外人士称许。凤凰资讯台在全球三大洲十余个城市设立记者站,在中国内地及东南亚均具有很高知名度。

凤凰卫视资讯台的成立是凤凰卫视控股有限公司继成功开办凤凰卫视中文台、凤凰卫视电影台、凤凰卫视欧洲台及凤凰卫视美洲台之后的又一新动作,全天候 24 小时播出来自全世界和两岸三地的最新消息、全球的财经金融新闻、世界各大股票市场行情,重视新闻现场和热点事件和热门话题的评说、解析。

按照凤凰网的介绍,凤凰卫视资讯台创下"八个第一":全球第一个覆盖了两岸三地的全天候华语资讯频道;第一个地处香港聚集了两岸三地及海外电视人的电视媒体;第一个跨洲进行同步联播的华语电视台;第一个每天在京、港、台连线制作电视节目的传媒机构;第一个在亚洲、欧洲、美洲拥有制作基地和记者站的华语频道;东南亚第一个采用光纤网络采集、编辑及播出系统播放节目的电视台;亚洲区第一个拥有低温照明系统、自动遥控摄录系统、全方位旋转式取景演播台录影棚等高科技设备的电视机构;荟萃于此用高薪聘用的来自内地、香港和台湾两岸三地人气极旺的主持人和资深评论队伍,在香港、在亚洲、在整个华语传播界中都是首屈一指的。

当然,这有广告之意,但它的新闻编播理念、对新闻的反应速度和极有口碑的新闻评论,以及人气颇佳的主持人队伍,使该台在内地的影响绝对不容小觑,并且是唯一对中央电视台新闻频道造成冲击和形成竞争态势的新闻专业频道(台)。

（五）重庆电视台新闻频道

2008年10月1日，重庆电视台推出全新的新闻频道。

此频道的宗旨是强化直播、全方位互动、开放式做新闻、培育拳头节目、提高新闻质量，最终形成以整点资讯为骨架、全天直播为线索、名牌栏目为收视重点的格局。全新的新闻频道每天播出22小时新闻节目，其中最为核心的就是增设了大型直播节目《直播重庆》。

新闻频道是重庆电视台新闻类节目的主要播出平台。三个"强化"是新闻频道的特色：一是强化本土特色，贴近民生的本土新闻风格；二是强化新闻报道的实效性，实效是新闻的生命；三是强化与中央电视台及各地方省级电视台新闻频道的差异，注重新闻的亲和力。

类型化、大板块的编排方式使新闻频道具有"特色新闻板块"。在全国同类新闻栏目中排名前三甲的《天天630》与《午间新闻》、《重庆发现》构成了新闻频道的强势收视带；同时，白天的《早间新闻》、《看四方环球风》与滚动播出的《直播重庆》又形成了坚实的白天新闻带状，满足观众"知"的欲望。

（六）广东电视台新闻频道

广东新闻频道隶属广东电视台，是广东第一个省级电视专业的新闻频道，经过半年的筹备和试播，于2005年12月8日正式开播，并于2009年下半年与广东电视台新闻中心合并。

广东新闻频道的节目覆盖广东全省，部分新闻节目还通过广东卫视、珠江频道海外版覆盖全球。重点栏目有广东地区最新最快的民生新闻——《新闻最前线》，说尽天下事、道破人间情的《新闻故事》，在高端影响力平台上进行的《第一访谈》，滚动、及时、递进、突出时效性和信息量的《正点报道》，2010年初全新推出的舆论监督栏目《热点追踪》（后与《新闻在线》合并为《新闻最前线》）。广东新闻频道锐意改革，于2010年11月推出新颖的新闻采访与播报形式的《超级采访车》栏目。集团内其他优秀节目的特别版也在广东新闻频道中播出。

目前，广东新闻频道初步形成了一个独特的节目形态：白天非黄金时间段，海量新闻播报；晚上黄金时间段，品牌栏目精彩纷呈。也就是说，新闻频道白天每逢整点滚动播出新闻，一天播报的新闻近300条次；而从18：35开始，先后推出《健康面对面》、《环球报道》、《超级采访车》、《新闻最前线》、《社会纵横》、《两岸视点》、《广东报道》等九个首播节目，基本上实现了"看新闻，就看新闻频道"的目标。经过几年卧薪尝胆，广东新闻频道已经具备了成为本地强势新闻资讯频道的实力，成为华南地区比较有影响力的新闻专业频道。

第三章 电视综艺娱乐栏目

一般把"娱乐栏目（节目）"看作"综艺栏目（节目）"的新形式或新发展，两者都以轻松活泼为表征，以对各类艺术和娱乐元素的综合为手段，以娱乐观众为理念，换句话说，综艺娱乐节目就节目编排方式上看是"综艺"，就播出效果来看是"娱乐"，其实质是一样的。因此，本章对之不再做具体划分，而统之以"综艺娱乐栏目"，具体论述中为了方便明晰，则分别使用"娱乐栏目（节目）"和"综艺栏目（节目）"表述。总之，本章着眼于"教育、信息、娱乐"这三大电视传媒功能，是对以"娱乐"为主要目的的电视栏目及节目的阐释。

第一节 电视综艺娱乐栏目概述

一、电视综艺娱乐栏目界定

从狭义的角度看，电视综艺栏目是指借助于电子技术手段，运用电视表现手法，广泛融合音乐、舞蹈、戏剧（戏曲）小品、曲艺、杂技、游戏、竞赛（猜）问答等艺术形式或非艺术形式为一体，用以满足广大观众多方面的艺术审美和消闲娱乐等需求。电视综艺栏目具有极强的包容力和极大的综合性，往往是内容丰富、雅俗共赏，形式则多种多样、灵活自由，且观众有较强的参与感。

"综艺"不是汉语"综合文艺"的简称。它是一个外来词，是从日语中引进的，20世纪70年代中期，中国台湾和香港地区开办的这类节目，其总体格局是从日本引进的，并把日语的"ハテイユテイ"节目翻译成"综艺"。其后，综艺节目在台湾大行其道并一直发展至今，也逐渐为大陆观众所熟悉。

二、中国电视娱乐综艺栏目发展历程

中国电视娱乐节目形成独立的形态，是在20世纪80年代中后期，其历史发展基本

上可以概括为四个阶段。

（一）综艺晚会时期

这一阶段是20世纪90年代初兴起的以《正大综艺》和《综艺大观》为代表的综艺栏目类型。

《正大综艺》是国内第一个相当成熟的、完整意义上的综艺栏目，基本框架是主持人就场外记者提出的旅游知识和趣闻让嘉宾抢答，集旅游风光、国外风土人情、知识竞赛和娱乐性于一体。它的出现不仅开创了电视娱乐的新形态，并且带动了当时各级地方电视台一批同类节目的引进、模仿之路。

1990年3月14日开播的《综艺大观》则基本上是一台时长50分钟的直播综艺晚会，它集相声、小品、歌舞、杂技、魔术等各种文艺手段于一体，明星是节目的主角，明星的舞台表演是构成节目的主要内容，而各个很少相干的节目之间的串联则由主持人来完成。《综艺大观》是我国内地电视综艺栏目的鼻祖，标志着电视"晚会时代"的开始，它也拉动了第一轮综艺栏目热潮。

2004年10月8日，曾经红遍中国荧屏的《综艺大观》惨遭淘汰，标志着综艺晚会栏目时代的结束。

（二）游戏时期

这一阶段以1996年起风靡一时的湖南卫视《快乐大本营》和北京电视台《欢乐总动员》为代表。栏目以"快乐"为宗旨、以"游戏"为内容，同时强调互动性，即观众以各种形式参与节目。但由于它的不"严肃"而受到非议。

《快乐大本营》的主要特点是节目风格轻松活泼，追求生活化，特别是融入一些游戏，娱乐性强，同时强调互动性，给习惯了"晚会"类节目的观众一个全新的视觉体验和参与机会，我国的综艺节目从此从"晚会时代"进入"娱乐时代"。

《欢乐总动员》节目设计的主体框架是模仿秀。模仿明星的歌舞，模仿影视演员的表演片段，模仿对白、台词，模仿相声、小品，说、学、逗、唱，样样俱全。模仿秀一方面传达了大众对明星的崇拜，在模仿秀的面具下，模仿者在外形、神态、话语、气质上对自己进行全方位的明星式的包装，在模仿中获得了一种快乐，并且展示了自己在艺术表演上潜在的天赋。

《快乐大本营》的成功引发了电视娱乐节目的热潮，全国40多家省级电视台纷纷兴办性质相同的综艺娱乐栏目，垄断了从周五晚上到周六和周日的各档黄金时间。

几乎与此同时，以上海电视台《相约星期六》和湖南电视台《玫瑰之约》为代表的婚姻速配节目也纷纷上马，并与以上所述综艺娱乐栏目共同形成了我国第二波综艺娱乐热潮。

这股热潮并没能持续下去，随着一批批克隆节目的出现，"快乐"、"欢乐"充斥各个荧屏，观众开始对这种无处不在的"纯娱乐"节目感到腻烦，收视率大幅下滑，综艺节目迎来了它的第三个发展时期。

（三）益智博彩时期

以智力竞猜加高额奖品为主要内容，以中央电视台财经频道《幸运52》和《开心辞典》为代表。

《幸运52》脱胎于英国的益智博彩节目 GOBINGO，剥离其博彩性质，经过改造，有机地将游戏与知识普及融为一体，充分调动观众的参与热情。《开心辞典》仿制英美的《谁想成为百万富翁》，并对其进行了本土化的改造，将电视手段的卖点和社会文化心理的卖点区分对待，保留电视手段的卖点，改善社会心理的审美文化。《开心辞典》创制了独特的中国电视益智节目形态。首创"家庭梦想"的概念，而且其外延进一步拓展到了一些公益性内容，如捐助希望工程、保护环境、支持申奥等，将观众的热情和爱心进一步扩大到整个民族甚至是人类社会。

同样吸引观众和广告主的还有安徽电视台的综艺节目《超级大赢家》，这档节目将搞笑上升到节目最基本制作理念的地位，在综艺节目中独树一帜。类似栏目还有贵州卫视的《世纪攻略》（已停播）、东方卫视的《财富大考场》、广东电视台的《赢遍天下》、重庆卫视的《魅力21》、江苏卫视的《夺标800》等，这些栏目掀起了一股益智栏目风潮，在2000年和2001年成为公众和媒体关注的中心。

从2001年开始，电视娱乐节目开始降温，收视份额逐年递减。新世纪以来，电视娱乐节目的多元格局已然形成，但其火暴程度今非昔比，我国电视娱乐节目在经历过无比兴奋的青春期之后，渴望一次新的突破。

（四）"真人秀"时期

这一阶段出现在新世纪初，像《超级女声》、《梦想中国》、《星光大道》这样全民参与的互动性节目逐渐成了荧屏的主角。平民走到观众面前，而且成了明星。

"真人秀"又叫"真实电视"（Reality TV）、"真实秀"、"纪录肥皂剧"等，最早出现的是荷兰的《老大哥》（Big Brother），并迅速被澳大利亚、德国、丹麦、美国、法国等18个国家照搬制作了各自的版本。2000年5月，美国哥伦比亚广播公司推出名为《幸存者》的节目，把"真人秀"做成了经典。

国内真人秀节目以2003年我国电视"真人秀"论坛为分界线，前期的电视真人秀节目除《完美假期》外，其他节目几乎千篇一律是"野外生存挑战"类的"野外真人秀"，后期则是以"海选"、"全民娱乐"、"民间造星"为主要特征的"室内真人秀"。

我国的真人秀节目是从"野外真人秀"开始的。广东电视台2000年推出的《生存大挑战·徒步边境线》是国内首档独立制作的真人秀节目，其创意来源于该台《青春热浪》1996年暑期特别节目（以大学生户外活动为主题），跟踪拍摄了三名志愿者在六个月徒步穿越八个省的历程，该节目保留了较浓厚的纪录片痕迹。在此后的《重走长征路》、《美女闯天关》等节目中，越来越多地借鉴了美国《幸存者》等节目，引入了淘汰机制、竞技游戏设置等真人秀节目元素，在不断拓展创意的同时保留了"生存大挑战"的节目模式和品牌，成为国内持续时间最长的野外真人秀节目。

2003年10月，中央电视台创办了娱乐栏目《非常6+1》，播出不久即备受关注，大获成功。2004年5月，湖南卫视策划推出大型娱乐节目《超级女声》，刚一出炉，嘘声不断，但一年以后，风行一时。2005年5月，中央电视台全面启动《梦想中国》大型电视活动，联手全国12家省级电视台组成互动联合体，共同打造成就平民艺术梦想的最大平台，整个活动一直持续到10月。可以说，《非常6+1》、《超级女声》、《梦想中国》掀起了一股强劲的电视娱乐浪潮，盛况空前。

至此可以说，我国的电视综艺栏目经过几个时期的发展已经进入一个新的阶段，据CSM全国测量仪收视调查数据情况分析，平民选秀、婚恋交友和综合三大类节目是近几年得到广大电视观众充分关注，并获得较高收视率的节目类型，其中平民选秀、婚恋交友是当前真人秀节目中数量最多也是最受欢迎的两种类型。

从收视影响力综合排名的层面来看，以《中国好声音》、《星光大道》、《我要上春晚》、《非常6+1》、《我爱记歌词》、《超级女声》、《快乐男声》为代表的平民选秀节目和以《非诚勿扰》、《我们约会吧》、《百里挑一》、《为爱向前冲》、《真爱无敌》、《爱情来敲门》、《爱情连连看》为代表的婚恋交友节目都是广大电视观众较为关注、并获得较高收视率的选秀节目。

大批"选秀类真人秀"节目涌现，一方面呈现出百花齐放、多元发展的繁荣景象，另一方面不断暴露出大量节目同质化、商业化、庸俗化和过度娱乐化等问题。真人秀节目的卖点也受到了道德、政策、操作层面的种种限制。因为中国文化与真人秀的本质之间有许多不能兼容或者需要时日磨合的东西，我国电视观众的接受难度也是妨碍其成为主流和大众化栏目形态的因素，换句话说，真人秀的中国化路程将是漫长和艰难的。

第二节　电视综艺晚会

我国各级电视台几乎都有在重大节日或纪念日举办晚会的传统，这些晚会就是典型的"综艺晚会"，最具代表性的就是中央电视台已经播出了32届的"春节联欢晚会"，它采用了音乐、舞蹈、戏剧、曲艺、武术等艺术样式，充分调动了立体美术设计、灯光、音响、激光大屏幕等艺术表现手法，使整台晚会气势恢宏、喜庆热烈，一直是每年除夕播出的重头戏,其节目收视率始终在中央电视台全年各类节目中名列前茅,以致成为中国人过年的"新民俗";类似的还有每年中央电视台的"元宵晚会"、"国庆晚会"、"中秋晚会"等,也是备受观众瞩目的重大活动。特别目的诉求的如"3·15消费者之友文艺晚会"、"感动中国文艺晚会"等,有机地结合主题,既有新闻节目的震撼力又有文艺节目的艺术感染,收到了良好的效果。

一、电视晚会的界定

电视晚会,是指利用现代电视传播手段重新进行艺术创作,比舞台上的晚会具有更自由的时空表现和灵活的视听展现的电视节目。

电视晚会是一种特殊的节目形式,它的特殊性主要体现为内容的包容性。晚会能够自由地汇集众多的明星和各种娱乐表演样式——音乐、舞蹈、相声、小品、魔术、杂技、诗歌朗诵等;它还可以请出公众人物,演绎搞笑或煽情的脱口秀、真人剧;有的重大晚会本身还兼有新闻发布的功能(如各种颁奖晚会),这些元素在晚会中的表现往往不是单一的,而是相互重叠的复杂地表现出来。电视晚会的特征是根据主题的需要,运用艺术手段将多种不同艺术载体的单个节目进行有机组合,参与整体的各种单个节目在综合文艺型节目中产生内在联系,发挥出具有整体优势的系统效应。

电视综艺晚会这种节目形式是中国特有的,特别是春节联欢晚会。春节联欢晚会是一种特别的综合文艺节目,它自身存在着独特的品格。千百年来,春节已成为全球华人生活中最为隆重、最为盛大的传统节日,它是团聚、欢乐、喜庆、祥和的象征。春节联欢晚会以播出时间最长、演出规模最大、创编人员最多、收视率最高、传播面最广,而被誉为我国电视文艺之最,也可以算作世界电视文艺之最。

二、电视晚会的类型

从目前我国电视上播出的晚会来看,基本上有以下两种类型。

(一)专题晚会

所谓专题晚会,指的是为某些有特殊意义的纪念日或活动专门制作的晚会。这类晚会往往都有非常明确的主题,对应有特殊意义的纪念日或活动的主题思想,并且大多数专题晚会都只此一次。

专题晚会作为一种特殊的晚会形式,它的主题比其他晚会更明确具体,而且它的基调定位可以有更多的选择,进而为主题服务。一般的节庆晚会都力求达到喜庆、欢快的晚会基调,但专题晚会的创作还可以选择严肃、感人、奋发等基调。

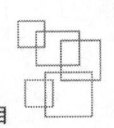

电视专题晚会强调主题的明确性,以至于它的主题往往都镶嵌在晚会的标题中,如每年 CCTV-2 的"3·15 消费者之友文艺晚会",逢大的事件的如"抗洪赈灾晚会",2003 年"非典"期间 CCTV-1 播出的大型特别节目《我们众志成城》等,都可算作专题晚会。

专题晚会的一种形式是颁奖典礼晚会,颁奖晚会必然要有非常明显的仪式感。晚会庄重、正式的感觉也是通过固定的程式来体现的,此外,明星的出场是颁奖晚会之所以具有娱乐性和收视率的主要原因,能否邀请到更多、更重量级的明星,事关重大;悬念也是颁奖晚会的重要看点之一,甚至很多情况下,文艺节目不再是晚会主体,悬念才是颁奖晚会的主要看点,如在奥斯卡颁奖晚会上,除了明星,观众最期待的就是打开获奖名单的那一瞬间。

(二) 专场晚会

专场晚会指的是只有单纯一种门类的艺术形式作为内容的晚会,如歌舞晚会、戏曲晚会、相声晚会等。

此类晚会,面对受众分群的特点,进而制作专门的电视节目,迎合特定群体观众的口味,如专场晚会虽然面对相对狭窄的受众群体,但这些观众对其喜爱的程度超过其他类型的晚会,收视前景一片光明。近些年来,每逢大年三十,央视在给全国观众准备一台高水准的综艺晚会的同时,还要在其他频道安排各种专场晚会(如歌舞晚会、戏曲晚会等),来满足观众的需求。从播出后统计出的收视率可以看出,综艺晚会与专场晚会的收视差距并没有想象中的悬殊,有许许多多的观众欢迎专场晚会来丰富他们除夕夜的电视屏幕。

专场晚会除了坚持内容的专一,还要坚持内容的专业。如果一台专场晚会内容的专一对应的是量的概念,那么内容的专业对应的就是质的概念。没有一个戏曲爱好者不希望在戏曲专场晚会上看到高质量的节目,换句话说,如果没有高质量、专业化的节目,专场晚会就无法达到吸引专门受众的目的。

三、电视晚会的特征

(一) 内容的综合性

电视综艺晚会的最大特点就是"综合性",它将各类艺术形态以节目板块的形式有机结合在一起,充分调动各类电视表现手法。第二个特点是大众性。它面向最广大的受众群体,尽可能做到妇孺皆宜、老少均乐,因而一直是我国电视综艺娱乐节目的重要一员。第三个特点是场面恢宏。各级电视台的电视晚会都几乎不惜成本,从室内到室外、从明星到主持人、服装道具灯光美工等,无不追求豪华时尚,堪称电视屏幕上的"视听盛宴"。

（二）形式的多样性

电视晚会没有固定专门的节目形式，而是不断吸收新的元素来丰富自己，并可以随意组织搭建各个元素，从而满足不同时代和社会主题的需要，使晚会呈现出不同的外观特征。换句话说，电视晚会较其他节目形式具有更大的可塑性。首先因为它的组成元素丰富，其次因为节目时间相对较长，这就给安排制定晚会结构提供了更多的选择。

（三）非确定性

电视晚会与其他综艺娱乐栏目形态比较，其特点之一是非栏目化，这也就意味着电视晚会的播出时间、时段、内容安排、形式组成等都是不确定的，往往是因时因地制宜地制作和播出。所以，电视晚会极易受外在因素影响，基本上是即兴之作。

第三节　电视游戏类栏目

一、游戏类栏目的界定

电视游戏类栏目，是指以娱乐为宗旨、以游戏为框架，同时强调互动性的电视栏目。

游戏栏目，是继益智栏目热之后，我国电视中出现的又一种热潮，虽然其发展只是近几年的事，但势头很猛，大有遍地开花之势。

我国电视荧屏上出现固定的每周一期游戏类栏目是在20世纪90年代以后真正发展起来的，以开播于1993年1月24日的东方电视台的《快乐大转盘》为最早代表。此后，各省、市电视台纷纷出现了自己的游戏节目，如广东电视台的《欢乐有约》，浙江电视台的《欢乐时光》，南京电视台的《大篷车》，天津电视台的《黄金8点》，上海电视台的《智力大冲浪》、《开心365》以及中央电视台的《幸运52》等。

综艺游戏节目脱胎于综艺节目这一母体，因此势必带有其母体的特征，但是作为一个独立的娱乐节目类型，它又有自身独特的个性。

二、游戏类栏目的特征

（一）娱乐为本

给观众带去笑，并使他们乐于欣赏、乐于参与，是游戏栏目的最高目的，在这类栏目中，电视台和主持人已经彻底放下了架子，一切围绕着"乐"做文章，演播室成为娱乐场。

综艺游戏节目牢牢地抓住了大多数人的天性——游戏娱乐,希望通过游戏给现场的嘉宾、观众以及电视机前的人们带来欢乐,进而实现最大限度的大众化。因此,不仅综艺游戏节目的名字纷纷以"乐"来命名,甚至在整个节目过程中也会一再强调这一快乐宗旨。游戏节目为人们提供了大众联欢的场所,不论你是参与者还是观赏者,不论你的性别、年龄、收入、身份、阶层如何,只要你游戏娱乐的天性未泯,就可在其中尽情地宣泄、释放。在充满竞争压力的现代社会,综艺游戏节目的游戏娱乐性也舒缓了人们的紧张情绪,起到减压阀的作用。

(二) 参与性

即节目具有开放式的结构,受众可以参与其间。受众参与节目,可分直接参与与间接参与。直接参与又分为两种:一是被动性直接参与。如参与某项节目的评议,填写规定项目的选票、答卷等,这种参与,受众的主观意识不能得到充分发挥。二是主动性参与。即受众直接参与节目的制作和演播过程,这种参与,受众的主观意识能较自由、较充分地发挥。

观众的广泛参与,观众与节目的交流互动,是综艺游戏节目的大众性得以体现的重要手段。从前综艺节目的传播方式基本上是我播你看的单向传播,主持人、观众、嘉宾缺少融为一体的交流,而综艺游戏节目则在节目和观众之间建立多条沟通渠道,实现了双向交流。主持人、嘉宾、现场观众、场外观众自始至终在交流对话。

参与是为了竞争,许多游戏节目就是通过竞争来进行游戏,节目中的游戏多是以竞赛形式再现出来,内容不外乎比体力、比智力、比胆量、比反应能力,有的节目还会设置物质奖励以吸引观众参与。因此,综艺游戏节目必然具有一定的竞争,而节目的紧张刺激和扣人心弦都源于竞争性。与此同时,电视机前的观众在观赏过程中,由于游戏心态获得了满足,日常积郁的愁闷得到了缓解,也会感到精神愉悦。

(三) 综合性

综艺游戏节目的综合性主要体现在两个方面:一方面,在综艺游戏节目中,音乐、歌舞、相声、小品、戏曲片段、杂技魔术、武术、游戏、笑话、故事等文娱类型有机融合在一起,这一点在《非常6+1》中体现得淋漓尽致;另一方面,节目中综合运用脱口秀、真人秀、歌舞表演以及博彩游戏等诸多因素,这些因素或者是被逐一展示或者是被糅合杂陈,但始终统一于节目的整体节奏和气氛。

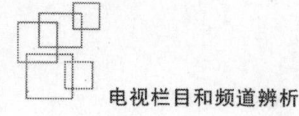

三、电视游戏栏目选介

（一）内地电视游戏栏目

1.《快乐大本营》 湖南电视台1997年7月13日正式推出，现在的主持人是何炅、李维嘉、谢娜，栏目时长90分钟。

节目内容以游戏为主，辅以歌舞、小品、相声和少部分事先录制的节目，这些节目主题强调贴近生活、贴近观众，以各种娱乐形式给广大观众带来快乐。栏目中安排了种类繁多的游戏，注重观众的参与，包括现场观众和电视机前观众的参与。

2.《百变大咖秀》 湖南卫视在2012年7月频道改版期间推出的晚间10点档综艺节目，版权引自西班牙原创综艺节目 *Your Face Sounds Familiar*。节目以艺人明星模仿别的明星为主，节目名称在频道宣传中原定为《绝对大牌》，后于正式播出期间改为《百变大咖秀》。主持人为何炅、谢娜，时长90分钟。

《百变大咖秀》是国内首档明星模仿秀大赏赛。集表演、模仿、游戏仿于一体，以"每个明星都有一段模仿的岁月，人的成长是模仿的历程"为定位，以极为夸张的手法向经典"致敬"，极具狂欢娱乐色彩。

3.《男生女生向前冲》 安徽卫视的一档全民榜样健身节目。从2010年开始，《男生女生向前冲》已经连续播出4年多，形成了自身的品牌规模效应。据CSM 32中心城市数据显示，前五季的节目，平时收视率保持同时段省级卫视第一名，拥有近亿的观众规模，平均每期观众规模约为350万人，平均忠实度22.3%，最高单期忠实度高达29%。

《男生女生向前冲》分为三大阶段，分别为"冲关勇士战"、"冲关英雄战"、"冲关王中王大战"，以最终选拔决出"全国王中王"为目的贯穿始终，三大阶段紧密衔接，有机递进，相辅相成。根据冲关成绩，所有冲关成功的"冲客"还将再次进入晋级赛的比拼，随着赛道记录的刷新，最终在全国终极总决赛比拼中，成绩最好的男生和女生，除了获得"终极冲关王"的称号之外，还将获得超级丰厚大奖。

4.《我爱记歌词》 浙江卫视2007年推出的一档音乐节目，是浙江卫视早期王牌综艺节目，也是浙江卫视一直保持的综艺节目。节目采取全民K歌的方式，不设门槛，宗旨在于打造全国K歌联盟。主持人为华少、伊一，每周日22：00首播，时长90分钟。

《我爱记歌词》是全国首推的互动音乐节目，兼具娱乐性和益智性，结合了中国老百姓最喜爱的娱乐方式——卡拉OK和风靡欧美的歌词记忆游戏，节目选取我国各个年代脍炙人口的流行经典歌曲，通过设计唱歌游戏，让参赛者现场回忆歌词，并大声唱出来，唱对歌词最多的参赛者就是当场比赛的冠军。

《我爱记歌词》并非以考验参与者演唱水准为终极目的，而是借助唱歌这个易传播、有群众基础的娱乐方式，来吸引大众的关注度与参与性，从某种层面上看，这是一个挑战记忆力的节目，只要唱对歌词，就有机会成为爱心大使，所得到的获奖金额将以慈善金的形式全部捐赠给慈善机构，调动了全民的娱乐积极性。

（二）境外电视游戏栏目

1. 《谁敢来挑战》 由安得默电视公司（Endemol）制作。首播时间为2001年6月，栏目由Joe Rogdn主持。这是一个真正挑战胆量的栏目，能够成功地完成所有表演的个人将获得5万美元的奖金。这个栏目和其他优秀栏目如《老大哥》、爱的系列《爱之链》一样，都是由Matt Kunitz、Douglas Ross以及John DeMol创作的。在1小时的节目中，六名选手将接受三项令人胆战心惊的挑战。比如，选手将在一个装满虫子的玻璃箱里待上一段时间，谁坚持到最后就算胜利。没能完成挑战或者不敢接受挑战的选手将被淘汰，谁能以最快的速度、最准确的方式完成挑战，谁就可以获得5万美元的奖金。

2. 《幸运大转轮》 这是由索尼影视电视公司制作的非常火暴的游戏栏目。

1975年12月，美国NBC电视台在推出《猜对价格》游戏节目之后，实验性地播出了长达1小时的《幸运大转轮》。当时的游戏规则是：3名选手参与三轮的游戏，获奖最多的选手将面对一道问题，答对了这道问题就可以获得赢取红利的机会。

几轮游戏过后，获奖最多的选手将成为当天的冠军。

自1983年正式首播，至今该栏目还保持着全美辛迪加节目第一名的位置。20世纪80年代，随着该栏目知名度的日益提高，世界上的很多国家相继推出本土化的《幸运大转轮》，游戏规则也适当进行了调整。

3. 《大学生了没》 由台湾中天综合台推出，是王伟忠、詹仁雄制作的综艺栏目，2007年7月30日开播，由三届金钟奖最佳主持人陶晶莹、纳豆与阿Ken共同担任主持，台湾时间每周一至周五23：00—24：00在中天综合台首播，时长100分钟。

该栏目专为大学生族群量身定做，每集邀请16位来自不同大学、不同专业的学生接受不同问题的考验，以"一个以大学生讨论时下年轻人不一样的思想观"为栏目宗旨。

第四节 电视益智类栏目

一、益智类栏目的界定

所谓电视益智栏目，是指集竞技性与娱乐性于一身、以智力和知识测验为主要方式的电视娱乐节目类型。

益智栏目在国外又叫 Game Show 或 Quiz Show，是指为得到某种物质奖励或奖金，在一定规则下，由普通百姓参与的智力游戏节目，通常是由电视台制定游戏规则，通过主持人和选手一问一答的形式层层递进，最终赢取奖品或奖金。

真正在世界范围内引起轰动的是 1998 年英国名为《谁想成为百万富翁》的栏目，它甫一问世就迅速走红，不仅占领了市场 59% 的份额，而且以不同版本在美国、荷兰、日本、澳大利亚等世界 60 多个国家和地区播放，收视率居高不下，到 2004 年初，使用该栏目样式的国家已达 108 个。中央电视台的《开心辞典》也是对它的直接借鉴，并和《幸运 52》（借鉴了英国的 GOBINGO）一起成为中国内地此类栏目的代表，随后一批益智栏目纷纷踏上中国的娱乐荧屏，中国电视荧屏掀起"益智"高潮。

益智类栏目是一种以知识为内容的问答竞赛形式，以巨额奖金或奖品为物质奖励的电视游戏节目，其基本特征在于栏目从开始到结束，参与选手、主持人及游戏内容等节目要素围绕一套精心设计、相同固定的游戏规则形成互动，制造一种让观众感同身受的现场游戏氛围，通过调动其参与欲望，引发其收视行为。这种完全不同于综艺娱乐类栏目的形态，既便于观众的参与，同时内容又具有很强的可控性，真正能将知识与娱乐融为一体，具有较高的可视性和观赏性。

益智类栏目一般要具备主持人、选手、规则、题目等四个要素。这四个要素构成了一个完整的游戏链，保证游戏的顺利进行。其中，栏目中出现的题目通常都有专门人员负责出具。为了公平，有的栏目也用网上征集等方式出题，并拥有专门的题库进行汇总，根据题目的难易程度作出合理的排列。

按照题目类型的不同又可以将当前的益智栏目分为两类：①以考察知识储备和记忆力为主的百科知识题类型的节目。如《开心辞典》。由于这类题目类型比较丰富，出题的要求较为严格，因此栏目对问题的形式和内容多有非常细致严格的规定。②以考察联想力或表达力、理解力为主的趣味题类型的栏目。如《幸运 52》中的默契环节。这类节目的问题设计相对宽松，更注重趣味性。

按照规则的不同又可以分为两种模式：一种是由多人同时参加比赛，经过预先设定好的若干环节，最后决定出一位或一组胜者。比如《幸运 52》，由 3 位选手经过数轮激战，最后得分最高的获得拿大奖的机会。这种规则的设置使每期节目的最后高潮步步逼近，吊足了观众的胃口，使每期节目的观众都有所期待，符合受众的接受心理。另一种以《开心辞典》为代表，在每期节目的正式比赛环节开始之前，现场出题，通过一个多人的抢答环节，选出胜者接受主持人的正式问答。这类节目通常分为若干问题或环节，选手每过一关就获得相应的奖励，并逐级增加。这类节目通过主持人快节奏地不断提问，以及选手的判断、回答交替进行。随着选手因为答对题在短时间迅速累积起大奖，或者因为答错题而快速遭到淘汰、更替，从而给予观众持续不断并激增的刺激感受。

二、益智类栏目的特征

（一）知识和智力的较量

知识和智力是益智游戏栏目生存和发展的平台，对知识涉猎的多少、智力水平的高低和现场发挥如何，是在栏目中胜负的决定性因素，这无论从对社会风气的提倡，还是对参赛选手及观众来说，都具有正面的作用。当然，益智栏目中的题目设计和知识涵盖需要花费大的精力，考的是真知识，测验的是真智力，否则此类节目也会有负面作用。

（二）互动与广泛参与

在益智类栏目中，除了主持人与选手之外，一般还要邀请部分观众到现场，一方面营造现场气氛，另一方面也让观众有机会参与其中，《开心辞典》中"求助现场观众"环节就是例子。《幸运52》中表现得更为突出，在这档益智栏目中，现场观众在节目开始前要穿上不同颜色的T恤衫，穿上它就意味着已经成为着这种颜色上衣的参赛选手的支持者，而且一旦所支持的选手获胜，支持者们每人也将获得一份奖品。在这种奖励的刺激下，往往在答题开始时，他们就会为自己的选手加油鼓劲，台上台下真正交融到一起，节目气氛达到高潮。

而且，场外观众的互动也日益普及，如《开心辞典》设置的"电话求助"便是其中之一。几乎每档益智游戏节目都设置了网上答题报名的方式选拔选手，通过这种方式，场外的观众可以与电视、与节目零距离亲密接触，真可谓机会无处不在。而手机短信的竞猜更是被应用到极致。

（三）竞赛规则是关键

对于益智类栏目来说，规则设计得科学与否，直接决定栏目的成败和收视率。益智类栏目的展开过程就是一场竞赛，而竞赛就必须遵循一定的规则。国外此类栏目一般由电视台专门的部门或者独立的制件公司开发，在开发的过程中，最重要的实际上就是规则的制定。科学的规则不仅可以使选拔过程高效运作，而且可以保证栏目流程顺畅和有吸引力。

因此，益智游戏栏目的板块设置是相对固定的，这种构架的相对固定，为栏目的批量生产提供了可能，也便于质量管理。严格的规范和相对固定的程式，也为选手参与和观众收视提供了极大的方便。

三、益智类栏目选介

（一）《谁想成为百万富翁》

该栏目由英国独立电视台（ITV）播出。自播出后即成为英国最受欢迎的50个节目之一。

这是在国外非常火暴的一个游戏栏目，虽然游戏并不难，但是游戏的规则却颇具挑战性。参赛者必须第一个将问题回答正确，然后对另外15道以上的问题也回答正确，才能最终赢得100万美元的奖金。

游戏中比较难的一部分是，参赛者首先面对的是一道单项选择题，一共有4个备选答案。谁能最先给出正确答案，谁就能走到舞台上，进入"hot seat"，这一次要面对的是15道多项选择题。

参赛者面临的第二道难关是，随着答题的进行，题目也会越来越难。参赛者可以通过3条"生命线"寻求帮助。一条"生命线"用过之后，就不能再用第二次。这3条"生命线"分别是：

（1）向观众求助。一般用在头7个或头8个问题中。观众通过座位前的按键板选择答案。观众的回答情况会以柱状图的形式显示在参赛者面前的电脑上。

（2）打电话给朋友。参赛者可以给朋友打电话求助，但只有30秒钟回答问题的时间。

（3）50∶50。4个答案中去掉2个错误答案，还剩下1个正确的和1个错误的，让参赛者选择。

当参赛者即将接近胜利的时候，还可以在最后5个问题上使用两条额外的"生命线"。第一条"生命线"是3位智者。节目组在比赛之前挑选了3个人，为参赛者提供帮助。他们分别是：一位大众文化专家，一位常识专家，一位是对学校里的某门科目比较精通的人。当参赛者在某个问题上卡壳的时候，他可以寻求3位专家的帮助。专家们有30秒的时间来商量答案，但不一定得出一致意见。第二条"生命线"是两次选择机会。参赛者如果第一次回答错误的话，还可以猜第二次。如果第一次猜对的话，就等于使用了"生命线"。

每个问题都有相应的奖金数额。节目由于激烈的竞争和丰厚的奖励，吸引了人们的热烈参与，很受观众的欢迎。

（二）《最弱一环》

《最弱一环》的首播时间是2001年4月，由安妮·罗宾森担当主持，在英国广播公司第二频道播放。《最弱一环》是一个快节奏的竞赛游戏节目，它源自英国的一个常识测试竞赛集团。在每期长达半小时的联合版《最弱一环》中，主持人带 6 位参赛选手进入游戏。选手们必须携手合作，通过正确回答有关常识的问题来积累尽可能多的得分。每个回合结束时，选手们会以表决的方式淘汰掉他们中间表现最差的那个参赛者，这个人就是"最弱的一环"。具体规则是：

8 个竞争者竞争回答 7 轮问题。每个问题回答正确之后，钱就会被加到罐子中，但是如果回答错误，钱就会减少到零。每一轮结束，参赛者投票淘汰一个人出局，最后的胜利者获得所有的钱。这个节目及主持人都是从英国引进的。美国 NBC 推出《最弱一环》时的广告词是："要想成为富翁，你必须冷酷无情"。《最弱一环》的运作方式可以归纳为"凶巴巴的主持人 + 金灿灿的钱币"。

（三）《年代秀》

《年代秀》由深圳卫视制作，是一档以全明星代际互动综艺秀为主要内容的益智类节目。主持人为赵屹鸥，每周六 21：20 首播，时长 90 分钟。

《年代秀》引进国外大热综艺节目 Generation Show 的模式，并且把在美国盛行已久的"季播"概念融入益智类电视节目，节目自 2011 年 5 月 27 日开始在深圳卫视直播，由 10 位明星嘉宾领衔 5 个年代小组通过年代答题、游戏竞技等环节进行同场 PK，并且结合影像、实物、音乐表演、时尚秀等元素寻找浓浓的当年情。2013 年 3 月 15 日，《年代秀》全新改版。2014 年 3 月 29 日，《年代秀》再次全新改版，首次邀请香港 TVB 素有"一姐"之称的汪明荃（阿姐）担任嘉宾主持。

在游戏竞技环节中，《年代秀》讲究团队合作，每个年代回合的冠军小组及节目总冠军小组在该系列节目最后的《年代秀》大型季度总决赛中展示各自的实力。《年代秀》独具创意环节的还有每期节目的结尾设有备受观众期待的独特音乐表演，表演嘉宾汇集过去或当今流行的摇滚乐队或国内外艺人。

（四）《一站到底》

江苏卫视于 2012 年 3 月 2 日推出全新益智答题类节目《一站到底》，该档节目是由美国 NBC Who's Still Standing 改编而来。主持人为李好、郭晓敏，时长 80 分钟。

《一站到底》，每周四、周五 22：00 播出，这档节目打破以往答题类节目的固定模式，每档节目中有各种年龄层次、不同身份、各异性格的 10 位守擂者和 1 位攻擂者参加，以 PK 的方式获得别人手中的奖品，一旦失败，就掉下擂台，能否"一站到底"，成为节目中的最大悬念。

（五）《最强大脑》

《最强大脑》是江苏卫视推出的内地首档大型科学类真人秀电视栏目，源自德国节

目 *Super Brain*。

除主持人蒋昌建外，还设有科学判官魏坤琳、科学助教周杰伦、固定观察员陶晶莹、李永波、梁冬等。

该节目为季播节目。在这里，各具特点的天才们轮番上阵，晒出看家本领，展现超越你想象的神奇技能。节目中，内地相关领域科学家会从科学角度探秘天才的世界。最终筛选出12位选手组成中国最强大脑战队，分别迎战来自意大利、西班牙和德国的最强大脑战队，决出世界最强大脑。

（六）《芝麻开门》

《芝麻开门》作为江苏卫视2013年新春幸福季率先推出的第一档新节目，引自索尼影视的节目模式 *Raid the Cage*。

《芝麻开门》将节目定位为公益游戏闯关类节目，在节目中将答题与游戏结合，突破了电视荧屏上的益智节目清一色答题的模式，带来新的玩法。节目将由两人组队参加，一人负责闯关答题，一人负责游戏拿奖品，双方之间相互配合，答题者要在最短的时间里按要求闯关答题，为拿奖者争取更多的时间。拿奖者要在争取到的时间里，进入奖品区尽可能多地拿到奖品，并通过完成游戏来解锁大奖，时间一到，奖区的门将关闭。节目制片人王正良介绍道："这是一个既要考验脑力又要考验体力的游戏。'芝麻开门'一词来源于《阿里巴巴与四十大盗》，是一句打开宝藏之门的咒语。用智力打开大门，进门之后抢奖品的过程也一波三折扣人心弦，在考验体力同时，也要有策略如何合理运用好时间，拿到最好的奖品，而且在门内还要进行各种解密游戏去解锁汽车、旅游等大奖。所以《芝麻开门》作为一档公益游戏闯关节目，结合了益智、闯关、游戏等多重元素。"

第五节　电视"真人秀"栏目

一、"真人秀"栏目的界定

"真人秀"（Reality TV）泛指由制作者制订规则、由普通人参与并录制播出的电视竞赛游戏节目。

真人秀在我国的发展历程，主要可以划分为以"野外真人秀"为主的早期真人秀阶段和以"选秀"真人秀为主的阶段。以《非常6+1》、《超级女声》、《梦想中国》和《莱卡我型我秀》为代表的系列节目开创了国内"选秀"真人秀节目的高潮，将前几年不温不火的真人秀节目推进到一个新的发展阶段。

早期产生较大影响的另一个真人秀节目是由北京维汉文化传播有限公司联合多家电视台制作完成的《走入香格里拉》,表现了18名志愿者在香格里拉为期1个月的生存竞技。之后,公司曾与湖南经济电视台合作国内第一个室内真人秀节目《完美假期》,与广东电视台、新疆电视台于2004年合作了国内比较成熟的野外真人秀节目《英雄古道》,公司也成为与多家电视台联合制作并运营真人秀节目最为成功的公司。

可见,国内早期的真人秀节目以"野外生存"真人秀为主,大多借鉴《幸存者》的节目模式。在节目中,将野外生存竞技、奇观化环境作为核心元素;在环境的选择方面,多为远离日常环境的荒岛、森林等原始地域或封闭的内部空间,与日常工作和生活保持距离,强化节目与现实生活的错位;在规则的设计上,很少有核心事件贯穿整个节目,主要依靠游戏和淘汰来维系。

当《英雄古道》等节目仍在继续探索野外真人秀的发展道路时,选秀类真人秀开始在国内出现,而且其发展速度和影响已经超过了野外真人秀节目。先是中央电视台经济频道在借鉴英国类似节目的基础上于2003年11月推出《非常6+1》,该节目通过让志愿者在前6天接受表演培训并在第七天登台演出的"6+1"模式,为普通人提供了一个在全国观众面前展示自己的平台,开播几个月后迅速成为经济频道和中央电视台的名牌节目,其周年特别节目《梦想中国》更是创下了2.62%的经济频道收视纪录。《超级女声》在2005年产生了相当大的影响,也成为国内影响和争议最大的电视节目。与此同时,中央电视台与北京维汉文化传播有限公司合作的《谁将解说北京奥运》、东方卫视的《莱卡我型我秀》也有一定影响。

进入新世纪以来,"婚恋类"和"选秀类"栏目风起云涌,取得了不俗的收视业绩和社会影响,如江苏卫视的《非诚勿扰》、浙江卫视的《中国好声音》等。

二、"真人秀"栏目特征

(一)真实性

真实是"真人秀"节目最吸引观众的一个特征,也是其最本质的特征,"真人秀"直译便是"真实电视"。"真人秀"节目实际上是一种纪录片,只不过它所记录的是参加者在特定规则制约下的真实表现,有人称之为"情景真实"。如《走入香格里拉》,节目没有主持人,全程跟拍,还有前期参赛者家乡生活的实录和后期访谈,纪录片色彩十分浓厚。更为极端的记录形式是《阁楼故事》等室内"真人秀"节目,在每个角落都装上摄像头,包括浴室和厕所,将记录的触角延伸到最隐秘的私人空间。

为了真实,在拍摄手法上便是大量的跟拍、偷拍、抓拍的使用,对于细节的展现,以及制作者的有意隐蔽。在大部分节目中,观众看不到主持人,似乎看到的只是原始的生活状态的呈现。它可以尽可能地展现其本质的一面,让欲望与道德、理智与情感、个

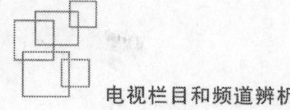

体与群体的冲突充分展开，结果就是人性的暴露。

（二）规则性

"真人秀"节目要在短时间内表现丰富的人的自然属性和社会属性，就必须人为地制造矛盾冲突，而矛盾冲突的集中产生必须靠规则的设定。从这个意义上说，规则的设置就是为引发选手与环境、选手与选手之间的矛盾，在矛盾中，节目才能展现出真实的人性。规则中稀缺资源的分配、淘汰环节及大额奖金的设置，都是为了引发矛盾冲突。"真人秀"节目的游戏规则可以说是电视娱乐节目中形式最为丰富的。

以游戏规则及活动空间为依据，将此类节目分为生存冒险型"真人秀"和生活状态型"真人秀"两类。前者将参赛者置于艰苦的野外环境中，以他们在自然中的生存活动为背景，在完成节目制作者设置的各种游戏项目的同时，通过淘汰或选优展现人与人之间的矛盾，反映丰富的人性。后者则让参赛者在日常化的生活中，通过人与人的交往，展现个人的能力与魅力，以各种手段赢得同伴或观众的认同。

奖励也是节目规则中不可缺少的部分，而且在一定意义上是吸引选手和观众的主要因素，而奖励之巨，在所有的综艺娱乐节目中也是引人注目的。比如，美国《幸存者》获胜者将获得100万美元，其他参赛者按被逐顺序也各得到6500美元至10万美元不等的安慰奖；湖南经视《完美假期》对获胜者的奖励是一套价值50万元的商品房；贵州电视台《星期四大挑战》的获胜者得到的是一张已存入10万元的信用卡。无疑，这些激励手段有足够大的诱惑和刺激性。

（三）戏剧性

"真人秀"节目的戏剧性，突出表现为它具有天然的悬念。"真人秀"节目与一般竞赛节目的重要区别就在于，它有一个较长的时间跨度，因此它的悬念有可能随着节目的推进呈现累积的效果，使观众产生犹如观看电视连续剧一般的心理期待和最终满足。在很多情况下，观众有影响节目结果的可能，如通过投票来决定选手的去留，这更加强了观众的观赏兴趣和参与热情，使得此类节目更像是一部结局不明确的电视连续剧，充满戏剧性。

真人秀节目是一种新型综合性的电视娱乐节目，是假定情境中的真实展现。这里的所谓"假定情境"，是指真人秀节目大的框架是事先设定的，包括奖金的设定、环境的选择、参赛者的选取和游戏规则的制定等；"真实展现"，指的是节目的具体进程和细节是真实的。可见，真人秀节目与纪录片、电视剧和竞赛类节目既有相似之处，又有区别。真人秀借鉴了纪录片、电视剧和竞赛节目的一些要素，它是一种综合性的娱乐节目，其电视剧式的人物环境选择和矛盾冲突设置是必不可少的。

（四）窥视性

"真人秀"节目以满足观众的欲望作为首要出发点，其中有很大一部分是涉及观众生理层面的欲望，这是"真人秀"流行的关键，也是最引起争议的因素。在西方的此类节目中，人体、暴露与猎奇成为"真人秀"节目常见的构成要素；同时，由于突破了演播室的限制，使自然环境的表现成为可能。视听元素的多元性使传统的室内娱乐节目相形见绌，山川丛林、大漠古堡、碧海沙滩、豪宅大院、繁华都市，都可以在节目中一览无余，这其中不仅是性的吸引力，还有对他人心理的窥视，而这种方式的窥私又是合法的、隐蔽的，不用承担任何责任的。加之在制作方面，在镜头运动、构图、音乐、特技、灯光、色调等方面都十分讲究，从而可以极大地满足观众窥私的原始欲望。我国的真人秀节目在这方面则有意识地加以规范，但也不容否认因此失去了此类节目的一大看点，如何解决好这一矛盾，仍然是"真人秀"节目的一大课题。

总之，普通人的参与、纪录片的拍摄方式、一定情境中人的真实活动和人性展示是"真人秀"节目的三个主要特征。而其最大特色，就是"还原"，把节目还原到真实，还原到"原生态"。

三、对"真人秀"栏目的批评

（一）对隐私的窥探

"真实电视"给人们提供的最大的快感就是窥私的快感，这样的节目会助长人们窥视他人隐私的社会风气。它让竞争者在假定的情境和假定的规则中真实地生活，用摄像机一天24小时地拍摄，然后编辑成每天半小时或者1小时的节目，如果观众想了解全部的细节，可以在网络上跟踪实时观看。而且似乎越是隐私的内容，有时越是以夸大或者彰显性的视听语言更加强烈地呈现在观众面前。比如，美国版的《老大哥》连唯一的一间厕所的马桶正上方也装了一架摄像机，引发部分人士质疑是否CBS电视台故意在黄金时段"夹带"极富争议性的"偷拍画面"嫌疑，用来刺激收视率。

（二）残酷竞争：对人性阴暗面的展示

在这场"真实电视"的"电视狂欢节"中，一直存在着众多批评性的声音。事实上，很多游戏在设置之初就暗中预设了种种让人忧患的行为。如《幸存者》中，竞争者可以发挥除暴力以外的任何手段，这实际上意味着竞争者除了发挥人格魅力赢得支持外，还可以运用不正当但行之有效的手段，如欺骗、诽谤等。后来的事实表明，竞争者也的确对这一游戏规则的潜在含义心领神会，也果然在电视直播中自然地展示出了人性隐秘的一面。

人类奸诈、虚伪的本质被堂而皇之地"发扬光大",对于民众,尤其是青少年的身心健康来说,有百害而无一利。

(三) 金钱和性

金钱和性一直是西方"真实电视"节目最重要的结构性元素,已经深深地植根于这种节目类型的最基本的游戏规则和人们的观看快感机制之中。"真实电视"与好莱坞对视觉快感的娴熟技巧和令人心满意足的控制如出一辙。

不少"真实电视"节目干脆就把男女关系和情感隐私作为自己的主旨和最大的卖点。比如《老大哥》、《阁楼故事》。在《老大哥》中就有相当多的暴露镜头、夜间卧室里的镜头。《老大哥》节目中有很多游戏规则都是在鼓励和怂恿选手们呈现和暴露自己的身体,比如做人体模型、游泳、扫描身体部位等。

(四) 博彩性质

"真人秀"都设置巨额奖金,抓住了人们的投机心理和对财富的欲望,具有明显的博彩性质。在西方社会,从古希腊开始,财富与女性就是作为奖励动机而设置和存在的。人们追逐权力也只是因为权力能帮助他们获得资源与奖品。

四、"真人秀"栏目选介

(一)《老大哥》

《老大哥》(*Big Brother*) 这个栏目的名字出自乔治·奥威尔著名小说《1984》中的一句话:"老大哥在看着你呢。"

以澳大利亚版的《老大哥》为个案阐释《老大哥》系列的基本游戏规则:12 名背景不同、性格各异的素不相识的选手被挑选出来,其中 6 名青年男性、6 名青年女性,他们共同生活在一个特制的有着花园、游泳池、豪华家具的大房子里,大家共享一间卧室、一套起居室和卫生间等。《老大哥》设置了 25 台摄像机、32 个麦克风和 40 公里长的电缆,一天 24 小时地记录他们的一举一动,制作成每天半个小时或 1 个小时的节目,向电视观众展示屋内发生的大事小事。同时,观众可以登录该节目的网站,追踪屋里的实时状况。设在淋浴间和洗手间的摄像机所偷拍的内容,以及夜间在 12 名选手的共同卧室里拍摄到的内容,这些最为隐私的部分,只要有趣,也会在仅仅挂着最后的最脆弱的遮羞布的掩饰下,被放在电视节目里广为传播。

在共同生活的 85 天里,选手们每周六要选出两个最不受欢迎的人。而每天守候在电视机前的狂热者们则用声讯电话,在这两人中选出一个他们最不喜欢的、最没人缘的

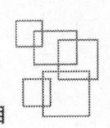

选手出局。多数情况下,被选中的人会顿时觉得面临巨大压力,为了争取挺到最后得到 2.5 万美元的奖金,他必须加倍努力地改变自己的态度和表现。

《老大哥》是目前全球最大的"真实电视"节目之一,形成了完整的节目游戏规则和规范的跨国运营模式。它始发于荷兰,随后迅速被澳大利亚、德国、丹麦、美国等 18 个国家照搬制作了各自的版本,也都在各自的国家高居过电视节目收视率的榜首,是目前传播最广泛的"真实电视"节目。

(二)《幸存者》

《幸存者》(*Survivor*)栏目由美国哥伦比亚广播公司(CBS)于 2000 年 5 月推出,目前它是"真实电视"节目中风头最劲的一个。CBS 从近万名应征者寄来的录像带中挑选出 16 名参赛者,然后把他们送到一个相当偏僻没有任何人烟的荒岛参加"幸存者"游戏。按照哥伦比亚广播公司制定的"游戏规则",16 名现代"罗宾逊"首先得迎接自然界的挑战———在漫长的 4 个多月时间里,他们无法得到外界的帮助,不能依靠现代的文明技术条件,经受热带风暴的洗礼,克服热带雨林的种种障碍,靠一双手来搭起遮风避雨的小屋棚,靠吃海边捡来的贝类、丛林中的野果和树上的小幼虫充饥……任何缺乏意志或者身体不够强健者将很快被淘汰出局;其次是迎接人性的挑战——16 名"罗宾逊"将定期召开"部族会议",商量着把谁驱逐出小岛,每次以投票的形式驱逐他们中的一个人。这意味着 16 名竞争者在挑战自然的同时,还得处心积虑地争取别人的支持,但同时又得为把竞争对手剔除出小岛而钩心斗角。由于"游戏规则"——规定人们可以发挥除暴力以外的任何手段,所以这实际上意味着竞争者们除了极尽其正面的领导说服能力外,还要把人性中最隐秘的一面——造谣中伤、欺软怕硬、欺骗狡诈发挥得淋漓尽致才有可能最终获胜!最后一位获胜的"幸存者"可得到 100 万美元的巨额奖金。

《幸存者》在全美上下掀起了一股连节目制作者都始料未及的"幸存者"狂潮。大到节目"模仿秀",小到最后 4 位"幸存者"身上的衣着,在一夜之间都成了美国人的时尚。

《幸存者》栏目被《时代》周刊评为 2000 年最佳电视节目之首。

(三)《阁楼故事》

法国的《阁楼故事》(*Loft Story*)与美国哥伦比亚广播公司的荒岛生存大赛几乎一样,唯一的不同是把场景从户外搬到了室内。10 名年龄在 20～29 岁的青年男女将共同生活在巴黎市北部圣丹尼斯区的一处拥有室内健身房、豪华家具、花园、泳池和篮球场的住所。在长达 70 天的时间里,他们不需要做什么事,可以尽管"培养感情"。设置在各处的 26 台摄像机将对他们进行每天 24 小时不间断的拍摄,然后通过自己的频道向观众进行不间断的播出,观众则根据他们的日常起居饮食等诸多方面来对他们的言行举止进行评估。参赛者彼此也将进行互相评价,不合格者将失去参与资格,被"逐出"阁楼。一直坚持到最后的一对男女将获得位于巴黎市内的一套价值40万美元的"梦幻住宅",如果他俩能在这所房子里继续共同居住6个月,还会额外有一笔丰厚的奖金。

法国M6电视台播出的这个节目空前轰动,节目的平均收视人数达520万,某些章节更达770万,这在法国电视业界非常罕见。

(四)《诱惑岛》

《诱惑岛》(Temptation Island)由美国福克斯(Fox)电视网策划推出,把恋爱中的男女"带到双方关系的十字路口"进行测试。

参与的选手是4对自告奋勇的感情深度不等的年轻情侣,他们来到加勒比海上一个世外桃源般的美丽岛屿后就被分置两地,在节目安排下,男女各与13名单身异性分别在岛的两端驻扎。在游戏节目进行的两周内,除了集体活动,情侣们不能见面,见面时也不能交谈。节目的开始,男女选手有权从他们的13个潜在情敌中选出一人赶出岛去。接下来情侣选手分别与单身异性自由约会,活动内容是节目所设定的呼吸器潜水、山洞探险和骑马等。每人每天与一个单身异性共度,一轮约会结束后,男女选手可以要求观看自己情侣的约会录像,他们还必须再次选出潜在情敌男女各一出局。这样的程序进行四轮后,每个选手选定一名单身异性,与其进行最后的也是相当深度的约会。在节目的最后一夜,4对情侣重新会合,决定他们是继续厮守,还是另觅佳偶。这个结果并非游戏,而是真正的感情取舍。

(五)《学徒》

2004年,《幸存者》的制片人又如法炮制出新一档真人秀栏目——《学徒》(Apprentice)。《学徒》播出第二集时就创下了全美真人秀节目收视率最高纪录:2000万观众。在电视观众市场细分程度极高的美国,这一节目创下的收视大观堪称奇迹,然而数字背后也有它的必然性。

《学徒》节目每期的16个参赛者是从20多万观众中选拔出来的各行各业的精英,8男8女分成两组,到纽约来面对美国地产大亨唐纳德·特朗普(Donald Trump)的挑战,大家轮流担任团队领导,每一周分别做一个诸如卖矿泉水、出租房子的项目,输掉的一方中会有一位对团队最没有贡献的成员被"炒掉",最后胜出的一位则可以得到在唐纳德·特朗普旗下某个公司任职一年的合约,并拥有一份25万美金的年薪。为了最后在角逐中胜出,参赛者们既要在比赛中与团队里的每一个成员密切合作,在短时间内完成一个个近似不可能的销售目标,又不可避免地在项目失败时钩心斗角,学会如何保全自己而让别人被淘汰出局。《学徒》的每一个项目中都包括了团队合作、个人贡献、领导才能、销售技巧、压力承受等成功商人不可或缺的基本素质。《学徒》以更贴近生活本身的故事框架融合了把真实（纪实性）和虚拟（戏剧性）相结合的真人秀节目元素：从故事框架的设定，到选手的选拔，再到游戏规则的制定、奖励制度的设定等节目基本元素的确定都为选手"假定情境"中的真实展现奠定了基础。《学徒》开进了梦幻之都纽约；由适者生存的本能竞争转变为商战中尔虞我诈的较量。在16人中胜出的"学徒"正是商战中的"幸存者"，从这个意义上说，《学徒》是在激烈竞争的现代社会，淘汰法则在不同故事框架、不同背景、不同领域中的应用。

（六）《大力英雄》

《大力英雄》是在英国广播公司三台播出的游戏娱乐节目，有来自全国的12人参加这个活动。这个活动中所用的剑和鞋都来自希腊神话故事。在12天的活动中，12名运动选手将要经历高难度的考验，以持久的忍耐力和毅力进行一系列活动。选手们将住在英国西部的一个漏风的山洞里。每个选手允许带两个助手，他们将坚定地帮助选手们通过各种艰苦的考验。主持人 Paul Darrow 不参加挑战，但会给运动选手安慰和鼓励。还有一个由医学和心理学专家组成的小组，在每一天的活动中对运动选手的身体状况进行检查，报告每名选手的身体状况，在一天结束后还将对运动选手提出启迪性的建议，使他们在接下来的活动中更好地完成任务。在每一天的活动中，选手们都要尽快完成自己的任务，每天完成任务的时间累加，用的时间最短的选手获胜，而用时最长的选手将被淘汰。

（七）《非诚勿扰》

《非诚勿扰》是江苏卫视制作的一档适应现代生活节奏的大型婚恋交友栏目，于2010年1月15日首播，由孟非主持，前期由乐嘉和黄菡点评。

节目每周六、周日21：20首播，同日23：00左右重播，周六、周日11：30重播上期节目。

节目的互动形式突破了过去传统的交友方式，体现了新时代男女的婚恋观。节目中由24位单身女生以亮灯和灭灯的方式来决定报名男嘉宾的去留，经过"爱之初体验"、"爱之再判断"、"爱之终决选"、"男生权利"等规则来决定男女嘉宾的速配成功。

《非诚勿扰》从2010年开播至今，成为内地收视率最高的综艺节目，节目中的话题时常成为社会议论的焦点并对流行文化产生影响。该节目的成功使得其入选哈佛商学院的教材，成为中国电视界首个进入哈佛课程的案例。

（八）《爸爸去哪儿》

《爸爸去哪儿》是湖南卫视从韩国MBC电视台引进的亲子户外真人秀节目，直接

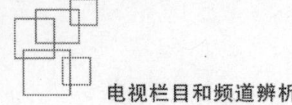

参考自 MBC 电视台节目《爸爸！我们去哪儿？》，由《变形计》制作人谢涤葵及其团队和《我是歌手》制作人洪涛及其团队联合打造。节目中，5 位明星爸爸在 72 小时的户外体验中，单独照顾子女的饮食起居，共同完成节目组设置的一系列任务。

明星效应、明星平日优裕生活与特殊状态下艰苦日子的强烈对比、难以预料的故事情节等因素，共同促成了该节目的走红，《爸爸去哪儿》获得了电视节目的高收视率、网络视频的高点击率和社会的高关注度。

（九）《中国好声音》

《中国好声音（The Voice of China）》是由浙江卫视联合星空传媒旗下灿星制作强力打造的大型励志专业音乐评论节目，源于荷兰一档著名电视节目 The Voice of Holland，于 2012 年 7 月 13 日正式在浙江卫视播出。

第一季的导师阵容为刘欢、那英、庾澄庆、杨坤，年度总冠军是梁博。

《中国好声音》不仅仅是一个优秀的选秀节目，更是中国电视历史上真正意义的首次制播分离。《中国好声音》的播出平台为浙江卫视，制作方为灿星制作，在接洽了 The Voice 的荷兰版权方后制作完成中国版。在落实播出平台的过程中，除却版权方对收视平台有要求外，该节目高昂的制作与推广费用也成为不少卫视无法承受的障碍——该节目对外播出打包售价高达 8000 万。

在引入原版 The Voice 的其他国家，节目结束于那一季冠军的产生。除了节目本身的衍生品或是线上歌曲的继续销售之外，灿星制作把选手签约以及签约之后的商业演出等项目都收归自己所有，而包括音乐学院、演唱会、音乐剧、线下演出等在内的全产业链，明星导师们也共同投入，明星导师无疑也会利用自己的资源帮助全产业链的打造。这在本土的节目制作过程中也是全新的尝试。

第六节　电视综艺娱乐栏目综述

一、综艺娱乐栏目的特征

（一）大众化、通俗化的价值取向

首先，这是整个社会转型的必然结果。20 世纪 90 年代以后，随着改革开放的深入、市场经济的确立，"休闲娱乐"注重生活品质成为公众生活的新准则，大众文化借助大众传播媒介的声势闪亮登场，哲学领域的后现代主义思潮的引入和勃兴，传媒领域周末版、娱乐版的繁荣，这一切都促使电视娱乐节目的兴起和发展，其大众化和通俗化的价值取向显得合乎逻辑。

其次，从受众方面看，随着电视大规模的普及，电视的主流观众亦已非高级知识分子或社会上层人物，而是市民阶层。在消费时代，市民阶层的兴起和商业广告的压力使满足市民的需求成为电视的主体追求。一般来说，市民的需求是通俗的，喜欢感官刺激、轻松和娱乐。即使是高级知识分子和社会上层人物，在滚滚红尘和碌碌俗事中也感到压力和躁动，在看电视时亦少有时间和耐性来欣赏和思考，而需要轻松、刺激、通俗、大众化的娱乐节目。

再次，从电视节目生产方面看，电视节目很少能做到像电影、绘画、音乐那样具有强烈的个性化风格。电视栏目化和周期性，成年累月定期定时播出决定了节目的生产必须批量化、标准化，往往是在分工的基础上实行流水线式的作业。因此，电视节目的制作尤其是综艺娱乐节目的制作不是艺术创作，其产品不再是艺术品，它只能是大众的消费品。

最后，从电视的欣赏方式看，它是一种家庭娱乐，是市民每天日常生活的一部分。看电视所带来的家庭娱乐在舒适感上是前所未有的，手中的遥控器可以对各种娱乐节目进行随时随地的选择，它是一种实惠、廉价、随意、自在的家庭式的娱乐方式。

因此，大众化、通俗化、家庭性决定了综艺娱乐节目的基本制作理念。

（二）以游戏活动作为栏目的基本框架

构成综艺娱乐节目的基本框架的是各种游戏活动。娱乐节目在内容的表达形式上是开放的。娱乐节目以提供消遣和使人快乐为主旨，为了赢得更高的收视率，往往要在消解传统审美基调、颠覆严肃话语的过程中逗乐、搞笑、猜谜、游戏，或插入边缘性角色，这在当前的娱乐节目中屡见不鲜，在综艺娱乐节目中，不仅游戏活动是游戏，而且贯穿这类节目的精神也是游戏。它设计了一个公共娱乐空间，人们在其中按照一定的游戏规则进行活动，使自己的心灵和谐、健全。

（三）电视化和综合化

"电视化"大致包含如下几个方面的含义：首先自然是电视的直播技术和手段的使用，这使综艺节目（尤其是综艺晚会）给每一个观众以身临其境的同步性与现场感。其次是电视的多时空自由表现。电视可以通过镜头的自由摇移、画面的分切组合等特技手段而在电视屏幕上进行自由的时空交错和重组，完全突破时空的限制，把最大的逼真感和最强烈的幻觉效果结合在一起。再次是独特的电子切换剪辑技术的充分利用，这有赖于电视导播高超的电子切换技术。

"综合化"。所谓"综合"，虽是"不同种类、不同性质的事物组合在一起"，但绝不是简单地拼凑、排列和相加在一起。借用一个哲学概念来说，这种综合是一种"异质同化"，即同化不同质地的其他事物而为一个有机的整体，这是一种高层次的综合即化合。因而，电视综艺节目既非某种或多种独立的艺术样态的演出，也并非只是各种艺术或非艺术形态的简单的相加或叠合，而是电视综艺吸收其他艺术样式的有益元素并使它们有机化合在一起，从而产生电视艺术的新质。这些新质既有对原先艺术母体的继承，又与之有异，这使其能广泛包容和吸收几乎所有的艺术样式和许多非艺术样式。这种内容的无限丰富性和手段的无穷多样化正是电视综艺节目作为新兴的电视艺术的一个最重要亚门类的最大优势。

（四）互动参与性

电视娱乐节目进行的是一种多点对多点的群体式的传播，讲求的是一种情感的互动和交流，所提供的是群众性的娱乐活动。

强调观众的参与并与之达成互动，这是综艺娱乐栏目的一大贡献，同时也是其最显著的特征之一。直到现在，在所有的电视栏目类型中，综艺娱乐栏目仍然是将互动性发挥得最好的栏目形态。这是符合电视作为大众传媒的本性的，电视本体就是一种特殊的大众传媒，所以它的至高境界也许就是与受众的互动，即强调参与性。在现场，观众不仅和嘉宾共同商量面对问题，一起应对挑战，可谓是同舟共济、同甘共苦，荧屏外的观众也会与场上的观众或嘉宾在情感上找到贴近的渠道，在心理上发生身份的替换，从而也实现了节目的最佳传播效果。

（五）主持人

综艺主持人是节目的灵魂和核心，他们对节目整体的创意和构思必须了如指掌、胸有成竹，在现场上才能应对自如、左右逢源，灵活机动地将各式各样的、不同形态的节目板块串联成一串串闪亮的珍珠，形成一个有机的整体。综艺主持人应知识广博、亲切自然，语言亦庄亦谐、轻松活泼，反应灵活、机智，在节目的转折与关键处加上即兴解说，适时穿插，彼此配合，不断抖动节目那根"兴奋线"，使节目紧张、刺激、有趣、有味，拓展出一方快乐空间，给人们全新、鲜活的快乐感觉。

二、综艺娱乐栏目的问题

（一）创新意识匮乏

"克隆"是目前国内综艺娱乐栏目和节目的致命伤。

虽然我国电视的娱乐综艺栏目曾经火暴并仍有热点，但真正首创的栏目几乎空白。许多综艺节目结构雷同，手法单调，没有新意，缺乏个性，一再模仿他人或重复自我，给人以大同小异、千人一面、千篇一律的感觉。内地娱乐栏目几乎都遵循着一个不成文的规律，那就是：欧美/日本首创—港/台移植—内地"星火"—内地"燎原"。

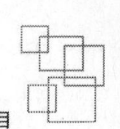

在我国内地电视娱乐节目刚刚起步的阶段，学习借鉴港台和外国的一些节目样式无可厚非，但是一味模仿、不思创新只能走入死胡同。重复是任何艺术形式的敌人，综艺娱乐节目相互抄袭、自我复制，必定失去观众。这在根本上是因为一些编导人员缺乏生活经历、闭门造车、脱离群众与现实以及创造力萎缩的结果。群起而上的"克隆"的结果，不但使得原先较为优秀的节目之个性消失在众多模仿者的阵营中，而且各个电视台也在互相的竞争、对观众的争夺战中两败俱伤，既降低了节目的档次，也造成了资金的浪费。

（二）媚俗和庸俗

这一问题在游戏娱乐类综艺节目中尤为严重。一些节目制作水准不高，一味迎合大众，搞笑、逗乐、耍贫嘴、喧闹，而欠缺起码的文化品位，艺术格调比较低下。

毋庸讳言，电视的功能的确具有通俗性的一面，这是由它的作为大众传媒的性质决定的，但是，我们必须强调，通俗化与庸俗化或低俗化有别，娱乐性也显然不等同于一味媚俗。就节目特性而言，娱乐节目首先应具有娱乐的性质，理应包含观众乐于接受的轻松与愉快，但娱乐性并不等于文化的缺失，更不是趣味的低俗。娱乐节目必然要蕴含一定的价值导向和审美取向，蕴含一定的社会责任和教育功能，即使是纯粹的娱乐，也一定会触及精神层面和价值取向，没有精神支撑的娱乐，单纯地为娱乐而娱乐，是不会有长久生命力的。

（三）铺张浪费

综艺娱乐栏目中特别是综艺晚会类节目，往往追求排场，在舞美、布景制作和节目包装上铺张浪费，奢靡豪华之风盛行。据文化部有关部门提供的数字表明：有的大型文艺晚会制作费用达800万元，有的上千万元，引起广大观众的强烈不满，也受到有关领导部门的批评。一些晚会片面追求场面的宏大，热衷于搞"人海"战术，追求"明星效应"，动辄以歌伴舞，或明星联唱。游戏娱乐类节目则常常请明星为嘉宾，让明星在场上出丑以吸引观众。

综艺晚会和娱乐游戏类的综艺节目还有一个总量控制的问题。据有关资料统计，我国每年各电视台电视综艺节目总量达10万个小时，平均每天生产250个小时。从节日庆典到各行各业的纪念晚会，从中央到地方，各种主题晚会、节日晚会应有尽有。

而且，在节目中过于依赖以高科技为基础的电视手段：舞美完全依赖灯光，音乐完全走向视觉化，画面让人眼花缭乱地闪回切换，这样反倒有可能喧宾夺主，徒有五光十色之表，而架空了节目的文化内涵和艺术品位。

三、综艺栏目的生存策略

综艺节目在内容和形式上尽管还不尽如人意,但应该看到,综艺节目是观众最喜爱的节目之一,如何满足观众的需求,做出有中国自己独特文化和标签的节目,这是综艺栏目所要解决的首要问题。综艺栏目怎样走出困境,向着良好健康的方向发展,主要应该从以下方面努力。

(一) 坚守"品质、品位与品格"

用令人愉悦的方式使人受到启迪的节目,能让人在娱乐中学到东西,才能成为一台真正为大众所喜爱的优秀综艺节目。比较严肃的节目,通过深入浅出的表现形式,让观众懂得人生的哲理,获得精神的启迪,这就是好的节目。综艺并不排斥严肃,但关键是怎么严肃。做到"不肤浅、不流俗、有深度、有品位",或说"通俗而不庸俗、用情而不滥情、娱乐而不愚乐、平凡但不平庸",这是综艺栏目应该追求的目标。

(二) 增强创新意识,打造本土化的电视节目

创新是一个民族发展的动力,更是一个节目能够长胜不衰的法宝。刻意模仿的东西形成了类型,虽然有利于观众的接受,但随着大众传播的日益国际化、网络化,一些没有生命力的复制之作必然会被淘汰。国内电视娱乐节目的最大问题还在于缺乏创新、内容贫乏、形式单一。

我国的娱乐节目是从模仿境外节目开始的,很多节目现在还存在着明显的模仿痕迹。那种不顾中国国情和老百姓的接受心理,生搬硬套、机械模仿的做法只会将娱乐节目带入死胡同。中国电视娱乐必须面对竞争,多多挖掘中国的传统资源和民间资源,加快娱乐节目的本土化进程。中国电视娱乐传播必须立足于中国文化,充分研究中国人的审美趣味和接受心理,致力于推出中国百姓喜闻乐见的节目。而且应该看到,中国电视娱乐栏目的发展越来越多样化,新的娱乐节目不断涌现,丰富了娱乐节目的样式,拓展了娱乐栏目的发展空间。

(三) 以人为本

和任何大众传播一样,电视娱乐传播要赢得观众,必须建立"受众本位"的传播观。

对于综艺娱乐栏目来说,舞台不仅仅是明星的,更是大众的。通过表演、演唱等获得了偶像的荣誉,并不是少数人的专利。经济的发达,传播的广泛,生活质量的提高,都使观众具有了参与其中的欲望。电视是实现观众这种欲望的最好平台。

第三章 电视综艺娱乐栏目

　　作为一种新兴的具有自己一定的独立性和自身存在依据的新的艺术亚门类，电视综艺栏目必然具有一定的自身的特性，而不是再创造之前几种艺术样式或非艺术样式之特性的简单的相加。作为一门新的多种艺术、艺术与科技、艺术与传媒、高雅艺术与大众（通俗）艺术等多种类多向度综合之结果，从不同的角度切入，它也有不同的归属和特性。而当我们从不同的角度分头进入电视综艺栏目的种种特性之时，也是我们逐渐逼近那个可望而不可即的电视综艺栏目之"本体"的时候。

第四章　电视文艺和文化栏目

　　所谓电视文艺栏目，目前有两种理解。

　　其一是指广义的"电视文艺栏目"。根据《辞海》，"文艺"这一词汇的诠释是"文学与艺术的统称"。由此来看，电视文艺栏目从泛义上是指"电视文学与电视艺术的统称"，它涵盖了电视屏幕上的一切电视文学艺术样式，这其中包括电视剧（电视短剧、电视单本剧、电视连续剧、电视系列剧等）、电视戏剧（电视小品、电视相声、电视戏曲、电视曲艺等）、电视艺术片（电视风光艺术片、电视风情艺术片、电视民俗艺术片、电视音乐艺术片、电视歌舞艺术片、电视文献艺术片等）以及各类电视文艺节目。

　　其二是指狭义的"电视文艺栏目"。它主要是特指那些运用先进的电子技术手段，对舞台上和演播室演出的各种文艺节目以及各类文艺活动进行二度创作，使得通过电视二度创作的艺术作品既保留原有艺术形式的审美价值，又充分发挥电视特殊的艺术功能，成为有别于舞台上和演播室演出的各种艺术以及各类文艺活动的一种新的艺术品种。诸如，文艺会演——电视文艺晚会，歌唱——音乐电视，散文与诗歌——电视诗歌散文，文艺活动、文艺人物、文艺现象、文艺动态和文艺热点——电视文艺专题等。

　　本书综合以上两种定义，认为电视文艺是对"电视"和"文艺"的整合，电视是手法，文艺是本体，电视文艺栏目就是运用电视手段对文艺进行二度创作的栏目形态。而文艺的分类，也就是电视文艺的种类，主要包括电视文学（含电视小说、电视诗歌、电视散文、电视报告文学）和电视艺术（含电视音乐、音乐电视、电视舞蹈、电视戏曲等），此外，电视专题文艺栏目也是其中的一大种类。

　　而诸如电视剧（电视短剧、电视系列短剧、电视连续剧、电视系列剧、电视戏曲连续剧等）、电视晚会（春节联欢晚会、节日庆典晚会、各行各业纪念晚会、大型活动晚会、艺术节晚会、"心连心"晚会等）、电视综艺娱乐节目不包含在本书所定义的"电视文艺"之列。

　　如此，本书对"电视文艺"栏目的讨论，将严格限定在"电视文学"、"电视艺术"和"电视文艺专题"的范围。

　　至于电视文化栏目，虽然是电视栏目的一个类型，但考虑到此类栏目在现阶段的实

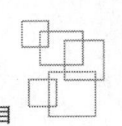

际状况以及篇幅原因,也由于它与文艺栏目本质上的相通性,故把它与文艺栏目合并在一章讨论。

第一节 电视文学栏目

一、电视文学的界定

对于"电视文学"的名称及其概念内涵的界定争议不断,原因在于电视文学的"边缘性":它横跨电视和文学。而从本质上说,电视是媒介,文学是艺术,这样,电视文学就在一种非同质的基点上进行意义的互渗、关联;在外延上,它不仅包括电视屏幕上的一切文学形式,还应该包括电视专题片、电视纪录片、电视艺术片内部构成中的文学部分,当然也包括电视文学剧本;在内涵上,它主要包括依据文学的创作规律、文学的审美特征所创作的电视作品,如电视小说、电视散文、电视诗、电视报告文学等。

本书是在狭义上使用电视文学的概念,即:所谓电视文学,主要是指通过特殊的屏幕造型手段,运用文学创作的一般规律,形象地反映生活、塑造人物、抒发感情,充满文学的氛围,给观众以文学审美情趣的电视艺术作品。

二、电视文学的特征

(一)普及性

电视文学是在大众传播媒介中产生、存在与传播的。

电视文学在大众传媒中的生存境遇,导致了它必须适应基本的大众传媒规则。比如,大众传播的基本要求是尽可能多地使产品面对大多数的观众,而不是躲进象牙塔里孤芳自赏。大众传媒本身的商业色彩也要求电视文学尽可能创造出商业利益,这本是电视艺术生存的基本规则。

因此,从"文学作品"到"电视文学",从"文字"传播到"电视"传播,带来了巨大的进步,那就是让文学深入民间,带来文学的普及。一部优秀的文学作品,不管它如何杰出,真正阅读它的人毕竟是少数,但是,经过二度创作,一旦将其搬上屏幕,就会立即插上电子的翅膀,迅速飞入寻常百姓之家,大大地拓展了文学作品的读者群。尤其是随着科学的发展和社会的进步,以及人们生活节奏的加快,整日捧着小说借以提高文学修养的人已经日益减少,而在紧张的工作之余借观赏电视文学以代休息,在不知不觉中提高文学修养的人则越来越多。

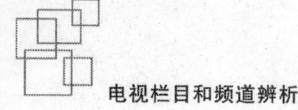

（二）复制性

电视的表现媒介是以活动影像为主的声画统一体，是对物质现实的最大限度的复制，具有较强的客观性。

电视是视听综合的媒介，在电视之前，早已出现了利用听觉进行艺术创造的活动，如歌剧、音乐等；在电视之前，利用视觉进行艺术创造的艺术也早已出现，如绘画、雕塑等。但是，与传统的视觉艺术方式截然不同的是，电视画面并不像绘画、雕塑那样对现实对象进行变形与抽象，而是直接复制现实，最大限度地实现了对现实的逼真模拟，创造的是逼真的幻觉。

复制，是工业文化的典型特征，表现在电视文学上，就是它独创性的缺失。

电视文学是依据文学的审美特征和创作规律摄制的，因此，讲到其美学特征，其实也就是其复制的文学作品的特征，它本身只是一种"二度创作"，具有复制性。换句话说，作为一种艺术，它最高贵的品质就是独特性或个性，而电视文学在这方面却带有天生的缺陷。

所以，电视文学作为一种独立的文学式样，如果只是移植现有文学的现成成果，就很难建立自己独立的美学体系，只有根据自己独立的艺术规律和独立创作艺术作品的出现，并使之在电视屏幕上占有主导地位，才能说确立了一种新兴的艺术式样，才会获得人们的真正承认。

（三）平面性

所谓平面性，是指电视文学消解了文学的神圣性和意味。对于人类来说，仅有电视文化是远远不够的，读书仍然是他们最主要的精神文化生活方式之一，文学仍然是他们寄托灵魂的精神家园，生活中仍然需要书香。文学的不可替代性体现为大众电视文化不可能像文学那样给予人那么多：阅读好的文学作品，使人变得深刻、丰富、充实、高尚、文明，更加人性化和富有人情味，会使人进入一种境界、一种氛围，人的情感将得到宣泄、补偿、升华。

在这个意义上，电视文学是一把双刃剑，从"阅读"文学作品到"观赏"电视文学，文学的独特美感、深刻的意蕴和个性特点，也不可避免地在电视荧屏上受到损害。

（四）综合性

从艺术史中可以发现，原始的艺术是浑然合一的，最早的诗、乐、舞是三位一体的、不分家的。随着社会生产力的发展，促进了社会分工的细化，而艺术内部的分工也逐渐明确，艺术进入了一个各自独立发展的自觉时代，这是一个方面的趋向。另一方面，艺术发展中的综合趋势也从未停止过。一边进行着分化、分工，新的艺术门类、亚艺术门类不断产生，一边对旧有的和新生的艺术要素进行着不停的整合。这是两种从未停止过的艺术内部的运动，旧有艺术衰落或新生，催生着新艺术门类。电视文学就是这种艺术运动在新的科学技术条件下产生的，它综合了时间艺术和空间艺术门类的要素，参与到自身的建构中。电视文学的综合性是在"大众传播媒介"和"复制现实的活动画面"的基础上实现的，这就把它与传统的综合艺术如戏剧、电影等区别开来了。

三、电视文学的种类

电视文学的种类划分，依据的是现有的文学种类，从目前电视屏幕上出现的电视文学来看，基本上可以分为四种：电视小说、电视诗歌、电视散文和电视报告文学，以下将分而述之。

（一）电视小说

所谓电视小说，就是把已发表和出版了的小说，通过对其进行图像与音乐的加工，搬上电视荧屏。一方面，它必须忠于原作的结构、语言和艺术风格，另一方面，它又比原作丰富，把原作的精神通过画面和音乐这两大电视语言表达出来，达到比读小说原作更有兴味的效果。

从创作角度来看，电视小说具有强烈的文学性，因此，它努力保持原有的文学风貌，带有鲜明的文学审美特征。首先，这种文学性要求体现出原作的内部构成因素，忠实原作所提供的社会环境、自然氛围、结构布局、情节处理、人物性格以及语言表达方式。其次，电视小说使用的语言是将文学语言直接搬上屏幕。正是这种文学语言的屏幕化，才保持了电视小说的基本文学属性以及作家的基本创作风貌。

（二）电视散文

将一篇好的散文作品，用电视语言画面和声音展现出来，就是电视散文。电视散文的制作，对篇目、音乐、画面尤其是朗读选择，要追求一种情趣之美、风格之美。电视散文通过文学的美感作用和电视媒体，向广大观众介绍一些优秀的中外散文作品，起到感染观众的作用。

1. 电视散文的界定 一般言之，电视散文就是具有散文特点的电视作品，即以电视屏幕表现散文抒情写意意境的电视文学样式。电视散文的含义包括两个方面，一是指文学散文的电视化表现，它把文学形式的格调、品性和意境用电视特有的艺术手段加以反映，造成动人的艺术魅力；二是指电视表现内容用散文的方式，形式比较灵活，追求意境营造，画面优美动人。

2. 电视散文的特征

(1) 明志抒情。"志"是作家对待生活的态度和思想倾向，换句话说，"志"是文章的统帅。

既然"志"是文章的统帅，那么在电视散文中"志"是如何体现的呢？电视散文《黄山观瀑遐思》（黄山电视台）是以作者"我"的真人形象出现在画面里的，并通过回顾小平同志75岁高龄登黄山的经历而有感而发，说登黄山的小平同志"像老红军，像老农民"。该片恰当地剪接小平同志当年登黄山的历史镜头，并以小平同志无限深情的话语"我是中国人民的儿子，我深情地爱着我的祖国和人民"作为全片的结束，至此电视散文片"以人明志"的宏旨卓然显现出来。

明志与抒情是不可分割的，"情"是电视散文作品的灵魂。

电视散文《生日快乐》（淄博电视台）通过母女之情的种种表达方式，阐发了"爱"的主题。《朵朵》（浙江电视台）则是一曲生命的咏叹调。在片中，朵朵，一个平平常常的小姑娘因车祸而死亡。这是事件的背景材料，而在作者的心灵中永远抹不去的恰恰是"朵朵"天真可爱的笑靥，那永远没有烦恼的活泼好动的身影。朵朵虽然死去很多年了，然而真情与美好却永远留给了活着的人。凡人小事，也闪烁着人间真情。电视散文正是以电视化的手段，将文章原本不可显现的事物烘托出来，使其情真意切，从而更加打动人心。

(2) 意境美。意境，是中国古典文论特有的范畴。清代刘熙载《艺概》中引用庄周"意有所随，意之所随，不可言传也"来阐述意境的奥妙。所谓"不可言传"，是指读者通过对艺术作品特定气氛的领悟、感觉来达到审美愉悦。

电视散文《野荷》，荷花荷叶与人生共鸣，产生意境美；《父亲的背》中深邃的小巷，背负儿子缓缓而行的背影以及黑白色彩效果，共同构成深刻、隽永的电视散文的意境。《会画画的爷爷》中不断倒塌的大树和一棵棵葱茏挺拔的新枝构成强烈对比，这也是一种意境，观众通过画面的对比产生审美直觉，在树与树之间领会到人的精神品质的崇高与伟大。

电视散文作品创造意境，实指在语言文字所规定的基础上寻求画面的补充和扬弃，而电视化的手法则完成了散文意境的直观性和可视性。

(3) 形式美。电视散文"形式美"法则是与散文艺术电视化进程密不可分的。

首先是它的外部形式。极度夸大的装饰效果成为电视散文不可或缺的结构元素。遮幅式屏幕处理，有别于其他电视艺术门类，而特别是在边框中用字幕显示散文本体语言文字，就是一个最为显著的结构特征。

其次是虚拟化表演。虚拟化表演，是指人物表演的电视化处理手法。

最后是朦胧美。电视散文片所营造的意境，具有梦幻的审美直觉。朦胧之于电视艺术，似乎不能单独存在。而电视散文恰好利用这一手法，加强了它的意境美感和诱惑力。

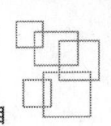

（三）电视诗歌

1. 电视诗歌的界定　电视诗歌，顾名思义就是电视与诗的结合，是以电视的手段来展示的诗。它着重通过视听艺术，在屏幕上创造诗的意境，抒发创作者的主观情绪。电视诗在镜头的运用上比较诗化，较多地运用抽象、表现性的艺术手法，画面清新，诗句凝练，富于想象，强调节奏，是具有诗的空灵意境的电视文学样式。

作为人类最古老的艺术形式的诗歌与最现代的传播媒介——电视的结合，也许成为一种必然。诗意的世界是人类理想的世界，电视艺术理应进入这个世界。电视诗歌散文通过屏幕传递的不仅仅是一份交流，更是一种过滤、共享和渗透。呈现美本身就意味着对丑的抵制和瓦解，意味着对美的认可和赞扬。

电视诗歌的样式很多，特别是1998年《全国电视诗歌散文展播》栏目开办以来，屏幕上的电视诗歌样式更是丰富繁荣：有的将叙事古诗搬上屏幕，如《古诗三首》；有的将古诗的意境编配上舞蹈在屏幕上表现，如《李清照》；有的将现代诗歌在屏幕上直接体现，如《海的向往》；有的将散文诗称作"音乐散文诗风情艺术片"，搬上屏幕，如《雪梦》；有的将歌、舞、诗融为一体，如《西部畅想曲》；有的将抒情长诗搬上屏幕，如《狂雪》。

2. 电视诗歌的特征

（1）语言美。诗的语言是跳跃的、多义的。电视画面既不能跟着语言图解，也不能拍成一幅幅的新闻镜头，诗的语言要有诗意，画面也要有诗意。电视诗歌较多地采用现代化的、朦胧抽象的拍摄方法。创作者讲究画面的空间造型，注意光的运用，以增强画面的艺术张力，这渗透着创作者的文学修养、审美情趣。

（2）情感性。电视诗歌创作者首先要准确理解诗人的意图和情怀。只有准确地理解诗人内心深处的真情，才能在屏幕上给予准确细腻的表达。电视诗歌是一种情的抒发，通过电视画面创造的境，配合诗的"意"，完成诗歌抒发情感的目的。

（3）意境美。构成电视诗歌的另一因素是画面，而追求意境是诗歌形象化的重要途径。所谓意境，是贯注了诗人喜怒哀乐之情的生活图画，这种画面重在写意传神。比如，根据舒婷的同名诗作《双桅船》创作的电视诗中，富有南方特点的江河、石板铺就的小码头、水上的行船、岸上的榕树、徘徊的女性身影，营造出爱情主题和朦胧思念的优美意境。

回顾中国电视诗歌创作，从不起眼的偶尔创作到渐成规模，证明艺术美具有不可阻挡的价值，但作为电视中难得的审美存在，我们有理由要求更加精致的艺术创造和更富有感染力的作品出现。

(四) 电视报告文学

1. 电视报告文学的界定 电视报告文学是一种纪实性的文学样式，是电视与报告文学相融合的产物。它直接选材于现实生活中的真人真事，是运用电视化思维与手段和文学的艺术表现形式创作的一种电视文艺形式。电视报告文学兼有文学的美学风格与新闻的时效性和真实性这两种长处，与文学领域的报告文学相比，电视报告文学有着更大的优越性，它除了可用文字旁白来叙述、描写所要报告的对象之外，更可以通过实地拍摄，把所欲报道的人或事清清楚楚地摆在观众眼前，然后再加以音响效果等艺术处理，其震撼人心的力量比文学领域的报告文学来得更加强大。在我国进行改革开放的今天，这种节目样式是极有发展前途的，它为有思想、有作为的电视工作者开辟了广阔的创作天地。特别是报告文学中的纪实文学风格，如今被广大电视工作者广泛运用，不仅创作了大量以飨观众的纪录片，强烈的社会效果有目共睹，而且纪录片已成为电视节目中举足轻重的节目类型。

2. 电视报告文学的特征

（1）真实性。电视报告文学所表现的人和事是真人真事，通过真人真事反映社会的生活百态，属于新闻的范畴。

（2）文学性。以浓郁的文学语言叙述真人真事。电视报告文学中的语言、声音部分采用文学语言来叙述，这是与新闻不同的基本特征。电视报告文学为观众所接受，除了真人真事的吸引之外，更重要的原因是浓郁的文学色彩，让观众从中得到陶冶。

（3）评论性。电视报告文学表现的虽然是真人真事，却表露出了创作者的真情，对人和事的报道都是一边叙述一边评论。这种评论富有哲理性，对观众极有说服力。

第二节 电视艺术栏目

一、电视音乐

电视音乐是以电视的特殊手段对原有的各类音乐演出进行二度创作、通过电视屏幕传播给广大观众的电视音乐形态。

从形式上，音乐节目分为声乐和器乐，据此可以将电视音乐节目分为两类。一是电视声乐节目，指有歌唱演员演唱、经过电视技术的处理而构成的电视音乐节目。这类节目可以说是电视文艺节目中数量最多、影响最广的。电视声乐节目不仅存在于各种类型的电视晚会和文艺栏目中，也有自己独立的栏目，如比较常见的《每日一歌》、《每周一曲》以及屏幕上播出的演唱会，还有前些年在中国电视屏幕上最走红、最有代表性的电视歌会《同一首歌》，电视声乐节目以其独特的魅力产生了巨大的传媒影响和社会影响。二是电视器乐节目，指通过电视传播各种器乐演奏的电视音乐节目。这类节目多以实况转播和录播为主，包括单一器乐演奏（如二胡演奏、钢琴演奏、小提琴演奏等）和综合演奏会（如民族乐器演奏会、西洋乐器演奏会、电声乐器演奏会等）。中央电视台的《中国名曲欣赏》栏目就是一台民族器乐演奏会。

相比较而言，从内容或主题上对电视音乐进行分类更为合理，即分为音乐专题片、电视音乐风光片和电视片音乐。

（一）音乐专题片

音乐专题片是一种有主题的语言音乐片，较之一般性电视音乐节目的不同之处在于，音乐作品的选用和创作必须服从于一个既定的主题。其特点是主题鲜明，内容相对完整，风格相对统一，以音乐作品为主体。

如由几家电视台联合录制的《西部之声》就是一部系列音乐专题片。它以20多个民族的300多首传统民歌和现代民歌，展现了我国西部地区悠久的历史、多彩的风情和灿烂的文化。

大型音乐专题片的特点是：所采用的音乐作品从创作到表演都具有较高的艺术水平和艺术感染力，作品之间风格既统一又有变化；解说词围绕主题进行时空跳跃性的组接，以扩大音乐叙说的背景和深度，同时又潜入音乐内部，与之相连接，形成一个统一的整体；以画面的选材和剪辑作为构成整体风格的重要环节。

还有以人物为中心主题或以音乐文化的视角为主题的音乐专题片，如《莫扎特之旅》、《人与音乐》等。这类音乐专题片像一部电视音乐传记、电视音乐史或音乐札记。以主讲人、主持人或画外音做串联，将历史资料、场景资料和音乐作品资料穿插安置。这类音乐专题片往往知识性多于欣赏性，语言所起的思想引导作用多于音乐的感染作用。

（二）电视音乐风光片

电视音乐风光片以风光、风情文化景物来诠释音乐的各种文化内涵，它的视觉影像为欣赏音乐创造了多种客观的和文化的空间。

电视音乐风光片给予人的感受是多维的。人在风光中赏心悦目，开阔眼界，增长文化知识，在音乐中感受多种风情。画面延伸着音乐的文化内涵，音乐点缀着山水风情。

例如，获国际电视旅游片"金龙"奖的《丹麦交响曲》，以十多分钟的篇幅，全靠画面、音响、音乐、色彩，把丹麦的美丽山川景色、旅游胜地、经济、文化、艺术娱乐、人文景观、人的精神风貌、大人物和小人物的生活方式以及丹麦特有的风情民俗，谱写成一首精炼、生动、声情并茂的"丹麦交响曲"。此片没有任何解说，没有一首主题歌和插曲,全靠声画的魅力吸引观众,以自然、真实和谐的风光美、生活美、艺术美、异国风情美去打动观众。

(三) 电视片音乐

电视片音乐是指各种电视片如电视剧、电视纪录片、电视专题片等的主题歌及插曲(配乐)。

电视片音乐的主要作用是:其一,概括和提示主题,任何一部电视片都有一个主题;其二,烘托气氛;其三,刻画人物形象和性格;其四,帮助转场或推动情节的展开。

二、音乐电视

(一) 音乐电视的界定

国外一般将音乐电视界界定为制作精良的歌曲,辅以拍摄精湛、后期画面制作严整的音乐电视节目形式。

音乐电视是音乐与电视的结合,它作为一种电视节目样式,充分运用了电视特有的表现手段,其目的是为了展示音乐作曲,歌曲是音乐电视的主要表现内容,画面是围绕音乐、用来进一步表现音乐的。根据音乐电视的这些特性,我们将"音乐电视"界定为:音乐电视是充分利用电视的手段,根据对音乐歌曲的内涵和节奏的理解与处理来进行创作,设计和拍摄出包括演唱者在内的既具有情绪化又有感情与内涵、相互联系的多组画面的艺术形象的电视音乐节目。

音乐电视最早出现在20世纪70年代的英国,"女王"乐队的一首歌曲《波西米亚狂想曲》被制作成音乐电视录像带作为广告在电视上播放,这是历史上第一部真正的电视音乐录像片。80年代美国"音乐电视频道"的出现将音乐电视推向全世界。音乐电视在很短时间内发展到相当惊人的规模,成为一种初具成熟风格的电视节目体裁。

音乐电视作为一种新型的电视艺术样式传入内地,是一个从港台地区向内地扩张的过程。1988年,中央电视台在《潮——来自台湾的歌》节目中播出了"小虎队"演唱的音乐电视;1993年中央电视台创办了第一个播出音乐电视的栏目《东西南北中》,并推出了一系列音乐电视作品,为来自西方的音乐电视体裁和风格的中国化、合法化及电视栏目化开启了先河;同年,《东方时空》栏目创立,其中设立了播放音乐电视的板块"东方金曲";也是在1993年,中央电视台首届音乐电视大赛《93'中国音乐电视大赛》播出,中国的音乐电视正式起步,当时拍摄了一系列以艺术效益为首要出发点的内容健康、风格多样的音乐电视作品,如《长城长》、《我的梦》、《轮椅上的梦》、《流浪的燕子》、《牵手》等获奖作品,为内地风格的音乐电视作品的创作开辟了一条新路。

音乐电视这种新的节目样式红红火火地在中国发展起来，至今已经发展到一个相对成熟的形态，也成为许多电视台的常设栏目，最有代表性、影响也最大的是中央电视台综艺频道的《中国音乐电视》栏目。

对音乐电视的类型划分多以其艺术风格为标准，综合国内专家的意见，本书将其分为如下三种风格：

（1）意境型音乐电视——意境型的形象是超现实的。它旨在营造一种朦胧超然的艺术氛围，用形式美来吸引观众进入优雅深邃的意境。例如，音乐电视《水中花》，其音乐形象极其精美，极大地炫耀了摄影的魅力。在清淡的音乐中，画面出现梦幻般的跌宕起伏，在透明的水中，一条美丽的鱼在慢慢游动，蝴蝶飞来翻开鲜艳的花瓣，美轮美奂的画面调度让观众产生迷幻的感觉。整个作品几乎让人忘掉了音乐而只专心欣赏奇特的画面和艳丽的色彩。《水中花》可以说是意境型音乐电视的典型。

（2）叙事型音乐电视——叙事型的音乐形象是指在叙述性歌曲中再现真实可感的生活画面。音乐电视《常回家看看》就是典型的叙事型作品，它讲述了一对老夫妻在家中等待着孩子们的归来。演唱者用音乐给我们讲述一个回家的故事。这类音乐电视在画面上比较朴实，不要太多的特技手段，用真情实感吸引更多的观众。

（3）抒情型音乐电视——主要是指画面的选择从抒发情感的需要出发的音乐电视。与叙事型相比，其叙事的清晰性与连贯程度都更加残缺和抽象，其连接也更加缺乏现实逻辑。这一类的典型作品有苏芮的《牵手》，用一对青年的婚礼、一对老人的相依漫步及日常劳作等情节表现人生历程，在这类音乐电视的画面中会将实物表现为意象，较多运用移情、拟人等手法，而抒发情感则是它恪守的准则。

（二）音乐电视的特征

1．声音为主，画面为辅　一般的影视片的声画关系中，声音处于依附画面的地位，即声音是次要的，画面是主要的，画面是吸引观众的兴趣所在，声音只是为了烘托或帮助画面更清楚地表现主题。而在音乐电视中，声音是画面赖以存在的条件和基础。

在音乐电视节目中，音乐起到叙事抒情以及说明和阐释的作用。通过一首乐曲或歌曲的旋律和节奏组合，引起观众的情感，从而产生一种由联想到幻觉的审美愉悦，让观众在这种审美的愉悦过程中体味生活、了解人生，起到感化人的作用。所以，一部成功的作品，首先应该有一首好的乐曲或歌曲，然后有精美的电视画面烘托包装。

画面在音乐电视中是创作者对音乐意境的感悟的具体表现。在音乐电视中，它与音乐互为补充、相互协调，完整统一地表现同一个主题，两者关系是和谐的、相得益彰的。音乐旋律和歌词所提供的意境，要通过画面的进一步阐释和再塑，才能得到延伸和准确表达。电视的画面是以表现音乐为目的而出现的，画面按音乐的结构、意境，采用更多的电视手段来创作，所以其画面创意更能体现电视屏幕艺术的魅力。

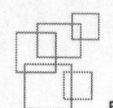

2. 时空广阔性 一般的电视音乐在舞台或演播室或实景拍摄完成，其时空特征较为现实；而音乐电视的时空表现更具艺术特征。在时间表现上，可从远古到现在再到未来；在空间表现上，可以是现实空间，也可以是幻想空间、特技的空间。其时空特征多为表意性的，故而更能体现出音乐电视的电视艺术特征。

3. 创意是音乐电视的灵魂 音乐电视是一种十分讲究创意的屏幕艺术作品，有别于一般的电视演唱歌曲，它是在创作者充分理解音乐作品的前提下，充分利用电视手段，设计创作与音乐作品相适应的画面，将音乐与画面相结合而成的电视屏幕艺术。

音乐电视中画面表现音乐多采用音画对位的方式，即音乐和画面相对独立地表现各自内容，音乐的听觉内容与视觉内容并不一致，但是两者又是一个统一的艺术体中两个不可分割的侧面，它们互相补充、协调，通过组合，升华为一个共同的主题。

有的也采用音画统一的方式，即音乐歌词内容与画面内容的统一，音乐和画面表现同一个主题。

三、电视戏曲

电视戏曲是近年来发展迅猛的栏目形态，中央电视台还于2001年开辟了专门的戏曲频道，全国许多电视台也纷纷有了自己的戏曲频道。可以说，电视戏曲已经成为电视文艺中的重量级成员。

（一）电视戏曲的界定

电视戏曲的定义已经给了它明确的范畴，通俗地理解，一切用电视来表现的戏曲艺术、戏曲文化、戏曲信息都是电视戏曲。其中早期的电视戏曲节目如戏曲直播、录播节目、音配像戏曲艺术精粹等，继承戏曲的特性较多，几乎没有改变戏曲的舞台虚拟表演性质，电视化程度比较低，属于原生态的电视戏曲。电视手法运用较多，声画结合特征更为明显，戏曲经过运用景别、画外音、快动作、慢动作等电视手段处理过后，舞台表演特性减少，这类电视化程度较高的戏曲专题片、戏曲电视剧、戏曲小品、戏曲歌舞、戏曲MTV等电视戏曲节目样式属于新生态的电视戏曲。

（二）电视戏曲栏目

电视戏曲栏目，指定时在电视台播出的、归纳在各种栏目中的戏曲节目，它既具有专栏节目的共性：每个栏目有特定的名称、标志和内容范围，在表现形式上有自己的特色和格调、固定的播出时间和时段；又有着戏曲节目独特的个性：围绕戏曲艺术和戏曲文化构架节目，介绍分析评论戏曲名家名段。可以说，电视戏曲栏目是我国电视屏幕上数量最多、影响最广的电视戏曲节目样式，最有代表性和影响的是中央电视台的戏曲频道。

中央电视台戏曲频道是以弘扬和发展我国优秀戏曲艺术，满足戏迷审美要求为宗旨的专业频道，于 2001 年 7 月 9 日开播。戏曲频道充分体现中华民族优秀传统文化的博大精深，内容以欣赏性为主，汇集全国各地戏曲种类 200 多个，同时加强知识性、趣味性、参与性、服务性，强化戏曲艺术与中华民族深厚文化底蕴的渊源关系，并完整播出全国各地戏曲的优秀传统戏和新编现代戏。

电视戏曲节目则是最早被归入栏目的电视文艺之一，综观我国电视屏幕上已有的戏曲栏目，可以将之划分为三类：

1. 录制播出各种戏曲名家的代表剧目和现场转播戏曲舞台演出的优秀节目 此类栏目的宗旨是满足希望欣赏原汁原味戏曲的观众的需求。如中央电视台《名段欣赏》栏目定位于戏曲界著名艺术家及新秀演唱的经典传统剧目，栏目的选段以京剧为主，同时兼顾全国上百个剧种，力求选段的典型性、观赏性和奇绝有趣。在每天 30 分钟的节目里，精选几个演唱片断，集中向观众介绍一个剧种的 1～2 位演员，文戏、武戏各展风采，唱念做打样样俱全。

节目制作以演播室内搭建拍摄实景为主，努力营造不同剧种、不同选段的特定氛围和时空感，以有别于舞台演出的电视转播，让观众在赏心悦目的视听享受中，领略戏曲艺术的独特神韵、普及相关戏曲知识、弘扬优秀的中国传统文化。

2. 经过电视栏目化改造，以"板块"的方式介绍与戏曲有关的内容 如名段欣赏、戏曲界的著名人物访谈、剧种剧目的专题片等，融知识性、欣赏性、趣味性于一体的杂志型戏曲栏目。如《九州大戏台》栏目，改版后的《九州大戏台》包含上午、下午和晚间三个时段，京剧、地方戏和影视戏曲三个节目种类。《空中剧院》栏目也是以剧场舞台表演大戏或折子戏为主体，通过现场专家访谈、剧目历史背景介绍等多种形式，增加节目的厚度和文化含量，使观众在欣赏现场表演的同时获取更多的京剧艺术知识。

3. 戏迷票友参与性强的栏目 以专栏形式教唱戏曲唱段，介绍戏曲知识的栏目，如中央电视台戏曲频道的《跟我学》、《梨园擂台》、《点播时间》以及《过把瘾》栏目。这类栏目紧跟娱乐兴奋点和电视戏曲栏目潮流，将戏曲改制、包装成时尚的形式，为观众提供了良好的展示和交流的平台。

第三节 电视文艺专题

目前，中央电视台、省级电视台和市级电视台的各类文艺节目设计中，一般都有以制作电视文艺专题片为主的栏目，虽然名称各异、制作手段也不一致，但框架基本相同，从中我们可以看到来自书画界、娱乐界、文学界等各种人物的介绍，还可以看到对音乐、舞蹈、杂技等作品精美、有趣、深刻的阐释。

电视文艺专题是电视文艺中不可替代的部分。电视文艺专题的种类风格是多种多样的，表明手法丰富多彩，而且还在不断发展、创新、完善。

一、电视文艺专题的起源

"电视文艺专题"这种称呼是中国艺术创作领域的一大特色，国外没有这一名词。电视文艺专题这种题材形式形成于 20 世纪 70 年代，它直接来源于电视专题。70 年代，专题片这种形式成为各电视台一种主要的创作手段，在制作的大量专题片中涌现出不少文艺类专题节目。70 年代末到 80 年代初，电视体裁上出现了各种艺术元素融合杂交、生动活泼的改革创新浪潮，电视表现手法逐步实现了多样化。专题与文艺专题两者可以说是种与属的关系。电视专题中属于文艺的部分，就属于电视文艺领域，借用音乐、舞蹈、文学等元素对专题片重新包装，也就形成了今天所称的"电视文艺专题"。对多数电视台来说，在 70 年代甚至在 80 年代，文艺部制作的节目以录制舞台戏为主。

自 20 世纪 70 年代末开始，电视文化作为一种重要的社会意识，成为社会文化的重要组成部分，随着社会的转型而发生变革。20 世纪 90 年代后，一部分节目和栏目开始了大众化转型。进入转型中期后，以电视专题片、电视艺术片、电视音乐、电视小品等为主体构成的新样式——电视艺术节目，在电视与音乐、舞蹈、曲艺、杂技等许多艺术元素进行有机交流融合杂交中生成，也涌现了一批令人难忘的优秀节目。经过十几年的探索发展，电视文艺专题逐渐从新闻社教专题中剥离，形成了独有的新兴的文艺种类，无论在内容还是在形式上，真正具有了可称为艺术的电视节目。

二、电视文艺专题的界定

对电视文艺专题的定义似乎尚无一致意见，本书认为，电视文艺专题是"电视文艺"和"专题片"的复合体，因此对它的界定应该联系对电视文艺和专题片的定义。关于电视文艺的界定是："运用先进的电子技术手段，对各种文艺样式进行二度创作。既保留原有的艺术价值，又充分发挥电视特殊的艺术功能，主要给观众以文化娱乐和舞美享受的电视屏幕形态。"① 而专题片的基本含义是："对某一专门题材和题目所创作的电视节目"②，将这二者综合起来就可以视作电视文艺专题的定义，即，电视文艺专题

---

① 朱羽君、王纪言、钟大年：《中国应用电视学》，北京师范大学出版社 1993 年版，第 126 页。
② 朱羽君、王纪言、钟大年：《中国应用电视学》，北京师范大学出版社 1993 年版，第 161 页。

是运用电视技术手段,采用专题的形式对文艺进行二度创作,以写意、抒情及时空跳跃为主要创作手段,给观众带来特殊的审美愉悦的电视节目形态。

一般说,电视文艺专题具有这样几个要素:

第一,电视文艺专题的选材范围应是文艺类题材。经过电视的二度创作,将社会活动中的文艺对象及文化对象重新提升到一个新的范畴。电视文艺专题之所以命题成立,是因为其综合性、兼容性非其他艺术可比。既然有电视文艺形式的存在,就不能否认电视文艺可以有一套自己的体系,并相对独立地发展完善。将属于文艺文化范围的多种艺术门类诸如舞蹈、文学、声乐、器乐、戏曲、曲艺、杂技等兼容在一起,有助于电视文艺增强娱乐性、大众性、欣赏性,走向更高层次。例如,在《西藏的诱惑》中,如果编导仅仅记录了西藏的风光、风土,仅仅记录了当地藏民的朝圣仪式,那这部片子也就只是一部普通的电视专题。但是这部片子的编导为了实现他的固有的审美价值,寻找到了一个很好的框架,那就是到西藏进行艺术创作的四位艺术家。这样一来,编导就不局限于西藏的风土人情,他把自己的情感置于更为广阔的背景中,为艺术创作留下了更大、更深的想象空间,而拍摄对象本身也具有了一定的空灵之气。

第二,电视文艺专题制作手段具有较高的艺术要求,艺术主体成为审美对象。创体活动的过程是通过对创作对象的了解,运用适合于这个对象的创作手段而完成的。审美对象的艺术主体必须符合艺术规律的创作形式以完成一次提升。如电视文艺专题片《六龄童》,选取越剧表演艺术家六龄童为审美对象,通过对他艺术道路的回顾与介绍,向观众展示出一个平易近人、无私奉献的艺术家风采。创作者采用白描的手法,娓娓道来。画面优美感人,演员、舞台、观众都围绕着"戏德"做文章,音响选用大量戏曲录音和现场同期声。全片以艺术家到群众中演出为主线,片中舞台戏曲的音乐人物动作处理准确到位,用艺术的手法深刻提示了艺术家与人民的血肉联系。

第三,电视文艺专题写意强于写实,抒情强于叙事,感性强于理性。文艺是具有艺术技巧的,经过艺术家构思的精神产品,它具有浓缩、简练和升华的属性。电视文艺专题必须强调有别于电视新闻的纪事与再现色彩。比如,同一题材的电视纪录片或电视专题采用的是"写实"、"叙事"手法,而文艺专题用的是"抒情"、"写意"手法,尽可能把握总体效果而不太重视细节真实。电视文艺专题的音乐、场地、画面、解说词等的选择处理必须具有浓重的"艺术"色彩,追求美的效果。

第四,电视文艺专题时空跳跃比较自由。在文艺专题中,艺术手段的运用多体现于现实时空、心理时空的交叉跳跃上。它可以从 6000 年前仰韶文化时期跳到现在;从法国凡尔赛宫和卢浮宫油画跳到中国美术馆的国画;也可以从舞蹈艺术跳到书法艺术。这一点是同电视文艺专题的着重"写意"性分不开的。近似中国水墨画,飘逸、洒脱、不拘小节。《中华百年祭》记录青年画家蔡玉水耗费 10 年时间制作巨型水墨组画《中华百年祭》的历程。该片以当代青年人的视角,审视了中华民族从鸦片战争到日军侵华制造南京大屠杀的长达百年的屈辱史，倾吐了画家对历史的深沉反思，以浓郁的悲剧意识警示人们：历史的经验教训永远不能忘记。该片编导没有就画拍画。他们不仅仅拍摄了画家创作画、展览画的过程，还追寻了历史背景，选拍了百年历史中最具代表性的历史遗迹、遗址、图片、文物。两条时间线构成了作品的全部框架，一条是以资料形式出现的历史纵线，一条是以纪实画面展现的现实纵线。该片给人以深刻的历史意蕴和浓厚的悲剧意识，显得大气磅礴。

总之，每种艺术作品都只能属于某一特定种类的艺术，而不同种类的艺术作品又很不易被简单地混合为一体。然而，当不同种类的艺术品结合为一体之后，除了个别艺术品之外，其余的艺术品都会失去原来的独立性。当某种艺术形式的外在物质环境和文化环境存在时，这种文化形式便应运而生。一种新技术出现的时候，在开始的时候都被当作模仿手段来看待，只是到后来才把它看成是一种新的形式或新的风格惯例。电视文艺专题片的出现自然有其本身的规律，电视文艺专题需要不断产生具有广泛影响、具有指导作用的艺术作品，才能最后确定自己的地位。

三、电视文艺专题的审美特征

谈电视文艺专题的特征，前提是确认该艺术形式的客观性和独立性，并且承认该艺术形式在电视荧屏中表现语言的特有性，理清楚电视文艺专题的表现特征和美学价值，有助于进一步探讨本体意义，即特质的阐释。

（一）艺术性

电视设备提供了足够的、必要的技术手段，帮助实现电视文艺专题的艺术性。现代技术的发展使一切艺术形式的产生成为可能，尤其是电视技术的更新换代，让电视文艺插上了想象的翅膀。但是，我们也应知道仅仅依靠技术远远达不到人类的审美要求，电视文艺工作者进行艺术创造的时候，必须利用现有技术对审美对象进行新的艺术冲动、艺术思维和艺术创造。拥有了技术支持，电视文艺专题才不至于成为无本之木。摄像、灯光、音响、舞美、特技等大范围的应用，极大地丰富了电视文艺专题的表现形式，成为反映美的题材的有效载体。

电视文艺专题的艺术性还表现在感知手段的艺术处理上。所谓感知手段，即编导对审美对象的外在形式如画面、灯光、音响、文字、舞美等的情感认识和审美感觉，用个人的体验将外在形式内在化。艺术知觉属于一种审美感知，具有强烈的主观性、情绪性、多样性和独创性。电视文艺专题的制作者在一堆素材面前，他的经验、思维、想象、情趣等完全浓缩在作品之中，这样的作品才让人陶醉、让人回味。

电视文艺专题的艺术性还表现在处理手段的艺术性上。艺术源于生活，又不等于社会生活。艺术家进行创作时，不仅对生活中的素材进行搜集、整理、认识、分析、剪裁，而且应该注入他的主观情绪、意志、情趣等。在这个再处理过程中，素材不仅发生了"物理变化"，而且发生了"化学变化"。对电视文艺专题而言，这个过程便是编辑、制作等电视艺术处理手段的艺术创造过程，这个过程好比一座桥，左边连着应用手段、感知手段，右边连着完整的艺术作品。

（二）愉悦性

电视文艺的各种样式提供不同的虚拟情境，满足多种层次、多种类别的娱乐需要。可以认为，电视文艺的娱乐受众方式就在于使其在虚拟的情境中释放感情。

人们选择电视的娱乐方式，因为它能像电影一样，具有画面的优美、视觉的享受、听觉的刺激和消费过程的轻巧等特点，具有电视媒介所特有的家庭亲和力，欣赏过程的真实性、参与性和家庭化的欣赏方式，观众的娱乐舒适更加随意自然。电视文艺专题除了具有某些信息传播和服务功能外，愉悦性是它的主导地位功能。无论是介绍作家、画家、舞蹈家，还是介绍戏班、剧团或民间艺术，观众看电视文艺专题的目的是这个节目"表现了什么"而并不在于这个节目"说明了什么"，在这里，观众的"欣赏"要求远大于"教化"要求。从总体上说，电视文艺专题是一种"寓教于乐"的艺术形式，就电视文艺而言，无论是综艺晚会还是文艺专题，电视的文化价值观的渗透对观众来说是一种潜移默化的行为。"寓教于乐"的愉悦性是其最明显的标记，是电视文艺的固有属性。

（三）文化性

电视理论界有一种意见认为，电视文艺是运用艺术的审美思维创造屏幕形象、强调审美和愉悦功能的文艺性电视节目。电视文学从冰冷的铅字变得有形、有声、有乐、有色，音乐电视让耳边的音乐在人眼前变得更加立体、绚丽。文艺专题更是打开了一座艺术宝库，东方的、西方的、古典的、现代的、高雅的、民间的种种艺术不断呈现给广大电视观众。如果按习惯把电视文艺中的综艺晚会、戏曲晚会、娱乐节目、音乐电视等看成"俗"的部分，那么，电视文艺专题等就是电视文艺中"雅"的部分，因为这些作品具有较高的艺术价值和审美价值，并且拥有较强的感染力和吸引力，通过审美来完成娱乐并最终达到审美目的。这些作品基本上能够满足消费大众的审美趣味和审美需要，能让电视观众在多层次、多种类的审美体验中得到娱乐、获取美感、认识人生、陶冶情操。这些节目的形式和内容拥有较高的文化品位，相应地，受众也拥有较高的文化素养。

电视文艺专题作为一种电视文化，属于一种意识形态产品，它必然会直接或间接地传达或表达某种文化价值倾向，传递文化信息，通过画面解说、音乐的艺术处理，不同程度地反映出各时期的主流文化意识形态。从电视文艺专题的文化品格上讲，无论主题、形式都必须是表现和引导文化消费时尚的东西。编导首先要具有敏锐的嗅觉和深刻的洞察力，知道画面、音乐、解说中包含的文化信息，也懂得应该用什么风格和结构完成一件散发着浓厚文化信息的作品。

（四）综合性

随着电视媒体的成熟和发展，早期形成的电视节目分类方式已逐渐分化瓦解。新闻、专题、体育、文艺、教育等不同类型的电视节目经过磨合、渗透、影响，形成了一些边缘性节目。如中央电视台的《文化正午》、《开门大吉》、《黄金100秒》等，文艺与新闻、文艺与竞技、文艺与真人秀等相互融合，引起巨大反响。这种边缘学科的兴起表明，电视艺术领域还具有很大的拓展余地。

美国美学家苏珊·朗格在分析各类艺术之间的关系时总结道："各门艺术之间的另一种较为引人注目的类似关系，是人们用一种艺术品去创造另一种艺术品，这种艺术品最终又是与它想要创造的另一种艺术品归并在一起时显示出来的，……也就是当人们把某一种艺术品看作是某两种艺术品的结合物时显示出来的。"① 艺术的创造法则，本来就允许这种"转换"的存在。电视是一种综合媒体，不同性质的节目相互渗透的现象十分普遍。电视文艺专题，从艺术原理上讲，应该是文艺节目与新闻节目"杂交"的产物，由电视专题节目中分离出来的属于文艺范畴部分的节目组成，因而综合性属于电视文艺专题的属性之一。

四、电视文艺专题的类型及结构

（一）电视文艺专题的类型

尽管电视文艺专题创作手法多种多样，表现形式也千变万化，但基本形态是有规律可循的。研究并掌握这种基本方法，对从事文艺专题的创作是十分必要的。现在就电视文艺专题的基本类型做一些简述。

1. 人物类 实际创作中最为常见的一种类型。一般说来，每个创作者在采访中遇到最多的就是文艺界、文化界不同年龄、不同性别、不同性格、不同层次、不同地域的各种人物。文艺专题节目所接触的人物主要是演员、画家、作家和各种基层文艺工作者，这里面又分名人、普通人两种，制作的方式也不相同。拍摄普通人一般不采用传记体手法，尽可能用最接近人物本身生活状态的创作手段，以"平"视角拍摄，拉近距

---

① （美）苏珊·朗格：《艺术问题》，腾守光译，中国社会科学出版社1983年版，第8页。

离感。作为电视艺术创作者，针对不同职业的人物应采用不同的创作构思和不同的制作手段，这样才能保证片子既切合人物身份又有规律可循。电视文艺专题人物类片子中较有影响的作品有《呼兰河的女儿》、《神鹿呀，我们的神鹿》、《沙与海》、《方荣翔》、《六龄童》、《谢添和他的人间喜剧》、《一代风流贾作光》、《一个舞者的独白》、《时代的歌手》等。

2. 作品类 电视文艺专题中介绍作品的专题片在制作过程中，必须考虑到此片适合该作品的艺术特点，并且电视文艺专题应成为相对独立、有自身精神的艺术作品。随着各级创作者的介入，他们不断创作出大批各种各样的文艺作品。对那些产生一定影响的文艺作品，电视媒体有必要加以介绍和分析，帮助电视观众了解作者的情况、了解作品的历史背景并评价该作品的艺术特点。例如《中华百年祭》讲述了一位画家创作一组作品和展览这组作品的过程。它把这组作品置于广阔的历史背景下，从不同时间、不同角度、不同侧面进行叙述，使作品具有了相当深度，增强了艺术感染力。以介绍艺术作品为内容的文艺专题片近年来有影响的有《中华百年祭》、《中国湘绣》和《谢晋和他的〈鸦片战争〉》、《一方水土一方歌》等。

3. 文艺事件类 作为媒体传播工具的电视，经常性地会给观众提供来自社会各界的文化动态，提供文艺文体的各种信息，帮助观众了解、分析、掌握文艺现状。从范围来讲，文艺专题大到国际、国家举办的大型文艺和文化活动，小到地方各级政府、街道乡村举行的文艺演出，电视文艺专题反映这些活动的情况，对透析社会的发展起到了重要作用。一般来说，事件类的文艺专题必须考虑该事件在一定范围内具有一定影响，并且还具有一定的新闻价值。如获得第十一届"星光奖"的《远山的呼唤》、《漫话艺德》、《文艺工作者真正的知音在哪里》等。

4. 文艺风情类 这类片子具有相当强的文化价值，无论是展现民俗还是时代感较强的地域文化，无论是展现自然风光还是风土人情，都可以归到此类。在这里，可以抒发强烈的情感体验，表达创作者独特的哲理思考。大自然本身充满了无穷的魅力，给艺术提供了广阔的创作空间。地域和文化的差异，使得人类生活多姿多彩、千变万化，风情类的文艺专题应该以色彩饱满的自然风光、充满情趣的地域文化为主要拍摄对象。如何把创作者的情感融入风土人情，而不是一味为拍风情而拍风情，是风情类文艺专题片应该关注的问题。这类成功的作品有《西藏的诱惑》、《哈尔滨的夏天》、《望长城》、《天驹》、《椰风海韵》、《家乡年趋》等。

（二）电视文艺专题的结构

常见的电视文艺专题的结构可以划分为以下六种。

1. 故事结构 这是一种比较传统的叙事性结构形式，按照时空顺序来安排电视材料。不管是人物还是作品、事件，根据情节发展的先后组织拍摄并进行后期剪辑，这种

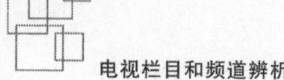

结构非常注重故事发展的合理性，强调情节的冲突，重视细节的真实。通俗地说，就是要把拍摄对象像讲故事一般从头到尾叙述清楚。它有主题，并且有非常浓郁的创作情感。这种结构的片子需要向电视纪录片学习，讲究艺术性、文化性与纪实性的高度结合，从中吸取有益的经验。

故事结构运用得比较多。但是需要特别注意的是，在强调故事性、纪实性的同时，一定要考虑到文艺专题自身还有一定的艺术特点，只有两者合理地结合，片子才能符合电视文艺专题的创作规律。曾经拍摄的此类片子有一些相当出色，如《望长城》、《神鹿啊，我们的神鹿》、《云来雾去》、《沙与海》、《六龄童》等。尤其是《望长城》，开创了我国纪实体电视文化片的先河，直到今天，其中的一些场面还为人津津乐道。《神鹿啊，我们的神鹿》这部反映大兴安岭原始森林中鄂温克族人现实生活的纪录片，以柳芭这样一位经过现代文明熏陶、又在内心深处深深依恋自己民族文化的画家的生活经历为线索，逐步展开他们一家三代面对现实与传统的不同心态，揭示出当代深层次人类学问题。在这部片中，我们不再把它看作仅仅是记录一名少数民族画家的故事，我们从画面上暮色苍茫的白桦林，看到一个民族的历史，触摸到人物隐秘的情感世界。

2. 传记结构 这种结构经常被用来描写某一个人物或记载某一历史事件，与传记体文学作品有相似之处。对历史人物而言，由于无法再现历史，只能通过今人的采访叙述和书籍、图片、景物等能看到的画面介绍出来；对现实人物而言，这种结构也很常用。作为历史事件题材，拍摄到真实场面已无可能，通过遗迹、文物、图片、绘画、建筑甚至影像资料等，节目编导按一定的逻辑关系把它们合理地整理、连接、组织起来。这类片子有《呼兰河的女儿》、《方荣翔》、《在那遥远的地方》、《走进新时代——印青》等。

3. 心理结构 就是把人物心理描写夹杂在人物活动和情节发展之中，以第一人称或第三人称描写人物心理活动。这种心理活动一般是用解说词表达出来的，它不妨碍事物发展的时空顺序。电影《一代天骄成吉思汗》讲述的是铁木真早期征战、统一蒙古的故事。影片采用了以成吉思汗的口气叙述故事的结构，通过成吉思汗的语言，推动故事的发展。其中有不少精彩片段像射杀亲弟弟、面对被抢走的妻子等场面，用成吉思汗的语言，描述了他与母亲复杂而矛盾的心理，使观众加深了对成吉思汗成长历程的理解。

4. 音乐结构 这种结构以歌曲、音乐或舞蹈作为主题旋律，结合或优美抒情或深沉含蓄的电视画面，给电视观众以美的享受。这种结构经常用于音画对位型的音乐风光片和音乐欣赏片。音乐结构用于电视文艺专题片的历史比较长，也出现了许多脍炙人口的优秀作品。如在《朝阳与夕阳的对话》中，音乐起到了相当重要的作用，编导用作曲家雷振邦、雷蕾父女两代人之间的对话形式，用他们的音乐贯穿始终，音乐与画面相互衬托、共同发展，使这部片子生动活泼、情趣盎然。

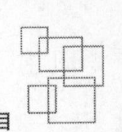

5. 主持人结构 这是用电视节目主持人或类似节目主持人的某一人物做主线，按照主题思想和内容要求，主持人或采访、或评论、或串联，或内景、或外景、或内外景结合，将整个片子串联起来。这种结构有一种现场气氛，可以给电视观众营造出"身临其境"的现场感。节目通过主持人，把各个段落连接起来，用主持人的情感情绪变化，或主持人不同的叙述状态来决定片子的内容和节奏变化，推动片子一步一步不断地向前发展。例如电视文艺专题片《土地忧思录》，主持人参与了整部影片的拍摄过程，对该片的叙事过程和情感节奏起着决定作用。

6. 散文结构 这种结构非常独特，文体典雅清新。它俯仰自由，创作手法多样，可以抒情、叙述、写景、议论，也可以兼而有之，不拘一格。这种结构的电视文艺专题片情景交融，把一些看上去似乎没联系的画面，用解说、音乐串联起来，阐释出某一主题。采用这种结构的片子制作起来较为复杂，一般要求创作者具有较为深厚的艺术功底，对电视画面和文字也要求严格。如《西藏的诱惑》，不仅向电视观众展现出了雪域高原的自然风光，更通过几位艺术家在西藏采风的艺术活动，表达了创作者对这片神奇壮丽土地和西藏宗教文化的强烈情感和深刻的哲理思考。

第四节 电视文化栏目

一、电视文化栏目的界定

文化类（人文类）栏目，是以文学、艺术、音乐、舞蹈、美术等方面的人物和事件为主要题材的节目。如《文化访谈》（中央电视台、河北电视台）、《文化视点》等。

我国最早的文化栏目是中央电视台的《文化生活》，1961年开办。开初更像一个综合栏目：文化知识介绍、文化人物访谈、文学新书推介、文化知识传播（戏曲知识、书法讲座等）。"文革"停办10年，1977年5月恢复，遵循知识性、思想性、欣赏性原则，内容包括文学艺术家专访、文艺作品赏析、影视剧评介、文化知识竞赛等；1992年改版为《文化园林》，打破专题片样式，代之以板块式：评论性的"辣椒园"、介绍海外文化的"海风堂"、文化精品欣赏的"集粹楼"、获奖作品介绍的"金榜台"、文化人物介绍的"撷英殿"、文化赏析品味的"赏心篇"等，可以看出，现在的《精品赏析》、《文化视点》、《环球30分》、《戏曲》等都有其影子。

二、电视文化栏目的分类

根据节目的内容，可以分为如下三种类型。

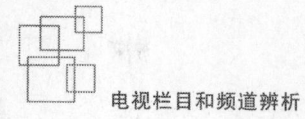

(一) 文化风情类

文化风情类栏目，是以介绍、赞美某一地域、民族、地区独特的风土人情为主要内容的栏目。

如中央电视台曾有一档栏目《祖国各地》（现在叫《走遍中国》，中央电视台中文国际频道）就是此类。

《走遍中国》是中央电视台中文国际频道一档大型的纪录片栏目，每天1期，每期30分钟。它以探索的目光和亲历的脚步，走遍中国的山山水水、城镇乡村；它以古今为坐标、情感为取向，寻找华夏大地上的传奇人物和动人故事；它以纪录片的表现形式和故事化的叙述方式，揭秘历史事件，记录现实生活，讲述人物命运，探究热门现象，以点带面，生动而深入地反映中国的历史和现实的发展变化。

《走遍中国》的栏目宗旨是传播历史悠久的中华文明，展示今日中国的发展变化；栏目定位于人文故事类纪录片；栏目形态突出情节化、细节化，以系列化、主题化为基本操作方式；栏目具有选题具象、视角独特、现实切入、进行时态、悬念递进、故事跌宕、背景清晰、信息关联、注重情感、平实叙述的特点；栏目内容以题材划分，可分为现实故事、历史故事、人物故事、文化故事、社会故事、地缘故事、自然故事、族群故事等，以操作划分，又可分为常态节目、主题系列和特别节目。

还有如中央电视台1993年5月开办的《环球》栏目，侧重介绍各国科技和社会的发展，内容涉及文化艺术、社会经济、人文风情等各个方面，栏目形态为杂志型，其子栏目有《越过大洋看世界》、《异域剪影》、《神奇的世界》、《人物》、《科技传真》、《电影魔术》和《金唱盘》等，同时还不定期地播出具有欣赏价值的系列专题节目，如2001年播出的《失落的文明》、《我们的宝贝》。

(二) 文化生活类

文化生活类栏目，是以文化人生（文化人的生活和人的文化生活）、作品赏析、艺术知识等为主题的栏目。

代表作有《读书时间》（中央电视台，1996年5月12日开播），但此栏目开办以来收视率不高，虽不断改版，在画面的生动、轻松上下了很大功夫，但成效不大，并最终在所谓的"末位淘汰"中惨遭淘汰。

相反地，河北电视台原有的《读书》比较有代表性，不妨分析之。

该栏目于2000年6月3日开播，原名《读书新体验》，2002年4月1日更为现名，2013年2月7日停播，主持人为周晓丽等。

《读书》共制作播出了几百期节目，其中采访了贾平凹、余秋雨、二月河、梁晓声、莫言、冯骥才、王蒙等上百位当今文坛著名作家，以及伟人之后朱敏、周秉德、邵华、周海婴等,他们用生命为我们阐释生活、用真情为我们追溯历史。

《读书》栏目是一档具有高品位的文化栏目,既是读书人的朋友,又是广大普通观众的知己,雅俗共赏,文娱皆宜。着眼于"大文化"内涵,选材广泛,不拘一格,包括文学、政治、经济、情感、教育等,贴近时代,紧随时尚,关注社会热点。《读书》以书为载体,以一颗平常心为观众打开一扇文化之窗,以一份文化情结结缘天下人。读书养生、读书养气、读书养趣、读书养性,在这里让观众感触智能的碰撞,感受情感的沟通,感知生命的对话。

栏目形式:时长30分钟,分为两个板块。第一个板块是作家访谈,采访作家作者,以书为点,畅谈创作生活,交流人生体验,长度为25分钟左右;第二个板块是图书信息板块,以"新书推介"形式推介最新图书、播报书坛最新动态。

栏目宗旨:"四句话"——发现好书,推介好书,引导观众,服务读者;"四性"——思想性,知识性,新闻性,艺术性。

目标:"由书里到书外"——由书谈人生和社会各方面;"透过书本看社会"——对书的价值的再开发。

流程:①选好书——以思想性、权威性、健康、艺术水准高、时代性等为标准;②吃透原作——读透,策划提纲,拟解说词,列采访提纲;③精心策划——找"闪光点"和"出彩点"、"兴奋点";④现场采访;⑤后期制作。

还有一类是艺术赏析或知识类的文化生活栏目,如中央电视台的《电视诗歌散文》、《舞蹈世界》、《神州戏坛》、《子午书简》等。

中央电视台的《文化正午》栏目也比较有代表性。该栏目从当今社会发展中公众最关心的问题切入,以文化的视角分析、解读社会文化热点问题,给予主流价值观的引导,是将媒体观念"植入"千家万户的一档文化艺术的评论节目。贾平凹、铁凝、白先勇、余秋雨、邹静之、毕淑敏、张抗抗等知名作家和王石、潘石屹、冯军、冯仑等知名企业家都曾来到《文化正午》栏目做嘉宾。该节目一直坚守着主流的价值观和较高的文化品位,试图用文化的力量去影响和启迪观众。

(三)文化人物类

文化人物类栏目一般是对文化名人艺术生涯和生活的介绍,但又不限于文化名人,凡社会关注度较高的人都可以归入。

这类栏目很多,比较有名的有中央电视台的《大家》、《人物》,凤凰卫视资讯台的《风范大国民》,等等。

如中央电视台《人物》栏目,央视国际网站对之有如下介绍:

探求科学知识,传播文化观念,共享生命阅历,自由交流体验。

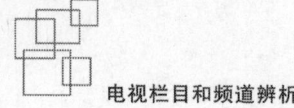

中央电视台科教频道大型栏目《人物》，以独特的视角、新颖的理念，关注现当代文明进程中那些显现出智慧光芒、卓越创造力和非凡品格的人们；关注富于奇思异想、敢于超越常规、勇于挑战极限的人们；关注重大事件的亲历者、目击者和为我们珍藏文化与传统的人们；关注在某些领域作出过特殊贡献却鲜为人知，而他们的创建正改写着我们的生存状态与思想方式的人们。

天才们奇特的灵光闪现，思想者深邃的心境物语，发现者执着的迷离幻梦，先行者坚韧的身形步履。让我们去接近、去触摸这一个个性格迥异又极具魅力的中外人物，进入他们的生命旅程、思想轨道与情感世界，感受和领悟他们的存在对时代生活及文化变迁所施加的影响。

栏目以纪录片为主体形态，加入后期演播室包装，利用人物口述、丰富的影像资料和适度的细节再现等多种拍摄手法，形成生动、平实、不矫饰、有深度的栏目格调。沉稳、大气、学者型的主持人风格，在节目与观众之间搭建起有机的沟通平台。

扎实的栏目制作班底，开放新颖的创作理念，保证了自拍节目的质量与品味。与全球相关电视机构的密切合作，大规模引进海外高水准的人物纪录片，是节目的另一重要来源。

本栏目自2001年7月9日起在中央电视台第十套节目中播出。

日常节目每期30分钟，每次推出一个人物，逐步形成相对固定的播出脉络。成系列的精品节目将集中重点播放。

定期聘请嘉宾参与，促进主持人、观众与栏目中人物的交流与互动。对文化热点人物、全球年度封面人物，本栏目将制作特别节目，在中央台一套中播出。

央视调查显示：公众对《人物》有很高期待，潜在观众的比例高达78.6%，并以知识阶层为主要对象，包括高校师生、都市白领、政府官员、企业领导、教科文领域里的从业人员。这些人中普遍有较高的学历、较高的收入，年龄层在25～55岁之间，代表社会的中坚力量。

秉承科教频道宗旨，作为目前中国最具专业水平、规模最大、播出密度最高的《人物》栏目，是求知者探寻知识的窗口，普通人领略世间万象的舞台，实业家把握商机、体现人文关怀的捷径。

三、电视文化栏目选介

（一）《文化中国》

《文化中国》是中央新影旗下中央电视台新科动漫频道出品的系列中国文化宣传

片。每集 25 分钟,首播为周一至周五 18：30,重播为次日 6：00、13：00,并推出周末版,周六 13：00—15：00 四集连播,主持人为今波。

该栏目是一档以弘扬中国传统文化、提升观众人文素质为宗旨的文化纪实类节目。《文化中国》栏目由故事、现实场景、图片、文史影像资料和部分情景再现等多种文化元素和纪实手法组合而成。选题内容主要包括文化艺术经典、名胜古迹经典、民族民居经典、经典饮食系列、风俗节日经典、工艺品、物产系列、人物典故经典、科学技术经典。

《文化中国》采用实景拍摄与动画相结合的方式,着重突出文化的趣味性,运用中国丰富的民间视觉元素,重现历久弥新的华夏文明。片中大量运用中国传统的美术风格样式,如水墨文人画、民间年画、民间工艺美术等,给观众以全新的视觉享受,塑造一个纯正而斑斓、传统而现代的辉煌文明。还通过三维仿真动画镜头重现宏大的历史场景,根据选题需要再现尘封的历史故事,结合实景拍摄的现实场景,满足观众想象。

(二)《大家》

《大家》是目前央视容量最大的人物访谈栏目之一,栏目时长 45 分钟,中央电视台科教频道每周日 22：10 首播。

作为一个以传承人文精神为宗旨的栏目,采访的主要对象是我国科学、教育、文化等领域作出杰出贡献的"大家"。在介绍大师们学术贡献及成长过程的同时,还着力铺叙他们所亲历的时代风云,以期借助他们的慧眼看世界、看历史。节目在演播室访谈中间,穿插有大量珍贵的历史资料和鲜为人知的故事,力图在真实的时代背景下,展现当代知识巨子们独特的生命历程与探索精神;以一个个典范式的例证,反省个人与时代、科学与人文的重大主题,并在大师们不经意的讲述中领略人生的真谛,掘取文明的碎金。

(三)《人物》

《人物》栏目是一档纪录片形态的人物传记栏目,以影像拍摄而非室内访谈、以"人文价值"而非"新闻热点"为定位,意在提供一种具有人类学和社会学研究价值的人生经历和人生体验。人文精神是《人物》栏目品牌认知的核心价值。栏目以纪录片为主体形态,利用人物口述历史,以影像资料和适度细节再现等手法,讲述时代人物的经历和故事,探寻和再现人物所处的时代变革氛围,保持生动、平实、不矫饰的格调,富于思辨性和启迪力。

栏目时长 45 分钟,中央电视台科教频道周四 22：00 播出。

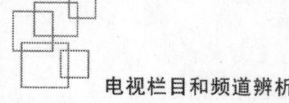

(四)《世纪大讲堂》

《世纪大讲堂》是凤凰卫视中文台一档坚守"思想性、学术性",有着强烈文化内涵的周播栏目,是大中华文化圈的学者阐释独特思想、展示最新学术成果的传播平台,强调"独立之精神,自由之思想"、"究天人之际,通古今之变,成一家之言"。

首播时间为周五10:05—10:50,重播时间为周六1:15—2:10。

栏目自2001年1月播出以来,曾邀请多位海内外著名的专家、学者、教授等出席做嘉宾,是一档以"学术也一样让你听得懂"为宗旨,有着强烈文化抱负,具有一定文化品位,形式活泼、双向互动的节目。节目内容广泛,从社会、文化、金融、教育、政治、科技,到国际关系、经济理论等,深入而多元,让学识渊博的学者们为观众解惑,发掘知识的乐趣。简而言之,就是让普通大众也领略到学术的魅力。《世纪大讲堂》被《新周刊》誉为"15年来中国最有价值的电视节目"。

(五)《华少爱读书》

《华少爱读书》是由浙江卫视主持人华少担任制片并主持的首档深夜读书访谈栏目,著名专栏作家沈宏非亲历加盟,担任嘉宾主持。栏目以无人荒岛为背景,每期邀请一位友人分享各自的读书感受,轻松幽默,寓教于乐。

栏目的大致内容为:华少流落荒岛,寂寞无聊,整日以读书为伴,日夜盼望友人来荒岛做客送书聊天。资深的文学作家、网络红人、娱乐明星、专栏作家等各路名人前来荒岛做客,送上自己的著作和喜欢的读本。主持人和嘉宾畅聊书的内容、创作经历、读书感受等,分享书里书外有趣的故事以及对书的独特见解。

栏目氛围轻松、愉悦,华少、沈宏非与友人说古论今,说文化、谈经济、论热点,从书本身延伸到的领域无所不包,透露了书里书外许多不为人知的小秘密。二人风趣幽默的语言,让阅读变得更加愉悦。栏目看着、听着都十分有趣,华少、沈宏非与嘉宾在思想上不断碰撞,擦出很多智慧的火花,具有深厚的人文价值。

栏目于2013年3月6日开播,时长20分钟,周一23:26播出。

(六)《开卷八分钟》

《开卷八分钟》是凤凰卫视中文台一个日播的读书栏目。周一至周五17:05首播,节目时长为8分钟。"领"大家读书的主持人为梁文道,《开卷八分钟》的口号是:每天一本书,只要八分钟!

在现代社会,繁忙的都市人生活节奏快,娱乐方式还很多样,人们花在网络和看电视剧上的时间越来越多,读书的时间反而越来越少。《开卷八分钟》就是希望可以每天介绍一本书,也就是说,在八分钟的时间里,让观众用最简便的方式碰触到书籍的精髓，进入一个又一个迥异而奇妙的书中世界。每一期节目除了帮观众读一本书以外，对观众来讲也是一个协助他们选书读的过程。

节目在书的选择方面比较多样化，包括文学、历史、科学、财经、商业、宗教、人物传记等。具体选择哪些书来讲，则会与社会趋势和社会热点话题相配合。

节目的风格以说故事为主，轻松、活泼、生动是节目的主调。从形式上来讲，八分钟的节目主要分为两部分，第一部分主要讲当天介绍的书。由一段主持人的开场白或者开场故事带出当天的书，一路讲下去。在讲的过程中，可以适当搭配该书的一些图片和处理过的少量文字。第二部分集中在结束前的1分钟，为"趣谈"或者"闲笔"。

第五章 电视社教栏目和频道

第一节 电视社教栏目概述

一、电视社教栏目的界定

电视社教栏目即社会教育栏目,即面向公众、以社会教育为宗旨的电视专栏节目,它的主要功能是传授知识、疏导理念、修正思想和指导行为。新闻、文艺(含综艺类)、社教(含服务类)常并称为三大电视支柱类栏目。虽然社教类栏目相对年轻,但是经过一段时间的发展,它已经成为各大媒体中非常重要的节目类型,中央电视台播出的总节目量中,社教类节目就占据了30%,确已和新闻节目、文艺节目并列为媒体节目中的三大支柱。

就世界范围看,一般将电视节目分为新闻、公共事物和娱乐三大类,公共事物类节目包含教育、文化、知识类的节目,社教栏目可以归入公共事物类。在国外,该类节目又被称为"公众利益服务节目"或"公共教育节目"。

二、我国社教栏目的发展历程

从我国电视发展的历史来看,自电视事业诞生之日起,就有一些专题化的社教栏目存在,如注重科普教育的《科学知识》,普及卫生健康知识的《卫生常识》,着重表现地理、历史、地域文化方面内容的《祖国各地》,等等。事实上,在电视创办初期,社教栏目就几乎成了电视栏目的同义语。在1960年1月北京电视台的固定节目表中,所列的28个栏目中就有17个属于社教类栏目,比率高达60%。中央电视台1963年设立了社教节目部,直至发展到今天的社教节目中心。在当时一般人认为,办专栏就是社教部的事,因为当时北京电视台挂牌的栏目除了《电视新闻》和《国际新闻》外,只有社教节目不定期地打出了栏目名称,如《国际知识》、《科学常识》、《卫生与健康》、

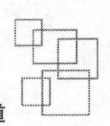

第五章 电视社教栏目和频道

《文化生活》等。

中央电视台曾经举足轻重的两档社教栏目《九州方圆》和《与你同行》的发展历程最具代表性。这两档栏目的共同点是整体庞杂多样，它们将多个专题化的小栏目融为一体，组成五花八门的大拼盘，内容丰富但缺乏针对性。

1987年1月，中央电视台尝试对社教栏目进行改革，将《为您服务》、《卫生与健康》、《人物述林》、《祖国各地》、《兄弟民族》、《规矩与方圆》6个常设栏目和1个电视纪录片栏目合为一体，推出了一个长达120分钟的大板块结构的社教类栏目，这个栏目似乎想要总揽社教栏目的全部领域，囊括所有的选题内容，所以它被赋予了一个气势磅礴的名字——《九州方圆》，这是一个大胆而新鲜的尝试。《方州方圆》有3个固定的小栏目——《红绿蓝黄》、《全景与特写》和《东南西北》，栏目强调内容的普适性和多样性，至于内容的专题化、专一性则被有意地弱化了。

《九州方圆》栏目的初衷在于通过内容专题化、专一性的弱化达到强化栏目普及性、普适性的目的，但是它冗长的篇幅、浩大的规模、面面俱到的内容以及庞杂的表述形式使观众有些无所适从。观众对该栏目的新鲜和好奇很快成为明日黄花，1987年8月底，《九州方圆》的长度由120分钟减为90分钟，后来又减为80分钟，三大栏目无形取消，到年末，《祖国各地》另立门户。1988年2月，《九州方圆》终于告别了观众。

历史发展的轨迹仿佛真的是螺旋式的，取代《九州方圆》的《为您服务》、《社会了望》、《文化生活》等一批节目内容更加专一、主题更加明确。从总体上看，《九州方圆》之后，社教栏目重又回到了专题化的发展道路上来。

进入20世纪90年代，当中国电视进入一个快速发展的新时期之时，社教栏目重走综合化的老路，最典型的就是中央电视台重点社教栏目《与你同行》的推出。

1994年5月2日，中央电视台专题部将《为您服务》、《社会经纬》、《文化园林》、《卫生与健康》、《科技时代》、《民族之林》、《银手杖》7个专题性较强的栏目合为一体，推出大型杂志型社教栏目《与你同行》。这个栏目每周2期，每期时长45分钟。和《九州方圆》相仿，《与你同行》同样以面面俱到、八面玲珑的形象出现在观众面前，意在囊括社会、文化、生活服务三个方面的内容，最初由《社会纵横》、《文化广场》、《生活之路》三部分构成，在内容定位上力求大型化、综合性和多容量。由于节目内容繁杂，难以准确定位，半年后，《与你同行》不得不作出重大改版。

改版后的栏目分成"社会文化版"和"生活科技版"。社会文化版以《公民与法》、《文化广场》为骨干，辅之以《共有的家》、《民族之林》、《三味书屋》、《赏心悦目》、《微型调查》等小栏目；生活科技版则以《智慧跑道》、《生活话题》、《科技博览》为骨干，辅之以《为您服务》、《精品剪影》等小栏目。这种做法折射出栏目当时所处的一种自相矛盾的两难境地，一方面想要坚持追求栏目的综合性，另一方面却不得不根据现实的需要，微调节目内容，开始向专题化回归。一个节目两种版面的做法实际上相当于把《与你同行》从内容上一分为二，从内容上看，两个版面的取材范围各有不同，甚至毫不相关，不同的版面强调各自内容的特定性，其操作重心不再放在共性特征上，相反，强化其专门性的特点。如果不是因为是共同的节目，两个版面的处理方式使《与你同行》看上去更像是两个互无关联的节目。

纷繁复杂的栏目定位最终导致节目生存环境的尴尬。改版之后，《与你同行》栏目仍然难以得到观众的认同。全国性的观众问卷调查表明，观众认为《与你同行》的缺陷在于内容杂散，整体形象不鲜明，表现形式也无独特之处，这个评价应该说是切中了问题的要害。1995年9月召开的全国省级电视台专题（社教）部主任会议探讨了新时期电视社教节目发展走向的问题，在总结实践经验的基础上，人们对于电视社教节目达成的一个共识就是社教节目应该贵在"专"，栏目的设置要满足不同层次、不同收视群体的精神文化等方面的需求，但要定位明确，各个栏目要有自己鲜明的个性，内容要"专一"，形式要创新。

开办仅两年时间，《与你同行》栏目就匆匆停办。从此以后，社教节目专题化的观念开始深入人心，成为社教节目创作者的自觉意识。

三、电视社教栏目的分类

关于电视社教栏目的类别，分法不一，基本上有如下三种分类方法。

（一）按受众对象分，即根据栏目的主要收视对象划分

按年龄，可以将栏目分为老人栏目（如中央电视台的《夕阳红》）、青少年栏目（中央电视台的《第二起跑线》、江苏电视台的《金色少年》、北京电视台的《SK状元榜》）和儿童栏目（如中央电视台的《东方儿童》）等；按性别，可以将栏目分为女性栏目（如广东卫视的《女性时空》）等；按职业，可以将栏目分为解放军栏目（如中央电视台的《人民子弟兵》）、工人栏目（如南京电视台的《职工之友》、中央电视台的《当代工人》）、农民栏目（如江苏电视台的《乡间彩虹》、中央电视台的《金土地》）等。

实际上，不同的观众有不同的性别定性、社会定位、职业定位、家庭定位等，相应地就会有不同的兴趣爱好、不同的关注重点、不同的收视心理和不同的信息需求。20世纪90年代以来，当我国电视传播逐渐向非群体化阶段过渡的时候，电视受众群体的分化和细化成为现实，电视面向不同的观众群体，满足观众多样化的收视需求成为可能，这时讲求对象化、注重针对性的电视社教栏目大量涌现，其中以面向妇女、少年儿童和老年观众的对象性社教栏目的发展速度最快，尤为受人瞩目。

《夕阳红》就是一个典型的以老年人为收视对象的综合性栏目。它于1993年10月开始在中央电视台第一套节目中播出。据2010年中央电视台收视调查，全国1.2亿老

年人中有1/10的老年人长期坚持收看《夕阳红》。《夕阳红》栏目已经成为全国亿万老年观众日常生活中离不开的知心朋友。

20世纪90年代初,一些地方电视台,如上海电视台、山西电视台就开办了一些专门针对女性观众的电视社教栏目。以世界妇女大会在北京召开为契机,中央电视台推出了以女性观众为主要收视对象的《半边天》栏目,于1995年1月1日正式播出。《半边天》栏目以"关注社会性别,倾听女性表达"为宗旨,致力于维护女性权益,拓展女性发展空间,增进男女两性沟通,风格轻松温馨而又不失敏锐的观察。收视调查表明,城镇职业女性是本栏目的主要收视群体。

在我国,面向青少年的社教栏目一向备受重视。进入20世纪90年代,青少年和儿童社教栏目在继续受到关注的同时,受众群体越来越明确和细化,对象性得到进一步增强。以中央电视台为例,继1991年12月出台面向青年观众的《十二演播室》之后,1994年9月又创办了一个以13～17岁的中学生为对象、反映6000万中学生生活的栏目《第二起跑线》,并且在原有栏目的基础上推出了面貌一新的面向儿童观众的《大风车》栏目(1995年6月开播),使中央电视台的青少年儿童节目面向不同年龄层的观众,目标具体,层次清晰,形成了对象感鲜明、整体感突出、针对性强的特点。

除此之外,还有其他众多的对象性社教栏目层出不穷,如中央电视台专门针对产业工人的《当代工人》栏目(1997年5月开播)等。各级地方电视台从更贴近观众需求、增进传播效果、改善收视状况的角度出发,也都不断增强自己节目的对象性,一种做法是新开办许多对象化的社教栏目,另一种做法则是利用原有社教栏目,增加对象性强的板块分量,以此来甄别不同的观众群,实现节目的对象化。

对象性栏目因其受众对象明确,易于了解受众的收视心理,吸引观众参与,和观众及时互动沟通,从而易于加强节目的针对性,强化节目的专业性,更好地满足受众需求。《半边天》、《夕阳红》、《第二起跑线》等对象性栏目受到特定对象群的广泛欢迎已经证明了这一点。对象性的社教栏目的大量出现并受到特定观众群长期持续稳定的关注,也预示出了电视社教栏目的对象化将进一步向更微观、更具体的小的收视群体倾斜的趋势。

(二)按栏目样式分类

按栏目样式,可以将栏目分为:纪录片,如中央电视台科教频道的《探索·发现》;谈话栏目;杂志型栏目。

(三)按题材分类

1. 社会政法类 以反映一个时期内的重大社会政治法律问题、社会现象、历史事件等为题材的栏目,典型的如法制类栏目。比较典型的有山东电视台的《道德与法制》

以及中央电视台的《今日说法》等。《今日说法》（1999年1月开播）是中央电视台每日播出的一档法制栏目，注重选取典型案例，通过曲折生动的案例，层层剥笋，以理服人，阐释法律知识具体生动，观点明晰，说理透彻。节目既得到观众在法律需求上的认可，也受到司法界等专业领域的认同。

从中央台到地方台，各级电视机构几乎都有自己的法制类社教栏目，而且大都很受观众的欢迎，具有较广泛的社会影响，这类栏目在向全社会宣传法律常识、普及法律教育的进程中，可以说起了举足轻重的作用。

2. 经济民生类 以经济和国计民生为中心内容的栏目。如中央电视台财经频道，就有许多具有如上特点的栏目。一般认为，社教栏目是指教、科、文、卫、法制、民族等社会知识、社会服务类栏目，也就是能通过栏目弘扬民族优秀文化，使人增长见识、开阔眼界、陶冶情操、提高道德观念和思想素质的电视栏目，而对经济栏目的社教属性却很少提及。实际上，从广义上看，很难将新闻性、文艺性、服务性和社教性的界限划得非常清晰，但经济栏目的社教作用是显而易见的，尤其是在经济专题栏目中更为突出。

如何使广大人民群众建立健康的生活方式，解决生活中遇到的有关问题，也是电视社教栏目关注的热点问题之一。在我国电视事业的发展过程中，以卫生健康为专题的社教类栏目具有悠久的历史，如中央电视台从建台之初就有《医学顾问》栏目，随后又先后有《卫生常识》、《卫生与健康》等栏目。

1996年7月6日，中央电视台推出了一个新的社教栏目《健康之路》。《健康之路》是传统的延续，它脱胎于一档具有20年历史的卫生节目——《卫生与健康》，同时，从栏目的定位和栏目的形式看，它又是一个崭新的开始。该栏目的宗旨是从大卫生观念出发，以防病治病、强身健体为主要内容，加强针对性，兼具知识性和服务性，为观众提供具有权威性的新的医学信息和知识，为提高全民身体素质服务。

3. 科教类 比较典型的有中央电视台的《科技博览》（1997年5月开播）和《走近科学》（1998年6月开播）等栏目。《走近科学》以弘扬科学精神、宣传科学思想、提倡科学方法、传播科学知识为主旨，引发观众对科学的兴趣，引导观众走近科学。《科技博览》则强调严谨、精彩、贴近生活，力求化深奥的科学理论为通俗易懂的语言，以形象生动的方式展示现代科技，让人们在轻松有趣的气氛中领会科学的奥秘，把握科学动向。为了提高民族的思想道德素质和科学文化水平，中央电视台于2001年7月9日推出全新的"科学·教育频道"。中央电视台科教频道的宗旨是追求教育品格、科学品质和文化品位，崇尚探索、创新，提倡社会文明。在此前后，各地方电视机构也适应社会发展的需要，加大了科学类社教节目的力度，制作播出了许多科学类栏目，并且有多家地方电视台开播了科教频道。科教频道的大量涌现，不仅带来了科学类社教节目的繁荣，也必将促进社教节目整体的全面进步。

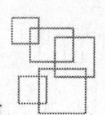

第二节 电视社教栏目的特征

一、内容专题化

20世纪80年代末以来,电视社教节目经历了曲折发展的过程,经过长期的探索,人们逐渐认识到了社教节目的传播规律,在内容的结构方面,电视社教节目应该坚持专题化的发展方向,这是符合社教节目发展趋势的规律性认识,也成为人们对社教节目的共识。从更好地满足观众的需要出发,更多关注法律、科学、教育、医药卫生等与人民群众现实生活密切相关的领域的内容,成功推出了一大批深受观众欢迎的专题化的社教栏目。

在社教栏目专题化的发展趋势逐步明确之后,一方面,具体到一档社教节目,它的内容越来越单一化、专门化,越来越专业、精深;另一方面,从社教栏目的整体来看,它涉猎的领域越来越广泛,所反映的专题化的内容丰富多彩,遍及社会政治、经济、文化生活的方方面面。这一时期,观众在屏幕上看到了面向家庭,亲切温馨的生活服务类栏目《万家灯火》(1996年5月开播);看到了探究民族、民俗方面内容的人文类栏目《中华民族》(1996年12月开播);看到了探讨美术创作现状,进而努力寻找时代艺术发展方向的艺术类栏目《美术星空》(1997年9月开播);看到了给人心灵启迪、使人开卷有益的文化类社教栏目《读书时间》(1996年5月开播);还有深入自然界,视角独特、充满人文关怀的自然类社教栏目《人与自然》(1994年5月开播);视听语言清新、异域风情浓郁、轻松活泼,以介绍世界文化为主的知识性社教栏目《环球》(1993年5月开播);等等。

电视是一种大众化的传播媒介,它必须尽可能地以最大多数观众作为收视对象,包括电视社教节目在内,所有电视节目类型都要遵循这个规律。在这一前提下,与电视传播格局的发展相适应,为了更好地达到传播效果,电视社教栏目在节目内容的表现上又必然更加专门化、更具针对性。那种贪大求全、面面俱到的节目内容组成方式从根本上看不符合社教节目的传播特点,因此这种类型节目的生存空间将会越来越小。可以预见,社教节目对节目既定领域内容的报道将会更加深入细致。

二、对象广泛性

按字面理解,可以把社教栏目定义为以传播知识、进行社会教育为主旨,具有社会教化效用的一类节目。具体到电视媒体,以电视化手段播出的社教节目,通常按传统的社会科学来划分，它包括经济节目、科教节目、法制节目、军事节目、卫生节目和心理咨询节目，以及其他对象性、服务性节目。根据社会的发展和受众的需求，在若干交叉学科或许还会产生一些新的节目内容和形态，由于内容的综合性，可能多数还会归入社教栏目。因此，社教栏目的受众面相当广泛，应当说社会的各个层面都囊括在其视域范畴，它具有对公众进行教育、催化、审美提高的综合功能，承担着培育民主意识、科学意识、法治意识和人格尊严的重要责任，因而在我国有着广阔的发展前景和重要的社会作用。

电视节目重复播放的特点以及录像操作方便易行的特点也为广大的社会求学者们提供了更多学习上的便利，它使求学者们不仅可以多次重复学习，同时还可以在学习时间上拥有更大的选择自由度。电视以其独有的深入浅出将思想理论传播的智力门槛的高度降到了最低点，从而保证了其说服力和吸引力，呈现出了一个特有的语境，使得一切深奥的哲理和思想内涵慢慢地流向观众的脑海，承担起对社会大众的义务教育。对于社教类节目而言，收视率只是衡量节目市场收视效果的一个指标，立足于现有的社会环境、结合社会大众现有的条件、有计划地开展针对性的教育，才是社教节目策划者需要关注的首要问题。

三、结构形式多样化

社教节目形式的多样是与社教节目栏目化密切相关的，在电视节目栏目化之初，社教栏目的构成形式非常简单，大体上是具体的专题节目的简单综合。栏目可以没有主持人，可以没有相对固定的风格和形式，完全是由节目决定的。从栏目构成的微观角度看，节目就是栏目的全部；从创作者的创作过程看，创作构思的体现都集中在具体节目的创作当中。这类栏目比较典型的有中央电视台的《动物世界》、《体育之窗》等。在这里，栏目基本上等于节目，栏目的作用顶多是给节目提供了一个可有可无的包装。

20世纪90年代以来，社教栏目的创作开始越来越注重栏目的本体特征，主要从栏目结构形式的变化着手确立栏目意识，使栏目的结构日趋多样，风格日益明显，使栏目能够跳出节目的窠臼，从总体上实现对节目的宏观控制和统筹安排，从而形成真正意义上的栏目。这是创作观念更新的反映，同时也是栏目意识渐趋成熟的表现。

社教栏目结构的多样性，一方面表现为不同的栏目采用不同的结构方式，栏目形式丰富多样。比如，《读书时间》采用访谈节目的形式，谈古论今，娓娓道来，令观众如沐春风；《健康之路》则发挥直播节目的特长，与观众即时互动，增强观众的参与意识；《今日说法》采用演播室访谈与专题片结合的方式，夹叙夹议，叙事清楚，说理明白；等等。另一方面还表现在具体栏目的节目构成中，在栏目编排上充分发挥不同类型节目的特色，多角度展示相关专题的内容。比如，中央电视台2000年7月推出生活服务类节目《为您服务》，由"家事新主张"、"生活培训站"、"法律帮助热线"、"旅游风向标"四个不同结构类型的小板块组成。

在一个栏目中采用多种节目形式，一方面，可以利用不同节目的优势，多方面地表现主题，满足观众多样的收视需求；另一方面，不同类型节目之间相互补充，可以令栏目内容全面、深入，避免单调、平面。另外，多种类型小栏目的存在本身就使栏目产生多样的节奏，从而更契合观众的收视心理，调动观众的收视兴趣，这一点在节目数量剧增、观众选择性越来越强的时代也是很重要的。

第三节　电视社教栏目个案分析
——电视法制栏目

一、电视法制栏目概述

（一）中国的电视法制栏目的发展历程

1. 开创期（1985—1993）　1985年5月22日上海电视台首次试播的《法律与道德》是我国电视史上第一个正式的法制栏目，它在形式上不拘一格，有案例报道、人物专访等，主要用生活中生动的实例进行法律教育，对难以用实例反映的法律知识则采用小品的形式，收到了很好的宣传教育效果，揭开了我国电视法制节目的序幕。随后，中央电视台很快也开始了法制节目的实践，其实，中央电视台早在1980年7月创办的第一个带有评论性的栏目《观察与思考》就具有电视法制节目的性质。同时，中央电视台以它权威性的优势十分关注对一些重大法制事件的报道，如1986年9月26日《新闻联播》之后，中央电视台播出了一个特别节目——《六届全国人大常委会第十七次会议采访纪实》，该节目以实况录像的方式报道了六届人大常委会议论《国营企业破产法》的详细过程，并突击采访了彭真委员长，节目播出后引起强烈的社会反响。此后，法制节目在中央电视台也经历了一波三折。而当中央电视台的法制节目正在跟跄成长的时候，各个地方台的电视法制节目也开始发展起来，据不完全统计，在此期间，开办法制节目的省市台已达50余家。

总之，1985—1993年，我国电视法制节目从无到有，渐成气候，走完了它的开创阶段。到1994年中国广播电视学会电视法制节目研委会成立前夕，全国电视法制节目已初具规模。

2. 发展期（1994—1998）　1994年4月中国广播电视学会电视法制节目研委会正式成立，标志着电视法制节目建设进入一个有序、有组织、重视自身类型特征的新阶段。这一时期,电视庭审节目开始兴起并蓬勃发展起来,南京电视台《法庭传真》栏目的问世,标志着中国电视法制节目的一种新类型——庭审节目正式产生。随后,各电视台也陆续开办了一些庭审节目,主要有1996年5月济南电视台开办的《庭审纪实》、1996年6月上海电视台开办的《庭审纪实》、1996年8月河北电视台开办的《现在开庭》、1997年5月北京电视台开办的《庭审纪实》、1997年12月长沙电视台开办的《法庭直播》等。而在这个阶段,中央电视台和各个地方台的电视法制节目齐头并进。央视《社会经纬》的开播表明中央电视台作为龙头高举起了法制节目的大旗,为全国电视法制节目的发展树立了一个标杆,再看看各地方台,从1994—1998年开办电视法制节目的电视台从50多家增加到150多家,其中,山东、四川、云南、广东、上海、南京等省市台拥有2个以上法制栏目,法制节目开始成为主流电视节目类型之一。

3. 繁荣期(1998至今) 1999年1月2日中央电视台《今日说法》栏目的正式开播成为电视法治节目走向繁荣的标志,至此,我国电视法制节目形成了一股高播出密度、高收视率、栏目品牌化、频道专业化的潮流。在《今日说法》栏目的带动下,长沙、重庆等各地近200家电视台有了自己的法制节目。许多地方还专门开辟了法制频道,如中央电视台社会与法频道、长沙电视台的政法频道等。

据不完全统计,截至2010年,我国现有以"法制"、"政法"、"公共政法"、"科教法制"等命名的各级法制频道共21个,其中国家级频道1个、省级频道7个、市级频道13个。湖南长沙电视台的政法频道是我国第一个专业性法制频道,于1997年5月17日开播至今。而2001年3月5日开办的黑龙江电视台法制频道是我国第一家省级专业性法制频道。2004年中央电视台将其十二频道由西部频道正式更名为社会与法频道,打破了我国无国家级法制频道的局面。现有的省级法制专业频道分别是:2000年3月20日开播的山西电视台法治道德频道、2001年3月5日开播的黑龙江电视台法制频道、2001年12月31日开播的河南电视台法制频道、2002年1月1日开播的陕西电视台政法频道、2004年4月开播的新疆电视台法制频道、2005年3月开播的山西科教法制频道、2006年2月开播的贵州电视台法制频道。市级法制专业频道有:1999年5月17日开播的长沙电视台政法频道、2001年5月开播的太原电视台法制频道、2001年11月5日开播的烟台电视台政法文体频道、2002年开播的徐州电视台社会政法频道、2003年2月开播的大连电视台法制频道、2003年开播的盐城电视台法制生活频道、2004年开播的合肥电视台教育法制频道、2004年开播的郑州电视台政法频道、2006年开播的洛阳电视台科教法制频道,以及陆续开播的贵阳电视台法制频道、潍坊电视台法制生活频道、株洲电视台法制频道、湘潭电视台法制频道等。

除法制频道外,各地电视台还开办了许多法制栏目。其中有中央电视台《今日说法》,北京电视台《法治进行时》,上海电视台《案件聚焦》、《庭审纪实》、《社会方圆》,上海东方电视台《东方110》、《终极对话》、《法制与道德》,天津电视台《案与法》，重庆电视台《拍案说法》，吉林电视台《法律在行动》，辽宁电视台《法制时空》，河北电视台《法制时代》、《反腐警示》，内蒙古电视台《法制专线》，郑州电视台《法庭传真》，山东电视台《道德与法制》，江苏电视台《举案说法》，扬州电视台《方圆之间》、《人与法》，安徽电视台《重案调查》、《周末断案》，福建电视台《与法同行》，江西电视台《警方行动》，甘肃电视台《法制天地》，青海电视台《法制时空》，四川电视台《道德与法》、《走向法制》，贵州电视台《社会方圆》，云南电视台《法制大视野》，湖北电视台《法律在线》，广西电视台《非常档案》，广东电视台《与法同行》，等等。法制节目的蓬勃发展一方面赋予了法制节目新的意义与内涵，如更具有时效性，更有人文关怀，更具文化品位，但在发展过程中也暴露出了一系列问题，如节目同质化的倾向愈来愈明显，选题撞车的现象日益严重，过分追求案情的展示和过分依赖偷拍手段。这些发展趋向和问题都将在下文中一一分析。

（二）电视法制栏目定位

普及和弘扬法律精神，是电视法制节目的灵魂，而法律精神的基本原则就是保护老百姓的利益，公平合理、合情合理。在这一前提下，电视法制节目要完成三项任务：

首先，普及法律知识。无可否认，电视法制节目要承担起对大众进行法律教育以及普及法律知识的任务。在我国现实情况下，这一点尤其应该得到强调，甚至应该成为电视法制节目的中心工作。

其次，电视法制节目要监督法律的正确实施，并为提高执法水平作出努力。社会主义法制的基本要求就是"有法可依，有法必依，执法必严，违法必究"，这四个方面相互联系、相互制约。有法可依是前提，有法必依是核心，执法必严是关键，违法必究是保障。这四个方面是统一而不可分割的整体，它包括立法，也包括执法，电视法制节目要在这些方面作出回应和服务。

最后，电视法制节目通过对社会生活中出现的具体案件的报道和揭示，不断提出新的法律建设问题，从而推动法律建设和社会进步。社会生活是不断变动的，人类的历史进程也永无止境，这一过程也不断向我们提出新的法律问题，电视法制节目要通过对社会生活中出现的新的法律问题的揭示，促进法制建设的完善和发展，从而推动社会进步。

比如，有些案件超出了现有法律可以解释的范围，就可以通过报道和讨论来促进法律的完善，甚至推动相关法律的建设。

（三）电视法制栏目形态

我国目前有150余家电视台开办法制节目（栏目），其中有近20家电视台开辟了第二个法制专栏。总的来看，有以下几种形式：

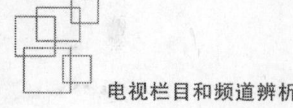

1. 专题式 专题式属于"深度报道"的一种，因此这类节目一般关注普通人的生活命运、当事人的心理状态以及追踪案件的发生、庭审等过程。

由于法制题材往往充满了矛盾冲突、悬念和曲折的人物命运，因此专题纪实性的报道可以增强节目的可视性、可信性和说服力，一般以调查为手段，围绕案件，穿插对人物的访谈等，故事性强。其目的不在于宣传或普及某个法律条文或法律知识，而在于揭露事实真相，给人以思索和回味的余地。如北京电视台科教频道《法治进行时》中的"现场交锋"板块。

2. 谈话式 借鉴了谈话节目的结构，以演播室评论＋案件展示为主要形式，主持人和演播室嘉宾就案件中所涉及的法律问题进行点评，并普及相关法律知识。中央电视台的《今日说法》最为典型。

3. 庭审式 是以法庭审判过程为结构依据的节目形式，包括庭审直播和庭审录播两种。此类形式曾在2001年4月21日中央电视台对张君、李泽军的庭审直播中被广泛关注，但随后逐渐式微。

二、电视法制栏目的原则

电视法制栏目的原则具体表现为栏目应贯穿人文精神和真善美原则。

（一）电视法制栏目的人文精神

人文精神的基本含义就是以人为本，尊重人的个性，关注人的生存。一句话，一切以人为中心。

如此，人文精神在电视法制节目中的存在，就要求节目制作者必须时时处处将人的价值、人的尊严放到至高无上的地位，重视人性的表述，传达人的呼声，而不能就事论事、就案说案。

在电视法制节目中，人文精神的存在是以两种方式表现出来的：

其一是现实性，即从关注人所处的现实的、具体的生存环境入手，展示人物的命运，并在其命运的展示中深入挖掘其历史的、文化的、社会的根源和背景。

其二是心灵性或精神性，即在挖掘案犯的心理根源上下功夫，尽可能地防止把它作为孤立的、静止不变的天性来看待，而应该为观众展示其动态过程，说明罪犯是如何滑进深渊的。也就是说，要从人性的角度向观众交代清楚一个人是如何堕落的、人性是如何堕落的。

具体说来，电视法制节目应该在如下几方面入手注重人文精神：

第一，正确认识法制节目的属性。以往我们对法律精神和人文精神的理解存在误差。"法"不是"罚"，而我们长期把法和"刑"、和"惩罚"画等号，这是违背法律

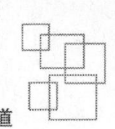

精神的。长期以来,电视法制节目总以"法"作为其性质所属,一切以"法"为中心,这样一种观念实质上是眼光狭隘的表现,它的局限性在于,将一个具有广泛精神内涵的电视文化品种降低到了制作和工艺的水平,失去了社会文化的深厚背景。如有的法制节目,案件报道完之后,演播室着力讨论的只是应该判多少年、够什么罪等。如果放大到一个大的系统来看,电视法制节目实际上是从属于人文节目的,是人文节目的一个分支。电视法制节目以"法"为中心并不错,但问题在于,在这之上还必须有人文精神的支撑,这个人文精神恰是电视法制节目的根基,给节目提供水分和养料。法律在一定意义和范围上是严肃的、不通情理的,正所谓"情法不相容"。但只要透过这一表象,就会发现各种法律原则背后却蕴藏着巨大的人文力量。换句话说,电视节目和法律都是手段,人才是目的,电视节目和法律结合在一起的电视法制节目,也只是从一个独特的角度,借助现代化的传媒工具,对人和人性的尊重。

第二,电视法制节目应当将法律条文和法律精神区分开来。一个具体案件的审理,所依据的是法律条文,这些条文是刻板的、冷冰冰的,没有任何情面可言。但是这些法律条文后面却蕴含着深厚的人文关怀的内容,它们才是法律所赖以建立和实行的精神资源和道义支持。换句话说,法律条文应该也必须是机械的、客观的,但法律精神却是温情的、主观的,即以维护绝大多数人的利益为根本目的,公平公正、合情合理。

不仅如此,电视法制节目还不满足于法律只对既成事实的处理,还要对案件的成因做不断的追问,对案件的后续影响、尤其是案件对人的命运的影响作出关照和报道,以引起观众做超出案件本身的回味和思考。任何一个案件引发的深思并不仅仅是法律的启示,而更多的是人文的追问。因此,电视法制节目只有注入人文关怀,才能把自身提升到一个更高的境地,人文关怀延伸和放大了法律的内涵。

第三,电视法制节目的制作过程和技术环节上,要把握好人文关怀的价值尺度。

首先,在节目的选题上,取舍的标准应该是案件对人文精神的弘扬是否有益。一般除了法律明文禁止不予公开的案件,都可以列入电视法制节目的选题范围,在这种情况下,选题取舍的主要考虑因素就应该是其人文价值,即它是否可以引发观众做深层次的思索,是否有益于维护广大群众的根本利益。同时,电视法制节目还要特别考虑报道的负面影响。

从电视法制节目的宗旨来说,它要受到双重价值标准的约束:一是法律的价值选择,二是人文的价值选择。这双重价值一般情况下是一致的,但也有发生冲突的可能。一种情况是,某种现象被人文精神所提倡但为法律所不容(如《被告山杠爷》,饱受虐待的老人、妇女杀死恶棍儿子或丈夫、奸夫),这就要遵从法律的尺度;另一种情况是,某种现象合法但为人道精神所不容,这时就要以人文精神为重。因此,如何在两者之间寻找到一条合法又人道的报道角度和途径,是电视法制节目所必须重视的。

其次,在具体的技术环节上,因为电视法制节目内容的特殊性,往往要作出必要的技术处理。对有些画面只能覆盖或作马赛克处理，对涉及隐私的案件要从人道的角度予以保护，对一些刺激性的镜头如血腥、性犯罪、吸毒案件的细节应予以技术处理，这些都是出于人道的考虑。

再次，对观众的基本估计上，要做到心中有数。法制节目的观众群是成年观众，但有文化层次的区别（区别在于是否看"记者调查"后面的演播室评论），考虑观众的出发点，也仍然是看节目是否有利于观众健康、理性的人格结构的培养，是否有益于一个健全的社会的成长和形成，总之是要以人作为基本的出发点。

在电视法制节目中，人文精神之所以能发挥如此巨大的作用，其根本原因在于法律精神与人文精神在本质上是一致的。从广义上讲，法律精神就是一种特殊的人文精神。人文关怀挖掘出法律的人文价值，将法律提升到一个更高的境界上重新肯定法律的价值和意义，它弥补了法律的局限和不足，在更广的范围确立了法律的本质，它影响和帮助着法律精神的传播，召唤和推动着法律良性循环和健康的发展。所以，我们的电视法制节目应该高扬人文精神的旗帜。

（二）电视法制栏目中感性与理性的关系

1. 理性统领感性　所谓理性统领感性，是说节目的编导和策划人从确定选题、选择角度、结构布局直到编播制作都需要在理性的统驭下，不应以情感代替或冲击理智，而且只有如此，才能确保不违背法制节目的性质和特性，原因有三点：

其一，法律在本质上是理性的，它的最基本要求是客观、公正、严密，它排斥过多的感性渗入，更不能仅仅满足于案件的现象，而必须上升到本质，法制节目所要达到的目的不是案件展览，而应该是案件背后所隐藏的法律和社会的正义，是对案件在法律原则下的分析和提炼，换言之，是法理的真实。

其二，法制节目是有着严格的政策性、法理性和社会功利性的节目类型，节目制作人必须时刻考虑节目的社会效果，把握好报道的尺度和分寸。

其三，电视法制节目的法律事件和案件有许多都涉及普通老百姓的不平和冤屈，因而极易使得制作者处于情感激动中。在这种情况下，如果没有理智的积极干预和控制，往往会使节目的选题、立意乃至记者的采访和后期的编播制作都发生偏颇，与法制节目的宗旨相违背，不但起不到普及法律知识、促进法制建设的作用，甚至会适得其反，产生预料不到的消极效果。

因此，法制节目的制作者应该时刻保持清醒的头脑和健全的理智判断力。其中，对国家基本法律政策的把握和对国情、民情及时事政治的了解是对法制节目制作者的基本要求，起码应对所报道事件或案件所要涉及的法律和政策做到心中有数，这些都是对法制节目创作主体健全理性的严格考验，是对其恰当协调感性和理性矛盾能力的真正考验。

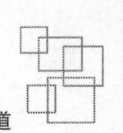

总之，法制节目有其特定的哲学定位、严格的法理论证、缜密的逻辑思维、深刻的社会文化内涵，而这些都是理性的光芒。

2. 感性引领理性分析　所谓感性引领理性，是指在制作一个节目之前，首先必须为它的题材所打动，在情感上首先为之所吸引，甚至往往凭直觉就预感到某个选题或题材的"亮点"，进而挖掘其中的法律和社会含义。换言之，只有先在情感上为生活和选题所打动，才可能制作出引人入胜的法制节目。因此，在制作电视法制节目时，要充分重视感性的力量，重视情感的导引作用。

3. 感性与理性的统一　一个成熟的法制节目的制作者，应该在这两者之间寻找到一个平衡点。如果感性与理性、情感与法制发生了矛盾，如何解决？笔者以为，应该毫不犹豫地让感性服从于理性的要求。因为，电视法制节目毕竟是具有严肃目的性的专题栏目，而它的目的的贯彻和实现是以其客观、公正性为基础和前提的，是不允许个人的情感掺杂其中的，否则将不可避免地影响节目的说服力和原则性。但这并不是说法制节目完全不允许情感的介入，恰恰相反，在不影响法律和公正的基本原则的前提下，最大限度地在节目中融入情感和个性因素，是电视法制节目的最佳境界，也是其获得理想收视率的保证。因为，对一般电视观众来说，他们要求于电视节目的，首先是"好看"，而在这"好看"的组成因素中，情感的含量是基本的。所以，理性在本质上的严肃和公正性，往往与观众的这一要求背道而驰，在这种情况下，就需要引入情感因素，以避免节目陷入枯燥或缺少人情味。

如何寻找到感性和理性、情感和法理之间的最佳平衡点，实在是电视法制节目制作者需要认真对待和解决的一大课题。

（三）可视性与法理性的关系

所谓可视性，是指节目的观赏性强，而观赏性主要依靠节目的形式方面的美和内容中所包含的动情、感人等感性的因素；法理性无疑是要调动理性因素方可保证的。

可视性与法理性在电视法制节目中的关系应注意如下几方面：

1. 法理性是节目的灵魂　对电视法制节目来说，法理性和可视性基本上是内容与形式的关系。一个节目成功与否，当然主要还是由其内容——法理性——来决定的。因此，每一期节目都应当包含一个确定的法律目标，而且通过节目使这一目标获得实现，这是节目的基本要求。也就是说，理性的内容在节目中无可置疑地占据中心地位，只有在这个基础上，才能在感性形式上提出要求。

但也应注意一种倾向，即过于要求节目的法理性，又不注意节目的包装，结果在一个节目中法律知识含量过多，陷于说教和枯燥。它具体表现为事实交代不清或过于简略，节目意图过于直露，说教味太重，往往是直奔主题，没有必要的事实过渡及穿针引线，通篇或以演播室的"谈法"贯穿始终，或用干巴巴的法律条文解释代替原本应该具有的生动性和现场感、即时性，结果节目在枯燥中失去了观众，其意图也必然难以实现，甚至适得其反。毕竟，观众观看电视的主要动机是求得精神和情感的愉悦和满足，忽略了这一点，也就失去了节目生存的基础。这方面的例子如以前中央电视台第二套节目的《经济与法》。

2. 可视性是法理性得以实现的保证　恰当的选题、好的立意，或者说法理性的传达是要靠优秀的节目包装即好的节目形式才可能实现的，这也就要求法制节目必须同样在可视性上下功夫。在这方面，我们的节目相对来说是做得比较好的，法制节目所涉及的题材的特殊性，如案情的曲折离奇、破案的错综复杂、审理的一波三折、案中人的形形色色等，也为其可视性提供了较好的基础。可以说，正是这些因素保证了电视法制节目的迅速发展，成为从中央到地方各级电视台竞相推出的重点节目。

不过，在追求可视性的同时，如何维持与法理性的平衡是一大问题。我们现在的一些法制节目，由于过于追求收视率，往往喧宾夺主，在节目的形式上着力过多。曾经有一段时间（甚至包括现在），有些电视法制节目在题材的选择、角度的摄取、编辑的剪裁上，为了不加分析的"可视性"而以猎奇、刺激性为时尚，甚至完全不必要地展露色情、暴力等镜头，又缺少必要的正面剖析和法理涵盖，似乎节目就是以披露案件为目的，几乎将一个本应具有严肃社会和法律教育意义的电视法制节目变成了"案件写真"。看了这样的片子，观众除了得到一些案情的片段印象外，很难从中获得法律方面的教益。毫不夸张地说，这类片子的负面影响大于其正面效益，已经引起了观众的反感和忧虑。从理论上讲，它们失误的根源在于对"真实"的理解有偏差，把"真实"片面地理解为对案件事实的直接揭示，而且只停留于事件表面，不做深层次的社会、文化以及法理的分析，也就谈不上对报道素材的"哲理的真实"、"本质的真实"的挖掘。其结果，节目在一片热闹的案件追踪报道中失去了方向。这样的节目也许有一定的收视率，却没有了灵魂，这是非常令人遗憾的。

3. 二者要维持适当的平衡　在电视法制节目中，要使得理性和感性处于和谐平衡状态，不能因某一方面因素的突出而忽略另一方面。中央电视台的《今日说法》做得就比较好。

《今日说法》的成功之处就在于，它将可视性和法理性紧密地融会在了一起。它由两个部分组成，先是案情的扼要介绍，这部分的内容制作得一般都很精良，又采取纪录片的形式，使观众易于进入情境，从而具有了很好的可视性；然后再通过专家的精彩点评，将案件所涉及的法理揭示出来，并适当加以引申，从而与案情介绍形成互补的局面。可以看出，《今日说法》的成功就是将可视性与法理性有机地结合起来，这也提醒我们感性和理性的平衡对一个电视法制节目的重要性。

（四）电视法制节目"真"的原则

"真"的基本含义是真实，而真实又可以区分为两个层面：一是现象的真实，二是本质的真实。所谓"现象的真实"，是指事物表面的、个别的、形式的真实；"本质的真实"亦可叫作"哲理的真实"，指事物深层的、普遍的、内容的真实，在这两个层面的真实当中，无疑后者是更根本的，也是"真"的核心含义。

将这样一个"真"原则应用于电视法制节目，其必然的逻辑是：电视法制节目所报道或涉及的具体案件中的人物、时间、地点等要素必须是真实可信的，这是节目的最基本要求，也是电视法制节目第一个层面的真实。

就第一层面的真实来说，我们的电视法制节目可以说已经做得很好了。各个电视台的法制节目在对案件的报道和采访中，基本做到了事件交代清楚、过程叙述张弛有度、结果符合情理，即符合新闻采访的"五个W"要求。再加上现场法律专家的精彩点评，谁也不能否认，如果就一个纯新闻纪录性质的电视专题节目来说，这些要件的具备已经使得它们具有了成为一个优秀的电视节目的前提。

然而，对电视法制节目这样承载着明确而又必需的社会教育目的和人文目标的节目来说，仅仅局限于这个层面的真实是远远不够的，它还必须在此基础上挖掘下去，以求"本质的真实"。换言之，电视法制节目必须摆脱单纯案件报道或事实披露的局限，而要将案件的报道和讨论引向社会经济背景、民族文化心理乃至个体生存境遇和特殊精神氛围的展示，以使个别的案件上升为带有普遍意义的"文化症候"，亦即使观众能通过节目所提供的事件，抓住那些没有具体描绘和展示的东西——对节目制作者和节目本身来说都更为根本的东西——现实世界的本质及人和世界、人和人之间的真实关系。如此，一方面，电视法制节目因为对涉案人的个体性关注而使其具有了人情味和"亲和力"；另一方面，由于对它的普遍意义的深入挖掘而使其发挥超出节目本身的法律和文化力量，从而揭示了"本质的真实"、"哲理的真实"。

如中央电视台第149期的《社会经纬》，题为《我就是要给他一缕阳光》，通过北京的公司女经理焦云收养上海失足少年陈雨这一事件，透视家庭环境不良（父母离异，随后父亲杀人逃逸下落不明，母亲则因病死亡）导致陈雨失去基本的生长和生活条件以及由此导致的人格和心灵发育不健全这一社会问题。正如焦云含泪在法庭上说的："社会没有给他定居、学习、上工的权利和地位，（陈雨）也不懂得他可以向社会申请他应该有的权利和社会地位。"并进一步通过挖掘收养人的动机，提出青少年的教育和成长、青少年不良习性的社会和家庭根源问题，以促使人们思考：是谁应该对失足少年的犯罪负责？犯罪少年的现在和未来又将涉及多么严肃的社会和家庭问题！我们的社会又是如何地需要爱心和"阳光"，而出于个人行为的爱心是否足够成为他们健康成长的阳光？社会、家庭和学校又该分别做些什么，法律在面对这一问题时可以做些什么？又应该做些什么？这一切才是事件的本质或哲理真实，它留给观众做深长的思考，电视法制节目的本质精神也就在这一思考中深化和升华。

（五）电视法制节目"善"的要求

"善"是人的"目的性"，是人类实践的普遍要求和现实性，即符合社会发展规律并起进步作用的普遍利益。具体到电视法制节目，必须符合人民群众的根本利益并且反映社会向前发展的进步要求，可以说，"善"的原则就是电视法制节目的理念或最高原则。

如上所述，电视法制节目的理念就是"一个中心，三个基本点"。一个中心，是说它应该也必须伸张和维护法律的基本精神——保护老百姓的利益，公平合理，合情合理；三个基本点，即普及法律知识，监督法律实施，促进立法和社会进步。这也就是电视法制节目的"善"即目的性，也只有站在这个高度上，电视法制节目才可能发挥其应有的功能。

中央电视台某期《今日说法》，以《楼梯为何不能走》为题报道和讨论了如下案例：吉林省辽源市东丰县居民王有材家住二三楼，位于一楼的机电公司商店却不允许他们一家通过店内的楼梯出入，他一家包括 80 岁的老母和还在上幼儿园的孩童都只能经一个违章搭建的室外楼梯上下楼。而此楼梯又属于违章建筑并年久失修，只能拆除，这样，他们一家十多口人的工作和日常生活就因这一近乎荒唐的"楼梯事件"而陷入困境。王诉讼到法院，经三级法院审理，最终仍以诉讼时效已过为由裁决他不能走一楼的楼梯，此案已引起最高人民检察院的关注并派员展开调查。案件的事由部分到此结束，节目也并没有报道此案的最终结果，而是转入演播室讨论。而在笔者看来，这一讨论正是这期节目最可圈点之处。在主持人肖晓琳发出"法律在有的事情面前显得那么软弱和无奈"的感慨后，本期的特邀法律专家、中国政法大学江平教授说了一段精彩的话："从这个小小的事情可以看出很大的问题，（就是）我们的法律如何真正保护老百姓的利益。法律的最本质的东西就是要保护老百姓的利益。法律的本质精神是什么？公平合理，合情合理。"这真是点睛之笔，它不仅指出了法律的精神和本质，而且一语道破了电视法制节目所应追求的目的：关注老百姓的生活，为老百姓的利益服务。

如此，这期节目留给观众的就远远超出了案件本身的容量，它不再仅仅是法律条文的应用和阐释问题，而是使我们的目光延伸进它所涉及的法律精神，留给我们的是关于人的生存和法律的关系、情与理的矛盾以及社会的公平和正义的悠长思考。而这，正是我们的电视法制节目所应追寻的效果和目的。所以，这期法制节目是非常成功的。

总之，电视法制节目不能游离于节目的目的而"就事论事"、"就案论案"，而应深入挖掘其中的内涵，以实现节目的理念，贯彻"善"的原则。

（六）电视法制节目"美"的归依

"美"的表层含义当然是形式的和谐与完整、包装的精致和制作的精良，即形式上的要求，这已经成为我们电视法制节目从业人员的共识，此处不赘。

然而，我们对"美"的理解还不能局限于纯形式或技术层面，而应将之上升到理论乃至美学的层面，也只有这样，才算接触到美的实质。在美学上，美的本质是一个千古之谜，它所涉及的问题关乎人的生存的根本性问题，是对人的生存的本源性承诺。也就是说，美的原则是人类生存和发展的根本原则，是人的自由全面发展的标尺，在人的所有需要中，美的需要与自我实现的需要处于同一个层次。所以，人的生活中是否有美，是否按"美的规律"从事物质生产和精神生产，是人之成为人、人的活动是否有意义和价值的根本标准。这一美的原则落实到人的心理上，就是人的理智和情感的和谐自由状态，即"理"的规范性和强制性通过情感上的接受而成为人的自觉要求，成为人内心的渴望和满足。所以，作为以"说理性"为主要特征的电视法制节目，如何在情感上打动人，使枯燥的、机械的法律条文和深奥的法律精神与广大观众在情感上发生联系，是其能否发挥其应有的社会和文化功能的关键因素，即只有打动观众的情感，节目的目的才可能实现，正所谓"知之者不如好之者，好之者不如乐之者"。

某年中央电视台"3·15"特别节目中曾播出这样一个专题片：村长出于让村民致富的良好愿望而购进一批果树苗，村民们也近乎虔诚地期盼这些树苗可以使他们脱贫。植下树苗后的一段时间内，村民们精心呵护它们到了无以复加的程度。可是，秋天到了，树苗并未结出应有的果实，原因是这些树苗是假的。应该说，这部片子的内容并无特别吸引人之处，可以"抢眼"的新闻点也并不多，而且，近些年的"打假"类报道已经相当多，观众对此的关注程度也大为下降。在这种情况下，如何将节目做得"好看"，吸引观众并引起他们的共鸣，其难度是相当大的。而这部片子之所以成功，在笔者看来，就在于编导者牢牢抓住一个"情"字，在"情"上做足了文章。我们从片子中看到，村长"好心办错事"的委屈之情、遭受严重损失的广大村民的酸楚之情以及执法者和群众的愤慨之情汇聚到了一起，使这部片子具有了极强的情感感染力，也引起了观众的强烈同情和愤怒，同时也和片子中的人一起深刻感到，必须坚决贯彻《消费者权益保护法》来为农民讨回公道，并让出售假树苗坑农害农的人受到应有的惩罚。这样，人们在情感上接受了《消费者权益保护法》，认识到了法律对人民生活的重要性，节目的意图也终于得到了很好的实现。

三、电视法制栏目存在的问题及对策

（一）电视法制专题栏目的问题

1. 案件事实的平铺直叙或渲染多，理性分析少 目前的电视法制节目在一定程度上存在重刑事、轻民事、避行政、重犯罪、轻违法的倾向，影响了观众法制观念的全面性形成和对法律知识的掌握，使得报道缺乏思想性和深刻性。这种现象的形成是因为电视法制节目过于强调其可视性，而刑事案件一般来说画面惊险刺激，案情富有吸引力，且善恶分明，接受难度小；而民事案件则缺乏这些收视亮点，尤其许多涉及某级政府的行政纠纷，由于牵扯错综复杂的各种关系，对其报道的分寸把握有一定的难度，这就使得电视法制节目在这上面往往是避重就轻，甚至"绕着走"，从而相当程度上影响了节目的思想性和理性深度。

2. 法律含量不足 我国是一个重视道德评价的国度，习惯于将任何问题均放到道德的天平上进行衡量，而法制意识则相当淡薄（如许多栏目的名称就是《道德与法制》，中央电视台和山东电视台）。对违法行为和犯罪行为可以进行道德评价，但作为电视法制节目，首要的和必需的是进行深刻的法理分析，并在此基础上达到普及法律知识、进行法制教育、监督法律实施、促进法制建设的目的。如果道德评价过多，随意性过大，又是千篇一律，就显得苍白无力并冲淡法律的尊严。特别是许多道德评价不能以法律的裁定为基础，更显得牵强附会，失信于观众。

3. 深度挖掘不足 法制节目报道的事件本身有着很强的吸引力，这种矛盾冲突的事件留给人们许多的悬念，有着很强的新闻性。然而，由于缺乏对这一事实过程的总体把握，在报道中不能对同一事件多侧面、多视点、多层次地说明其来龙去脉，相关的背景材料得不到展示，使得报道单调乏味。由于没有悬念，没有矛盾冲突和错综复杂的变化，人们不能从中得出更多的启示，也留不下深刻的印象。

（二）对策分析

要解决这些问题，最迫切的就是要重视电视法制节目的文化建设，提高其文化品位，具体说来要从如下几个方面入手：

1. 电视法制节目要充分考虑节目的社会效果 电视法制节目总要涉及社会的阴暗面，但问题在于，如何选择合适的报道角度和注意把握报道分寸，是值得我们下大力气研究的。如果我们的电视法制节目过多强调社会的阴暗面，屏幕上总是充斥着刀光剑影、警笛长鸣，又缺乏必要的舆论引导，势必产生负面作用。电视法制节目不能为了提高收视率而不顾社会效果，丧失其正确引导社会舆论的功能。

2. 电视法制节目要对法制精神有全面、深入的理解 所谓全面地理解法制精神，

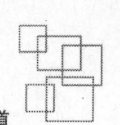

就是要将我国的法律体系理解为一个整体，它是由宪法、行政法、民法、经济法、环境保护法、劳动法、婚姻法等多种法律法规组成的。相应地，电视法制节目的报道亦应多领域全方位地展开，因为人民群众的生活领域是全面而多样的，举凡与人民群众的生活密切相关的法律事件，都应该为我们的电视法制节目所涵盖，而不能只从提高收视率或兴趣出发。所谓深入，是说电视法制节目不应只局限于就事论事、就案说法，或局限于法律条文的解释，而应在此基础上深入法律精神、法律实质的层面，法制精神的核心是维护社会公正的基本原则，捍卫正义，法律面前人人平等，维护公民法人的合法权益，等等，只有在这一法律精神的指导下，才可能制作出有深度和分量的电视法制节目。

3. 电视法制节目要从法律的角度紧跟时代步伐 节目的内容要有时代感，并且要保持节目的本土特色。

4. 电视法制节目要培养和造就合格的节目主创人员 节目的质量如何、文化品位高低，还取决于节目的制作者的素质，尤其是他们的政策和法律知识水平及对法律精神的理解水平。

总之，提高电视法制节目的文化品位，要从多方面入手，既要注意政策性和舆论导向的正确性，也要注意节目的法理性和对法律精神的全面深入把握，这些又要求节目的主创人员有良好的知识素养和敬业精神。

第四节　电视社教频道和栏目选介

一、社教频道

（一）中央电视台科教频道

2001年7月，应国家"科教兴国"方略，中央电视台成立了以提高国民素质为宗旨，以教科文题材为内容的"科学·教育频道"（CCTV-10）。频道初创时打出了"教育品格、科学品质、文化品位"的口号，经过几年的改进、提高、推广，频道树立起"服务社会、服务大众"的理念，正在走向以"专业频道品牌化建设"为核心的发展之路。2005年6月，央视科教频道全面正式进入市场化运营。发展至今，科教频道已经成为中央电视台一个特色鲜明的专业频道，拥有大量的忠实受众。

主要栏目有：《探索·发现》、《读书——我的一本课外书》、《文明密码》、《健康之路》、《地理·中国》、《走近科学》、《自然传奇》、《真相特别节目》、《百家讲坛》、《科技之光》。

(二) 北京电视台科教频道

2000年,北京电视台(BTV-3)继央视之后开始了频道专业化的改革,第三套节目率先实行了频道专业化经营管理,于12月27日改版成为一个全新的科教频道。广博的科技信息、先进的教育理念、全新的知识系统和深厚的文化底蕴是其对自身风格的定位。每周贯通式的节目编排形成带状风景,科技、教育、对象性节目、电视剧以及引进的精品节目组成一个立体的传播网络。每一档节目的首播、重播均在24小时内完成,形成特定的规律。

主要栏目有:《法治进行时》、《第三调解室》、《北京记忆》、《法治北京》、《非常幽默》、《现场说法》、《健康北京》等。

(三) 浙江电视台教育科技频道

浙江电视台教育科技频道(CZTV-4)于2001年1月1日开播,其前身为成立于1996年2月8日的浙江教育电视台,直属于浙江省广播电视集团。定位为青春时尚,如每年一度的《五月的鲜花》和《十月的阳光》(两场大规模学生歌咏直播活动)。

主要栏目有:《走进今天》、《小强热线》、《纪实》、《招考热线》、《大侦探西门》、《绝对OK》、《不可能的任务》、《白领人生》、《海涛电影课》、《西部地理》(联合美法拍摄)、《新青年制造》、《十万个为什么》、《老年大学》、《电视大学》、《中国先锋诗歌》、《五月的鲜花》、《十月的阳光》、《气象K》、《新闻快报》等。

(四) 上海电视台纪实频道

上海电视台纪实频道是国内第一个以纪实命名的专业频道,2002年开播。它以纪实的影像关注社会、观照自我、刻画人性、传播知性,强调文化思辨和人文内涵,播放国内外的优秀纪录片。

主要栏目有:《经典重访》、《寰宇地理》、《纪实频道》、《全民大拍档》、《法治》、《中国经典》、《重访》、《民族底片》、《传奇》、《探索》、《法律与道德》、《眼界》、《往事》、《档案》、《风言锋语》、《第四焦点在线观看》。

二、科教栏目

(一) 中央电视台《探索·发现》

2000年开播,每天20:30播出,栏目对科学文化知识、自然人文历史进行全面追踪与纵深开掘,制作出以自然地理和人文历史为内容的大型纪录片,以系列节目的形式出现，被誉为"中国的地理探索，中国的历史发现，中国的文化大观"。该栏目一直保持着较高创作水准，开播以来，有三部作品荣获国际电视节目奖：《红柳的故事》获2002年法国儒勒·凡尔纳电影节"科技与社会奖"；《寻找滇金丝猴》获2002年英国自然银幕电影节"TVE"大奖；《楠溪江》获2002年联合国国际环境、自然和文化遗产电影节"评委会大奖"。其他比较有名的长纪录片还有《狙击手》、《走进非洲》、《极地跨越》等。

（二）北京电视台《档案》

《档案》是北京电视台推出的纪实栏目，于2009年2月4日开播。每周一至周五21：26播出，时长50分钟。历任主持人有石源、赵立新、张弓，现任主持人为谭江海。节目定位为演播室节目，以一个特定的、极具个性化的讲述者（主持人）现场讲述和展示为基本形态，节目形式以案件和事件现场实录回放为线索，首次披露国内大案要案、社会传奇、情感故事等；其内涵深，外延广。节目贴近百姓生活，紧跟时代脉搏，展现人生百态，透视社会万象。百姓关心、关注的热点是该节目选题的目光指向；更融合了国外最新传奇探索节目和国内栏目形式，以前所未有的视觉冲击力和"新奇特"角度探索世界，找寻曾经的真实所在和鲜为人知的事实真相。

（三）福建电视台《发现档案》

福建电视台综合频道2002年创办，播出时间是周一至周五22：25，把"以独特的视野探寻未知的真相"作为自己的宗旨和目标。栏目定位为发现，即发现民俗民风，发现奇人逸事，当然也发现社会丑恶现象。总之，强调发现，强调开掘，强调探索。节目富有鲜明的特点，播出以来有一定的反响，其中的《拯救六胞胎》、《分头有术》、《揭秘中国第一手术机器人》、《无情戒毒术》等节目影响力较大。

（四）中央电视台《百家讲坛》

开播于2001年7月9日，周一至周日12：45首播，时长43分钟。演讲类栏目，以"建构时代常识，享受智慧人生"为宗旨，内容涉及人文科学、自然科学、社会科学、边缘学科以及交叉学科，学理性与实用性并存，权威性与前卫性兼容，追求学术创新，鼓励思想个性，强调雅俗共赏，重视传播互动。

所选话题如《刘心武解秘红楼梦》、《清十二帝疑案》等，主讲人有杨振宁、李肇中等学术巨匠，刘心武、邹静之等知名作家，阎崇年、易中天等专家教授。其演讲方式明显带有"脱口秀"的成分，选择热点话题，常以同一嘉宾连续讲述同一主题形成系列化的规模播出。把学问当评书讲，把历史当故事说，增强趣味性和戏剧性。

（五）中央电视台《走近科学》

《走近科学》栏目于 1998 年 6 月 1 日开播，是中央电视台第一个大型科普栏目。2001 年 7 月 9 日在央视科教频道开播。周一至周四 20：30 首播，时长 30 分钟，主持人为张腾岳。

《走近科学》在选题上比较灵活，倾向于从身边的日常生活、社会焦点和热点出发来寻找选题。从生活中找选题，这在科普理念上是一个重大转变。在制片人看来，科学不是远离生活，而是时刻体现、运用于日常生活中的。这方面的选题如《减肥的怪圈》、《沉重的睡眠》、《植物人做妈妈》、《十年猫腻》等。从热点中找选题，这也是科普理念的一个重大转变，即科学不是冷冰冰的，而是和社会生活的热点、焦点问题紧密相连的。如栏目制作的《SARS 疫苗人体试验》、《生死六昼夜》等都紧追社会热点，只不过把落脚点放在揭示这些过程中的科学知识上。另外，"有案可查之古代探案传奇"系列是从当时热播的电视剧《大宋提刑官》中得到启示，选材于有文字记载的古代秘案，而着眼点却是揭秘古代探案中的破案技术。

在选题标准上，改版后的《走近科学》更多地将"新、奇、特"作为内容取舍的标准之一，编导的主要工作专注于对所叙述对象的揭秘和探究。这一点从某些节目的题目上就可以看出，如《功夫大揭秘》、《变脸揭秘》、《木牛流马之谜》、《中国 UFO 调查》等。

第六章 电视生活服务类栏目和频道

广义上讲，电视天生具有服务功能，当人们打开电视机的同时，电视就已经开始为人们提供观赏服务了。从最早的提供信息，到逐渐发展出娱乐、教育功能，电视服务节目的外延与内涵随着社会的进步在不断地变化着。新闻节目、教育节目、娱乐节目等形态各异的电视节目，都在一定程度上体现着对受众的服务，这也应该是电视作为传播工具所具有的本性。因而，信息、娱乐、教育和服务被看作电视的四大功能，因此服务类栏目乃至频道是电视台栏目的一大组成部分，现实情况也说明，生活服务类栏目日趋成为各级电视台开发的重要领域，有必要单独论述。

第一节 电视生活服务类栏目的界定和发展历程

一、生活服务类栏目的界定

《广播电视词典》对这类栏目的定义是："以实用性内容为主，直接为观众日常生活、学习、工作服务的节目"[①]。这类栏目通过传播信息、解答问题和反映群众呼声、帮助受众解决日常生活、工作和学习中的各种实际问题，为社会提供直接、具体的服务。节目注重使用价值，力求满足现实生活中的各种服务需求。显而易见，这个定义是狭义的，它限定了电视服务节目的内涵，电视服务类节目一定是与人们生活有某种直接关系，满足人们日常功利需要的那一类电视节目，这类节目关注人们生活状态、居住环境等生活的方方面面。

从目前的服务类节目来看，主要分为两大类，一类是像中央电视台财经频道的《生活》那样的综合性服务节目，还有一类就是提供不同服务内容的专题类节目，如健康节目、家居节目、旅游节目、导视节目等。

---

① 赵玉明等：《广播电视词典》，北京广播学院出版社1999年版，第246页。

二、生活服务类栏目的发展历程

生活服务类栏目的增多，其实是近些年才出现的。这有两个原因：一是老百姓生活水平提高，闲暇时间增加，"休闲"成为一种时尚和生活内容，对生活服务的要求当然随之增加；二是电视功能的转变，由过去的宣传、教育的单一功能，转变到或者说回归其信息、教育、娱乐和服务的四大功能并重，以及随之而来的电视观念的转变，从"宣传本位"、"自我本位"向"人本位"、"受众本位"转变，开始按人的需要来设立栏目，即：不是"我播什么你看什么"，而是"你需要什么我播什么"。

我国生活服务类栏目的发展可以分为三个阶段。

（一）我国生活服务类栏目草创期

改革开放以前，我国还没有严格意义上的电视服务类栏目，有的只是一些带有生活服务性质的栏目，如《集邮爱好者》、《摄影爱好者》、《生活知识》、《医学顾问》等，但传播方式上是"教育灌输"式的，而不是服务。

1979年8月12日，中央电视台最早的一个专题性栏目《为您服务》亮相荧屏。《为您服务》从栏目名称上就可以看出是一个生活服务类的节目，这是电视面向市场和观众的肇始之作。由于生活服务类节目的针对性很强，而且是讲日常生活中百姓身边的事情，所以在初期，制作水平不高，不大讲究电视手段的运用；内容也比较单一，每期节目只讲一个主题。但对于习惯于电视宣教的我国观众来说，《为您服务》栏目在内容上带给他们的欣喜和亲切还是不言而喻的，所以，它一开播就赢得了观众的喜爱。

1983年元旦，《为您服务》改进编排，在原有的家事内容之外，增加精神生活、社会生活方面的内容，增加了知识性、趣味性。特别引人注目的是，《为您服务》率先设立了一位固定节目主持人，这就是沈力，她庄重、朴实、亲切、典雅的主持风格赢得了观众的喜爱，也奠定了电视生活节目最初的节目风格类型。

20世纪80年代，是《为您服务》的发展期，也是中国电视生活服务类栏目的最初形成期。

1989年，张悦接替沈力成为《为您服务》的主持人。在80年代末和90年代初的中国，出现了全国人民定时收看每周一19：45的《为您服务》节目的景象。作为中央电视台贴近百姓生活的品牌栏目，《为您服务》不断推陈出新的内容是我国改革开放以来人民生活发生深刻变化的见证，在全国生活服务类节目中起到了垂范的作用，在以后20多年的时间里，它成了电视生活服务类栏目的标版。

在商品经济发达、素有商业广播传统的上海，1981年出现了一个服务型的新闻栏目《市场掠影》。广东电视台也于1982年开办了《市场漫步》栏目。1984年7月，上海电视台还创办了具有社会性、服务性、交流性的新闻栏目——《观众中来》，这成为后来电视热线交流节目的最初形态。

随后，广东电视台的《家庭百事通》、湖北电视台的《生活之友》、湖南电视台的《社会与生活》等纷纷开办，而且无一例外都受到了群众的欢迎。

不过，总的来看，这时期的生活服务类栏目的内容大多是医疗卫生、节目预告、生活小常识等，范围较小，节目形式以讲解为主。

（二）我国生活服务类栏目的发展期

以1996年7月1日中央电视台第二套《生活》栏目的开播为标志，这是一档真正意义上的生活服务类栏目，衣食住行玩无所不包，以"反映、服务、介入、引导生活"为宗旨，很快赢得好评并具有了示范性，随之在全国扩展为生活服务类栏目潮流。

《生活》栏目的一个崭新视野就是它内容上的拓展和开阔，不再局限于日常生活知识和技能的传播，而着力表现在时代的变革过程中，新的经济生活脉络中涌现的新的生活观念、新的生活方式。它告诉你什么是时尚，什么是身边的科学，你该如何配置你所拥有的资源，又该如何走出生活的误区。这时的《生活》栏目是我们这个"消费时代"的产物，也是消费潮流的推波助澜者。

1996—1997年，其栏目设置有《背景》、《消费驿站》、《百姓》；1998年栏目设置有《生活报道》、《消费调查》、《时尚接触》；1999年栏目设置有《消费调查》、《有话要说》、《时尚接触》。三年中，小栏目有了不少变化，但是一直未变的是有关"消费"的栏目，从这些栏目可以看出，"实用至上"是《生活》栏目的宗旨。

电视生活栏目"杂志化"也是《生活》的另一个创新。《生活》栏目以主持人在演播室串场的方式，把"背景"、"百姓"和"消费驿站"通过相关的、通俗的语言串联起来，使每一个小板块既可以成为一个单独的整体，又是整期节目的一部分。这样做出的节目通顺流畅，观众收看起来如行云流水，同时在节奏感和信息量上都较以前的专题节目有很大的进步。

与《生活》同步发展的还有全国的电视生活服务类栏目。这时期，全国的电视生活服务类栏目的具体定位都开始向小型特定受众群体发展，综合性生活栏目在电视屏幕上逐渐减少，专业性的分类栏目如烹调美食栏目、旅行栏目、健康栏目、时尚栏目等逐渐增多，并受到特定的收视群体的喜爱。

（三）我国生活服务类栏目繁荣期

进入21世纪以后，我国的电视生活服务类节目出现了繁荣局面，不仅表现为生活栏目形态更加多样化，而且表现为专业的生活服务频道的出现。

目前的电视生活服务类栏目呈现出良好的势态，多种多样的节目形态被借鉴在生活服务类节目中。

1. 生活节目和新闻的结合　这类节目形式适应了关注百姓生活状态和普及法律知识的需要。借助于新闻的表现手法和视角,可以将这类生活节目做得形象而生动。如中央电视台《生活》栏目的《热线3·15》和《特别关注》、《为您服务》栏目的《法律帮助热线》,北京电视台的《生活面对面》,等等。其中以北京电视台生活频道的《生活面对面》最为典型,此栏目采用平民视角,直接来自北京市民的生活,关注百姓所关注的事,百姓身边的新闻事件是栏目的最主要题材来源。

2. 生活节目中加进了娱乐和竞赛节目的元素　在当今的电视生活服务类节目中,除了以前的节目制作理念中倡导的庄重、朴实、大方的风格之外,在一些节目形式中加进了表演、娱乐和竞赛的内容。这类节目以2001年底《生活》周末推出的厨艺大比拼节目《满汉全席——中华美食烹饪电视擂台赛》为代表。《生活》栏目的"投资理财"板块则是直接用主持人在外景地,设身处地借用表演的手法为观众演示投资理财的新招。

3. 有些生活服务类节目还借用了社会学抽样调查的方法　如浙江电视台曾有的一个栏目《商城实验室》、央视财经频道所做的百姓关心的十大生活话题特别节目等。大胆地尝试各种节目形式,是现今生活服务类节目发展的趋势。事实证明,任何成功的节目定位不在于大而广,而在于是否具有创新意识。有创新,哪怕只是一点,抓住一点把它做深做大,也是可以做好的,《天天饮食》就是一个例子。

4. 专业化电视频道的出现　在电视频道专业化的大趋势中,各省级电视台在完成无线、有线合并之后,以原有的有线电视生活频道、卫视双休版为基础,重新整合或设置了新的经济、生活频道。还出现了如海南旅游卫视、长沙电视台女性频道、黑龙江电视台女性频道等专业化程度高、对象性更为具体的专业频道设置。这些都可以看作生活服务类节目的进步,而且已经形成自己的特色。

总之,在当今的电视传媒中,生活服务类节目在创作上进入了又一个繁荣期,并有着广阔的发展空间。

三、生活服务类栏目分类

服务类电视栏目涉及的领域众多,内容非常宽泛,有时甚至和其他类型的电视栏目存在一定的重叠,也就是说,有的栏目既可以被划分为服务类栏目,也可以被划分为其他类栏目。

(一) 依据节目内容分类

依据节目内容,我们可以将服务类栏目分为四类:

1. 动态信息类 这类栏目为社会大众提供一种恒定的、长久的、动态的社会信息，这类信息常常和人们生活有着密切的联系，但是随着时间的变化而不断改变。比如，正点报时，为大众提供一天准确的时间资料；气象预告，为帮助人们外出旅行做好事前的安排和计划；交通讯息，成为大众选择交通工具、交通路线和外出时间的参考依据；市场信息，如外汇牌价、股市动态、菜场价格等，为不同的受众提供分类的需求；其他生活信息，如何处停水、停电，何处有特殊警报；等等。这些都为我们的生活提供了便利，成为我们生活中必不可少的一部分。

2. 应急咨询类 这类栏目并不是一种长期的、恒定的栏目内容，它只是根据生活中的突发性事件，为广大群众提供一种应急性的生活咨询，以缓解他们的生活顾虑。如出现自然灾害时，电视台都不间断地播出大量的相关讯息，对饮食、卫生、治疗等问题提出专家性的建议，以安定大众情绪，做好防灾救灾工作。现在很多电视台都开播了"热线服务"或者"群众热线"等类似节目，目的也就是为了做好一些应急咨询工作。

3. 技能培训类 随着社会的进步、人们文化素质的提高，这类节目在服务类节目中所占的比重也越来越大，逐渐成为人们获得知识、掌握技术、学习经验的一个窗口。这类节目主要是介绍一些具体的技术，如烹饪、裁剪、纺织、摄影、美容、减肥、健身、种植、维修、装配等，这些都是一些专业或者非专业的应用性技术，学习这些技术将方便我们的生活，对我们的工作很有益处。

4. 广告宣传类 对于广告是否属于服务类节目，尚存争议。本书在宽泛的意义上认为，广告是服务类节目中最常见的一种节目类型，它主要的作用就是"提高市场信息、指导大众消费、促进各种生产、方便人民生活"。现代广告的发展已经使原有的电视广告节目表现形式发生了根本的变化，广告开始把单纯的产品推介变成一种讲究艺术内涵、讲究文化底蕴的广告形式，早期的固定模式也开始被打破，广告类型多种多样，广告变得色彩纷呈，正为电视服务节目增加更多的色彩。

（二）依据栏目形态分类

依据栏目形态，可以将生活服务类栏目分为两类：

1. 单一服务类 即只为受众提供某一方面的具体服务，内容单一，针对性和目的性强的生活服务栏目。又可以分为：

（1）单一门类型生活服务类栏目。它是指专门为衣食住行用玩的某一个方面提供集中、全面、细致服务的栏目，特点是知识性、实用性强。这类栏目很多，以北京电视台生活频道为例：

"食"有《食全食美》、《食在中国》等；

"行"有《汽车梦幻》等；

"住"有《房产周刊》、《家住北京》、《美好家居》等；

"衣"有《时尚装苑》；

"医疗保健"有《专家门诊》、《北京健康生活》等。

（2）单一对象型生活服务类栏目。专门为某一特定收视群体提供服务的栏目。如山东电视台的《老友》，就是专为老年人开设的服务类栏目，中央电视台的《夕阳红》也是这样。

（3）单一目的型生活服务类栏目。顾名思义，就是只有一个目标的生活服务类栏目。它与"单一门类型"的不同在于：它不提供某一主题的全面的服务，而是有非常明确的目的性、直接性。如《天气预报》（《天气资讯》）、《求职》、《下周荧幕》等。这类节目一般只介绍一种独立的服务品种或者一个单独的服务项目，内容相对单纯而集中，让人一看就知道所介绍的内容。栏目的名字常常也给人一目了然的感觉，如《电脑维修》、《家具设计》、《衣物洗涤》、《天天饮食》等。

2．综合服务类 这类栏目中服务项目较多，涉及衣、食、住、行各个方面，各类观众可以在其中找到需要的服务项目。这类栏目的代表如中央电视台的《生活》、《为您服务》，上海电视台的《生活之友》，等等。

现在出现一种很难归类的生活服务类栏目形态，兼有综合型和专题型的特征。代表是凤凰卫视的《完全时尚手册》，首先，它具有综合型的特点：从周一到周五，分别是《天桥云裳》、《饮食文化》、《科技前线》、《车元素》、《周末任你游》，几乎涵盖了衣食住行各个方面；其次，它又具有专题的特点，即每一期只围绕着一个主题进行，具有独立栏目的形态。

（三）依据服务对象分类

1．按照性别分类 可以分为女性栏目和男性栏目。但是就目前服务类节目的特点，我们很难直接界定其性别特征，女性服务类节目较常见，很多电视媒体都设置了风格各异的女性服务类栏目。长沙电视台甚至设立了一个女性频道，专门制作播出各类女性节目，包括女性服务类栏目。男性服务类栏目目前还较为少见，这是因为社会发展使许多原本存在性别差异的技术工作和兴趣爱好都界限模糊了，所以这类分类方法存在很大的应用难度。

2．按照职业分类 可以分为许多类型，如农民节目、工人节目、学生节目、部队节目和儿童节目等。在大部分电视台的节目设置中，这类节目常常和社教专题节目合并起来，如江苏电视台的《乡间彩虹》栏目，属于针对农村朋友们的社教类节目，其中既有农村社教专题节目，也有农村服务节目。

3．按照年龄分类 可以分为老人服务类节目、儿童服务类节目和青年服务类节目。在国外，这类节目较为常见，如老人服务类节目中常常介绍钓鱼、种植等休闲爱好；儿童服务类节目中常常介绍剪纸、积木等娱乐活动。在我国，这些服务类节目的服务功能

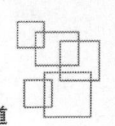

一般融合在综合性对象类节目之中，我们常常可以在老人节目、少儿节目或者青年节目中找到需要的服务项目，有时这类节目也融合在综合性服务类节目之中。但随着专类频道的开办和细分，可以预计，这种专类的服务栏目会逐渐多起来。

第二节 电视生活服务类栏目的特性

一、以实用信息为中心的内容定位

所谓实用信息，是指具体的、实在的、能够直接作用于他人的信息，生活服务类栏目就是日常生活中的实用信息的编播，而所谓日常生活，无非衣食住行，俗话讲的"吃喝拉撒睡，柴米油盐酱醋茶"。

从某种意义上说，受众的需要就是栏目存在的理由。关注百姓生活、服务大众是电视服务栏目的内核，这种服务理念一定要以实用为基础，绝不能空谈。无论是行医问药的健康类节目，还是出行参考的旅游节目，在节目中出现的信息一定要以能够给观众指导为目的。对于电视服务节目中播出的信息，一定要具有可操作性，能够让观众落到实处。由于生活的琐碎繁杂，"实用"的触角也应该延伸至方方面面，大到前途命运的人生大事，如求学就业节目，小到柴、米、油、盐的家居节目。生活服务类栏目的实用是具体的，是实实在在的，这种实在的服务性正是服务节目区别于娱乐节目、新闻节目的本质属性。娱乐节目是通过热闹搞笑的场景满足人们放松心情和消遣娱乐的需求；新闻节目是通过传播新近发生的事实来满足人们了解世界的需求；而服务节目则通过提供实用有效的信息来满足人们生活中的实际需求。

"贴近观众、贴近生活、贴近时代"，是生活服务类栏目内容定位上的总体原则。贴近观众，就是要认真分析自己的收视对象，研究他们的要求；贴近生活、贴近时代，即与现代生活同步，选择热点、焦点问题。

从目前国内的生活服务类栏目和节目内容来看，大致包含如下几类。

（一）生活常识

生活服务类栏目从它诞生之日起，就是以这类内容作为主要内容的。《为您服务》栏目是最典型的例子，并借此奠定了它亲切、平实的基础风格。

所谓生活常识，无非是人们日常饮食起居中所遇到的各种知识性的东西，如何食得科学、穿得有品位、住得舒适、行得方便等，都是此类栏目常见常新的内容。

但是，随着生活水平的提高，人们生活的节奏、方式都发生了巨大的变化，因此，以传授生活常识、小窍门为主要内容的生活服务类栏目虽然仍然是主要形态，但它应该在内容上迅速跟进时代的发展，这时所传授的内容不应只是"毛衣打法"、"如何烧菜"之类，而应该紧紧跟进生活，适应现代生活方式要求，也就是说，生活"常识"也会不断有新的元素加入。比如"公交礼仪"过去很少被纳入"生活常识"，而现在已经成为现代人生活中所应该掌握的常识。

（二）新知识、新技能的传授讲解

在这种栏目内容方面，最主要的有五种表现形式。

1. 经济领域 与我国的经济发展相适应，国内以传授与老百姓日常生活有关的经济知识和消费技能为主要内容的栏目也越来越多。如个人理财、股票投资、保险、纳税等，已经和普通百姓的生活息息相关，相关的知识和技能也就理所当然地进入生活服务栏目的选题范围。

2. 法律领域 随着我国法制建设的推进，法律与老百姓的生活已经须臾不可分离。而法律本身就是一个复杂的体系，众多的法律条文也绝不是普通人能够熟知和熟练运用的。当法律和法制逐渐健全的时候，在观众当中进行法律知识的普及，指导老百姓积极合理地运用法律知识来维护自身的合法权益，便成为一个十分迫切的工作。观众对用电视的形象化手段来传递法律知识和进行法律服务的节目也有着强烈的需求。我国电视生活服务类栏目中这方面的内容也日益增多，并且构成了生活服务类栏目的一大亮点。

3. 新科技知识 以这方面内容为主的节目是生活服务类栏目在内容上与时俱进的显著表现。此类节目使生活服务节目从常识、小窍门这样一个典型的传统"家务事"层次，上升到帮助观众成为跟进时代发展的现代人的层次，它极大地拓宽了生活服务类栏目的题材范围，也帮助生活服务类节目找到了除家庭主妇之外的更年轻、更新潮、更广泛的观众群。以这方面的内容来制作生活服务类节目，也符合电视是大众文化急先锋的本体属性。如南京有线电视台法治生活频道的《数码时空》栏目，就是一个以科技资讯来为观众提供生活服务的栏目，主要内容有：介绍电脑业、网络业最新情报，向观众提供最新产品资料、最新科技动态，介绍最新最劲爆的网页，进入网络的新天地。它教给观众电脑知识，从简单的电脑操作到网络下载无所不包，也可通过一封电子邮件，请教专家解决有关电脑方面的疑难问题。

4. 倡导新的生活方式 某种社会进步或某项科技成果的市场化普及会在很大程度上逐渐改变大多数人的生活方式。远的像电灯、电话的普及，近的如互联网和汽车的逐步进入家庭，它们所带来的不仅仅是生活的便利，而且是整个社会生活方式的改变。生活服务类栏目应密切把握现代生活的脉搏，掌握生活的新动态和新特征，对那些能引起人们生活方式改变的新的生活方式给予及时的描述，并加强节目对现实生活的指导。

正是基于这样的一种共识，国内已经开办了一些以"汽车与生活"为主要内容的电视服务类栏目。如湖南电视台生活频道的《清风车影》栏目，为消费者提供的就是翔实、客观、全面的汽车和交通信息服务。它以小轿车的信息为主线，综合报道其他各类车型的性能、特点、市场行情、历史衍变、驾驶技巧、维护保养，以及交通运输、交通法规和汽车相关产品的最新消息，对汽车市场热点及时作出分析、评论，为消费者提供一个了解汽车、欣赏汽车，获得实用知识和技巧的窗口。它的节目设置非常专业化，又非常细致，几乎涉及了与汽车有关的方方面面。

5. **报道新见闻**　传统的生活服务类栏目中基本没有新见闻这一部分内容，它们加入到生活服务类栏目当中，虽有媒体本身的生存环境这一因素，但最根本的还是受受众需要的驱动。今天，我国电视生活服务类节目的观众参与社会活动的程度比较高，他们收看节目的同时，希望能够从中感受到更多现实生活的气息，而不只是以往生活服务类节目当中比较多的"柴米油盐"的味道；他们希望节目能够通过对生活当中的新见闻的密切关注，加强节目与生活实际的贴近性；同时也为他们的社会交往增长见闻，增添他们在社交场合里的谈资。

二、平民化的受众定位

所谓平民化的受众定位，即以观众的日常需要为中心，以平民化的语言、视角来对待播出内容和受众。"百姓的需要就是我们的追求"，所以，"冬天别忘穿棉袄，夏天别忘戴草帽"，节目就像每天送你出门、等你回家的妻子、母亲一样，为你操持、关心着饥饱冷暖。

电视服务类节目的平民意识从本质上说是以亲切的态度对待观众，节目内容符合目标受众的消费层面和生存观念。

电视服务类节目的平民意识应该是与生俱来的，这是由节目的特殊定位所决定的。服务类节目的平民意识应该渗透到节目的每一个元素中，也就是说，服务类节目不仅仅是一类电视节目，更是一种为老百姓提供服务的方式。如何利用这种方式更好地为受众服务才是服务类节目的任务，在实用性内容的基础上，还要选择观众乐于接受的形式，这样才能使好看的节目受欢迎。

尽管生活服务类节目的存在方式多种多样，但归纳起来，国内生活服务类节目的受众定位大致有两种类型。

（一）普泛型的受众定位

如中央电视台的《为您服务》栏目，浙江电视台的《大家》栏目，北京电视台的《7日7频道》、《生活面对面》栏目，湖北电视台的《百姓时间》栏目，等等，它们针对的是较广泛的收视人群，在观众的收入水平、购买能力、知识水平、欣赏习惯等指标上没有明确的排除性。这类节目大多视角比较平民化，内容具有广泛的社会性和适应性。在栏目设置上以杂志型的多板块子栏目相加，由主持人串联而成。目前国内的生活服务性频道中的相当部分栏目都属于这种类型。

（二）专门化人群型的受众定位

如中央电视台的《夕阳红》栏目针对老年电视观众；中央电视台的《半边天》栏目、长沙电视台女性频道的《都市红颜》栏目都是以女性为传播对象的服务性栏目。

三、提高生活品质的文化品位

作为电视栏目，一经播出就成为社会文化产品，具有了文化的内涵，因此，在节目中尽量地结合节目内容增加文化含量，对栏目品位的提高是必要的。一是不仅有直接、具体的生活服务和实用知识，更注重对生活观念的引导和情操的陶冶。如《生活》栏目的理念之一就是"引导生活观念"。二是要正确处理好节目的视角，因为生活服务类栏目最容易产生两类偏差：①服务与广告的混同；②庸俗化。这就需要节目的制作者在选题时选取有积极意义的、健康的内容，并且应该有较高的审美鉴赏能力，引导观众生活品位的提高。

举个形象的例子，生活服务类栏目是"裁缝+时装表演"，"裁缝"提供具体的衣着服务，而后者提供的则是一种观念或理念。生活知识的层次有高低，最高的层次应该是生活智慧，中间的是生活阅历，较低的是生活技巧和窍门。生活智慧是培养我们对生活健康的态度和提高生活的品位；生活阅历是让我们生活从容，从而提高生活的质量；生活技巧则是生活中的调剂，不能从根本上改变我们的生活。

为什么有这样的特色？因为电视具有社会属性，它应该承担一定的社会责任，应该高于商业性；而且，电视的本性决定，电视作为大众传媒，除了具有传播信息的本体属性外，还具有艺术和美的要求，电视的传播内容仍然是人的一种创造，是高于现实生活的；再者，这也与生活服务类栏目的历史有关，因为直到现在，它是应该独立还是附属于社教类，仍然意见不一。因此，"引导"、"教育"等意识仍然是生活服务类栏目根深蒂固的观念。

第三节 电视生活服务类栏目分类解析

一、职介类栏目

（一）职介类服务栏目概述

广义上，只要涉及人力资源题材（而不仅限于管理与开发）的栏目就是职介类栏目。在狭义上，只有关注择业和创业的栏目才是职介类栏目。狭义上的职介类栏目侧重于求职、升迁和创业的基本技能和技巧。广义上的职介类栏目除狭义上的内容外，还涵盖中外人力资源存量与增量的报道、宏观政策的传达。

从电视栏目类型的发展来看，职介类栏目起到了一种"补偿"的作用，它顺应了时代之需，实现着专业化的服务，在为企业单位提供人力资源管理与开发咨询的同时，也在着力倡导社会个人的生存与发展技能的提高，注重职业生涯规划，从这个意义上说，职介类栏目不仅仅有助个人的发展，也有助于社会、经济的发展。

电视职介栏目最早的形态是发布招聘或求职信息的信息服务节目，以综合型栏目形态出现的是1999年9月10日开播的湖南卫视《新青年》，其中的子栏目《甲方乙方》以关注"择业与创业"为主题，采用招聘方与求职方在节目现场完成求职、招聘过程的形式，但节目时间短，内容与形式也较为简单。

2000年7月21日，上海东方电视台推出的《相约星期五》，成为电视职介节目的开端。该节目的模式借鉴电视婚介节目的形式，男女双方变为招聘者与求职者，节目的程序也与"找对象"相似：招聘双方自我介绍、应聘者展示才智或创业计划、话题讨论（每期一个与创业有关的话题）、自由提问、需求双方双向选择，在节目现场完成迅速"找工作"的过程。

2000年12月31日，南京电视台推出《梦圆时分》，成为地市台第一家推出职介栏目的电视台。

2001年5月1日，中央电视台《劳动·就业》栏目开播，这是央视唯一以宣传劳动就业为主题、将知识性与服务性有机结合的大型杂志型电视专栏节目。以后，许多地方台陆续推出职介节目，如重庆卫视的《求职》、黑龙江电视台的《求职现场》、山东电视台的《择业》、辽宁电视台的《招才进宝》等，电视职介节目开始在荧屏活跃。

2003年10月，CCTV-2改版为经济频道后，随即推出了大型职介栏目《绝对挑战》，一场自地方台到中央台的职介栏目热浪达到高潮。

（二）职介类栏目特征

1．实用性的内容定位　此类栏目对收视人群的影响主要来源于内容的实在性，旨在为有意于求职者提供最新鲜的信息、最先进的技能和最有代表性的人物故事。一般来说，这类栏目主要完成三方面的任务：一是提供岗位或职位需求信息；二是求职的必要条件和策略；三是将职介内容加以娱乐化的包装。

2003年10月25日，中央电视台和智联招聘联合推出了一档60分钟的大型人才秀栏目《绝对挑战》。《绝对挑战》具有新颖的电视招聘形式：渴求贤才的知名企业提供真实的职业岗位，资深职业顾问、著名人力资源主管担任考官，经过初步选拔和面试的4位求职者，接受现场面试、职场实战等环节的考核，展现自己的职业才能，竞争诱人的职位，最终节目将揭晓谁获得了招聘岗位。同时，经过观众的投票选择，4名求职者中还会有一名幸运儿获得1万~2万元的培训基金。板块构成有：①"压力面试"，检验选手的基本素质与个性特征；②"实力作证"，考核选手在特定环境中的实际操作能力和自己特有的行为特征，检验选手的综合素质和组织能力、应急处理能力；③"人在职场"，测试的重点则是应聘者在职业生涯中每时每刻都会碰到的人际关系问题；等等。

2．对象化的受众定位　职介类栏目属于对象化节目，它针对的主要受众是求职者、创业者和用人单位。收视对象化的好处在于，可以将节目的到达率提高，从而放大传播效果，而这对于节目的广告招商是大有裨益的。在人力资本成为用人单位发展的核心竞争力，自我能力提高成为求职者、创业者事业发展的必需时，职介类栏目具有了厚实的群众基础，从而具有很高的收视率。

比如，《劳动·就业》栏目将收视对象定位于关心有关劳动就业方方面面知识与信息的电视观众，特别是那些需要或愿意重新择业的观众。黑龙江女性频道的《求职现场》则是一个有代表性的受众细分化的职场类节目，是一档为求职者特别是女性求职者提供自我展示的机会、帮助用人单位寻觅良才的服务性栏目。栏目将招聘过程中的面试环节搬上屏幕，通过竞赛的方式使优秀的人才脱颖而出，同时，通过话题的讨论和双方的对话，在求职者与用人单位之间架起更好的桥梁。

3．娱乐化和多样化的形式　对于大多数的职介类栏目来说，讲究节目的趣味性和故事性成为一种生存与发展之道。所谓趣味性，就是节目报道形式多样、好看；而故事性则强调精心设计节目的环节，注重悬念的运用。

就目前的情况来看，职介类栏目的形式正呈现多样化，一些电视人在节目设计中有意识地加入一些娱乐元素。如在《绝对挑战》中个人才艺的表演，而且这一节目中场外竞赛部分更像是"真人秀"，真实人物在特定环境中的展示是经过包装的，带有表演性。

（三）职介类栏目选介

目前影响比较大的是《职来职往》、《非你莫属》等栏目。

《职来职往》是由中国教育电视台一频道与江苏卫视联合制作的求职服务类栏目，一档节目在两个平台播出，首播于 2010 年 12 月 10 日。栏目设置 1 名主持人进行串场和节奏掌控；18 位"职场达人"即各行业的企业高管、人力资源负责人等对求职者进行面试考察；一名职业规划师"Mr. Job"独立于面试过程，对求职者进行现场辅导及点评。节目时长通常为 1 小时，4 位求职者依次进行面试，经历三关的考验：职场初体验、职业测评和争取时刻。通过选手的自我介绍，达人们进行初步判断；职业测评环节结合应聘者的求职意向进行专业化的题目考查，但因其电视节目的"职场真人秀"性质，考核环节设计更加侧重于表演性和娱乐性；最后一关"争取时刻"，求职者结合自身整场表现进行机会争取。

节目和真实求职的不同体现在对于选手"话题性"的注重，以及更加直观、简单的亮、灭灯设计上。节目中的几位达人也因其突出的个性和说话方式成为职场明星，提升了自身及企业的知名度。

《非你莫属》由天视卫星公司团队制作，在天津卫视的平台上播出，栏目定位为"大型职场真人秀"、"大型互动职场招聘节目"，首播于 2010 年 10 月 30 日。播出规模为每周 2 期，每期 3～4 位求职选手。栏目设置了主持人兼主面试官，进行节目整体掌控和与求职者的互动。另外设置了观察员，主要负责协调招聘者和求职者的沟通，并适当给予点评与建议。还有第二现场主持人，抽离于现场的互动场域，进行单独点评以及场外采访等。12 位企业高管组成的"Boss 团"对求职者进行考核，高管通过亮灯、灭灯的方式表达自己公司录用与否的意愿。节目设置的面试环节包括：第一轮的自我介绍及高管初步判断，亮、灭灯选择。这里赋予了选手一次对于最不感兴趣公司的灭灯主动权。第二轮"天生我有才"。高管们对求职者进行再一次的资质能力测评，如果有超过两家以上公司提供职位，主动权赋予求职者，他来选择最满意的两家。最后一轮"谈钱不伤感情"，所剩两家企业通过薪金竞争争取求职者。以上各个环节，如果亮灯企业数量仅有两家或更少，则直接进入单独企业与求职者的沟通录用环节。

为了体现节目招聘的专业性和合理性，节目组安排了应聘成功选手的"返场环节"，讲述自己工作现状等。因为节目中的企业是为自身招聘员工，高管们也通过招聘员工的过程宣传其企业文化和品牌，提升公司知名度。有时节目组会安排性质类似的企业来招聘，出现的互抢人才、辩论的局面加快了节目节奏，提高了节目的紧张度。

整体而言，《非你莫属》也存在一些问题，如节目组设置了很多可以点评的人员：观察员、第二现场主持人以及退出招聘竞争的高管等，造成节目有时会出现较为混乱的抢话的情况。

二、饮食服务类栏目

(一) 饮食服务类栏目概述

饮食服务类栏目就是围绕着饮食这一主题所介绍的饮食文化、烹饪技法、饮食消费等相关内容或以饮食为情境衍生出来的各种栏目。

早期的美食节目更像是烹饪教学片,内容和表现手法都比较简单。如今我国的此类栏目比起几十年前的确是有长足的进步。究其主要原因无外乎两点:一是物质生活水平的提高使得人们对饮食的需求层次也相应提高;二是电视人的制作理念随着大众需求产生了深刻变化。不论是从内容还是形式上,饮食服务栏目的制作都朝着多样化的方向不断进步。

1. **内容上,从单一性到多样性** 早期的饮食服务类栏目局限于烹饪技法的讲授与饮食常识的灌输,内容比较单一。如今的饮食服务类栏目服务种类异常丰富。北京电视台的《食全食美》更是一档美食全方位栏目。从"西餐我爱吃"再到"周末赛季饕餮夜",内容无所不包,它打破了地域的限制,让人们吃出花样更吃出情趣。

2. **层次上,从生活常识到文化内涵** 饮食文化是人们在美化饮食的过程中赋予饮食一定的文化的形式和内涵,使饮食摆脱物质的单一层面,升华为一种精神享受的文化形态。重庆电视台的《食在中国》不仅让观众领略到中华烹饪的精湛技艺,更体会到中华饮食文化的博大精深。

3. **表达方式上,从沉闷刻板到生动活泼** 如很多美食节目几乎都有美食侦探,他们带你走街串巷搜寻美食站点或就地取材来个美食游艺比赛。在这里,食物的风味似乎显得并不那么重要,而是这份愉悦的心情胜于饮食带来的快乐。

(二) 饮食服务类栏目特征

1. **实用性** 饮食服务类栏目的产生源于人们的需要,因此实用性是它服务大众的最基本的功能,也是这类节目长足发展的最朴素的理由。

2. **知识性** 现代人的饮食讲究科学,每类人都应该根据自己的身体状况合理地进行膳食搭配。饮食中具有很深刻的科学原理,这也给饮食服务类栏目提供了广阔的选题空间,可惜国内的饮食服务类栏目对此的挖掘远远不够。

3. **趣味性** 食是人的本能需要,也是一种文化,既是人类物质生存的必需,也具有社会的意义。因此,饮食除了健康营养,还要追求吃的情趣。从某种意义上来说,饮食也是娱乐的根源之一。

4. **地域性** 不同国家、民族、宗教的人的饮食结构大不相同。中国人口众多,饮食文化也相当发达,各地菜肴在发展演变过程中形成了许多流派。大家公认的几大菜系的形成和它的悠久历史与独特的烹饪特色是分不开的，同时也不可避免地受到这个地区的自然地理、气候条件、资源特产、饮食习惯等的影响，这样，饮食服务类栏目也大有文章可做。

（三）饮食服务类栏目选介及简评

中央电视台财经频道的饮食服务类栏目比较有代表性。

《味觉大战》第一季，是在美国的美食真人秀节目《味道》(The Taste)的基础上，由中央电视台财经频道与新雅迪传媒等共同制作的一档美食真人秀节目，第一季共11期。节目提出"'味道'是唯一的评判标准、'盲品'是唯一的评判方式"。导师团由3位美食领域的权威专家及人气明星担任，通过"盲品"方式分别选定4名队员，组成自己的团队，依期淘汰队里成员。节目特点首先是对于味道的专注，少了对于传统厨师技术的要求，来自各行各业的选手所做的菜品只要扣合每期节目主题如"苏醒"、"团圆"等，并且富有特色和创新性，就可以取胜，整体而言让厨艺更加日常化、生活化；其次是节目形式的特色，"一勺盲品定乾坤"，类似于歌手选秀类节目对于声音的专注，对于美食类选手的评价，只根据菜品味道来进行取舍，这样的形式还增加了节目的不可预知性，导师可能淘汰自己团队的选手。

《厨王争霸》是北京大陆桥文化传媒集团与中央电视台财经频道合作的美食真人秀的季播栏目。采取中外名厨比拼的形式，每期时长约1小时。中外名厨各4位成员，组成团队进行比赛。比拼紧张程度的制造首先是通过对于有限食材的选择。中外两方团队只能在节目组提供的食材中进行选择，依据主客场的情况，客方先选，选择完毕之后还要强迫对方接受自己的一种食材，并且强行取走对方的一种食材，这样的选择过程用到了双方的计谋战术，节目组的设计使得一方可能缺乏最基本的食材比如盐等，制造富有戏剧性的开局。其次是共三轮做菜的比拼。每一轮结束都要即时进行结果公布，并且伴随着即时性的奖励，如获胜方选择一种食材的特权，失败一方要接受惩罚，品尝一种奇怪的食材。再次是节目的镜头和剪辑方式。快速摇动的纪实镜头，配以比赛完毕之后对于当事人的采访，这样事后点评与身临其境的双重设计，让观众更容易被带入比赛环节之中，了解比赛情况，另外，整期节目配乐节奏紧张，镜头有时会专门捕捉一些团队内部的冲突等情节来增加紧张感。

节目营造紧张感之外，还有意突出中外文化比较和交流的特点，场内比拼的环节常配以主厨在场外体验当地文化的独立情节，类似于旅游节目，带着观众了解当地的饮食特色与特产。另外，比赛过程中也有意突出不同文化背景下成员间团队配合的特点。

虽然我国的饮食服务类栏目较之以前发生了许多可喜的变化，但由于发展时间不长，缺乏经验，还存在着很多的不足。比如，一些饮食服务类栏目内容单调，在栏目编排上缺乏变化，突出表现在"就食说食"、就事论事的层面上，似乎饮食服务类栏目的目的就是教人如何吃、去哪吃，不能深入挖掘饮食的文化和娱乐功能，可视性差；主持人的言语乏味，对所在栏目缺乏深入了解。我们不奢望饮食服务类栏目的主持人都是饮食文化专家，但在对每期栏目的主要内容有基本的了解的基础上有所深入，不要只会说"好吃"、只会品尝。

可以预计，随着观众的审美水平和要求的不断提高，未来的饮食服务类栏目会朝着更加专业化的方向发展，它的服务层次会更高，娱乐性会更强，个性化的表达会更丰富。

三、房产家居类服务栏目

（一）房产家居类服务栏目概述

所谓房产家居类栏目，实际上包含了两大方面的内容，即房地产和生活家居，房产方面包含房产和地产两部分，家居方面又包含了城市和农村两大部分。地产节目主要是对最新出台的地产信息以及相关政策的介绍分析，重大城建规划、地产界突发事件跟踪报道剖析，有些栏目还包括对地产界精英人物的访谈等；房产节目主要包括楼盘推介、楼市信息、购房指南、现代经典建筑欣赏、对消费者在房产方面的疑问或投诉的解答，以及置业理财、相关政策法规、二手房交易等方面的信息；家居类主要包括居家装饰装修、家私信息等。

房产家居类服务栏目产生时间较晚，但随着人们对住房和家居布置的关注程度和审美需求的提高，电视媒体意识到引入房产家居方面的节目的必要性，目前这类电视栏目已经在全国多数省级电视台存在。例如，广东电视台公共频道《置业安居》、重庆电视台《家住重庆》、河南电视台经济生活频道《房产超市》、辽宁电视台经济生活频道《家居服务》、江西电视台公共频道《第一地产》、广西电视台生活频道《广西房地产》、甘肃电视台都市频道《置业安家》、天津电视台经济生活频道《聚焦房地产》、内蒙古电视台经济生活频道《内蒙古房地产报告》等。更多的房地产节目作为综合服务类栏目中的一个板块存在于众多的电视媒体之中，例如，凤凰卫视《完全时尚手册》中每周二播出的子栏目《我的家》、上海电视台生活时尚频道《生活在线》栏目中"住"的板块。国内的有些节目也已经发展得较为成熟，甚至成为电视台的一个品牌节目。

总体来说，房产家居类服务栏目主要包括了杂志类和专题类两种类型。如广东电视台的《置业安居》栏目包括了地产资讯、构筑经典、家居时尚、地产聚焦、置业连线、置业导航和特别节目几个板块，是比较有代表性的杂志类栏目，而更多的是专题型服务栏目。

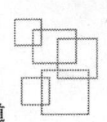

（二）房产家居类服务栏目特征

1. 实用性 是指栏目本身在播出以后对目标受众有一定的实际指导价值，让消费者在观看节目以后能够增加在这方面的知识积累，而且能够在生活中运用到节目中的某些知识，使其对能够比在欣赏节目前在该方面有一个更加全面和充分的理解，进而实现节目的终极目标，即服务于受众。

2. 真实性 是指栏目中所提供的信息必须是经过实践的论证确定无误的，不能给受众以误导。相对于其他服务类栏目来说，房产家居类服务栏目更需要科学谨慎的态度，因为房产家居不仅是人的基本生活需要，还是绝大多数人生活中投入最大的消费项目，与老百姓的生活关系格外重大，也正因为如此，人们对购房方面的关注程度可能要远远超过购买其他商品，这就要求房产家居类服务栏目的创作人员一定要有严谨科学的创作意识，把真实权威的信息传达给受众。

3. 专业性 相对于其他服务栏目来说，房产家居类服务栏目对专业性的要求更高。大到生态环境、住房结构设计，小到面积计算、房屋装修，都需要非常专业的知识，这就要求房产家居类服务栏目充分借助"外力"，将专家请进栏目，以此来保证栏目的科学性、权威性和真实可靠性。

（三）房产家居类栏目选评

中央电视台财经频道《交换空间》栏目是一档贴近普通电视观众，以倡导自主动手、节俭装修为理念的服务类节目。所有将要家装的、正在家装的、已经家装的，热爱生活、热爱家庭的人群都是其收视对象。

节目时长60分钟，主持人为王小骞。

在每一期节目中，都会有两个勇气可嘉的家庭出现。他们将提供出自己房屋中的某一房间，在装修团队的帮助下，互换空间进行装修。简单地说，就是你给我家装、我给你家装。在这次装修挑战中，他们只有48小时时间以及8000元有限预算，如何在规定时间、有限预算内完成装修任务，成为节目最大看点。

栏目在保障观赏性的同时，提供装修知识、家装创意、家装常识，让所有的电视观众重新认识家庭装修的乐趣，推广绿色环保装修，同时促进人与人之间的理解、和睦相处。

栏目有以下特点：①节目资源丰富。家庭选手和设计师通过大量报名来实现，家庭空间的多元化以及不同地域的气候可使节目更加丰满（如儿童房、书房、阳台、庭院等）。②特别节目的研发也具有较强延展性。在节庆假期可以尝试年度装修大赛、设计师之夜、家装大回放等节目形式，创造新的收视高峰。③操作可控性强。记录真实的装修过程，省去了演播室的环节，全部采用外景拍摄，在48小时内，在有限的空间，节目的可控性和操作简便性极强。

我国现阶段的房产家居类服务栏目尚处于初级阶段,存在许多问题,如信息量不大、专业性不强、可视性不高等,都是显而易见的。尤其某些栏目背离了生活服务类栏目"平民化"的宗旨,也脱离了绝大多数老百姓的实际生活水平,求奢求华,已经招致批评。

但是,受众的需要是栏目发展的最根本源泉,房产家居已经进入普通百姓的消费生活,并日益成为广大群众每天都要面对的问题。相信经过一段时间的摸索和经验的积累,现阶段优秀的房产家居类节目的质量会有一个大的提高,我们对此类栏目的期望应该会有一个良好的结果。房产家居类节目和频道也为国内相关节目的发展和成熟提供了实际有效的参考和借鉴。

四、旅游服务类栏目

(一)旅游服务类栏目概述

旅游服务类栏目是指为人们休闲娱乐提供旅游信息与服务,介绍历史地理文化知识,给观众以性情愉悦的栏目。

我国的电视旅游栏目出现得较晚。《祖国各地》是我国较早播出的旅游节目,它是作为国庆29周年的献礼栏目,于1978年9月30日开播的,该栏目主要介绍我国的山川风光、名胜古迹、民族风情,以此传播地理、历史、文化知识。1986年《祖国各地》停播,1988年5月恢复播出,每周2期,加大了信息量。1997年确定由"城市年轮"、"旅游探奇"、"中国一绝"3个板块组成,每期时长30分钟。

进入20世纪90年代后,各类旅游栏目和生活类栏目中的旅游板块开始增多。中央电视台陆续开办了《世界各地》、《走遍中国》、《华夏掠影》、《旅游黄金线》等旅游类节目。另外,还有大量的旅游板块或具有旅游元素的栏目,前者如《为您服务》中的"旅游风向标"、后者如《正大综艺》等。各地方台也纷纷办起特色旅游栏目,尤其是那些旅游资源丰富的省份,如北京电视台的《四海漫游》、《好山好水好心情》,江西卫视的《新旅游》,甘肃卫视的《时尚旅游》,新疆电视台的《走进新疆》,云南电视台的《走遍云南》,山东电视台的《走四方》,等等,几乎每个省份的电视台都有自己的旅游栏目或节目。甚至一些经济发达地区的市级台也办起了旅游节目,如惠州电视台的《旅游》。海南卫视则于2002年1月正式更名为旅游卫视,倾全台之力,不仅把旅游节目的规模化播出做到极致,更充分利用了旅游这张牌,使旅游卫视家喻户晓。从十几年来的实践看,效果不错,这也成为我国第一个省级专业台,其启示和借鉴意义不可小觑。

从目前各类旅游栏目来看,基本上有三种类型:一是观光型,即整个栏目以纯粹的风光欣赏构成。如早期中央电视台的《祖国各地》及后来的《请您欣赏》、重庆电视台曾经播出的航拍《新重庆》等，都可以归入此类。二是实地旅游型。这是较为普遍的一种旅游节目的表现形式，采用演播室录制、主持人串场与外景拍摄相结合的方式，由主持人、嘉宾或特约观众表达其亲身体验的所见所闻及感受，为观众营造身临其境的感觉，注重给观众提供更实用的信息。如2004年2月3日，中央电视台经济频道《为您服务·旅游风向标》播出的大型系列片《向北·向北》就是采用这种形式。该节目以自驾车旅游的方式，向观众介绍纵贯七省（市）的旅游线路——从陕西省咸阳市国家授时中心出发至我国的最北端黑龙江省漠河的北极村，沿途介绍各地的文化、风光、民俗、娱乐项目等，为观众提供第一手的旅游资讯服务，推荐新鲜的旅游设施，起到一种很实用的导游作用。三是"真人秀"型。这类节目吸收和选拔观众亲身参与旅游并设立奖励项目，如2004年7月，中央电视台原西部频道《旅游黄金线》的体验式旅游节目《体验中国》，通过最时尚的旅游方式推选出"中国最会玩的人"，类似的还有陕西电视台的《勇敢无畏》、江苏电视台的《勇者胜》等，此类栏目充分发掘旅游的娱乐和冒险刺激元素，具有较强的可视性。

（二）电视旅游节目特性

电视旅游节目作为服务类栏目的一种，有其独特性，主要表现在以下三方面：

1．实用性 旅游节目的受众可以分两类：一类是为了出游，想通过节目得到一些有价值的实用信息；另一类则纯粹为了观赏。事实上，前一类观众占据了旅游节目受众的绝大多数，所以，实用信息对他们来说是最重要的。这一点恰恰是我国的电视旅游节目比较薄弱的环节，往往是主持人自娱自乐，带着观众痛痛快快地玩了一场，但最后观众连怎么到达哪里都不知道。

实用性体现在节目制作的各个环节，从节目内容到包装、宣传等方面都可以体现出制作者贯彻实用性原则是否彻底。旅游节目区别于一些科学纪录片的根本所在就是观众可以亲身体验，观众通过节目的介绍对某个地方产生向往，并对相关的交通、食宿、景点门票、气候等旅游者所欲知的内容有较清晰的了解，这就要求节目尽量给有旅游意向的观众提供有价值的出行参考。

2．审美性 对象的美带来画面的美。旅游节目自身的特性决定了审美性是它与生俱来的本质属性，大自然的绚丽多姿为旅游节目提供了无穷无尽的美丽画面。无论是哪一类的旅游节目，都离不开大自然的鬼斧神工，这对摄像人员提出了较高要求，要充分利用镜头让旅游节目具有强烈的观赏性，给电视受众带来视觉冲击力。

3．知识性 名胜古迹是旅游节目选题的重要部分，而这些名胜古迹蕴含着丰富的人文资源，旅游节目自然承载着名胜古迹的历史与人文知识，所以，旅游节目的知识性与旅游节目的服务性是相辅相成的，知识性内容往往自然地融入节目当中，观众在游览名胜古迹、历史文化名城中，潜移默化地受到知识的熏陶。如中央电视台的《走遍中国》实际上就是一档具有相当文化韵味和厚度的旅游栏目，它经常将专家请进演播室，与主持人一起结合节目的内容，就相关的历史文化知识进行讲解，观众也在欣赏美景的同时，学到了文化知识。

（三）电视旅游栏目简评

旅游是与社会的发展水平和人们的生活水平密切相关的，而我国30多年的经济发展，已经使旅游日益进入生活，而且经济越发展，社会越进步，物质生活越富足，大众对于旅游的兴趣也就越浓厚。在这个意义上，旅游栏目的发展前景广阔。

在看到旅游节目良好的发展前景的同时，我们也应注意到旅游节目的时代性。现在的旅游节目早已不能停留在风光片的层面了，旅游对其他电视节目的嵌入与融合，旅游的内容与其他节目形态的结合，旅游节目日益增强的服务性和文化品位，这些都值得电视工作者思考和研究。

五、医疗保健栏目

（一）医疗保健栏目概述

狭义上的医疗保健栏目指医疗节目，即就病论病，通常邀请医学专家介绍讲解各种医学常识、疾病的预防以及平日的保健卫生。广义上的医疗保健节目除了狭义上的含义外，还包括优生优育、健身、美容、养生等。

狭义的医疗保健栏目较多，近年更有成为热点之势。此类栏目有：央视财经频道的《健康早班车》、中文国际频道的《中华医药》、科教频道的《健康之路》，北京卫视的《养生堂》、《我是大医生》，北京电视台生活频道的《健康生活》，上海广播电视台新闻综合频道的《名医大会诊》，旅游卫视的《健康365》，江苏电视台城市频道的《万家灯火》、体育休闲频道的《健康解码》，等等。

比如，《养生堂》是北京卫视的日播养生栏目，现首播于每日17：25，时长60分钟左右。另外，精编版在每日6：20播出，时长为35分钟。此节目自2009年1月1日开播，在2011年由北京科教频道转到北京卫视播出。《养生堂》节目提出的宗旨是"弘扬国医文化，传播养生之道"，通过医学、养生专家的专业解读，为观众提供一些日常实用的养生健康知识。节目主题设定参考传统中国养生学"天人合一"的观念，加入了二十四节气等时间点设计，给予观众当下生活一些健康指导。

节目形式主要分为三类：其一是健康讲堂形式，邀请与一期节目主题相关的专家、学者，主持人作为主要的提问者和专家进行互动，并和现场感兴趣的观众进行互动，讲解有关主题下的知识；其二是场外的采访，由外景记者采访医生、专家等，就某一具体健康问题进行请教,并配以路边或者随机的观众采访,就观众主要的疑问或者误区向专家咨询;其三是在录制现场结合节目主题,邀请相关嘉宾达人,讲述自身的养身体会,并设置几位专家组成的"专家会诊团"进行专业点评和讲解。

为了增加节目的趣味性和接受度,节目加入了现场实验、图表讲解、影像资料播放等方式。

随着人们生活水平的提高,养生类栏目越来越多,而这类栏目的内容丰富,宣传一些健康新理念,进而影响观众的生活方式和生活习惯。

(二)医疗保健类栏目特征

1. 科学性 医药是人命关天的大事,不容许有丝毫的马虎,尤其电视是影响巨大的大众传播工具,如果内容把关不严,以讹传讹,其结果不仅是败坏电视台和栏目的声誉,甚至直接危及患者观众的生命健康,因此,医疗保健类栏目最基本的特征就是要有高度的责任感,用科学的标准来制作节目。

2. 仁爱性 "仁者,爱人",仁乃医之本,无论是面对那些渴望救治的患者观众,还是期待健康生命的普通观众,医疗保健类栏目都必须提供足够的慈心与关怀。不仅演播室要设计得体现温馨与关怀,而且主持人也要富有亲和力,给人以信任感,更重要的是真正从内心理解观众、理解甚至同情患者,想他们之所想,急他们之所急,体现出救死扶伤的人道主义精神。

3. 廉洁性 我国是一个人口众多的大国,社会的医疗保障体系又不很完善,而对医药的需求迫切多样,这无形中就形成一个巨大的医药市场,自然也就带来了良莠不齐甚至虚假欺骗的问题,这对医疗保健类栏目也是一个重大的考验。

而且,由于栏目所涉领域的特殊性,一些不健康的内容会趁虚而入。一些医疗机构在广播电视医疗资讯服务节目中,隐含保证治愈内容、夸大诊疗效果、利用专家和患者名义做证明等内容来误导患者。一些电视购物公司在电视购物节目中夸大产品功能,特别是一些丰胸、减肥产品,以消费者使用产品前后形象做对比,使用不科学的表示功效的断言,保证使用效果,这些问题损害了消费者合法权益,影响了广播电视媒体的社会公信力。2006年7月,国家工商行政管理总局下发通知,要求将违法药品、保健品广告作为打击重点,工商总局、广电总局下发了《关于整顿广播电视医疗资讯服务和电视购物节目内容的通知》,都可以看出此类问题的严重性。其实,早在2004年8月国家广电总局就已经认识到电视医疗广告混乱局面的危害性,并向各省、自治区、直辖市广播影视局(厅)发出通知,要求进一步加强广播电视广告内容管理。通知要求各地广播电视播出机构要在2004年8月25日前,对本机构所播广告内容进行全面自查,坚决制止电视广告。同时要求广告格调不高的应撤换;丰乳广告避开未成年人;暂停播放各类性病、牛皮癣、艾滋病、癌症、癫痫、乙型肝炎、白癜风、红斑狼疮等医疗广告及其

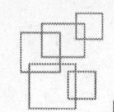

医疗专栏节目。

正是有了官方对医疗服务类广告的严查严惩，加之大众传媒的自律，从而为医疗保健类节目的健康发展打下了坚实的基础。对于医疗保健栏目来说，廉洁自律乃立身之本。

（三）医疗保健栏目选评

以央视财经频道《健康之路》栏目为例，对此类栏目做一简评。

《健康之路》栏目自1996年7月6日开播以来，以其知识性、服务性和客观性受到广大观众朋友、医疗机构和医药企业的关注和喜爱。由于栏目聘请的主讲大夫都是全国各大医院的著名医学专家，所选的专题又是大众最关心、最希望了解的病种，因此，栏目不仅具有普及性、可信性，而且具有了相当的权威性和指导性，给人以亲切感和信任感。事实上，该栏目采用直播的方式更增强了节目的现场感，同时，通过系列书籍的出版，拓展了品牌影响力。另外，每年适时推出的大型系列活动，也体现了栏目操作理念的成熟。

《健康之路》以开阔的健康视野、更新的卫生理念，倡导科学的生活方式，为观众传递健康，使观众认识健康、了解健康、把握健康、拥有健康。

《健康之路》现播出时间为周一至周五18：00首播，次日8：15重播，每期约为50分钟。栏目定位为日播医学科普类节目，提出的口号是"健康之路，医生天天来帮助"，栏目形态设定为："医案故事化呈现，医理权威性解读。"改版后的《健康之路》节目设置一名主持人，两位其他行业的著名人士作为嘉宾，一位专家进行专业讲解，100位普通观众参与现场答题。节目就某个健康问题设计类似于益智类节目的答题环节，100位观众现场进行答题，作为百姓的普遍认识提供给专家进行点评，两位嘉宾参与答题，但比普通观众拥有更多的表达机会，解释自己的观点，讲述自己的有关经历。遇到一些可以现场演示的问题，另一位医学博士会做现场演示。答题设计相较于一般的健康讲座形式，增加了观众的参与度和趣味性。

总体而言，我国的医疗保健栏目是深受观众尤其是有着求医问药需求的观众欢迎的栏目，大部分栏目也赢得了观众的信任，在情感关怀中体现出科学性、仁爱性和可靠性，但也存在着诸如隐性广告、选题比较狭窄、权威性和针对性不强等问题，仍然需要改进。

第四节 电视生活服务类栏目的问题和发展趋势

生活服务类栏目是目前许多电视台都下力气抓的领域，但总体而言，许多栏目都是虎头蛇尾，无论从收视率还是观众满意度上都有很大的遗憾，需要反省总结。

一、生活服务类栏目的问题

（一）服务分类不科学

目前，我国电视服务类栏目多以综合类为主，对服务对象的细分化做得不好。正是由于分类不科学，导致一个频道有几个同类的服务栏目，一方面分化了既有的受众，另一方面影响了潜在受众的开发。

如此，直接后果就是服务对象空泛，针对性不强。几乎所有的生活服务类栏目都标榜自己"服务大众"，但恰恰这个"大众"是非常空泛而不可把握的，所以节目做出来面面俱到又面面不到，这就需要将"个性化"服务提上来。

在分类服务方面，实现收视对象化的典型节目是《天天饮食》和《健康之路》，前者针对家庭主妇，后者主要针对病患人群。目前这样定位明确的电视服务节目还是偏少。

这有点像"观众点播"，生活服务类栏目不妨也设立这样的板块，细致地针对某一具体问题来做节目。这样，虽然就某一期节目来说可能很琐碎，但连贯起来就有了系统和全面的服务。

比如，《为您服务》的《法律帮助热线》，每期解决一个法律疑难问题，日积月累就是系统的法律知识，而且还每期都有非常明确的针对性。而《星空卫视》的《星空妙管家》，目的性就很明确：生活小窍门、小技巧、小制作，收视对象明显就是家庭妇女或全职太太，非常具体而亲切。

（二）单一化

目前，一方面，中国电视服务节目总体呈现品种单一、形态不丰富的特点，主要以杂志型为主体。比如央视财经频道的《生活》收视率高，各省市一批综合性信息整合型的电视服务节目跟风而上，从而出现节目类型化的特点。另一方面，由于电视工作者工作强度大，在办公室的时间远远多于花在日常生活上的时间，从而也影响他们的节目质量。另外，电视服务节目的电视呈现不活跃，没有更好地使用视觉语言。写字板等道具的使用不足，字幕的运用也不充分，弱化了电视的传播效果。

我国电视生活服务类栏目涉及的领域还是有限的，大多集中于气象、饮食、服饰家居和健康等领域，而且在同一领域中，节目的同质化现象严重。

（三）表层化

所谓表层化，是指对实用信息加工不够甚至不进行处理而直接搬上屏幕。

比如，有的家居栏目，15分钟的一个"家居装修"板块只是反复播出哪里有装修建材卖、价格多少，这与广告已经没有什么区别，而且信息的深度根本不够。我们需要的不仅是这类简单的信息，至少还要知道现在流行的是何种装修材料，哪种适合我的家居，不同居室应该选哪类材料，怎么设计，如何最实用美观又节省，有无设计单位，最方便的购买途径是什么，等等。

这在单一专业型的栏目中表现得尤为突出。比如，谈"吃"就是如何做菜、如何好吃，好像离开了口腹之欲就没有了别的；谈"住"就是"家居"，好像"住"就是待在家里。

如果打开思路和视野，"吃"完全是一篇大文章，从营养到保健，从食文化到名人趣闻，从吃的东西到吃的用具，从中西餐的不同到进餐礼仪，等等，这就上升到饮食文化的层面了。

（四）呆板化

客观地说，相对于其他类栏目来说，服务类栏目的娱乐性可能是最差的。大多数栏目思路狭窄，制作拘谨，技术手法单调，如饮食类服务栏目的"一间演播室、一个人、一套灶具、一种菜、一个拍摄角度"是常见的现象，这样的节目可视性不言而喻。虽然近年来这种情况有所变化，如增加明星嘉宾、引入竞赛方式等，但总的来看，形式仍显单调，可视性还有较大提升空间。

二、生活服务类栏目的发展趋势

（一）从物质生活向精神生活扩展

对消费信息的传达，对物质生活的服务，是现在生活服务类栏目的主要内容。相对其他媒体的同类节目，探讨人的情感、说生活的内容很少，更没有专门的类似广播的《心理咨询》、《情感热线》之类专门关注和提供情感、精神生活的栏目，使得生活服务类栏目的人文色彩相对贫乏。

生活服务类栏目应该成为观众的朋友，成为观众可以倾诉的园地，而不仅是你播我看的消费信息汇总。

（二）农村成为生活服务类栏目的关注对象

从广告经营的角度，服务节目大多瞄准"三高"（高学历、高收入和高层次），而从社会效益的角度，我们的服务节目还应该多关注农民。而且事实证明，这同样会取得成功。如央视军事·农业频道（CCTV-7）《致富经》栏目，秉承"传递致富经验，更新致富观念"的宗旨，报道了大量的致富信息、致富典型人物、典型事件，为观众创造财富提供了许多有价值的参考。《致富经》设有三个板块：①"闯天下"。报道老百姓身边的"致富明星"，以农民的创业经历、经济生活或经营涉农产业或城市人的创业经历、经济生活为题材，讲述一个具有时代感的财富故事。②"经济视野"。及时报道涉农经济热点事件和现象，也报道各地发展区域经济、县域经济、特色经济及农业产业化经营等的一些创新做法和经验。③"名人本色"。从百姓视角解读中国涉农商界风云人物的事业经验，理清产业脉络，洞悉产业发展趋势；选择涉农商界名人，是因为他们是行业里的领军人物，他们的成功失败会影响业界的产业格局。

面向农村、农民、农业的服务栏目大有可为。

（三）娱乐化

受电视娱乐风影响，也是出于栏目生存的考虑，现在的生活服务类栏目更多地注入了娱乐化元素，这表现在两个层面，一个是整个节目形式的娱乐化，另一个是栏目部分板块的娱乐化。

如央视的收藏品鉴定节目《寻宝》，以百姓大众化的收藏品为对象，采用演播室现场鉴定的形式，内容有藏品展示欣赏、收藏趣闻轶事、专家鉴定评述、观众竞猜藏品价格等。节目通过宝物这个载体，利用收藏者与鉴定专家面对面地交流，发掘宝物所折射的深厚的历史文化内涵，使收藏鉴定内容自然有机地融为一体，使观众在了解收藏知识的同时，明晰投资理财的新趋势。《寻宝》节目突出强化观众参与、全面互动。参加《寻宝》现场节目的持宝人拿出自己心爱的藏品，让观众大开眼界。持宝人、专家和现场观众共辨真伪，判断价值。节目轻松活泼，每一件藏品的鉴定都是一次专业知识的积累和令人兴奋的体验。

（四）地域化与社区化

由于我国幅员辽阔，民族众多，风土人情也异彩纷呈。从这个意义上说，生活服务类栏目也应有地域上的区别。

随着城市化进程的加剧，人们的日常生活会呈现社区化的特点，受众更需要的是贴身服务的电视节目。

所以，如何在服务栏目中注重地域化，给观众带来更贴近的服务内容，具有针对性又亲切感人，应该是生活服务类栏目应该考虑的。

三、国内主要生活服务节目选介

（一）中央电视台《升级到家》

作为《交换空间》的特别节目，季播的《升级到家》，每期40分钟，节目口号是

"智慧答题,幸运升级",主持人到普通百姓人家进行录制,类似于益智类节目的百科知识题目设计,通过答题获得家具和家电的免费升级。所到一家会进行最多两轮的考验,第一轮一名家庭成员负责答题,3题2胜,有一次求助家中亲友的机会;如若通过,得到第一件升级的家具或电器;第二轮类似,5题3胜,一次求助电话和网络的机会。答题风险是如果回答失败,节目组带走家中待升级的旧物。一期节目通常会穿插一段"街拍游戏",对于随机路人进行答题游戏,如果答对,路人可以获得相应的旧物升级。这个特别节目的新意在于结合益智答题与普通生活场景,百姓家场景的不断变换,没有了演播室的固有形态,街拍答题同样因为参与观众而很灵活。答题的风险与奖励带给观众游戏般的趣味性。

(二) 北京电视台《生活实验室》和《生活面对面》

《生活实验室》是北京电视台生活频道的周播栏目,每期节目时长为60分钟左右,节目的宣传语为"百闻不如一见,生活充满实验"。节目通常的环节设计为外景记者通过街拍或者采访将问题引出,回到演播室,两位主持人在相关领域专家、教授的指导下,进行相关的现场实验,而几位观众代表则在现场进行体验。节目所选话题通常借鉴最新时事新闻中关于民生的问题。节目设置"百姓实验员",带着自己实际生活的问题到录制现场,通过专家的指导实验帮助今后生活的判断。节目特点首先是科学性与功能性,对于问题的判断最主要的途径是化学实验等方式,有具体的科学依据,而观众可以从中学到很多经过验证的生活常识。其次是节目的娱乐性和互动性,避免单纯说教的科学讲解,通过观众代表的直观体验、现场实验的方式,增加了节目的参与度与趣味性。

《生活面对面》也是北京电视台生活频道的一档节目,周一至周五每晚8:00播出,每期节目约25分钟。《生活面对面》是演播室深度访谈节目,栏目内容立足北京,将典型新闻事件或人物进行故事化整合,深入透视现代社会不同人群的心灵状态和生活状态。节目设置一位主持人,邀请相关社会问题的研究专家或嘉宾,邀请当事人参与节目讨论,并固定有几位观众代表参与节目讨论。现场既有对当事人的采访,也加入嘉宾抽离现场进行独立的评价与解读,另外,如果需要,外景记者会将现实实景的拍摄提前录制完毕,提供给讨论现场。

第五节 专业生活频道概述

所谓专业生活频道,就是以生活服务类栏目和节目为主要内容的专业频道。

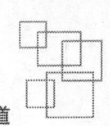

一、国内专业生活频道概况

（一）发展历程

确切地说，国内大量的专业生活频道的出现是在 2001 年，它是随着频道专业化的改革进程逐步发展起来的。通常是各地对原先的有线生活频道进行资源整合、再调整后建立的面对本土受众的地面频道。由于面对本地受众，一般以提供生活资讯、服务信息为主要节目构成，它的发展基本可以分为三个阶段。

1. 节目构成以生活资讯为主，但没有一个专业呼号的频道定位　在这个阶段，节目定位是先于频道定位的，也就是说，在节目上已经有种自觉的分众意识，抛开国计民生等硬性题材，选择和普通老百姓生活息息相关的内容为切入点。但这种自觉意识只是小范围的，并且没有一个稳定的平台得以发展，因为在频道专业化改革之前，所有的无线频道和有线频道都是分开的，而电视台频道之间仅仅以数字来区分，受众也只能通过收看节目而认识频道，并非根据频道的定位有选择地收看节目。因此，频道还只是一个播出载体。

2. 专业生活频道在建制上确立，但一般依附于经济、文化等主定位　由于已经有第一阶段时积累的节目制作功底和较为广泛的节目资源，生活频道成为中央、省级、地方各个级别的电视媒体都会开办的电视频道。这个阶段可以说是专业生活频道大量出现、确立、发展的时期。但是，无论是中央级的生活频道还是大量的地方台生活频道，都没有真正达到足够量的专业属性，节目构成基本沿袭了过去的体系，节目的专业含量远未能与专业生活频道的定位匹配，加上本身定位的双重性，往往是跟随在经济、文化、科教等主定位之后，在节目设置上就含糊不清，更缺乏整体的营销理念作支撑，整个频道缺乏特色，没有亮点的龙头节目，更谈不上品牌效应了。

3. 专业生活频道的品牌意识凸显，提炼特定运作理念完成专业属性　正是由于第二阶段大量并不专业的专业生活频道非常雷同，在众多频道中毫无特色可言，一些具有前沿意识和创新精神的生活频道已经自觉地提炼出符合自身特性和地域色彩的运作理念，用理念的专业性弥补节目专业含量的欠缺。虽然目前做到这些的专业生活频道还属凤毛麟角，但已经初具锋芒，让人耳目一新。最具代表性的是上海电视台生活时尚频道和北京电视台生活频道，虽然这两个专业生活频道享有各自天时、地利、人和的先天优势，在具体的运作理念上有很大差异，生活时尚频道主打"时尚"概念，倡导一种时尚的生活方式；生活频道主打"平民"视点、市民趣味，用贴近京城百姓作为频道的主导理念。然而，二者在打造品牌、频道营销上不谋而合，并且这种思路对国内大量的专业生活频道具有很强的参照意义。

（二）专业生活频道的类别

1. 按照节目构成划分　专业生活频道一般是非上星频道，因此它主打的目标受众是本地的受众，侧重的节目内容也是紧贴百姓生活，以指导消费、提供服务信息为主。从目前全国范围内的专业生活频道来看，一般有两大类型：

第一类是以经济为主导，涵盖生活服务消费。如前中央电视台二套经济·生活·服务频道，浙江电视台经济生活频道，福建电视台七套经济生活频道，内蒙古电视台经济生活频道，辽宁电视台经济生活频道，等等。

第二类是纯粹提供生活服务节目，设计某一主导品牌意义，串联整个频道的内容。如北京电视台生活频道主打本土社会新闻和普通百姓生活，上海电视台生活时尚频道主打时尚流行。

2. 按照受众分类　根据专业生活频道的受众面可以分为两种类型：

第一类是面向全国受众。央视财经频道是目前国内唯一一家上星的专业生活频道，它的受众面为全国范围内的受众，而且频道以经济为龙头，兼带竞技益智和服务消费，分别针对不同层面的受众。

第二类针对本土受众，在特定区域内运作。如北京电视台生活频道、上海电视台生活时尚频道等大量地面生活频道都是在本地区内播出节目。

二、专业生活频道的问题和对策

（一）专业生活频道的问题

由于生活是一个很宽泛的概念，这恰好与专业频道应该具备的专业属性相抵触，从目前国内的专业生活频道运营的情况来看，先天后天的原因都给专业生活频道带来了很大障碍，其发展瓶颈包括四大类。

1. 专业含量的欠缺　目前国内的大多数专业频道还只称得上是准专业化频道，仅仅靠几档专业含量较高的栏目来支撑频道的专业属性。从整个频道上来讲，缺乏有机的组合，还没有上升到一个完全自觉的专业频道。关于电视专业化频道的定位方法主要有两种，一种是根据节目内容的不同来区分和定位，另一种是根据受众群体即收视对象的不同来区分和定位。目前国内绝大多数专业频道都以节目内容来定位，例如财经频道、影视频道、体育频道。

专业生活频道基本属于后者，也就是说它的目标受众应该是关注生活、服务、消费的都市人群，他们注重生活质量并且具有消费能力。然而目前国内专业生活频道在专业属性上还远远满足不了这些受众的收视诉求，因为频道专业化并不是像节目改版那样仅仅涉及内容的更新和变化，或者简单地把同类节目或相近栏目编排在同一个频道，其实

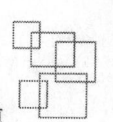

频道专业化划分要复杂得多，它必须在市场调研的基础上，以不同受众的不同需求作为依据，真正做到根据重点收视群体的需求来制作、购买和编排节目，进行频道规划设置，努力实现电视市场的细分化与有序化。尤其是对于专业化频道来说，由于收视对象已经分众化与窄播化，必须定位准确、特色鲜明，才能使目标受众群形成稳固的收视习惯。这样，尽管专业化频道的受众面缩小了，但由于满足了受众市场的多层次性和欣赏趣味的多样性，受众的注意力、忠诚度与满意度都会有大幅度提高。

2. 频道定位多重性 专业生活频道不像新闻频道、体育频道那样有很高的节目专业性，它的定位比较涣散，基本上是一个小型综合频道。版面的节目构成比较庞杂，有纪实类节目，有电视剧，有游戏综艺类节目，有财经节目，等等。以资源最为丰富的原中央电视台二套（CCTV-2）来说，"经济·生活·服务"的定位曾经给频道带来了很强的竞争力。在20世纪90年代以前，由于技术上的"开路"优势，CCTV-2一直作为CCTV-1的辅助和补充，是中央电视台仅有的两大综合频道之一。1996年7月，CCTV-2在原有的《经济半小时》等经济类栏目的基础上，集中推出了《中国财经报道》、《生活》、《企业家》、《金土地》、《商务电视》、《世界经济报道》等栏目，形成了以经济为主体框架的综合频道格局。2000年7月，它再度改版，《对话》、《开心辞典》、《幸运52》等栏目一炮打响并迅速走红，全新定位下的"经济·生活·服务"频道为新世纪的中国电视成就了又一道新的风景。

时至2003年，我国电视发展逐渐显现出一种新的态势，多频道时代不容置疑地到来了，频道资源已经不再稀缺。财经频道定位模糊，频道形象含混，要想扩大成长空间，要想保持持久活力，必须靠"整合"。2003年春，原来的《中国房产报道》、《互联时代》、《清风车影》三个栏目打通合并为一个栏目《前沿》；原来的《商务电视》改版为《经济与法》。"整合"的效益马上在广告经营上得到了显现，随后新版推出的财经频道是以经济资讯为核心内容，具有专业特色的服务频道。这样一种"大经济观"的理念也是针对财经频道长期以来影响力较高而收视率低迷的矛盾所采取的策略。

而目前国内大量生活频道都没有强大的资源支撑特定的定位，为了争夺受众资源，往往需要依托高收视的节目来吸引受众。因此，即便是纯粹的生活频道都难以有一个符合专业化的频道定位。事实上，还有大量的地面生活频道都是依附在经济、文化等主定位之上的。

3. 节目供应量不足 对一个电视频道来讲，具体节目的设置是其频道"专业"最直接、最可触摸的体现。一个专业频道能否成功，与它拥有什么样的节目非常有关，这包括频道的栏目内容设置和板块串联结构。一旦确定频道专业方向，所有的节目，从新闻到栏目到电视剧，一切就要紧紧围绕目标收视群体和专业领域做足文章。

目前国内专业频道的专业节目供应量不足是一个普遍问题，在专业生活频道中尤为突出。为了弥补播出时间段的空白，软性广告和电视剧占到了很大的比例，然而正是这些削弱了专业生活频道的专业属性。专业频道不专，专业频道表现出的更多的是综合性，许多专业化频道靠电视剧当家。对于存在的这个问题，许多专业频道是出于无奈，它们没有足够的专业节目来支撑，而有的专业频道则是想借电视剧聚人气。

一般来说，目前国内电视频道的节目来源有三种，即自办、合作和外购。然而目前我国电视频道远远未达到制作和播出的真正分离，大量的制作任务还没有被分担到社会上去，现有的制作公司还在很小的范围内展开节目制作运营。

再看现有的节目类型，由于种种原因，基本上是以娱乐、综艺类为主。光线传播出品的《娱乐现场》、《娱乐人物周刊》已经稳定地占据了市场，并且取得了很大的影响力，而之前推出的《体育界》、《网络周刊》成绩就很不理想。生活类的节目地区个性更强，基本上都是以特定区域的人群为目标受众，因此节目发行的市场就很狭窄，对于制作公司来说，盈利的空间就很小，因此，从外来节目供应上，专业生活频道就少了很多选择。其实，越是专业化的频道，基本都不自办节目，绝大多数节目都是外购的。目前国内的大多数生活频道没有适合自己频道定位的专业化节目可以购买，而自身的制作力量都不强，为了填补时段，大量播出和本频道定位不匹配的节目也是一个很突出的问题。

4. 频道整体营销意识淡薄 营销的本质概念就是以产品为核心及其相关一系列服务的提供，落实到电视频道的运营上，就是要利用各种销售促进手段，将有限的节目资源打包，尽可能地吸收目标受众资源。而目前国内的专业生活频道推出整合营销传播（IMC）策略的寥寥无几，很多还是为了争夺收视率在频道内部恶性竞争，造成资源的浪费。

在频道形象宣传上更是十分简陋，通常只是用些三维动画技术做一些片花和简单的频道包装，没有一个符合频道特质的形象宣传体系，因此，在纷繁的电视频道中，视觉效果上很缺乏特色，往往被淹没在众多的频道中，受众对专业生活频道的认知度也非常低。

此外，有线电视台进入一个分众时代专业化频道的时候，它的节目编排就应该是技巧性的时段式的编排，而不是栏目式的编排。因为在传播分众化以后，频道是一个最基本的经营单元。在提高节目内容专业性的同时，节目编排也需要专业化的设置。

专业生活频道由于播出的节目类型各异，品牌栏目又很匮乏，所以在节目设置、时段编排中存在许多问题，因而在实践中尚没有真正走出一条有鲜明特色又别具一格的专业化道路。

（二）专业生活频道的生存策略

1. 差异化原则和地域特色 差异化竞争是整个市场经济的一个基本规则，专业生活频道要想争取足够的市场份额，必须首先分析频道的生存环境。无论是在原有频道基础上将频道的内容、特色、风格加以强化和明确，还是将频道面貌以旧换新，都需要把握专业生活频道的地面特征，对频道所处的竞争环境、播出范围、目标收视群体等方面加以研究，同时也对自己的竞争对手加以归类分析，尽可能充分地认识自身的主客观条件，认清自己的优势、劣势，确立一个频道定位的前提。

目前国内生活频道的竞争基本还是本土区域内和其他地面专业频道以及各个上星卫视频道之间争夺有限的受众资源，在频道定位含混和节目同质化严重的背景下，只有采取差别化的竞争方式，而专业生活频道的差别来源就在于它的地域特色。对专业生活频道而言，经济实力无法和大台抗衡，播出范围受地域限制，但其在本土受众心目中所具有的亲和力和贴近性是其他电视媒体所无法取代的，它所能集中融合的一定地域内的地方文化、人文特征、生活原生态也是其他电视媒体所无法体现的。正由于它是一个地面频道，和受众群的贴近性最强，发挥本土的地域特色是频道发展的一大策略。例如，北京电视台生活频道主打地方新闻评论，品牌栏目《7日7频道》的主持人说的是京腔，频道整体定位在市民趣味上。上海电视台生活时尚频道则充分依托国际大都市的时尚背景，突出的是精致和优雅的整体气质。

2. 传媒市场细分和选择目标受众　从功能上讲，电视媒体无一例外地承担着宣传和服务两大任务。而在媒体市场日益成熟的今天，受众的需要被视为媒体的第一生存前提，因而，媒体的服务功能被放到了首要位置。那么，怎样的服务是电视受众最想获得的呢？从覆盖范围比较大的台（中央台与省级台）与小台（城市台）之间的差异来看，大台因为服务面广而针对性相对较弱，小台因为覆盖范围明确而使服务更有的放矢，专业频道则让这种服务进一步细化。而受众希望得到的正是一种具体的、可以直接触摸的关怀。

频道一旦确定了专业走向，无疑也是对受众的一种再分配。一方面，一个专业的频道不可能也没有必要满足所有受众的喜好；另一方面，电视播出的目的又是要最大限度地争取收看者。因此，如何确定自己的收视群，如何扩大自己的收视群，成为频道专业定位后一个重要的问题。明确的目标收视群将直接影响频道的专业化程度，它是频道具体节目的设置、栏目的定位、板块的串联、节目的编排等的前提。

一定意义上，频道定位是受众定位的反映。能否找准最大限度的目标受众群，可以说是专业化频道营销的成败关键，这就需要引入新的调查统计方法，对于受众市场进行细致与科学的调查分析。例如，美国依据先进的市场统计学方法，根据受教育程度与收入状况、家庭生活圈、居住区域、种族与信仰、人口流动性等五大范围共39项细目，将美国居民划分为62个生活方式不同的群体，在此基础上再对受众进行全面、科学、定量的分析，针对目标受众的年龄结构、文化水准、教育程度、收视习惯，乃至消费能力、收入情况、生活习惯、心理状态等诸多信息进行研究，就可以根据目标受众的需求制作出适合他们的节目。从我国目前电视收视调查结果来看，不少受众当前收看电视的

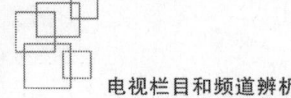

电视栏目和频道辨析

随意性很大，在众多雷同的频道面前显得无所适从。从理论上讲，这部分受众正是专业化频道应当争取的对象或者称之为潜在的目标受众，只要专业化频道真正具有了自己的特色与风格，电视受众就会自然地凝聚在这些不同的专业化频道周围。

3. 打造品牌栏目 品牌栏目对于一个频道来说不仅是提高收视的有效手段，也是体现频道特色和个性的重要方式。近年来，在欧美发达国家媒体中，"倒二八结构"十分盛行，就是指使用20%的人力、财力和物力来维持80%的日常节目的运行，以80%的人力、财力和物力去打造20%的品牌栏目，以整个频道投入产出的最优化原则来组织频道的栏目和节目。

任何专业化频道都必须至少有几个自己的品牌栏目，这些品牌栏目应当做到"三高"（高知名度、高收看频次和高欣赏指数）。看一个频道的定位，具体来说就是看频道设置一些什么样的栏目，这些栏目又是怎样设置的，要看这些栏目的内容设置和板块结构能否贴切地反映频道的专业属性，能否用一种视觉的冲击赢得最多的受众。作为专业生活频道，拥有受众数量有限，因此，根据既有的受众群的收视诉求，立足本土，集中力量打造几档能体现频道气质的栏目，是应对众多频道竞争的有效手段。自办节目一般都是一个电视频道综合实力的体现，对专业生活频道而言，自办节目的准确定位主要依赖两点：一是节目是否符合频道的总体定位，二是节目能否在与大台的竞争中扬长避短，体现频道个性。北京电视台生活频道的《7日7频道》和上海电视台生活时尚频道的《今日印象》就是很好的典范。电视专业化频道营销最重要的策略之一，就是通过一系列品牌栏目来建立受众的频道忠诚度，使受众建立约会意识并在固定时间锁定频道观看节目。从总体上讲，"品牌"是企业的生命，也是频道的生命。从市场营销学来看，品牌本身就是无形的巨大财富（无形资产），是带动频道收视率、吸引受众并增加广告收入的主力军。

三、国内主要专业生活频道

（一）中央电视台第二套

2000年7月，中央电视台第二套节目（CCTV-2）调整为"经济·生活·服务"频道。这次节目调整的一项重要工作，就是按照收视市场上成功的模式改造节目形态。改造后的中央电视台二套节目，几乎涉及了所有电视节目的基本形态：新闻信息型——《中国财经报道》；纪录片类型——《地球故事》；生活杂志类型——《生活》；谈话类型——《对话》；访谈类型——《商界名家》；新闻评论类型——《经济半小时》；益智游戏类型——《幸运52》、《开心辞典》；服务类栏目有《生活》、《为您服务》、《超市大赢家》、《绝对挑战》、《寻宝》、《交换空间》等。

2003年10月20日，CCTV-2第二次改版，频道名称改为"中国中央电视台经济频道"；2009年8月24日，CCTV-2再度改版，频道名称改为"中国中央电视台财经频道"。

现有节目基本形态包括：

（1）新闻信息型：《第一时间》。

（2）财经服务型：《经济半小时》、《环球财经连线》、《生财有道》、《经济信息联播》、《一锤定音》、《交易时间》、《央视财经评论》、《财富好计划》。

（3）综艺访谈型：《是真的吗》、《对话》、《厨王争霸》。

（4）生活服务型：《交换空间》、《消费主张》、《购时尚》。

另外还有一些特别节目：专题片《透视自贸区》、亲子育儿真人秀《超级育儿经》、美食真人秀《味觉大战》、特别策划节目《两会锐观察》、纪录片《打过重器》和《品牌的奥秘》、纪实类真人秀节目《真爱我做主》、大型励志健身节目《超级减肥王》等。

（二）北京电视台生活频道（BTV-7）

北京电视台生活频道是全国第一家以"生活"为主要报道内容的综合性频道，开播于1996年11月8日，是北京电视台重点频道之一，每天播出20个小时的节目。其节目风格清新、自然、时尚，在北京电视台8个频道中独树一帜，曾经拥有《生活面对面》、《7日7频道》、《北京精品生活》、《时尚装苑》、《食全食美》、《京城广厦》、《汽车梦幻》、《四海漫游》、《魅力前线》等众多栏目，由北京银汉文化传播公司制作，在该频道播出的《北京健康生活》、《医林奇观》等栏目，是京城权威医疗节目，拥有大量忠实受众。专为京城白领打造的《北京精品生活》、《魅力前线》等栏目，被誉为京城的"时尚风景线"。生活频道收视率在2013年的最新调查中已超过其他有线频道，与无线频道大体相当。

北京电视台生活频道从创办至今，一直坚守都会化、市民化的道路，成为全国大城市电视台所设生活频道沿用的一种定位模式。这些生活服务类频道在受众对象上不必兼顾大城市之外的人群，比省级台的目标人群在收入水平、消费需求、欣赏习惯等方面更加趋于一致化，因而这些频道的节目风格定位就会显得更为纯粹化，节目在叙述方式和叙述语言上也更具地方特色。现在主要节目包括：

（1）民生类：《生活2014》、《生活气象》、《快乐生活一点通》、《生活特供》等。

（2）美食类：《快乐生活一点通》、《生活特供》、《食全食美》、《美食地图》、《幸福厨房》等。

（3）情感类：《选择》、《大城小事》、《生活广角》等。

（4）健康类：《健康生活》、《生活面对面》等。

（5）乐活类：《四海漫游》、《我爱我车》、《生活+》、《家装攻略》、《咱爸咱妈的美好时代》等。

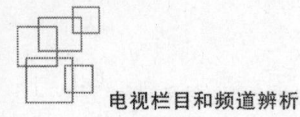

电视栏目和频道辨析

（三）上海星尚频道

上海东方传媒集团有限公司（原上海文广新闻传媒集团）的星尚无线电视频道自2002年开播，频道已覆盖中国上海及周边地区1.36亿人口。星尚频道目标观众以20～45岁的高收入、高学历和高消费能力的都市白领女性为主；频道口号是"爱我生活"；节目内容为展现、解读全球时尚文化的流行趋势，记录、发现都市生活形态的细节变迁；节目类型由资讯、专题、谈话、综艺、真人秀、纪录片等构成。2014年，星尚频道自制或自主版权节目日播出量7小时。在"创新、创优、创高"主导思想下，星尚无线电视频道节目不断创新，形成主题的节目包括：

（1）旅游类：《乐活好正点》等。

（2）服务类：《星尚情报》等。

（3）美食类：《人气美食》、《美食大王牌》、《今天谁买单》等。

（4）情感类：《甲方乙方》、《因为爱情》、《恋爱假期》等。

（5）生活类：《今日印象》、《生活大不同》、《X诊所》等。

（6）时尚类：《左右时尚》、《对话优雅》、《爱你爱美丽》、《星尚之夜》、《时尚制造者》等。

（7）文化类："今晚"系列《今晚我们读书》、《今晚我们看电影》，《星尚纪录片》等。

（8）季播节目：美食秀《菜单的秘密》，情感秀《星尚婚礼》，时尚秀《魔法空间》，综艺秀《疯狂心跳》，等等。

（9）年播节庆系列：《中国年味》、《端午情缘》、《月满中秋》等。

（10）纪录片：《时尚表情》、《幸福中国》、《体验中国》等。

（四）广西电视台都市频道

广西电视台都市频道的发展历程起始于1992年9月16日开播的广西有线电视台一套，2002年改版更名为广西电视台生活频道。2006年7月1日更名为广西电视台都市频道，以"关注民生、服务生活"为定位，制作播出与城市观众相关的民生新闻和生活服务类节目，另外还播出情感电视剧等。主要生活服务类节目有《我爱美味》、《葛洪养生苑》、《天气快车》、《超级点子王》。

（五）长沙电视台女性频道

这个我国首家以"女性"命名的专业电视频道，1999年3月28日诞生于湖南长沙，开创了中国开办女性专业频道的先河，着眼于"以女人的眼光看世界，以世界的眼光看女人"。

长沙电视台女性频道隶属于长沙市广播电视局,是长沙市广播电视实施频道专业化改革后成立的第一家专业电视频道。立足长沙,通过有线电视网络进行全天候传送,全天播出 16 小时。同时通过上星卫视的特约播出及节目的交流、发行,已覆盖武汉、北京以及美国华人圈。

女性频道的所有节目坚持"女性"定位。现有自办栏目包括《我们播报》、《女人当家》、《都市红颜》、《主妇日记》等;开设有《经典剧场》、《姐妹剧场》、《玫瑰剧场》等影视剧时段。曾经有过的精彩栏目为《发现啦》、《健康新主张》、《三个女人一台戏》。

制作播出过的节目分为两大类:时尚资讯节目和情感纪实节目。

时尚资讯节目如《活色生香每一天》,立足长沙本土;情感纪实节目如《女人故事》,是一档都市情感栏目剧,每期 45 分钟,节目宣传语为"说出你的故事,分享我们的情感",以"电视电影"的形式播出。此类情感纪实节目还有《情动 8 点》等。

(六) 湖南公共频道

湖南公共频道是中共湖南省委、省政府、省广电集团根据中宣部、国家广电总局要求而开办的政策频道、公益性平台,办台宗旨是"公益公用、共生共荣"。节目类型多样,包括湖南首档中老年栏目《越活越来神》,其宗旨在于"真实记录老年人的幸福生活,客观反映老年人的豁达、开朗情绪",栏目以"尊重"、"健康"、"自由"、"话语权"为关键词,记录丰富的老年生活,以及收集老年人关心的健康知识等。另外,《帮助直通车》栏目的"记者在调查"板块,记者就老百姓关注的生活热点进行探究和调查。《市井发现》栏目每天 18:40 播出,栏目走进各行各业老百姓的生活,记录普通个体的生活轨迹。

(七) 旅游卫视

我国第一家主打旅游牌的卫视频道,2002 年 1 月 28 日开播。旅游卫视由海南卫视全面改版而来。全天播出约 20 个小时,主要由新闻资讯、风光专题、旅游综艺等几大板块组成。全天滚动播出的"正点资讯"成为该频道的第一个亮点。频道开播之前已建成与媒体、旅游局、民航铁路、交通、气象以及旅行社、景点景区、酒店的热线互动,为旅游者提供及时、全面、准确、实用的信息。每晚 8:00 播出的《环球旅游播报》,由全国几十家电视台联手打造,是电视旅游新闻的总汇。2010 年旅游卫视率先推出"绿色频道"的理念。围绕"旅游、时尚、高尔夫"三大领域打造专业平台,以"绿色、人文、生活方式"构建特色频道。

由于旅游频道是由海南卫视改版而来,现在能收到海南卫视的地方都能看到旅游卫视,目前在全国 28 个省区的近 300 个城市落地,其中省会城市 20 个、地级市 52 个、县级市 230 多个。

　　旅游卫视开播半年后，于 2002 年 7 月全面改版，改版后的旅游卫视，电视栏目由原来的 5 个增加到 22 个，全部是与旅游相关的内容。改版后的旅游卫视不再播放电视剧，除进一步加强宣传海南旅游外，还将进一步加强与新华社的合作，使国内外旅游新闻进一步得到充实。

　　现有生活服务类节目有：《看今天》，新闻资讯节目，除关注旅游、文化、都市人群生活的重点话题以外，还附有最前沿的旅行资讯的传播和整合；《汽车派》，传播车坛资讯以及汽车文化，分享时尚精神；《心煮艺》，介绍烹饪技法、健康饮食方法；《第 1 时尚》，收集时尚资讯；《美丽俏佳人》，介绍美容时尚方式。

第七章　电视纪录片和纪录片栏目

从广义上来讲，一切采用纪实手法的节目形态都是电视纪录片在具体节目、形式中的运用，电视纪录片可以说是当代电视节目最主要的表现形态。

事实上，我国初期的电视栏目与电视社教节目基本同义，而社教节目的主要报道形态是纪录片。纪录片孕育了电视栏目的诞生，在中国电视发展初期，大量的电视纪录片丰富了电视栏目的内容，CCTV-1也曾设置了《纪录片》固定栏目。

需要说明的是，2013年，纪录片频道开始设立和建设，但至目前仍然处于草创阶段，还不具备进行系统的理论化总结和概括的条件，因而本章暂不涉及纪录片频道。

第一节　纪录片的本体特征

电视纪录片是运用现代电子、数字技术手段，真实地记录人类社会生活，以现实生活的原始内容为基本素材，经过创作者的选择、重组、集中、强化，结构而成一种完整的电视节目形态，它的素材保留着生活鲜活、真实的信息，具有极强的真实性、客观性，供观众观察、体验和思考，而在选择和结构过程中，则有创作者主观的对生活的认识、理解、兴趣、爱好的介入。可以说，纪录片是客观生活与主观认识的一种保有较大空间距离的结构，它既能将真实的生活物化成为一种可以复制、保存、传播的形态，留给人们一段活的历史，又能给观众提供一个创作者对生活独特的、个性化的视角，供观众评价和欣赏。

一、纪录片的界定

纪录片的英文为 documentary，即"用影片叙述非虚构的故事"之意。纪录片的创作主要运用记录的方式，真实地再现生活。记录意味着创作主体的淡化，对客观生活的尊重。

什么是纪录片？这是一个从纪录片诞生之日起就一直在争论的问题。

纪录片有几个基本特征：

1. 真实性 真实是纪录片的本质属性，是纪录片存在的基础。所谓无假定性的真实，是相对于艺术的真实而言的。与故事片、电视剧中的假定性的艺术真实不同，纪录片所面对的客体对象必须是现实生活中真实存在的事物和人物，不允许虚构事件。它的基本手法是采访摄影，即在事件发生发展的过程中，用挑、等、抢的摄影方法，记录真实环境、真实时间里发生的真人真事。真实是纪录片的生命，而且这种真实能使人从屏幕上感受到，同时也是摄影师有可能拍到的真实事件。

2. 形声一体化的表现结构 电视纪录片记录现实生活中真人真事的功能是通过摄像机这种特殊的电子工具实现的。现实世界中，客观事物的存在与运动都以形声一体化的完整形态进行，摄像机以一种特殊的记录形态再现了客观事物直观的形声结构和运动过程。这种记录形态强调记录行为空间的原始面貌，强调记录形声一体化的行为活动，使得电视纪录片中人和事物的活动具有了一种符合人们日常生活经验的逼真感。正是这种纪录片的纪实本性——客观物质现实的复原，才使得纪录片有着其他节目形态所无法替代的独特价值和永恒的魅力。

过去，由于技术手段的问题，在用摄像机去记录生活时，声音和形象往往被机械地分离了，或者由于"宣传"需要，电视图像脱离了声音，脱离了具体的情境，变成了一种形象记号，使人变成了抽象的类概念，人物的活动也变成了某项活动的类概念，这样的图像可任人阐释。纪录片《望长城》开始了电视观念的一次革命，人们开始重视现场声音在画面中的作用。

3. 情境化的叙事方式 情境化的叙事，就是要使纪录片的图像符号所表现的抽象内容有一种"可经历"的情景意义。纪录片的创作者既不能像故事片的创作者一样用虚构的方法来安排情节，也不可能将生活完完全全地记录下来，而只能以真实自然的生活流程为素材，通过择取一个个有"意义"的瞬间和片段来"再现"生活的原貌。这种"再现"是建立在情境完整性的基础之上的。所谓"情境"，应包含三大要素：①人物活动的具体时空环境；②人物面临的具体事件或情况，即过程；③由此构成的特定人物关系。一部纪录片正是由多个具有一定逻辑联系的"情境"按一定意义组成而达到叙事的目的。

二、中国电视纪录片的历史

1958年，北京电视台（中央电视台前身）成立，同年6月1日播放了我国第一部电视纪录片《英雄的信阳人民》，记录了河南信阳人民抗灾夺丰收的感人事迹，这部制作粗糙的作品的深层意义在于，它宣布了我国电视纪录片近20年新闻纪录时代的来临，中国电视纪录片也由此起步。当时，新闻性节目的摄制队伍以原来电影纪录片的摄影师

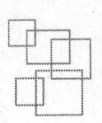

和编导组成,他们是电视纪录片的开拓者。纵看起来,这个时期的电视纪录片的内容主要是报道型的,以介绍先进典型、宣传党的方针政策、报道领导人出访等重要活动和重要节日为主要任务,同时也有一些表现我国的自然风光、人民生活风貌和风土人情的纪录片。这个时期代表性的电视纪录作品还有《芦笛岩》、《长江行》、《周恩来访问亚非14国》、《战斗中的越南》、《收租院》等。

这些带有新闻纪录性的纪录片的主要特征是:以国家重大政治事件、各条战线的先进典型为报道的主要内容,以颂扬独立自主、艰苦奋斗的精神为宣传主要基调。当时的《周恩来访问亚非14国》、《欢乐的新疆》、《三口大锅闹革命》、《大庆在阔步前进》等多数电视纪录片都具有那个时代鲜明的教化色彩,但确实给后人留下了很多极为宝贵的历史影像资料。在形式技巧方面,受苏联的"概述片"模式和纪录片是"形象化的政论"观念的影响,比较注重纪录片的教化作用,画面、音乐都十分重视形式美、造型美,倚重解说词和蒙太奇剪辑效果,几乎没有用写实音响。

"文革"期间,纪录片也沦为赤裸裸的极"左"宣教片,标语口号、形式主义、虚假是其典型特征。

电视纪录片创作的初步繁荣是在"文革"结束后,出现了一些好作品如《周总理的办公室》、《长白山四季》、《雕塑家刘焕章》等。《雕塑家刘焕章》(陈汉元,1982)是早期人物纪录片的巅峰之作,播出时曾在电视界引起震惊。此片采用了报告文学体,画面自然朴实,解说词平易亲切,类似于拉家常,贯穿全片始终的咚咚作响的凿刻声使结构更加紧凑完整。在同期声技术应用之前,它以解说词和后期配音技术塑造了一位形象丰满的中年艺术家形象。

而标志性的事件是1979年8月,《丝绸之路》中日联合摄制组开始拍摄活动,揭开了中外合拍大型纪录片的序幕,接着一发不可收拾,《话说长江》、《话说运河》、《让历史告诉未来》、《祖国不会忘记》等接踵而至。也就在这个时期,出现了专门播放纪录片的电视栏目,如中央电视台《祖国各地》、《人物述林》、《兄弟民族》、《地方台30分》(原《地方台50分》)等。这一时期的纪录片,内容题材涉及广泛,体裁形式也突破了单纯报道性的传统新闻纪录片形式,出现了散文式、抒情诗式、音画式、调查报道式等,但新闻纪录片作为主流意识形态宣传载体的功能依然在延续。

1988年出现的《河殇》采取了新的表现角度和叙事策略,《话说长江》式的民族自豪感被抛弃了,取而代之的是广征博引但现实性极强的政论风格。全片分为《寻梦》、《命运》、《灵光》、《新纪元》、《忧患》、《蔚蓝色》6集,以"反思古华夏文明命运,揭示悲剧性民族心态"为创作意图,提出西方文明是蔚蓝色文明,而中国文明是黄色文明。解说词说,"蔚蓝色的隐退,埋伏下一个民族和一种文明日后衰退的命运","蔚蓝色就像这小帆船,获得了现代世界命运的象征意义";而"黄河东流万里,最终还是流入大海。我们不再拒绝大海的邀请了",这等于是明确提出了抛弃黄色文明迎接蔚蓝色文明的主张，在国内学界引起了激烈的争论。在艺术特色上，《河殇》创造了一种政论和抒情相结合的风格，历史的忧思引起很多观众的共鸣，现实的批判激发了观众的收视欲望。

题材上，20世纪90年代拍摄的《飞越太平洋》（江泽民访美纪实）、《挥师三江》（反映1998年抗洪）、《大江截流》（三峡大江截流工程）等电影纪录片和《邓小平》、《香港沧桑》、《澳门岁月》等电视纪录片都是较为成功的重大题材作品。这部分纪录片产量很大，覆盖社会各个领域，文献价值极高；但由于对纪录片自身美学规律重视不足，使得它们中的很多作品呈现出"技术精细、艺术粗糙"的面貌。

军事题材也是电视新闻纪录片的重要表现内容，《让历史告诉未来》、《中华之门》、《中华之剑》、《第二次世界大战纪实》等都是这方面的优秀之作。以《中华之门》为例，这部8集电视纪录片反映的是国门卫士与偷渡、贩毒分子进行的生死较量，在表现方式上运用长镜头跟踪拍摄，将缉毒抓人的过程实景式地展现在观众面前，使观众自始至终保持着强烈的观看兴趣。此片并没有像类似的作品那样，通过热情激昂的画外音来渲染缉毒战士是如何的崇高伟大，而是在全片平实的叙述中，让人感受到国门卫士将生死置之度外的爱国热忱，在此类纪录片中可谓是一大突破。

而且，纪录片创作屡获各类国际大奖。1991年，辽宁、宁夏电视台合拍的《沙与海》荣获"亚广联"纪录片大奖，这是中国纪录片首次获国际大奖。《沙与海》在结构上采取了两条线索交叉剪接的方式，一条线索反映西北戈壁滩一家牧民的生活，另一条线索展现东海之滨一家渔民的生活。两条线索的时间背景都是在改革开放之后，牧民和渔民的生活水平都有了很大提高，但沿海和西部的差距也是非常明显的，这个差距决定了两地人在生活方式、家庭观念、婚姻理想等方面的差别。"亚广联"大奖授奖辞评价它"出色地反映了人类的特性以及全人类基本相似的概念"，并"有助于本国发展"。同年，四川电视台拍摄的《藏北人家》荣获四川"金熊猫"国际电视节纪录片大奖，吉林电视台拍摄的《家在向海》获第五届意大利桑迪欧自然纪录片电影节三项大奖。

1992年，在上海国际电视节上，上海电视台《十字街头》获得短纪录片大奖。

1993年，中央电视台的《最后的山神》和《远在北京的家》双双夺魁，前者获"亚广联"纪录片大奖，后者获1993年度四川"金熊猫"国际电视节纪录片大奖。

1994年，上海电视台的《茅岩河船夫》又获得"白玉兰"上海国际电视节大奖。

最为辉煌的是1995年，我国共有8部电视纪录片获国际大奖，它们是《龙脊》、《人·鬼·人》、《壁画后面的故事》、《回家》、《龙舟》等。1997年，独立制片人段锦川的作品《八廓南街16号》获法国真实电影节纪录片大奖，中央电视台的《神鹿呀，我们的神鹿》荣获第二届帕努国际传记电影节"评委会特别奖"、爱沙尼亚国际影视人类学电影节大奖。

1998年，上海电视台的《回到祖先的土地》获"亚广联"信息类纪录片最高奖。

1999年，沈阳电视台的《好大一个家》在第20届东京影视节上获最高奖；独立制片人张元编导的《疯狂英语》获意大利米兰电影制作人电影节最佳影片奖；杨荔纳编导的《老头》获日本山形电影节优秀奖、法国真实电影节评委会奖。2000年，上海电视台的《一个叫做家的地方》获上海国际电视节最佳人文类纪录片奖。

1999年是中国纪录片丰收的一年。张丽玲的《我们的留学生活》不得不提。该片全力迎合观众，极尽煽情之能事：原来纪录片也可以是"肥皂剧"，"故事性"于是成为纪录片界的热门话题。

2001年，湖北电视台的《英与白》获四川"金熊猫"国际电视节最佳长纪录片奖、最佳创意奖、最佳导演奖、最佳音效奖四个奖项。此外，许多系列纪录片如《丝绸之路》、《话说长江》、《话说运河》、《望长城》、《广东行》、《毛泽东》、《庐山》、《中华之门》、《中华之剑》、《邓小平》、《共和国外交风云》等，虽然因为篇幅较长没有机会在国际电视节上获奖，但它们在海内外观众中产生的反响或许更为强烈。

新世纪以来，国内纪录片创作活跃，出现了《不快乐的不止一个》（王芬导演，2001，新加坡国际电影节参展，2001年获得日本山形纪录片电影节"亚洲新浪潮"优秀作品奖）、《空山》（彭辉导演，2001）、《公共场所》（贾樟柯导演，2002，获2002年法国马赛国际纪录片电影节大奖）、《英与白》（张以庆导演，2002）、《铁西区》（王兵导演，2003，2002年葡萄牙里斯本纪录片电影节大奖、2003年法国马赛纪录片电影节大奖、山形国际纪录片电影节弗拉哈迪大奖、南特电影节纪录片单元大奖、2004年加拿大蒙特利尔电影节纪录片单元奖）、《盛夏的果实》（郭静、柯丁丁导演，2004，第26届法国真实电影节国际竞赛单元伊文思奖、第2届葡萄牙里斯本纪录片电影节国际竞赛单元最佳处女作奖、入围2005年第15届瑞士BLACK MOVIE纪录片电影节国际展映单元）、《敬大爷和他的老主顾们》（施润玖导演，2004，2004年法国里昂电影节"最佳公众奖"大奖）、《好死不如赖活着》（陈为军导演，2003，2003年美国广播电视文化成就Peabody奖、2003年圣丹斯电影节世界纪录片提名、2003年阿姆斯特丹纪录片电影节最高竞赛单元提名、2004年英国国家最佳纪录片奖）、《俺爹俺娘》（韩蕾导演，2003，主角焦波获中央电视台"科龙杯"、2004年我们的影像故事DV大赛"评委会大奖"）、《姐妹》（李京红导演，2004，李京红获2004年《南方周末》致敬中国传媒之年度现场报道奖，2004年《新周刊》中国电视台节目榜之最佳纪录片）、《德拉姆》（田壮壮导演，2004）、《幼儿园》（张以庆导演，2004）、《故宫》（周兵、徐欢导演，2005）、《淹没》〔李一凡、鄢雨导演，2005年柏林电影节青年论坛沃尔夫冈·斯道特（Wolfgang Staudte）奖、2005年法国真实电影节（SCAM, Civil Society of Multimedia Author）国际多媒体作者联合社奖、2005年中国云之南纪录片电影节青铜奖、2005年香港电影节纪录片单元人道奖、2005年德国慕尼黑国际纪录片电影节首奖、日本山形国际纪录片电影节大奖〕、《美美》（高天导演，2005，2005年8月韩国光州国际电影节评委会大奖、2005年10月新加坡华裔电影节展映、2006年柏林电影节展映、西班牙马德里国际电影节展映、美国真实中国电影节参赛作品、2005年德国莱比锡国际纪录片电影节参赛作品)、《东》(贾樟柯导演,2006,2006年威尼斯电影节地平线竞赛单元"2006开放奖"和纪录片奖)、《梦游》(黄文海导演,2006,2006年法国真实电影节评委会大奖)、《三里洞》(林鑫导演,2007,获得2007年中国第四届纪录片交流周独立精神奖最高奖)、《告别圆明园》(赵亮导演,2007,入选2007年第60届瑞士洛迦诺国际电影节)、《南京路》(赵大勇导演,2007,2007年第四届纪录片交流周评委会奖)、《木帮》(于广义导演,2007,首届韩国首尔数字电影节导演奖与影评人奖)、《浩然是谁》(杨弋枢导演,2007,参展香港国际电影节,入选2006年第59届瑞士洛迦诺国际电影节Filmmakers of Present单元等)、《蜕变》(杨干才、王毅导演,2007,参加第16届东欧"媒体震撼"国际影视节,获最佳长纪录片奖)、《马戏学校》(郭静、柯丁丁导演,2007,第29届法国真实电影节国际竞赛单元,SCAM奖、加拿大Hot Docs纪录片电影节国际展映单元)、《天里》(宋田导演,获得第17届法国马赛国际纪录片节最佳处女作奖)《秉爱》(冯艳导演,2007,山形国际纪录片电影节小川绅介奖,2007中国第四届纪录片交流周优秀纪录奖)、《和凤鸣》(王兵导演,2007,2007年山形国际电影节弗拉哈迪大奖、马赛"乔治斯·德·博勒加德奖")、《无用》(马可、贾樟柯导演,2007,2007年威尼斯电影节地平线单元纪录片奖)、《木帮》(于广义导演,2007,首届韩国首尔数字电影节导演奖与影评人奖)、《罪与罚》[赵亮导演,2007,入选2007年第60届瑞士洛迦诺国际电影节、2007法国南特三大洲电影节(The Festival of the 3 Continents)大奖、第十届捷克"就一个世界"电影节最佳导演奖、2008 Festival Internacional de Cine de Las Palmas de Gran Canaria国际电影节银奖]、《我们Women》(黄文海导演,2008,2008年第65届威尼斯电影节地平线单元评委会特别奖)、《归途列车》(范立欣导演,2010,2010年"亚太银屏奖"最佳纪录片)、《海上传奇》(贾樟柯导演,2010,第13届蒙特利尔国际纪录片电影节大奖、夏威夷国际电影节最佳纪录片奖)、《舌尖上的中国》(陈晓卿导演,2012)、《乡村里的中国》(焦波总导演,2013)等优秀纪录片,代表了近一时期以来,文化、经济、自然类题材国产纪录片的较高水平。

三、中国电视纪录片栏目历史

纪录片栏目是与纪录片一起成长的。

1978年后,我国电视纪录片创作在题材创新、风格式样多样化方面取得了很大进展,在电视纪录片的风格式样不断发展完善的同时,纪录片栏目也相继问世,仅中央电视台就有《祖国各地》、《兄弟民族》(1983年10月2日开播)、《神州风采》(1989年

3月18日开播,每周播出6期,每期5分钟)、《地方台50分钟》(1989年1月开播,1990年改为《地方台30分钟》),它们是纪录片蓬勃发展的象征,对纪录片在内容题材和表现的风格形式多样性方面也起到了积极的推动作用,拓展了电视纪录片的社会影响,奉献了大量的优秀纪录片。

《祖国各地》是我国首次开办的一个固定的纪实类栏目,它的开办使电视纪录片有了一个较为固定的播出载体,有利于进一步促进我国电视纪录片事业的繁荣与发展。据统计,1980年我国电视纪录片产量超过了历年,其中有1/2的作品是在《祖国各地》播出的,播出内容非常丰富也可以说是庞杂,大致有城市或城镇介绍、山水风光、名胜古迹、生产建设成就、特种工艺和文化发展、民族风土人情、人物介绍等。

《兄弟民族》每周播出1期,每期20分钟,主要介绍我国各兄弟民族的历史、文化、风土人情和传统习俗以及新中国成立后的发展和变化等。这个栏目的开播,扩大了我国电视纪录片的创作领域,少数民族的民风民俗、富于表现力的民族歌舞和服饰文化也使人们领略到了另一番风情,加深了各民族间的了解,促进了民族间的文化交流。

《神州风采》栏目的主要特色是短小精悍,简单明了。每集仅有5分钟,但题材广、内容多,每天按时播出,天天播放,形成短片长系列,构成了杂志化特色,形成良好的播出效果,栏目收视率进入最高行列,直至1997年4月停办。

《地方台50分钟》栏目创办之初对于内容有如下考虑:围绕不同时期党的宣传方针组织创作;积极反映各地较有意义的事情;节目绝大部分应属国内较高水平;内容上要有地域特点;制作手段可以多样化,但要精心制作,每个节目从各自的角度看去都应有自己的深度。《地方台50分钟》栏目犹如一个大擂台,一大批优秀作品和电视新人在这里崭露头角,带动了我国地方台电视纪录片创作的全面发展与繁荣,密切了中央台与地方台之间的联系,培养了一批有追求的电视编导,同时也为电视纪录片创作开辟了一个崭新天地。栏目的特色或贡献是定位于"自始至终为一个主题内容的50分钟长度的专题节目",向长发展是形式的需要。优秀的长纪录片代表一个国家电视专题类节目的高水平。另外,50分钟是当时国际上纪录片的一个通行长度,这个栏目的创办架起了一座中国纪录片通向世界的桥梁。

1993年,上海电视台《纪录片编辑室》开播,播出了《摩梭人》、《德兴坊》、《茅岩河船夫》、《远去的村庄》、《毛毛告状》等杰作;同年,中央电视台《生活空间》开播,创电视纪录片每日定期栏目先河,讲述老百姓的故事逐渐成为一种潮流。1993年5月1日中央电视台《东方之子》的开播使人物纪录片有了栏目化存在的形式,同时开创了谈话体人物纪录片的先河。

1997年由北京电视台创办的《百姓家园》栏目,将几十部小型数字摄像机发给普通人,简单教授他们使用方法,让他们自己去拍,与这种拍摄方式相一致,他们打出了节目的广告语——"老百姓自己讲述的故事",在观念上前进了一步。

1999年，北京电视台创办《纪录》栏目，把讲故事作为核心策略。第二年《东方时空》催生《纪事》，接着同在央视一套的《纪录片》栏目也呱呱坠地。而讲故事是这些栏目共同的突破口。

进入21世纪后，由北京零频道广告公司和上海东方卫视联合制作的大型电视纪录片栏目《东方全纪录》，2004年1月3日于上海东方卫视首播，是我国第一个完全市场化运作的纪录片栏目，可以看作纪录片栏目为数不多的亮点之一。《东方全纪录》自播出以来，已经成功覆盖全国90%以上的省市，收视人口超过10亿，并成功打入国航、海航、深航、南航等航空媒体，其目标是成为中国最大的纪录片生产、交易、播出、展映基地以及中国专题类电视栏目的强势品牌。

但进入21世纪以后，电视纪录片日益被观众疏远仍是一个不争的事实。一方面，轻松欢快的娱乐节目和引人入胜的电视剧夺取了大块的观众市场；另一方面，纪录片与生俱来的一些特点也限制了它的收视前景。同时，当前的电视纪录片是以栏目化的形式存在的，这种栏目化一方面使得纪录片获得了生存的地盘，另一方面又造成了与个人创作之间的矛盾：纪录片的编导的创作欲望得不到满足，即使满足了也难以召唤起观众的收看热情，创作者日益陷入一个进退维谷的尴尬境地。在经历了短短几年的奇迹之后，各种电视纪实栏目的收视率开始急遽下降，例如凤凰卫视的《DV新世代》苦撑两年分文无收，不得不宣告解体；曾创下36%收视奇迹的《纪录片编辑室》在近年已降至7%左右，早已风光不再；《纪录片》改名《见证》后，在2004年9月被调到子夜1:00播出，已经收到收视警告；北京电视台的《纪录》还在挣扎中瞻望；《东方时空》周末特别栏目《纪事》算是最挺的，但也是不断调整才得以维持平衡；《探索·发现》和《东方全纪录》则走娱乐路线，走在寻求纪实和娱乐之间平衡的钢丝上，其中的很多节目已不再被纪录片这个框框所束缚。

纪录片在创作上也进入萎缩状态。尤其是以电视台为中心的体制内创作，由于收视率的大幅滑坡，纪录片创作人员的转行也是一个不争的现实。

当今世界纪录片格局日趋多元化，美国探索频道和国家地理频道、日本NHK、法国电视5台的纪录片长盛不衰，独立制片和基金会扶持的纪录片计划也比较流行，灵活的制片方式共同保证了纪录片的繁荣。尽管在资金投入和运作经验方面，我们和很多国家存在差距，但华语纪录片的影响在不断扩大，市场前景也被看好，希望在于明天。

四、纪录片频道

国家新闻出版广电总局已要求，2014年，所有上星综合频道平均每天必须播出30分钟以上的国产纪录片。

近年来，国家广电总局开展优秀国产纪录片推荐播映工作，在各地各部门推荐的基

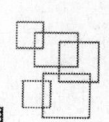

础上，每季度评选一批优秀国产纪录片向全国推荐播映。为表彰奖励优秀国产纪录片作品、人才及制作、播出机构，加快推动中国纪录片产业繁荣，广电总局还发布了《关于2011—2012年度国产纪录片及创作人才扶持项目评审结果公示的通知》、《2012—2013年度优秀国产纪录片及创作人才扶持项目评审办法（试行）》等政策。目前，国内专业的纪录片频道有：

中央电视台纪录频道（CCTV－9）是中央电视台旗下以播出各类纪录片为主，中英双语、全球覆盖的24小时全天候排播、专业的纪录片频道。这是中国第一个全国播出的国家级纪录片频道，也是中国第一个全球覆盖的中英文双语纪录片频道，2011年1月1日8：00正式开播。首播《舌尖上的中国》、《京剧》等。

上海纪实频道成立于2002年1月1日。纪实频道自2009年转制真实传媒公司化运营以来，逐渐成为中国有影响力的纪实节目生产和播出平台之一。2012年起实行24小时全天候播出，并全新改版"全纪实"数字频道，目前已完成高清播出的全部技术指标。《档案》栏目2013年7月1日扩版至48分钟。至今已播出自主版权节目近1000集。另外较有影响力的纪录片栏目还有《真实第25小时》、《纪录片编辑室》等。

国内专业化的纪录片频道还有湖南金鹰纪实频道，主要栏目有《面孔》、《故事湖南》等；北京纪实频道，栏目有《昨天的故事》、《全纪实》等。类似的播出较多纪录片的频道还有中央电视台科教频道、中国教育电视台三频道、重庆电视台科教频道等。

第二节　纪录片的模式

一、专题片与纪录片

纪录片的概念来源于电影，而专题片则是电视屏幕特有的概念，甚至是中国电视所特有的概念，它的名称来源于中国广播电视界约定俗成的称呼。所谓"专题"，主要是与电视屏幕上大量存在的"综合"性节目形态相对应，它是集中对某一社会现象和人生课题给予深入的、专门的报道和反映的电视节目形态，尽管采用的也是纪实性手法，但允许创作者在作品中直接阐述对生活的理解、认识和主张。

电视纪录片和电视专题片本来是可以区分的两种节目形态，目前在电视理论工作者和实际工作者中却没有统一认识，存在着"等同说"、"从属说"、"独立说"等不同的观点。

所谓"等同说"，就是认为专题片就是纪录片，二者只是叫法不同而已。

"从属说"包括"纪录片从属于专题片"及"专题片从属于纪录片"两种看法。认为纪录片从属于专题片者，是把专题片当作"专题节目"和"专栏节目"这个更大

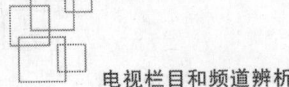

的范畴来看待的，因为专题节目或专栏节目使用的形式很多，除了纪录片外，还可以采用讲话、访谈、座谈会、演示、竞赛、表演等多种多样的手段和形式。纪录片则是专题和专栏节目最常使用的形式。说专题片从属于纪录片者，是把专题片等同于专题报道或专题新闻，把它归于纪录片形式中的一类，就如同纪录电影中新闻纪录片和文献纪录片、风光纪录片和人物纪录片等并列存在一样。

"独立说"认为，专题片与纪录片是两种不同的形式，虽然两者都取材于真实的现实生活并都以真实性为生命，但专题片有着"作者对生活的艺术加工"、有"强烈的主观意念的渗透"、"允许表现"等区别于纪录片的特点，是一种独立的节目形态。

本书认为，电视专题片与电视纪录片是两种不同的节目形态，虽然电视专题片是由纪录片的直接宣导模式发展而来的，但随着时代的发展，电视专题片在形式、功能和制作方法等方面与纪录片已经有明显的差异，专题片已经逐渐成为一种相对独立的片种，并在实际工作中被大量运用，因此，无论从理论上还是实践上，专题片从纪录片中分离出来的时机已经成熟。电视专题片虽然与电视纪录片有较多的共同特征，但同时也有着许多不同于纪录片的明显特点：

1. 理念不同 可以将这一区别称作"以我为主"还是"以事为本"的不同。具体言之，专题片是"对一定主题做全面深入反映的电视节目"，即它是要借助电视的表现手段，在片子中揭示、说明、论证某个主题，传达某种认识和观念，说得通俗些，它像一篇"视听化论文"，有论点、有例证、有说理，所有的努力都是指向对要传达的主题或论题的阐释。在这个意义上，专题片是"主题先行"，它的编辑紧紧围绕着所要表达的主题来进行，材料的取舍、节奏的把握、画面语言的提示，包括各技术环节，都以有助于传达片子的主题为原则，换句话说，"主题"是专题片的灵魂和血脉，也是串起整个片子的经络和线索，在这一前提下，甚至可以在不违背基本原则的情况下，进行多种电视表现手法和体裁的引鉴和借用。

而纪录片是"对社会和自然中的存在的开掘和纪录"，换句话说，它的首要追求是对"已经存在"的自然和社会现象的记录，它的基点是客观事实或事件，是在尊重事件本身的逻辑基础上，从客观事件、事实的记录中发掘主题、揭示生活的真实，它必须以事实为圭臬，遵循客观事实和事件的客观逻辑。虽然纪录片也可以有创作和创意，但这种创作和创意必须是所拍摄和反映的内容所限定的，而不允许游离于事实的纯主观的议论和发挥，实质上是对所记录的事件和生活本身的发现和发掘，而不是编导们加上去的。

总之，电视纪录片的创作思维是要"客观"地"再现"社会生活，不允许创作者主观意识的直接表露，主体意识要尽量隐蔽，让事实本身说话，创作者的思想渗透在对生活的展现之中。而电视专题片的基本思维是揭示思想，具有较强的主体意识的渗透，它直接表现创作者对生活的看法和主张，允许采用"表现"的手段，艺术地表现社会生活。以中央电视台科教频道曾经播出的专题片《最后的奥鲁古雅》和获得2003年最佳纪录片奖的《敬大爷和他的老主顾们》为例，可以看出以上所述不同。

《最后的奥鲁古雅》一片通过三代鄂温克妇女的讲述，反映"民族的生存和生产方式与时代环境变革的不可分离性"这一主题。片子的重点不是要记录鄂温克人的日常活动和生产活动，而是要借三代鄂温克妇女的生活遭际，借助她们的个人化视角，反映现代城市文明和原始狩猎文明的冲突，阐释"民族迁徙"的主题，暗示个人和民族都应该融入时代和社会发展的道理。片子开头就以叠化字幕的方式点明了片子的这一主题："一个古老的部落，面临最大的一次迁徙，三代女人的爱恨，演绎原始森林的绝唱"，接下来，片子的整个内容都是围绕着这一主题展开的，也可以说是为这一主题做论证的，或者说就是这四句话的图文解说。

而《敬大爷和他的老主顾们》则是完全不同的风格，它对敬大爷走街串巷为老主顾们理发的几个片段的记录完全不动声色，我们在这里甚至看不到创作者人为的痕迹，甚至感觉不到摄影机的存在，一切都那么自然甚至自然得有些土腥味、有些毛茸茸。片子忠实地跟随敬大爷的脚步，跟着他进入寻常北京老百姓人家，深入到几位老人的日常生活状态和精神世界中，似乎编导和摄影师们所做的只是跟随和记录、记实，一切似乎都在不经意间发生着、流淌着、喘息着，没有波澜更没有冲突，日常得近乎琐屑，安谧得有如静止，但一切又都那么流畅，就是几位老人间的闲聊和几乎语不达意的简短对话，却非常细腻和真实地传达出那份人生的感悟和乐观、那份历尽人世沧桑的恬淡和从容。我们从中感受到的，有敬大爷对老主顾们的眷恋和人情味、关怀和劝解，以及他的话语中流露出的人生见解，还有这些老主顾们各具声貌的生活态度。因此，它虽然是貌似纯客观的记录，但在这记录中又发掘和提炼出许多让人思考和回味的东西。在这里，主题是隐晦的乃至不确定的，更没有什么"先在"的观念和认识要求观众去接受和认同，但每位观众又都会从中体会到一种别样的生活感悟，而这恰恰是纪录片所应该追求的最高境界——通过所记录的客观事实和生活，发现某种"意味"，而这也是一切艺术和精神产品所应该具有的品格。可以说，《敬大爷和他的老主顾们》就是以此作为追求的，并在一定程度上做到了这一点。

2. 效果不同　简单地说，观念认同和揭示真理（事物的本性和真相），是专题片和纪录片在传播效果上的不同。也就是说，专题片的传播目的和效果，是把某种对事物的认识和所表现的主题，经过视听电视化表现后，让观众达到对这一主题的观念上的认同，接受作者对这一题材和题目的把握和认识，从而与作者发生思想和感情上的共鸣，也对作品所要阐明的主题有深入和全面的认识。

《最后的奥鲁古雅》通过三位鄂温克妇女的讲述和对她们人生道路与命运的揭示，最终让观众得到的，就是对这一古老民族当下生存境遇的认识和必须融入当代文明之流的结论，也许这一认识和结论还有商榷的余地，但就一部专题片来说，它对这一主题的论证和揭示无疑是成功的，在引导观众的这一认知上，目的也达到了。

纪录片的传播目的和效果则是力求"真实"地反映和接近事件和事实，发掘事件背后的意味和事实中所蕴含的哲理与意蕴，所以，"真实"是纪录片所要追求的最高目标，是它赢得观众的第一法宝。真实又可以区分为两个层面：一是现象的真实，二是本质的真实。所谓"现象的真实"，是指事物表面的、个别的、形式的真实；"本质的真实"亦可叫作"哲理的真实"，指事物深层的、普遍的、内容的真实，在这两个层面的真实当中，无疑后者是更根本的，也是"真实"的核心含义。

《敬大爷和他的老主顾们》在这点上就做得可圈可点，它在散漫、白描式的对敬大爷几次理发的记录中，其实在不动声色中开掘了几位老人的内心世界，通过几位老人经历了几十年的人世风雨之后对待生活和生命态度的展示，让我们对人生和命运有所感悟：一位老人一生澹泊、与世无争的豁达，一位神情忧郁茶饭不香的以"又过了一天"自嘲，还有一位则脾气乖戾得让家人无所适从，而这些各具特色的记录和展示，不就是人生本身的丰富多样、人们对待生命本身的不同态度和方式吗？这也就是这部纪录片的本质的真实——一种历史感和人生的喟叹。

3. 表现手法不同 电视专题片由于"表现"生活的需要，较多地运用象征、联想、烘托、对比等艺术手法，根据特殊的创作要求，甚至允许在一定程度上扮演、补拍、追述和摆拍。在电视专题片中，声音往往居于主导的位置，而画面上大部分情况下只是声音的注解和说明。电视专题片的时空处理也较纪录片自由，它可以根据主题的需要以解说词为引导任意地转换时空。而因为要"再现"生活，电视纪录片纪实手法较为单一，一般多采用长镜头或同期声展现生活的真实，能反映"情境"的画面（包括同期声）在片中处于主导的地位，由于题材多为反映现时的生活，所以较多地运用实拍、抓拍、偷拍等拍摄方法，将自然时空忠实地反映出来。

再者，在一般的意义上，二者的长度不同。专题片在容量和长度上限制较少，可以围绕一个主题做成多角度、多侧面的长篇连续或系列片，甚至可以突破时间和空间的局限，凡是有助于说明和阐释主题的，都可以拿来一用。如《最后的奥鲁古雅》中，涉及柳芭的内容完全来自影像记录资料，三代女性的叙述也不是按照时间顺序来进行，而是根据主题的需要穿插安排。至于人们津津乐道的《话说运河》、《话说长江》、《丝绸之路》、《望长城》等专题片，则无一不是系列长篇巨制。而纪录片一般有一个确定的内容和长度限制，如同常规故事片一样，要求在一定的时间长度内记录或叙述一个完整的故事或事件。当然也有特例，如《我们的留学生活——在日本的日子》，就是长达10集的系列纪录片。

还有，专题片对主持人的设立越来越热衷或者说越来越倚重。自陈铎和虹云在《话说运河》等专题片中的解说被认可和赞赏后，似乎越来越多的专题片开始把主持人的设立和使用作为节目的一个"常项"或者是一个"要素"。而主持人的设立方式也不同，有的采用演播室解说式，有的是与嘉宾讨论式或访谈式，还有的则直接构成专题片一个真正的"主持"，片子在其主导下向主题开掘。而纪录片则更多地借助于摄影机的运动，以便更好地保证片子的客观视角和客观性。当然，有的纪录片也有解说、有画外音，但它们一般限于对事件本身作客观的描述，或为了保证叙述的流畅和清楚而做不带任何主观色彩的交代。因此，即便纪录片也设立主持人，其作用也是与专题片的主持人不同的，甚至可以说，专题片的主持人是节目理念和主题的传达者，正是通过他们，片子的主题才得到直接乃至直露的表达。

二、纪录片的模式

纪录片发源于西方的纪录电影，电视纪录片的基本创作原则和手法都是从电影纪录片那里继承来的，可以总结出四类主要的创作模式：格里尔逊式、真实电影、访问谈话式和反射式。

（一）格里尔逊式

格里尔逊式，是英国纪录片导演约翰·格里尔逊在1929年创立的，被称为"英国纪录电影学派"。主张纪录片应当是富有创造性的、对真实生活场面的处理，是一种直接的宣传手段，非常注重对生活的艺术加工。这个学派的代表作品有《锡兰之歌》（1934）、《住房问题》（1935）、《夜邮》（1936）等，在画面构图、镜头剪接、音画配合等方面都极其讲究。"二战"爆发后，他们全力以赴地为战争宣传服务，在创作上出现了两种倾向，一种是以保罗·罗沙为代表的"纪事体裁"，即通过解说词把现成的画面串连起来，用以体现特定的富于教育意义或宣传目标的主题。另一种倾向则以汉弗莱·詹宁斯为代表，强调纪录片的人情味和幽默感，让真实生活中的人去表演。

"二战"之后，那种充满说教色彩的封闭模式在逐渐清醒冷静的人们面前失去了地位与权威性。尽管它具有一定的艺术意味，但艺术技巧的中立性使得它本身缺乏一定的意识形态的内容。所以，它既能为好的意识形态服务，宣传进步的科学的理念，宣传主流地位的意识形态，为稳定社会、加强团结起到相当重要的作用，如苏联的蒙太奇学派、我国的一些所谓"专题片"；又能被坏的意识形态利用，进行鼓动宣传，愚昧群众，如"二战"时期，德、意、日法西斯滥用新闻片、纪录片进行法西斯主义的灌输。因此，从整体上看，强调教育宣传、体现意识形态色彩的"格里尔逊式"纪录片逐渐失去了先前权威者的身份。按照美国电影理论家比尔·尼柯尔斯的看法，格里尔逊式传统的风格是第一种被彻底用滥了的纪录片形式。

(二) 真实电影

"真实电影"的历史可追溯到1922年苏联导演兼理论家吉加·维尔托夫倡导的"电影眼睛"派。"真实电影"最初的代表人物是法国人让·鲁什——人类学电影工作者。他于1947年开始拍片,主张"让主体自己说话",但他很快发现了传统纪录片中人为的痕迹过重。他对那种在拍好的画面上配解说词的技法很不满意。在影片《美洲豹》(1957)中,他让影片中的一个人物解说这部影片。但是后来他在拍摄《我,一个黑人》(1959)时,让影片的主角重新扮演他生活中的一些片断。此举招致这样做是否已超出纪录片范畴的争议,争议的结果导致完全摒弃表演而进行纯粹记录的"美国直接电影学派"的诞生。这种模式一反格里尔逊氏风格,不加解说,记者问话实况也被抹去,以捕捉特定人物日常生活中未经修饰的事件及其直接、坦率的影响力而保障了"现场效果"。其中最具代表性的例子是美国记者苏珊和阿亚·雷曼合拍的《警察局录像带》,整片从开始到结束,也没加进一句制片人和被访者的话语,力求给人客观真实的印象。

"真实电影"的兴盛时期是20世纪60年代。"真实电影"由法国人类学电影工作者让·鲁什20世纪60年代的作品《一个夏天的纪录》的副标题——"真实电影的一次实验"而得名,其兴起的原因有两个:一是"二战"以后出现的纪实主义浪潮,为"真实电影"提供了理论先导;二是便携式摄影机和录音机为在现场完成同步效果声、同步谈话提供了物质和技术基础。"真实电影"模式确实弥补了"格里尔逊式"纪实性不够的缺陷,在纯粹的实况纪录影片中,寻求一种同古典好莱坞风格相同的"一目了然"的风格——抓拍行动中的人物,让观众自己去对他们下结论,而无需任何含蓄或直率评论的帮助。然而,纯粹的"真实电影"很难向观众提供历史、社会背景,以及对未来的展望、推测等,传受双方常常对此感到困惑。

真实电影又分为两个流派:

1. 直接电影 是20世纪60年代初美国纪录片制作中一次独具风格的电影运动,它主张摄影机和拍摄人员应该像"墙上的苍蝇"一样,不与被拍摄者发生任何瓜葛,以求能拍摄出即使摄影机不存在时也同样发生的事,在不介入的长期观察中重提真实。这方面进行探索最具成效的是罗伯特·德鲁在纽约《时代》周刊组织的电影小组,其代表作品有《初选》(1960)、《幸福母亲的一天》(1963)等。"直接电影"绝不采用访问,一般利用同期声、无画外解说和无操纵剪辑,尽可能忠实地呈现不加控制的事件,让观众自己下结论,而无需任何含蓄或直率评论的带动。

成都电视台拍摄的长篇电视纪录片《平衡》就是一部"真实电影"方式的成功之作。作者以亲历者的身份在青藏高原可可西里跟拍了三年,运用挑、等、抢的纪实摄影手法,真实地记录了反偷猎队打击盗猎分子惊心动魄的战斗场景。对主要人物长篇访谈，全片不用解说词，却能真实地展现环保勇士们的鲜明形象，这是"真实电影"手法的娴熟运用。创作者用全部的心血感受生活、记录生活，捕捉到视觉和听觉统一完整的形象，具有强烈的震撼力，使纪实美得以升华，是当年纪实作品的成功力作，并获2001年第19届电视"金鹰奖"最佳纪录片作品奖。

2. 真理电影 以让·鲁什为代表的一派，承认摄影机的存在可以对现实产生影响，他们被称为"真理电影"派。"真理电影"最重要的代表作品是让·鲁什和社会学家埃德加·莫兰在1961年合作拍摄的《一个夏天的纪录》，它提出了新的纪录片观念："纪录片制作者不再是躲在摄影机后面的局外人，而是要积极参与被拍摄者在被拍摄的那一刻的生活，促使被拍摄者在摄影机面前说出他们不太轻易说出的话，或不太轻易做出的事。"除了《一个夏天的纪录》，"真理电影"的代表作还有《美丽的五月》、《向变化挑战》、《孤独的男孩》、《至关重要》等。

"直接电影"与"真理电影"虽然都以追求真实为目的，都是在同期录音的实践中发展起来的，但二者之间是有区别的。美国电影史学家埃里克·巴尔诺把它们的区别总结为四点：

（1）主张"直接电影"的纪录片工作者手持摄影机处于紧张状态，等待非常事件的发生；鲁什式的"真理电影"纪录片则试图促成非常事件的发生。

（2）"直接电影"艺术家不希望抛头露面；"真理电影"艺术家则主张参加到影片中去。

（3）"直接电影"艺术家演的是不介入的旁观者的角色；"真实电影"艺术家起到的是挑动者的作用。

（4）"直接电影"作者认为事物的真实随时可以摄入摄影机；"真理电影"是以人为的环境能使隐蔽的真实浮现出来这个原则为依据的。

"真实电影"试图给人以完全客观的真实感，但它们经常使人困惑，因为"真实电影"难以向观众提供历史与社会背景以及对前景的预见和推测，以至于创作者感到不能畅所欲言而观众又往往觉得不知所云。因此，到了20世纪70年代，又出现了第三种模式——访问谈话式。

（三）访问谈话式

访问谈话式的纪录片应该说是目前最为普遍的一种创作风格，它将直接谈话（如人物或记者直接对观众说话）结合在访问会见中。它首先出现在美国的一些女权主义的纪录片中，后来被政论性作品广泛采用。事件的目击者和参与者直接站在摄影机前讲述他们的故事，时而做发人深省的揭露，时而做只言片语的佐证，形成了当代纪录片的标准模式。

这种发现型的"访问谈话式"风格的纪录片避免了真实电影的极端纪实性倾向，

也回避了说教型的"格里尔逊式"所具有的主观宣传、鼓动的色彩。它采用长镜头拍摄，辅以实况效果声，这保留了真实电影所追求的"真实性"；穿插在现场纪实画面之间的访问谈话，依靠具有权威性、代表性的当事人、见证人直接向观众叙述，不仅提供了背景，也提供了观点，这是保留了"格里尔逊式"议论性的特点，应该说，这是一种纪录片折中风格的体现。20世纪70年代国外出现了"访问谈话式"风格的优秀纪录片，虽然避免了编导主观介入的嫌疑，使人感到作品的公正、客观、可信，但是，它也存在着缺陷，最严重的问题就是要保留被访者声音与主题整体声音之间的差异，当被问者对事件表达得不清晰、而影片对此又未再提出疑问时，问题就再明显不过了。

（四）反射式

"反射式"是在拍摄纪录片过程中，把拍摄者与被拍摄者彼此之间如何互相运作和互动的关系呈现出来，这种作品混合了观察、访问以及摄影机前后人物之间互动等几种方式。"反射式"被认为比较合乎纪录片最基本的精神，包含了一种平等和自由。换句话说，这种由电影创作者全然主导的纪录片创作方式，给予了被拍摄对象参与的空间，也给予了观众在看纪录片时的思考空间。

这种记录方式有效地集中了前三种纪录片的优势，使纪录片永远不是再现的形式。正如美国电影史学家比尔·尼克尔斯（Bill Nichols）总结的那样："影片工作起来像个自由的整体，影片比它的所有组成部分都伟大而且将各部分组织结构起来，吸收进来的人声，吸收进来的背景音响和画面；影片整体的风格讲出的'声音'（它的方法是多种多样的，包括同吸收进来的声音有关的，如何结构一个单一的、主导的形式）；历史环境，这是影片本身的声音无法成功地超越或完全控制的。这种历史环境也包括对事件本身的观察。"①

这类纪录片常常跟踪拍摄人物活动的细节，包括富有感染力的人物谈话，以活生生的现实情节性来吸引观众。

在"反射式"作品中，被拍摄的人和拍摄者互动过程的拍摄，也就是被拍摄者像面镜子一样被这个拍摄的人给照出来。比如在片子中能够见到的，拍摄者伸出手和被拍的人握手、在摄影机后面和被拍摄者讲话等，有些是不自觉地做了，有些是刻意追求的。反射式真正的始创者是苏联的维尔托夫，如他的作品《带摄影机的人》。20世纪90年代的这类作品有《罗杰与我》（Roger and Me），讲述了美国的一个小镇，因通用汽车厂要关闭，小镇80%以上的人都要依靠这个工厂生活，所以摄制者就带着一种使命感，领着一个摄影队到处去找叫Roger（罗杰）的通用汽车的总裁，问他为什么要关

---

① （美）比尔·尼克尔斯（Bill Nichols），《纪录片导论》，陈犀禾、刘宇清、郑洁译，中国电影出版社2007年，第38页。

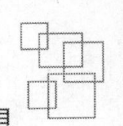

厂等，所以片名就叫《罗杰和我》。

纪录片风格在世界纪录片创作者的探索中不断丰富完善，在这个变化过程中，其核心是创作观念的改变，具体体现为叙事的方式由封闭型向开放型的彻底体现过渡。

第三节 纪录片的类型

一、历史文献类纪录片

纪录电影领域，对文献纪录片的定义如下：文献纪录片（西方称为汇编纪录片）是指利用以往拍摄的资料片（有时辅以适当的新拍摄的素材）编辑而成的纪录片。历史文献纪录片以表现历史事件为主，在很多国家甚至已成为写作历史的手段。可以说，历史文献纪录片是构成一个国家、一个民族乃至全人类的影像历史的一个重要组成部分。进入20世纪90年代之后，随着纪录片创作理念的变化，我国电视纪录片创作进入了繁荣时期，1993年摄制的电视纪录片《毛泽东》是电视文献纪录片的开山之作，从此电视文献纪录片得以登堂入室，走上荧屏，迅速发展成为一个新的纪录片类型。近年来，一些大型电视历史文献纪录片在电视上播出后，引起的社会反响甚至比电视剧还热烈。

所谓电视历史文献纪录片，就是利用电视的多种表现手段，对重大的历史事件、历史人物或某一个阶段的历史发展进程进行多角度、多侧面、多层次、全方位的回顾、审视和观照的一种具有独特风格样式的电视纪录片。电视历史文献纪录片充分利用以往拍摄的影像资料，并且要拍摄大量的新的素材，按照事先拟定的主题，完成对历史的宏大叙事，最终以影像历史的形式与受众见面。只是由于成本和制作以及播出的原因，电视文献纪录片可以做得比较快，以多集连续的形式播出，容易引起较大的社会反响，而电影文献纪录片由于走的是院线发行渠道与观众见面的路子，因而其影响力不如电视文献纪录片。实际上，作为主旋律中重大革命历史题材的一部分，无论是电视文献纪录片还是电影文献纪录片，近年来都以其居高不下的收视率和出人意料的票房，成为影视创作中一道独特的风景线。

例如，1996年在全国影院公映的反映抗美援朝战争的电影历史文献纪录片《较量》，在当年的国产片票房收入中排名第二，随后发行的纪录影片《丰碑》、《周恩来外交风云》都取得了不俗的票房业绩。1997年年初，12集电视历史文献纪录片《邓小平》在中央电视台连续播出，在社会上反响热烈。随后该片很快在中央电视台重播，甚至连香港的电视媒体也多次播出该片。而在新世纪，像《潮涌东方》等一批大型电视文献纪录片的热播，也充分说明了电视历史文献纪录片的历史价值与深远意义。

从创作角度来看，电视历史文献纪录片首先要尊重历史和真实，真实地记录、反映历史，并以新颖、多样的艺术表现形式营造尽可能强的可视性，以生动和富有表现力的手段把历史再现于屏幕，从而给受众以审美享受和思想启迪。注重纪实风格、多角度深层次地反映历史、细节描写以小见大、多种结构形式及信息新颖、具有揭秘性等，是近十多年来优秀电视历史文献纪录片的突出特点。而电视历史文献纪录片在艺术表现手法上主要有访谈、选用历史文献资料、使用历史遗迹、真实再现、现实时空和历史时空交替呈现等方式，形成了电视历史文献纪录片独特的艺术风格，也是观众观赏电视历史文献纪录片时的审美认同基础。

二、科学类纪录片

科学类纪录片，是指以反映自然状况和自然科学研究为题材的电视纪录片，也可称之为电视科学纪录片，主要包括两大类：记录自然生态环境状况的电视纪录片（以野生动植物、地址、地貌、自然景观、天文现象为主要内容）和记录人类在自然科学领域活动的电视纪录片。与纯粹以传播知识为目的的科教类电视节目不同的是，自然类电视纪录片的落脚点是人类本身，要么通过自然及野生动植物来观照自身的存在，成为反观自身的"生存之镜"，唤起人类对生命的重视和对自然的热爱；要么通过人类对未知领域（自然科学）的探索，实现对人类自身伟大力量和人性的本质的深层理解，从而通过对人类命运的认同，产生对电视纪录片的审美愉悦。

电视科学纪录片的摄制，需要相关领域的自然科学知识和专家学者的支持，同时也是摄影手法和制作特技的完美结晶，在反映自然生态环境状况的纪录片的摄制中，这一点尤为明显。这一类题材的自然类电视纪录片要求尽可能地靠近被摄动物，这就要求必须依靠各种拍摄器材来实现预想。例如法国纪录片导演雅克·贝汉制作的《迁徙的鸟》就是这样一部佳作。该片在摄制过程中，使用了人类所制作的各种摄影器材。大量独创的技巧和特殊设计的摄影机的运用可以使拍摄者从各个方位靠近鸟类，滑翔机和三角翼飞机可以很方便地近距离甚至是零距离拍摄迁徙的鸟。该片还运用了动画合成的方法，以营造一种令人震撼的美感。在长达三年的拍摄中，摄制组得到了法国科学研究院有关专业上的支持，对于拍摄路线都有了详细的了解，因而完成了这部作品。

这类纪录片也是电视台栏目中较多的一种类型，中央电视台科教频道有几档科学纪录片栏目。栏目以引进、编译国外优秀节目为主，结合节目的主题化、系列化的选题及制作理念，聚焦动植物世界生命传奇故事，探寻揭示宇宙万象的神奇奥秘，打造了一个充满神奇自然生命、展现天文地理奇观的平台，是以编译国外科技节目为主的一个科普节目。它的内容丰富，题材多样，制作精良，是开阔观众眼界、提高公众科学素养的一个窗口。栏目编导在引进国外节目的基础上，充分进行二度创作，如加进国内外相关的素材、资料，特别是最新的发展情况的介绍，弥补了引进科技节目某些内容过时等不足之处。在节目创作与录制时，编导还邀请国内科技专家担任顾问和嘉宾，请他们对节目的科技内容加以解释、评述和补充，另外，除了结合内容在演播室大屏幕上放映相关镜头以外，还经常把有关的标本、图片及模型拿到现场展示，使节目进一步通俗化、形象化、立体化，更加贴近观众、贴近生活。

《见证——发现之旅》栏目的宗旨是以科学的态度和科学的视角揭示方方面面的科学内容。所谓"发现"，并不是走马观花、蜻蜓点水式地展现一些新画面、新说法，而是客观、深入地挖掘表象背后的科学意义，让观众不仅知其一，还要知其二，从中真正体会到发现的魅力。而发现本身就是一个过程，栏目打破了传统科教片只注重传达科学结果的制作手法，以真实记录加再现的方式让观众感受追寻、探索未知世界的严谨与乐趣。"发现之旅"实际上就是一种科学揭秘的旅程。栏目的选题范围虽然广泛，却紧紧围绕着科学去展开，不刻意追求新闻效应，也不一味迎合猎奇心理。它的可视性体现在向观众一层一层揭示大千世界科学面纱的较高层次上。

《探索·发现》中央电视台科教频道（CCTV-10）周一到周日晚10：00黄金档栏目，每期约40分钟，是目前时长最长的中国第一个自然地理、人文地理日播纪录片栏目。栏目的题材定位为自然地理和人文地理，并在探索中不断扩大其内涵和外延，倡导的创作理念是"娱乐化纪录片"，认为故事片有"纪录片化"的趋势，纪录片也可以向故事片借鉴。他们用搬演的手法完成历史的重现，把相关人物的访谈、动画特技等表现手法运用于节目中，甚至比故事片更加充分，不仅是在暂时迎合观众的收视需求，也是在培养中国观众收看纪录片的习惯。

三、人物类纪录片

所谓人物类电视纪录片，就是反映普通个体生存状态的电视纪录片。这类纪录片因贴近生活、贴近百姓而受到了广大观众的欢迎，"讲述老百姓自己的故事"是人物类电视纪录片的独特优势和突出特点，可谓观众自身的"投影"和"再现"。

人物类电视纪录片的主要特征是以普通人物个体的命运为纪录片的出发点和归宿。社会大环境仅仅是作为人物生存的背景而存在的，主要在纪录片中起到舞台和布景的作用，而不是纪录片要反映的主体，这就是人物类电视纪录片与人文类电视纪录片的主要区别，人物类电视纪录片更强调将镜头对准日常生活中常态的人。

在具体创作中，人物类电视纪录片主要运用纪实的创作手法，力求尽可能真实客观地反映人物的命运；在选题上，人物类电视纪录片通常选择普通人、普通事，将个体对生活的理解呈现给观众，为社会提供一部由小人物构成的微观的影像历史。因此，理想的人物类电视纪录片可谓"一部用普通人的话语书写的、民本化的影像历史"。

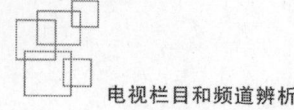

人物类电视纪录片从20世纪80年代开始兴起，目前已成为电视纪录片中影响较大、数量较多的一个片种。20世纪80年代早期的代表作品有《雕塑家刘焕章》；到了20世纪90年代，随着业界创作观念的进步，许多电视纪录片创作者开始自觉地将纪实理念付诸创作实践，出现了一大批优秀的人物类电视纪录片和人物类电视纪录片栏目，其中的代表作品有《茅岩河船夫》、《毛毛告状》、《女特警雷米》、《侯家家事》。

代表性的栏目有中央电视台综合频道2010年12月6日推出的专题栏目《看见》。作为一档记录现实题材的专题节目，《看见》观察变化中的时代生活，用影像记录事件中的人，刻画转型的时代中的个体。每周一23：36播出，时长30分钟。节目既有真实的纪实环节，"像墙上苍蝇"一般较为客观地观察和记录，又穿插着对主人公的采访。演播室主持人起到了情节铺垫、情节转折的导引作用，将记录的情节作出栏目制作者的解读和阐释。

四、人文类纪录片

人文类电视纪录片是以某一类人群或某一地域人群的生存状况及其物质文化生活等社会活动为题材的纪录片。就表现形式而言，它以人物活动或事件的发展为中心线索，通过人物与所在环境（自然或社会）的一定（平淡、丰富、离奇或复杂）关系来展示人物形象；就内容而言，它着重表现人类的生存方式、道德情感、生活态度等等。

它的主题是人，是人的本质力量和生存状态，人的生存方式和文化积淀，人的性格和命运，人与自然的关系，人对宇宙和世界的思索。它不像专题片，专题片有直接的主题目标和宣传的功利效果，它的主题趋向于更为深层、更为永恒的内容。它从看似平常处取材，以原始形态的素材来结构影片，表现一些个人化的生活内容，达到一种蕴含着人类具有通感的生存意识和生命感悟，生与死、爱与恨、善与恶、同情与反感、生存与抗争、美的追求等，强调人文内涵、文化品质。例如，《沙与海》、《半个世纪的爱》、《藏北人家》、《望长城》及以后的《重逢的日子》、《德兴坊》、《龙脊》、《神鹿啊，我们的神鹿》、《山洞里的村庄》、《影人儿》、《婚事》等，都调整了纪实语言结构，体现了对人的深层关注，都是以人为核心，直接关注人，重视人的本质力量，去除了许多功利心，多了一些人文性。

《老头》、《铁西区》、《好死不如赖活着》、《乡村里的中国》、《姐妹》、《蜕变》等作品是近年来人文类电视纪录片中的扛鼎力作。

在今天，数字技术条件为这种对人的关注提供了更为广阔的空间。近年来国内就有一些专业或非专业创作者采用更为个人的方式走近人；利用小型数字机，呼吸与共地记录身边的人，比如《江湖》、《老头》等就是独立制片人以微型数码相机方式拍摄，近距离微观地记录下的日常生活，这些片子的拍摄和剪接尽管粗糙，但其对人的关注，具有一种历史、人文的价值。

五、人类学纪录片

"人类学"和"人类学纪录片"都是从西方引入我国的。"人类学"引入较早，20世纪初就已传入我国，而"人类学纪录片"就很晚了，直到1985年，当时担任国际影视人类学委员会主席的加拿大蒙特利尔大学埃森·巴列克西教授（Asen Balikci）来我国访问，这个片种才被介绍到我国。

"人类学纪录片"，顾名思义，显然包括两个方面——人类学和纪录片，两者密不可分。但它既不等于人类学的传统文字表达方式，也不等同于人们日常熟悉的纪录片。就内容而言，人类学纪录片是人类学的、理性的，属学术成果，在这个意义上，与人类学书面著作等同，而与一般纪录片有异。从表述形式来看，人类学纪录片则是鲜活的、形象的，与人类学书面著作的表述方式完全不同，而与一般纪录片相同。由此可以说，人类学纪录片是科学成果与艺术形式的完善结合，是将纪录片手段用于人类学研究，纪录片是外在的表现形式，人类学是内在的表述内容，是人类学家研究成果的产物，也是纪录片中的一类特殊类型。

在英语里，西方国家对人类学纪录片有若干种不同的称呼，一般称之为Anthropologic Documentary（人类学纪录片）或Ethnologic Documentary（民族学纪录片）。也有的人把其中单纯记录某一民族的文化现象、但很少或不加任何解释和评价的影片称为Ethnographic Documentary（民族志纪录片）。这些不同的命名多少有些差异，但并没有实质性的区别，一般情况下可以兼容，主要是在人类学界使用。而在影视圈内，一般把这类影片通通归于纪录片，仅仅认为它是纪录片中的一类，并没有赋予它比一般纪录片更多的含义。

人类学纪录片是人们运用影视手段，旨在研究人类学和体现人类学研究成果而拍摄的纪录片。这个定义包含三层含义：其一是目的的表述，是为了研究人类学和体现人类学的研究成果，这是人类学纪录片的本质，研究是出发点，研究指导拍摄。其二是运用影视手段，影视手段是工具，是表达人类学研究内容的重要媒体。其三是内容的表述，人类学纪录片的内容是人类学研究和人类文化研究，它包括人类的生存状态、生活方式、人种繁衍、组织规则、宗教信仰、社会结构、文化模式等。

按照影视人类学家格瑞欧（Griaule）的分类方法，人类学纪录片大体可分为三类：一是提供研究用的纪录片断。此类数量最大，也最珍贵。它包括只用一个镜头拍摄的一个完整过程，像制陶、打制器具、舞蹈等，也包括人类学家利用较长时间，对研究对象进行的全面系统的记录。这些素材可以提供给人类学家研究，更重要的是保存下来留给后来人。

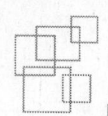

二是用于人类学课程的教学片。一般是那种只剪去素材中冗杂的部分、经过粗编后的纪录片。有的加解说；有的则不加解说，附有文字说明。这类纪录片虽对素材经过剪辑加工，但依然保留着原始资料的性质，未提供摄制者的任何见解。

三是供电视台播放或学术交流的具有完整结构的作品。这类人类学纪录片加入了制作者的观点，是制作者按照自己的感受和理解，对素材进行剪辑和加工而成的，剪辑得比较细致，结构较完整。从一定程度上说，这一类纪录片是摄制者对所拍摄的文化事象所做诠释的结构性再现，或者说是摄制者对所反映的客观文化的主观再现。在这类纪录片的制作中，运用相同素材，根据不同的需要，常可以成功地剪辑出不同类型的人类学纪录片。例如，中央电视台的《最后的山神》和中央民族大学的《最后的萨满》这两部纪录片，前期拍摄在一起进行，所获素材相同，后期制作是从完全相同的素材中剪辑出来的。前者按照制作者自己对鄂伦春族原始宗教萨满教的衰落及其残存影响的感受和理解，用影片表现了萨满教在鄂伦春族现实生活中的地位和在鄂伦春族群众心理上的历史积淀，生动真实而富有人情味，在1993年"亚广联"年会上获奖。后者则详尽、客观地展示了萨满祭祀仪式，包括萨满所穿法衣，使用的法器、祭祀程序和活动细节等完整段落，为研究鄂伦春萨满教的现状提供了丰富可信的资料，1994年获选参加在日本举行的世界萨满教学术讨论会。第三类也是我们这里所讨论的。

人类学纪录片在纪录片家族中占有重要的地位，我国辽阔的疆域、丰富的文化和众多的民族为人类学电视纪录片的创作提供了丰富的源泉。但是，从我国电视发展的历史来看，我国电视界的人类学电视纪录片创作起步却并不算早，20世纪80年代初，我国电视人才刚刚开始真正意义上的人类学电视纪录片的创作。经过数年积累，90年代后开始异军突起，以《最后的山神》、《神鹿啊神鹿》、《藏北人家》为代表的一系列中国人类学电视纪录片在国际上频频获奖，人类学电视纪录片在我国的创作也进入了一个高峰时期。

第四节 纪录片栏目化

一、我国纪录片栏目现状

我国电视纪录片自20世纪90年代蓬勃发展以来，它的第一个高峰业已完成，其标志是培养了一大批中国的电视纪录片观众和国家电视台的纪录片制作人，使一批电视纪录片栏目在全国各大电视台得以出现和运作，形成了一种中国特色的引人瞩目的纪录片现象，在20世纪90年代前半期的纪实主义浪潮中，仿效于《纪录片编辑室》以及《生活空间》的电视纪录片栏目在全国各省市台遍地开花，虽由于克隆而严重同质化，

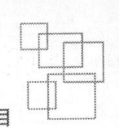

却由于纪实浪潮的深广影响及上级的积极扶持而享尽荣华，而90年代中后期的纪录片已是四面楚歌，加上电视体制改革后收视率地位的上升，大批娱乐类电视栏目的兴起造成的大量观众流失，纪录片的栏目化生存也陷入了重重危机，大量的纪录片栏目又纷纷黯然凋谢。当年的火暴局面似乎好景不再，收视率也呈下降趋势。比起20世纪90年代初的一派繁荣，今天中国的纪录片却似乎处在长时间的低谷状态。许多名牌纪录片栏目要么消失，要么被兼并成某一杂志型栏目的附庸，即使在一些实力较强的电视台，能顽强且完整地坚持下来的也寥寥无几，而且多数退出黄金时段。电视界圈内人士常把拥有优秀的人文电视纪录片和名牌电视纪录片栏目视为一个电视台实力的标志，但事实上，目前人文电视纪录片早已经淹没在新闻、综艺、电视剧之中，成为可有可无的点缀。

2013年，国家广电总局制订了鼓励纪录片发展的相应政策，并要求保证纪录片的一定播出时间，效果如何，还有待时间检验。

二、纪录片的栏目化生存策略

栏目化是纪录片与电视结合后的主要生存形态。由于主动权在电视一方，纪录片与电视磨合的结果只能是作为电视的组成分子而附和电视运行规律，顺应电视发展趋势。而栏目化是20世纪90年代中国电视的大势所趋，是由电视"节目—栏目—频道"的三段式发展规律决定的，因此纪录片栏目化是纪录片与电视结合的必然结果。

应该说纪录片在电视上的栏目化是纪录片在大众传播时代的生存策略，电视对电影的挤压促使纪录片抛弃纪录电影形态而以电视纪录片栏目的形式在电视中占据一席之地。而这是与20世纪90年代初的纪实主义浪潮同步的，1993年上海电视台《纪录片编辑室》与中央电视台《东方时空·生活空间》的开播标志着纪录片栏目化的开始。因此纪录片的栏目化并不是在90年代中后期纪录片进入困境之后而寻出的生存策略，相反地，纪录片栏目本身的生存危机正是90年代中后期纪录片生存困境的表现。因此，现在我们说栏目化是纪录片的一种生存策略的意义在于，如何在不变的纪录片栏目化形式的前提下寻找栏目化纪录片的新出路，解决纪录片栏目化的生存危机。

（一）纪录片栏目化的必要性

事实证明，纪录片的栏目化是电视发展的必然。

1. 它符合电视产业化发展的需要　任何一家电视台出钱出力拍摄电视纪录片，都不是让纪录片的编导们去"玩艺术"，而是需要用它去发挥电视台的社会影响，或产生经济效益，带来收益，这就决定了纪录片"产品"必须保证按时播出，形成规模，创出品牌，形成合力，以增加电视"产品"的附加值，提高含金量，来换取更大的效益回报。

2. 是媒体受众分众时代发展的需要 今天中国的媒体发展，已经不是电视传媒一枝独秀的时代，网络、报刊等多种形式的媒体迅速发展，已经使民众对媒体的选择迅速分化，即便对于电视观众而言，人们对信息、休闲、娱乐、求知、修养等方面的不同需求，也要求电视荧屏为广大电视观众生产出更多形式多样、内容丰富的电视节目。电视节目的栏目化正是在这一要求下所作出的反应，电视节目通过栏目的专业化分工以吸引不同需求、不同欣赏倾向的观众，以形成电视节目竞争中的整体优势，这也成为电视媒体求生存求发展的现实需要。

3. 市场因素 如果说市场研究的是消费者，那么电视市场研究的就应该是电视观众，在这里，市场占有率被代之以节目收视率，观众对电视节目的喜好程度成为电视栏目策划者与经营者最为关注的指标。对于处于边缘状态的电视纪录片栏目而言，情况也大同小异，栏目化的纪录片就要研究观众喜欢怎样的选题，想听怎样的故事，欣赏什么样的作品风格，接受怎样的节目形式。因此有人总结说电视的市场化过程就是艺术的大众化过程。这就决定了在市场化的前提下，艺术必须向市场作出某种妥协。

市场化的目的就是要带来效益，而且主要是经济效益，电视台在电视产业化发展的背景下，必须对各个栏目的投入与产出给以极大的关注。

首先，栏目化容易使电视节目形成规模，产生合力，形成市场上的品牌效应，进而实现利润的最大化。其次，电视台对电视节目制作所进行的人力投入、财物支出、设备使用都有着严格的限制，每增加一人的工作量，每增加一天的拍摄时间，每增加1小时的后期制作，都会给节目的成本带来无形的"追加"，而这种"追加"对于节目质量的提升幅度又很难加以量化。因此，管理者对于任何这种"追加"都会本能地持否定的态度。于是，电视节目制作者与他的作品必将承受由此带来的艺术价值的损失（也许是不可估量的），这是一个现实，更是一种无奈。

4. 效率因素 栏目化的纪录片事实上已经使纪录片制作人与观众之间有了某种（至少是时间上的）约定，保证如期"赴约"便成为纪录片栏目守信负责的首要任务。

既要降低成本增加效益，又要诚实守信，如期播出就必须对电视作品的风格模式、制作方式、操作程序制订出明确的标准，这不仅有利于电视节目的批量生产，以保证货源，又便于对产品质量进行监控，实行量化管理。纪录片的栏目化也摆脱不了这样的约束，哪怕它最终可能演变为对艺术的无形束缚。

从北京电视台曾经的《纪录》栏目来看，个性化已逐渐融入类型化之中。纪录片生产线般地投入紧张的运行，有着统一的纪录精神和统一的纪录风格的作品便在时间表的要求期限内不断地生产出来，从而保证了节目的货源，保证了规模也就保住了市场。公正地说，《纪录》为纪录片作品与市场相结合的目标进行了大胆的尝试，同时它也为纪录片栏目化的发展进行了现实而有益的探索。但它也掩盖不了这样一个事实，那就是，它必须在艺术与"猎奇"之间作出抉择。

（二）纪录片栏目生存策略

1. 转变制作观念 自20世纪90年代以来，精英文化理念逐渐消退，人们开始把关注的目光从伟大、崇高转向平凡和普通，开始淡化缥缈的历史和远方的世界，转而关注身边的人和事，关注自己和周围人的生存状态。纪录片作为电视文化的重镇，受到这种文化观念的转型的影响，纪录者纷纷将镜头聚焦普通民众的生存状态与生存空间。"讲述老百姓自己的故事"，不仅是《生活空间》的制作理念，也无形中成为大多数纪录片栏目的制作宗旨，一时间，《生活空间》的模仿秀如雨后春笋般涌现在电视屏幕上。

纪录片迎合受众市场的观赏口味无可厚非，但片面地将"平实"作为纪录片最重要甚至是唯一的叙事风格，无疑是将纪录片发展推向穷途。纪录片作为一种精品艺术，虽依附于电视这一大众传媒，但其文化起点高于一般大众文化类型，这就决定了它必须比其他大众文化有更丰富、更立体的内容层次。因此，对于纪录片，同一种题材，可以采用不同的叙述手法，而由此产生的不同作品风格，对于满足感官、加强内心体验和细化受众群都有很大益处。

同样是自然类纪录片，广西电视台制作的《海边有片红树林》以科学的态度对红树林的生存状态及其与人类的关系进行记录与揭示。法国纪录电影《迁徙的鸟》则用浪漫主义手法将鸟的生活真实却唯美地展现在观众面前，引起人们对人与自然的思索。由此可见，不论哪种类型的题材，我们采用不同手法便可以制作出不同风格与感受的纪录作品。对于纪录片栏目，我们应该进行观念的转变，而不是拘泥于平实的叙述而摈弃或忽视其他多彩的叙述风格。

纪录片栏目化后，由于各栏目分别寻找自己的独特定位的需要，也由于作为背景因素的社会文化转型的影响，栏目化了的纪录片开始出现品格分流。有坚守精英阵地的，也有毅然走下神坛、汇入大众文化的时代潮流的。

2. 多种品格 首先是精英品格。纪录片是一门艺术，艺术性是它的基本属性，从这说起，纪录片是要求有精英意识的。这体现在两个方面，一是在制作上要有精品意识；二是要有一定深度。通常要创作一部制作精良而又有思考深度的纪录片精品，是需要有比较长的创作周期的，周期长并不一定能出精品，但要出精品则一定要有周期前提，这已经成为纪录片创作中不成文的规律。陈晓卿拍《龙脊》时，在山里一蹲就是大半年；王海兵拍《山里的日子》九进大巴山，拍摄时间达一年半；康健宁和高国栋的《沙与海》，拍摄时间更是长达三年。而与此相矛盾的，纪录片栏目由于必须连续定期播出，不太可能有如此宽松的创作周期，因此纪录片栏目要坚持精品创作是有很大困难的。但也正由于纪录片栏目播出的连续性，使它能以"系列"的方式形成一个"场效应"，弥补了单个作品的不足。这样，也许单独的一期不是精品，也不一定多么有深度；但多期的系列，则可以在进行精品化制作的基础上达到一定的思想深度。

这样的精英意识在中央电视台 2000 年开播的《纪录片》栏目中得到了很好的体现。栏目侧重对中国的历史人文进行深刻地思考和探索，以每周 5 期、每期 30 分钟的规模连续播出了两年。虽然量很大，但是创作者们将每一期都当作精品进行创作，纪录片的精英意识在他们身上得到集中体现。栏目的作品大都以系列片的形式播出，如 4 集系列片《来自 1910 年的列车》、13 集系列片《正阳门外》、6 集系列片《巴人之谜》、16 集系列片《经典纪录》、16 集系列片《一个作家和一个城市》、4 集系列片《甲午悲歌》等。2003 年 5 月 8 日，《纪录片》栏目改版为《见证》，以全新的面貌出现，但一贯的纪录片精英品格却没有消退，可惜，此栏目已经停播。

其次是大众品格。纪录片其实在栏目化伊始走的就是大众化的路子，无论是《纪录片编辑室》还是《生活空间》。一是题材的大众化。创作者们将目光从缥缈的历史及边远的山林移开，开始将镜头对准现世中的芸芸大众；"讲述老百姓自己的故事"使中国的老百姓第一次在屏幕上看到了自己及身边的人，老百姓成了真正的主人公；在这背后潜藏着的是一种文化观念的转型。二是视角的平民化。平民视角是一个创作心态的问题，是一个创作者与被摄对象的关系问题，它要求创作者站到与被摄对象的同一水平线上去尊重他们，然后才是思考。因此，我们不得不提到夹杂其间的人文关怀精神。其实视角的真正平民化本身就是人文关怀精神的一种体现。而有些人可能会将纪录片的人文关怀精神理解为是对小人物、弱势群体的俯视式的关怀，这是一种误解，或者说采取这种俯视视角的纪录片创作者本身就不具备真正的人文关怀精神。人文关怀的视角是平民化的，无论是创作者还是被摄对象，无论是上层白领还是弱势群体，都只是平等的生命个体。这样，从人文关怀意义上去理解平民视角，其外延扩大了：任何人作为一个生命存在，都是平等的，都是"平民"，都应该得到尊重。大众化了的纪录片栏目为这样的"平等"观念作出了最好的注解。

3. 品牌意识 电视纪录片栏目更需要有长远的战略意识。首先，在所有的电视节目类型中，电视纪录片是最具艺术品格的。而对艺术的追求是人类作为高级生命的标志，因此，只要坚守自身的艺术品格，纪录片的生命力是不灭的。其次，随着整个社会文化水平的提高，随着社会群体的分化，逐渐产生了一个社会精英群体，电视纪录片将会是他们在电视中的最终关注点。因此，电视纪录片拥有大量的潜在观众，需要纪录片栏目去挖掘培养。看到了这两点，纪录片栏目就应该有自己的长远战略规划。如中央电视台的《纪录片》栏目，以做历史类纪录片为主，似乎很低调，但其长远的战略意识正在这里：以深厚的历史和文化的学术价值来开创品牌，加上严肃的精品意识，日久必然见功效。

4. 创新精神 纪录片栏目化后的主要问题之一是不适应以封闭的模式化生产为基础的栏目运行体制。封闭则完全靠栏目自身进行生产，纪录片的长周期使栏目有心无力；而模式化要求又限制了纪录片的艺术创造空间。所以纪录片栏目要突破完全的栏目体制进行体制创新，出路在于：利用社会力量进行创作，以形成互补的开放式创作体制；而在作品的外围，即栏目层面上保留栏目体制。在中国，体制外一直以来都存在着大量的纪录片创作者，DV在中国的推广更是大大扩展了这股力量。他们有着很强的探索意识，极富创造力，也不乏精英，却苦于没有播出平台。因此，如果体制内的纪录片栏目向他们寻求合作，会是双赢的结局。如凤凰卫视中文台的《DV新世代：中华青年影像大展》在这一点上就做得很彻底，他们完全没有自己的创作力量，而是从一开始就以播出平台的身份与广大"中华青年"合作，这样不但栏目播出的作品富有极大的活力，而且实现了栏目的低投入，买作品的播出权每期只需1500～2000元人民币。

三、电视纪录片栏目化的利弊

曾经繁荣过的《生活空间》、《纪录》等纪录片栏目，使中国电视纪录片栏目的发展出现过令人鼓舞的好形势（至少看到了某种趋势），纪录片的理论发展也随着创作实践的深入而走向了活跃。

有学者指出，10分钟或20分钟并且每日播出的作品不能算作真正意义上的纪录片，而纪录片栏目的大量出现有着滥用纪实手法的倾向，并且这种纪录片故事化的极端发展，是纪录片理性化向追求视听刺激娱乐化的自愿归顺，栏目化的纪录片虽然满足了生产与收视的需求，但纪录片纪实主义的理性精神却在这个过程中被一点点消磨殆尽，而这一切绝不是纪录片栏目化推动者们的初衷。

无论如何，电视纪录片，或者"写实主义"或"纪实风格"的电视作品，正是通过《生活空间》一类的"非虚构"的电视栏目走进千家万户，让亿万中国电视观众从中感受到"非虚构"节目的魅力。事实上，《生活空间》们所做的工作就是纪录片艺术基础知识的"全民普及"，以至于众多普通的电视观众每提纪录片必言《生活空间》（现在的《百姓故事》）。

令人担心的是，纪录片栏目的发展在一定程度上掩盖了经典纪录片创作疲软的现状，而观众在讲故事的《百姓故事》与挖掘人类深刻思想主题的精品纪录片之间进行选择的过程中的厚此薄彼程度的加深，将造成人们艺术鉴赏力的简单化与模式化，直至退化，正如好莱坞电影在带给人们感官上的强烈刺激的同时，丢弃掉的却是思想的沉淀与理性的火花。这一切不仅对于一个民族，而且对整个人类精神世界的健康发展都会有相当负面的影响——话说得可能有点严重，但这正好揭示出，在电视产业化发展的过程中，电视节目的栏目化与市场化的结合所造成的精品艺术空洞化的危险。

但即使事情真被不幸言中，也不能说这就是电视节目栏目化的过失，正如人人都喜爱艺术珍品、而真正能有机会享用又享用得起的人却少之又少一样，在大众消费的时代，人们需要珍品，也需要大路货，如果为保护艺术精品而关闭工业化的生产线，不仅是整个社会向手工作坊时代的倒退，也是对人类丰富多彩的生活自由的无情剥夺。

如果电视还是一种大众传媒，只有将电视节目实行栏目化，包含纪录片节目的栏目化，才会为广大电视观众源源不断地提供大量的电视作品。只是这个生产线应该不断提高和完善作品的艺术水准，而不是成为媚俗的精神垃圾。

其实，栏目化播出本身不应该对纪录片制作产生什么直接的影响。只是在中国纪录片还不够发达的情况之下，要定期提供足够数量的纪录片播出，在制作模式、机制和制作观念上会产生影响，至少会打破原来的节奏和平衡，从纯粹考虑作品艺术性的质量转向不得不兼而考虑产量的因素。

这是一种无奈的状态，却并不可悲，从某种意义上来说，它是一种必然，或者是一件值得高兴的事。因为，批量生产计算成本，的确是纪录片走向市场化的必要的经营方式，只有这样才能保证生产的循环进行。而同时，市场化又是纪录片走向成熟的关键一步。市场化不仅可以使纪录片日常化，而且可以培养越来越多的、越来越高层次的纪录片观众。因为，纪录片市场成熟，就自然会与国际更好地接轨，会有越来越多的优秀的国际纪录片进入中国纪录片市场；也必然会有更多的纪录片传播空间，不但会有越来越多的纪录片栏目，还会有越来越多的纪录片频道。因此，就会有越来越多高层次、高品位的纪录片在大众传媒中出现，而这是提高纪录片观众审美水准、继而提高纪录片创作整体水平的重要推力。

第八章 电视综合频道

电视频道可以简单地分为两个大的类别：专业频道和综合频道。专业频道是以某个专门方面的内容建设为主，为电视受众提供专业的单一的服务，满足受众某个方面或层次的特定需求。而综合频道则通过综合性的节目内容设置，满足电视受众多方面、多层次的要求，为受众提供全面综合的服务。

也就是说，综合频道与专业频道是相对应的概念，其特征可以从其与专业频道的对照中见出：综合频道的节目类型组合机构相对松散，内容涵盖面较大，而专业频道则相对集中，内容比较单一；综合频道的观众构成相对复杂，成分多样，而专业频道观众一般是特定人群，成分相对简单；综合频道的时段收视组合结构高低起伏，出现明显的收视高峰和低谷，而专业频道则未形成明显的收视高峰。概言之，综合频道的特征是：节目类型丰富多样，受众复杂广泛，能够形成规模收视。

我国的电视综合频道也可划分为三个主要级别：国家级综合频道、省级综合频道和地市级综合频道。国家级的综合频道是指中央电视台和中国教育电视台的综合频道，以央视一套综合频道为主要代表；省级的综合频道包括了省级的上星综合频道和非上星综合频道，其中省级卫视由于其辐射全国的影响力而具备重要的战略位置；地市级的综合频道主要是非上星的地面综合频道，覆盖面积有限，地域色彩浓郁。这三级综合频道在我国电视综合频道的发展历史中相继诞生，受社会、经济和文化多方面因素影响以及电视自身发展规律的制约，呈现出此消彼长的发展态势，形成了鲜明的阶段性发展特征。

第一节 我国电视综合频道的发展历程

我国电视综合频道经历了三个重要的发展时期，根据每个时期的特征，可以将其划分为"中央电视台综合频道成长期"、"省级卫视全国辐射扩张期"、"中央地方两级自觉发展期"等三个阶段。

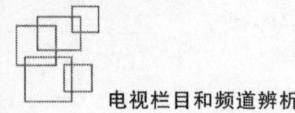

电视栏目和频道辨析

一、中央电视台综合频道成长期

电视开办初期,电视观众只能收看到中央台和省级台两个电视频道,节目资源和频道资源都极度稀缺。电影和戏剧转播在电视节目中占据了极大的比重。如北京电视台刚开办时,"播放电影的时间占全部节目时间的75%,戏剧转播占15%。到1959年底,故事影片占时50%,戏剧转播占时30%,余下的20%是纪录影片、科教影片、《新闻简报》和小型演播室节目"①。另外,一些节目形态如现场直播的早期电视剧以及一些教育性、知识性、服务性的节目也开始逐渐出现在电视荧屏中。

之后,我国电视事业的发展遭遇到"大跃进"、"文革"的时代影响,在10余年间几乎停滞不前。直到1978年十一届三中全会的召开,才开启了我国电视事业的改革时期。《新闻联播》、《为您服务》、春节联欢晚会等具有代表性和深远影响的节目出现,一大批电视剧译制片以及国产电视剧出现在电视上,我国电视的荧屏迅速丰富起来。

同时,在"四级办电视,四级混和覆盖"的政策影响下,电视台数量迅速增长,电视频道资源和节目资源逐渐丰富。到1987年2月,中央电视台第二套节目由面向北京改为面向全国播出,并实现了向经济信息频道的转变;接着,中央电视台增办第三套面向北京的节目,以播放文艺节目为主。这两套节目虽然还称不上"专业频道",但是作为如今央视财经频道和综艺频道的雏形,它们的出现具有划时代的意义,综合频道独步荧屏的时期由此走向终结。

总的来说,在我国电视发展初期的30多年中,综合频道的发展处在一种自然的状态中,表现为:首先,受经济、技术、理念等多方面因素的限制,电视节目形态较少,节目资源匮乏,电视频道资源奇缺,频道的综合性发展是自然的选择。专业频道必须建立在节目资源和频道资源的极大丰富之上,因此在单频道时期是不可能出现的。其次,综合频道的发展规律尚处于摸索阶段。在"频道"的概念尚且陌生的时期,对于综合频道的概念、特征、编排都不可能形成理性的分析和认识,也没有系统的研究和总结。同时,尽管当时国际上已经出现了诸如CNN这样的专业频道,国内电视台也纷纷顺应"四化"建设的需要,开办经济频道之类具有细分化倾向的电视频道(实质仍是综合频道)。但是,综合频道的主体地位并未发生动摇,综合频道的真正发展才刚刚开始。

二、省级卫视全国辐射扩张期

从20世纪80年代末开始,我国电视的圈地运动拉开帷幕。中央电视台在原有电视

---

① 郭镇之:《中外广播电视史》,复旦大学出版社2005年版,第240页。

频道基础之上，扩充出经济、电影、电视剧、文艺、体育等专业频道，巩固和强化了其国家大台的霸主地位。同时，省台上星纷纷完成，首次打破了央视的独家垄断，开始介入全国电视市场的竞争。从1989—1999年的10年中，共有31个省级和直辖市的数十套综合频道节目具备了辐射全国的条件。理想中的全国市场与现实的高额落地费用以及地方保护主义之间的矛盾的逐渐凸显，虽然一定程度上挫败了上星成功的成就感，但是丝毫没有影响到上星运动的积极性，综合频道尤其是省级卫视频道的发展开始了新的征程。

（一）省级卫视综合频道出世

1989年，西藏电视台率先上星，点燃了上星运动的星星之火，5年后的1994年，山东、浙江、四川三个省级电视台的卫星频道步其后尘，而接下来的1996—1999年的四个年头里，燎原之火燃遍全国，迅速形成全国性的影响力。这些上星的卫视几乎都是省级电视台的一套综合频道，因此，电视观众的视野中一下子多出了好几十套综合频道。综合频道在全国收视版图上的影响自然空前巨大，同时对于综合频道的定位、发展模式、经营战略也有了大规模的实践。

从地面到天空，省级卫视在地位提升的情况下，迅速陷入了发展中的彷徨时期，定位的困惑、覆盖的竞争、内容的同质、经营的尴尬都使省级卫视的发展道路从一开始就坎坷不平。

1. 定位的困惑 省级卫视是最具有中国特色的电视频道划分，带有鲜明的行政色彩，虽然从政策上得到了优待和扶持，但是它所肩负的宣传任务也束缚了它的发展。上星意味着频道具备了面对全国性市场的可能性，但是到底走立足全国受众、兼顾本省受众的"全国性频道"发展道路，还是向辐射周边地区，在一定区域产生重大影响力的"区域性频道"发展，抑或走服务本地观众为主、兼顾全国受众的"本地化频道"发展道路，是每一个上星卫视都在思考和探索的问题。这不是简单的选择，而是需要在充分考察自身条件和竞争优势的基础上作出理性的抉择。经过优胜劣汰之后，省级卫视必将走向两极化或者多级化的发展方向。

2. 覆盖的竞争 上星意味着辐射全国的可能性，落地才能决定面向全国收视市场的现实性。频道覆盖问题一直是省级卫视发展工作中的重要部分，抢占全国性的收视市场是省级卫视竞争的重要战场。但是日益高涨的落地门槛导致了落地问题的艰难。原有的"对等落地"、"对等差额落地"等已经成为历史，地方有线电视网开始按照市场规律提升收费标准，在一些经济条件好的地区，卫视落地权的拍卖开始盛行，经济实力较差的省级卫视面临着越来越困难的覆盖问题。

3. 内容的同质 省级卫视频道基本都是原省台的一套，即新闻·综合频道或综合频道，基本上是清一色的"大而全"的综合频道。频道建设上，省级卫视基本照搬了

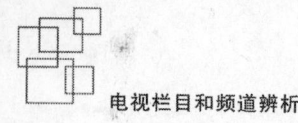

央视综合频道的模式,成为央视一套的复制品,但又在规模和品质上逊色不少,千篇一律的频道内容和一盘散沙的频道建构,使得省级卫视在频道建设上的同质化误区徘徊,迷失了发展的道路。

4. 经营的尴尬　省级卫视上星是一个物理的变化过程,但是却没有引发频道定位、传播理念、频道形象等核心因素的化学变化,这就有如换汤不换药,无法治愈疾病,更别提发展。省级卫视在经营上所陷入的尴尬境地就是最好的例证。

(二) 专业频道挑战综合频道

在省级卫视纷纷上星,形成了综合频道空前的全国辐射力的同时,我国电视的频道专业化也开始提上了日程。尽管与国外的发展历史相比,我国的专业化频道在起步上远远落后,但是其发展的速度却是惊人的。从20世纪90年代中后期开始,频道专业化成为我国电视发展中新的关键词。

在省级卫视还纷纷沉浸在上星的喜悦中时,中央电视台开始了它的扩张计划,率先在1995年开通体育、综艺和少儿·军事·农业三个专业化频道。而十多年后的今天,中央电视台的版图中已经拥有了16个电视频道,其中专业频道就有12个,涵盖了新闻、电影、电视剧、戏曲、法治、综艺、少儿、音乐、科教等多个专业领域,而这些专业频道也通过卫星传送到全国的家庭。与此同时,省级电视台地面频道和地市级电视台也开始了频道扩张。除省级卫视以外,省级电视台也效仿央视的模式,建构了包括新闻、影视、生活等类别的专业频道,有些电视台还开播了具有浓郁地方文化特色的专业频道或称特色频道,如重庆电视台的喜剧频道、山东电视台的齐鲁频道等。

专业化频道的出现,把一种全新的频道概念提供给了全国广大的电视观众,带给观众收视心理的转变和收视选择的多元化,综合频道一统天下的绝对优势已然削弱。在受众细分化的过程中,电视观众的分流是不可避免的,综合频道发展的压力与日俱增。

三、中央地方两级自觉发展期

从20世纪末至今的十几个年头里,综合频道的发展和变化之巨大是前所未有的,这一时期的综合频道的发展,不再体现为数量上的简单增长,而是体现在品质上的不懈追求。中央和地方两级分别在"大综合"和"小综合"的道路上走出了自身优势,而省级卫视则在频繁的改版中探寻着出路。综合频道的发展规律在实践中进行着探索,走上了自觉性的发展时期。

(一) 综合频道的全国竞争环境

央视-索福瑞媒介研究的统计数据显示,截至2004年,能够覆盖全国的电视频道有中央电视台的 15 个频道、中国教育台的 2 个频道以及 41 个省级卫视频道，合计有 58 个频道，这个数据表明，综合频道在全国市场中的竞争会随着上星频道的增加变得更加激烈。同时，经过上星以来一直在覆盖方面的努力，省级卫视的覆盖范围明显扩大，逐渐开始向真正的全国市场概念靠拢，其中山东、浙江、湖南、广东、贵州、江苏、上海等省市的卫视都已经产生了全国性的影响。

（二）综合频道的竞争态势

部分省级卫视的覆盖率已经达到较高水平，如安徽卫视在城市地区的覆盖率仅次于央视的 9 个频道，覆盖率达到 70%。而省级卫视在农村地区的覆盖情况更有优势，不仅有山东卫视高居排行榜第二位，四川卫视和浙江卫视都挺进了前 10 名，超过了许多央视的专业频道，省级卫视的全国扩张已渐成气候。

省级上星综合频道的扩张，虽然没有动摇央视综合频道的绝对优势地位，但是央视综合频道连年的收视份额下滑却也刺激了央视综合频道的变革和发展。中央电视台在频道专业化、频道精品化的发展道路上，始终坚持力保央视综合频道的全国第一频道的地位，将央视综合频道发展为一个精品综合平台，按照更加科学化的方式进行节目编排和建构，不断尝试综合频道的新的经营策略，使央视综合频道真正地难以超越。省级卫视的同质化发展道路因为海南卫视的转型突然亮起了一丝曙光。海南卫视勇敢地冲破重围，开创省级卫视专业化发展思路的先河，为省级卫视的发展提供了新的思考和尝试。在这样的刺激下，其他省级卫视也在权衡之后蠢蠢欲动，在改版中寻求出路。特色化、差异化成为新的发展潮流，新一轮的特色竞争已经拉开帷幕。

地面综合频道数量庞大，分布在不同的省、市、县，各自拥有其目标受众群体，频道更加具有地方特色。受客观条件的限制，地面综合频道很难突破地区的范围，影响力极其有限。不过，江苏地面综合频道的异军突起，却为地面综合频道的发展开辟了新路，由其引发的"民生新闻"大战也逐渐成为地面综合频道扩大影响的策略之一。同时，地面综合频道之间的区域联合与合作也越发频繁，地区之间节目资源的整合与利用、广告经营的合作与联营都逐渐走向成熟。

第二节　电视综合频道的定位

频道定位包括了频道的观众定位、区域定位和功能定位等多个方面，分别从频道的目标受众、影响和覆盖范围以及频道的功能等方面完成频道的价值构建。电视频道定位的目的就是要凸显有别于其他频道的特质或价值，实现频道之间的市场区隔和形象区隔。

在多频道的竞争时代，综合频道由于在节目形态、节目内容、频道架构等方面具有诸多相似性，容易造成"千台一面"的同质化现象，频道的个性、特色、品质、形象都在模糊的频道定位之中逐渐消解，无法形成频道的影响力。同质化的倾向严重影响着综合频道的发展，长此以往，综合频道必然逐渐丧失生命力和竞争力。

找准定位，明确方向，是综合频道发展策略中的首要问题。而不同等级的综合频道，在定位时也有着不同的选择。

一、中央电视台的大综合定位

所谓大综合，就是集中精品栏目于综合频道，品种齐全，内容丰富。

2003年新闻频道的成立为央视综合频道彻底减负，央视综合频道的发展和改革也开始稳步的进行。2003年之后央视对综合频道的几次大手术，让央视综合频道旧貌换新颜，真正成长为中央电视台的旗舰频道。

新闻频道5月1日刚开播，综合频道就在8天后进行了8年以来的首次大规模全新改版，打响了综合频道改革的第一枪。央视综合频道一改"新闻综合频道"的定位，明确提出"综合频道"的口号。这次改版的重要举措是央视名牌综艺节目集体进驻综合频道以及晚间电视剧播出量的增加。可以说，这次改版不仅给综合频道正了"名分"，还增添了竞争的筹码（电视剧、综艺节目的内容强化和编排策略都给综合频道的发展创造了条件），必然会拉升收视份额和广告收入。据资料显示，改版后的央视综合频道2003年的收视额比上一年增长了大约15%。

2004年9月改版是一年前改版的延续。新闻板块的构建用编排创造效益，精品战略的扩展将更多优秀节目汇集综合频道，电视剧集的持续增加使央视综合频道比地方电视增添了胜算。

两次重大的改版相隔仅仅一年有余，这是央视在综合频道经营道路上的尝试和选择，从改版的内容分析，央视对综合频道的经营至少形成了几点认识：首先是明确了受众。央视综合频道是覆盖最广、影响人群最多的电视频道，综合频道的目标受众是最广大的群众，他们的年龄、教育背景、生活环境、收入水平等多个方面都不相同，他们的收视需求也会千差万别。其次是明确了节目定位。央视总编室节目播出管理处处长霍振恒提出"第一套节目主要定位在普通百姓的娱乐和获取一般新闻的基本需求"，这个定位的明确体现了最广大群众的收视需求，也反映出电视娱乐与资讯功能凸显的现状。根据这个定位，央视综合频道在改版时有意识地巩固新闻节目的强势地位，增加电视剧和综艺类节目的播出时长，综合特性更加明显。最后，明确综合频道的地位，保证央视综合频道的精品化，通过电视台内部资源的调整，不遗余力地打造这个旗舰频道。通过这两次改版和之后频道的微调，央视综合频道向大综合的"精品综合"方向发展的思路越来越明确。

二、省级卫视的特色综合

从 21 世纪初开始,省级卫视一直处于频道特色化道路的探索中。2002 年,海南卫视放弃综合频道的身份,转而定位为旅游专业频道,这是省级卫视特色探索中最彻底的转型。但是,海南卫视的转型与海南省的经济条件和自然资源有极大关系,并不具有普遍的推广价值,而且省级卫视受当地政府的束缚,也很难彻底放弃宣传职责。因此,打造特色综合频道成了省级卫视的普遍选择。

经历轮番的改版风潮之后,省级卫视的特色定位出现了几个类型:

第一类是按内容划分进行频道定位的。如湖南卫视的娱乐牌、安徽卫视的电视剧策略。

第二类是以题材划分的。广东卫视的"财富"和广西卫视的"女性"定位都属此类。

第三类是按主题划分的。如江苏卫视的情感定位、湖北卫视的公益口号等。

每一个省级卫视频道都在试图充分挖掘本省的优势和资源,找到最适合自身发展的特色化道路,从而在全国市场中站稳脚跟。

在区域定位上,省级卫视的多极化发展趋势已经显现。全国性频道、区域性频道以及省级频道的区划开始明显。2003 年,央视市场研究股份有限公司开始推出"全国性频道"的概念,将收视份额超过 1% 的电视媒体定义为全国性频道。从 2004 年全国上星频道的收视份额看,省级卫视中,湖南卫视(2.8%)、安徽卫视(1.5%)、山东卫视(1.1%)、北京卫视(1.1%)和东方卫视(1.0%)能够达到全国性频道的基本标准。而 2005 年的统计数据中,则仅剩湖南卫视(3.4%)和安徽卫视(1.3%)两家仍能达到 1% 的标准。某些专家已经预测,未来只会剩下 5 家全国性省级卫视,其他的都会退出全国电视市场。如今,某些省级卫视已经开始定位于做区域内的强势媒体,如贵州卫视打造西部黄金卫视、上海卫视立足长三角地区等,而一些覆盖低、经济效益差的省级卫视最终只能选择在本省的市场中占据优势。

2014 年第一季度下午时段的收视率排行见表 8-1:

表 8-1　2014 年第一季度下午时段收视率排名

排　名	频　道	全国测量仪	排　名	频　道	33 测量仪城市
1	CCTV-少儿	5.07	1	CCTV-1	4.29
2	湖南卫视	5.04	2	湖南卫视	3.16

(续上表)

排 名	频 道	全国测量仪	排 名	频 道	33 测量仪城市
3	CCTV-1	4.95	3	CCTV-3	3.14
4	CCTV-3	3.24	4	CCTV-新闻	3.02
5	CCTV-8	2.88	5	CCTV-4	2.59
6	CCTV-6	2.85	6	江苏卫视	2.44
7	CCTV-新闻	2.76	7	四川卫视	2.29
8	江苏卫视	2.58	8	CCTV-6	2.25
9	CCTV-4	2.24	9	CCTV-8	1.94
10	四川卫视	1.95	10	CCTV-少儿	1.90

　　以湖南卫视为例，1997年湖南卫星上星之后，陆续创办了《快乐大本营》、《玫瑰之约》等综艺娱乐节目，迅速在全国产生巨大反响，成为娱乐类电视节目的领军者。在品牌栏目的影响下，湖南卫视的娱乐色彩和娱乐特色逐渐得到观众认可，培育起大批忠实的电视观众。2003年，通过前期的市场酝酿和受众培养，借助国家大力发展文化产业的东风，湖南卫视开始放眼全国，提出"锁定娱乐、锁定年轻、锁定全国"的口号，鲜明地打出娱乐大旗，通过频道内娱乐节目的强化和娱乐元素的增添，明确频道发展方向。娱乐定位是湖南卫视在发展过程中逐渐培养和酝酿出来的，当初只是想做几个频道的主打栏目，却演化为品牌娱乐栏目的群体效应。湖南卫视成了电视娱乐品牌的塑造者和娱乐概念的界定者、先行者。在2004年提出"新娱乐"全新概念以及新娱乐的特点（"大众娱乐大众"和"观众决定标准"）之后，又利用《超级女声》的成功打造，再次掀起轰动全国的娱乐风暴，湖南卫视这个娱乐王国已经得到观众的首肯。湖南卫视将其受众定位为年轻的电视收视人群，主要是15～45岁的受众，在综合频道中大胆采取受众人群细分的策略，这一受众定位突出了湖南卫视的核心受众，为频道的节目制作、营销策略提供了依据，明确提出立足全国、打造全国性媒体的策略，摆脱区域性媒体定位的束缚，真正朝着做大做强的道路发展。这一定位突破了省级卫视一直以来的"全国覆盖、区域影响"的身份尴尬，以做名副其实的全国性媒体为目标，频道更名为"中国湖南卫视"，"中国"两字的添加正是其频道定位的外化，充分体现了湖南卫视"全国收视、全国覆盖、全国品牌、全国市场"的经营理念。

三、区域综合频道的小综合定位

　　安徽卫视曾经提出"小综合"频道的概念，并指出频道的节目架构可以采取"2+

X"的策略。"2"指新闻和影视,而"X"则是代表频道的特色节目,包括综艺、娱乐、专题等。这个小综合频道的模式具有较强的操作性和普遍的适宜性,在地面综合频道的建构中有较大的生存空间。

地面综合频道都有各自的发展空间,但是竞争者越来越多,仅本省范围内,就会存在省级地面频道与市级地面频道之间的竞争,要保住这一空间也不是轻而易举的事情,地面频道都在伺机而起。借助民生新闻,地面频道试图以点带面,再不断延伸,突破地区影响力的限制,通过跨区域合作与联合,实现节目制作、广告经营、频道影响上的全面突围。

四、综合频道的受众定位

央视改版的目的是把综合频道打造成"精品频道",由于定位不明,反而失去了频道原有的优势,在央视表面繁荣的背后,频道之间却定位不明,甚至互相竞争、各立门户。伊拉克战争使中文国际频道一战成名,未来在重大国际新闻的报道上,如果以新闻频道为主,那么中文国际频道在伊战中积累的品牌资源又白白浪费了,如果反过来以中文国际频道为主,那么新闻频道就显得没有用武之地。

1. 树立受众为本的经营理念 广告给新闻媒介带来巨大的经济效益,支持了新闻事业的发展,资料表明,全世界有90个国家的电视全部或部分靠广告收入而生存,广告收入成为新闻媒介赖以生存和发展的经济命脉。受众在新闻传播中具有决定作用,电视媒体只有树立以受众为本的经营理念,才能吸引广大受众,从而建立起电视媒体的强势品牌,吸引更多的广告业务,为行业的发展提供经济保证。有正确的理念作为引导,有利于实际业务中频道的发展;如果没有正确的经营理念,做出的节目就不能适应受众的需要,收视率无法得到保证,频道也就没有了生存之道。

2. 适合受众和实际的需要求新、求变 成熟的频道不是一成不变的,而是在相对稳定中求发展,它有相对稳定的节目源、相对稳定的观众和相对稳定的广告收入,它应该随受众和实际情况的变化而作出相应调整。央视综合频道的改版,虽然解决了一些旧问题,却又出现了新问题,但是,只有不断改革,不断总结经验,频道才会拥有越来越多的受众,得到广大人民的喜爱。

好的频道要有好的节目支撑,更要有好的节目组织编排来体现,只有好的节目和合理的编排,观众才会喜闻乐见,收视率才能获得提高,广告商才会纷至沓来,才能维持频道的生命力。具体说来,把重要的、固定的、最具吸引力的节目放在最适合最多观众收看的时间段播放,如黄金时段安排名牌新闻类节目,如早间安排《朝闻天下》,中午《新闻30分》,晚上播出《新闻联播》,深夜《晚间新闻》,并安排较有深度的新闻节目在固定时段播出,巩固和维护央视综合频道长久以来建立的权威性;在其他时段,则穿

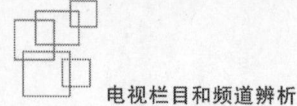

电视栏目和频道辨析

插播出符合大多数受众需要的节目，举个反例，少儿类节目既不能安排在上课时间播出，也不能安排深夜播出，安排在孩子们放学而成年人尚未下班这个时段是最为合理的。

综合频道不能通过任意组合栏目而形成，只有对资料进行整合，形成某个独特的角度，才能提高频道的核心竞争力。

第三节　电视综合频道的节目编排

从电视节目角度来看，综合频道的实质是各种电视节目内容在单个频道之内的平衡发展。专业频道虽然从单个频道来看，偏重于较为单一的节目内容，但从所有专业频道的总体来看，也会基本维持不同节目内容的多元平衡。

在电视综合频道中，节目内容十分丰富，新闻资讯、文艺娱乐节目、教育节目、服务性节目、对象化节目、专题片、纪录片以及电视剧都能够在综合频道中出现。多样的大众化的节目内容可以满足不同年龄、不同学历、不同背景受众的多层次的收视需求。

根据《世界电视市场报告2005》的数据，73个国家2004年收视率排名前10名的节目几乎全部是新闻、影视和娱乐综艺节目。其中，影视节目的比例高达46%，其中的电视连续剧是最受青睐的；娱乐综艺节目占到36%；新闻的比例是18%。并且这些节目大多在黄金时段播出。国内的情况大致相同，据央视-索福瑞媒介研究2004年全国收视市场各类节目的收视份额的数据，电视剧收视份额为29.4%，比2003年上浮了1.3%，新闻节目为16.8%，比2003年略有下滑，而综艺节目的收视份额为7.9%，比2003年上升了1.3个百分点。电视剧、新闻和综艺成为全国收视市场中的前3名，总计的收视份额达到54.1%。

两组统计数据与目前国内综合频道在黄金时段节目安排上的"强势新闻＋主打电视剧＋大型综艺娱乐"的策略相互吻合。作为综合频道中的主要节目形态，新闻、电视剧和娱乐节目仍然是综合频道的主要内容。

一、新闻是综合频道的重要内容

电视新闻是与综合频道结缘最深的节目类型，直到今天，"新闻综合频道"仍然是一些电视台的频道定位，"新闻立台"的观念也深入人心。新闻节目不仅承载着政府宣传、信息传递的作用，也同时对外代表着电视频道的品质和价值，彰显着电视频道的影响力和魅力。

（一）中央电视台综合频道

2003年央视新闻频道的开播是我国电视行业的一件大事，它不仅代表着一个24小时不间断滚动播出的新闻专业频道的诞生，也成为真正意义上综合频道确立的重要契机。由于专门的新闻播出平台的出现，新闻·综合频道为真正意义上的综合频道所取代，新闻元素在综合频道中的地位发生了巨大的转变，轻装上阵的综合频道中的精品新闻节目具有了特别的价值。

中央电视台凭借实力的优势和政策的支持，在制作国际国内重大新闻上具有得天独厚的条件，这是其他电视台无法企及的。中央电视台综合频道汇集了中央电视台最高品质的新闻节目。短消息类的《新闻联播》、《新闻30分》，深度类的《焦点访谈》、《新闻调查》以及杂志形态的《东方时空》等都是央视综合频道乃至整个中央电视台的支柱性新闻节目。新闻频道开播之后，综合频道的新闻优势依然没有动摇。部分新闻节目实现了与新闻频道的并机播出，如《朝闻天下》、《新闻联播》、《新闻30分》等，部分新闻节目则独享首播的特权，如《东方时空》、《新闻调查》等。

央视综合频道的新闻节目也是频道创收的主力，央视每年黄金时段（综合频道《新闻联播》和《焦点访谈》之间的6分钟左右）的广告招商是央视广告的重要支撑点。

但是，受众由于多年的收视习惯，而对综合频道有依赖性，如对《新闻联播》、《焦点访谈》等栏目。央视新闻频道开播以后，综合频道和新闻频道同时播出《新闻联播》节目，造成其中某一频道这一时段的资源浪费，也在一定程度上削弱了综合频道新闻节目的影响力，而新闻频道又无法弥补其所受损失，真可谓两败俱伤。新浪网在央视新闻频道开播当年所做的调查显示，有27.92%的人对央视新闻频道的印象不好，37.40%认为一般，仅有21.73%的人认为很好。民众认为新闻频道缺少真正的权威主持；风格陈旧，报道的内容、形式相比原来的综合频道节目没有超越。虽然央视新闻频道不断在改进中，但距离观众的期待还有很长的路要走。

（二）省级卫视综合频道

省级卫视这个带着鲜明行政色彩的频道从诞生开始，就承载着重要的宣传职责，而新闻节目无疑是宣传的主要阵地。这样，省级卫视的新闻节目制作常常分为两个方面，一方面是常规任务，即利用《××（省名）新闻联播》等新闻节目样式进行对内对外的宣传；另一方面则是根据自身情况制作有区域和频道特色的新闻栏目，并在新闻报道的内容、形式上做一定的创新和尝试。由于缺乏央视新闻制作的优势，省级卫视的新闻内容主要针对本省或者周边区域，硬性新闻和软性新闻都有一定的市场。

如上海东方卫视开播时对其内容定位提出了十六字的方针："新闻见长、影视支撑、娱乐补充、体育特色"。"新闻见长"突出了东方卫视打出的新闻招牌和"新闻立台"的频道理念。东方卫视每天17档7个小时的新闻播出量和多种类、重分量的新闻产品构成，都在彰显着东方卫视的新闻魅力。同时，在新闻直播上的历练，也使东方卫视快速地成长。在省级卫视频道中，东方卫视已经开始显现出其新闻节目的优势。

2013年11月18日18：00—24：00时段，部分省级卫视的收视率统计如表8-2所示。

表8-2　2013年11月18日18：00—24：00部分省级卫视的收视统计

	频　道	收视率（%）	市场份额（%）
1	湖南电视台卫星频道	0.355	3.20
2	浙江卫视	0.266	2.40
3	江苏卫视	0.219	1.97
4	天津卫视	0.212	1.91
5	北京卫视	0.209	1.88
6	安徽卫视	0.169	1.53
7	山东卫视	0.152	1.37
8	湖北卫视	0.151	1.36
9	深圳卫视（新闻综合频道）	0.148	1.33
10	江西电视台卫星频道（一套）	0.141	1.27
11	上海东方卫视	0.123	1.13
12	重庆卫视	0.087	0.78
13	黑龙江卫视	0.084	0.76
14	贵州卫视	0.083	0.75
15	四川卫视	0.079	0.72
16	北京卡酷少儿频道	0.077	0.69
17	河南电视台卫星频道（一套）	0.069	0.62
18	东南卫视	0.068	0.62
19	湖南电视台金鹰卡通频道	0.065	0.59
20	辽宁卫视	0.064	0.58

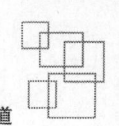

（三）区域综合频道

新闻的接近性原理指出，事实同新闻受众在地理、利害、心理等方面越是接近，越是贴近受众，就越能引起受众的普遍关注，新闻价值也就越大。其中，地理上的接近性最为明显。

区域综合频道在民生新闻上探索的成功正是这一原理的成功演绎。利用地面的贴近性、亲和力和反应速度，地面综合频道在民生新闻栏目中及时地报道本地的新闻内容，并在新闻播报的风格、受众与媒体的互动、主持人的个性化等方面进行尝试，全面颠覆传统的新闻理念，在国内掀起了民生新闻的风潮。

最典型的是南京民生新闻现象。2002年元旦，一档全新的电视新闻直播栏目《南京零距离》在江苏电视台城市频道诞生。这档新闻栏目的蹿红和火暴是人们始料未及的。《南京零距离》最高的收视率达到了21%，这个数字对于一档地方新闻节目而言是惊人的，由高收视率引发的栏目广告价格的飙升也是令地面媒体羡慕不已的。而这仅仅是个开始，紧接下来，南京电视台新闻综合频道《直播60分》和江苏卫视《江苏新时空》的开播，迅速使南京地区的新闻大战升温。南京地区的电视观众，每天18：00—20：35，可以陆续看到这三档有分量的新闻栏目的登场。而南京地区新闻节目的崛起甚至影响到了电视观众的收视习惯，南京地区的电视观众平均每天收看电视的时间从2001年的146分钟上升到2002年的153分钟。南京电视现象开始引起电视业界的广泛关注。

民生新闻的魅力到底在哪里？何以引发越来越挑剔的电视观众的收视热潮？从《南京零距离》的特点中我们可见一斑。

第一，"零距离"的贴近性和本土化，是吸引本地观众的法宝。地面频道充分利用地理上的接近性，为观众提供来自身边的信息和资讯，能够最大程度地满足电视观众的需求。

第二，新闻受众与新闻媒体的全面互动，极大地调动了电视观众的参与热情和收视兴趣。互动元素巧妙地融入新闻节目的全部过程，从制作过程到群众采编队伍的培养，到直播间里的现场采访和热线接听，《南京零距离》打造了一个巨大的互动平台。

第三，媒体舆论监督功能的切实发挥带给电视观众贴心的服务和关怀，树立了全新的媒体形象。与观众现场连线，真诚倾听观众的心声，及时的信息反馈，表达服务的真诚，新闻媒体的锐气和勇气，都得以淋漓尽致地发挥。

第四，个性的主持颠覆观众对于新闻的传统认识。主持人的"另类"形象、口语的大量使用、评论的犀利和尖锐，如此种种，都让《南京零距离》鹤立鸡群，短时间内在全国走红，成为民生新闻研究的范本。

《南京零距离》的成功，不仅仅是一个栏目的崛起，也带动了江苏电视台城市频道的发展,据央视-索福瑞媒介研究的数据,在2004年南京市场收视份额排名前10位的频道中,江苏电视台城市频道以20.2%的份额位居第一位,同时,在整个江苏市场的收视排名中,江苏电视台城市频道仅次于中央电视台综合频道、江苏卫视和江苏电视台综艺频道,位列第四。

二、电视剧仍举足轻重

电视剧是目前收视市场中份额最大的节目类型。除专业的电视剧频道之外,综合频道是最主要的电视剧播出平台。作为综合频道中分量最重的电视剧节目,直接影响到频道的收视份额、广告收入、观众满意度等指标,因此也成为综合频道的重点保护对象,在购片投入、节目编排等方面都对电视剧节目呵护有加。各级综合频道更是摩拳擦掌,使出浑身解数,要在电视剧经营上占取先机。电视剧资源的争夺和电视剧编播的策划成为竞争的主要内容。

如央视综合频道改版的核心之一是强化电视剧的编排和播出力度。目前央视的电视剧节目主要安排在综合频道和电视剧频道播出,中文国际频道也间或播出电视剧。央视综合频道的电视剧主要为反映主旋律的作品,综合频道推出了不少优秀的电视剧作品,如《大宅门》、《汉武大帝》、《亮剑》等。目前,中央电视台综合频道每日有两个时段播出电视剧,即上午和晚间黄金时间,每一时段基本连播三集,合计下来,占每日频道总播出量的近1/3甚至更多,应该说比重相当大。

安徽卫视则直接提出"电视剧策略",是比较极端的以电视剧作为主打内容的省级综合频道。安徽卫视是国内首家打出"电视剧大卖场"招牌的综合频道,先后开辟八大剧场,实现电视剧观众的细分。安徽卫视在电视剧的编排中采用了剧场化的策略,通过受众的细分,实现电视剧剧场的适位播出。现有的七个频道中,设立《男性剧场》、《女性剧场》、《青少剧场》、《雄风剧场》、《正午剧场》、《海外剧场》、《第一剧场》和《独播剧场》等专播电视剧的栏目,而且,2012年安徽卫视改版后,以海豚宝宝作为吉祥物,推出《海豚第一剧场》、《海豚星光剧场》、《海豚万家剧场》和《海豚真情剧场》,以目标观众命名,并根据他们的收视习惯安排剧场的播出时间。其他剧场也分别有差异化的定位,比如,《第一剧场》以播出独家上星、独家首轮上星或者首批上星的优秀剧目为主,突出其"第一"的优势;《周末大放送》针对周末观众收视习惯的变化集中播放电视剧;等等。而且,充分利用电视剧资源,制作与电视剧相关栏目和节目,将电视剧资源的价值发挥到极致。在安徽卫视凭借电视剧优势取得收视份额和经济效益的双重显著成效之余,对"电视剧大卖场"的价值和前景也提出了质疑。事实上,以外购电视剧作为频道的核心资源,也无法促成电视观众的忠实度,同时受资金和政策的影响也比较明显,安徽卫视的电视剧特色是否能成为其持久的优势还是未知数。

其实，电视剧资源也相当有限，尤其优秀的电视剧已经呈现供不应求以致几家电视台同时播放同一电视剧的浪费现象。因为，电视剧是制播分离相对最彻底的电视节目类型，除一些电视台与制作公司合作拍片外，电视台的电视剧资源基本都从市场中购买。国内电视剧市场的现状是：一方面，电视剧集大量生产，供大于求；另一方面，优秀的电视剧资源相对缺乏，有限的优秀电视剧资源导致了电视台之间的激烈竞争。而独播剧也渐渐成为电视台的宠儿。"独播剧"是电视台为了实现优秀电视剧目的垄断性播出而逐渐出现的，虽然在购买的成本上会有大幅度增加，但是却避免了多个电视频道播出同一部电视剧的尴尬，使电视频道从受众的"选择性"收看变成"锁定式"收看，电视频道也从选择频道变为必看频道。从这个角度分析，独播剧能在其播出期间最大程度地吸引目标受众的收看，避免其他频道的分流，而高涨的收视率也会为电视台带来相应的广告回报，这是独播剧受到青睐的重要原因。

而且，在电视剧资源的争夺战中，电视台的经济实力起到决定性作用。在金钱与实力的比拼下，优秀的电视剧目向实力雄厚、资源相对丰富的电视台集中，而原本就资源匮乏的电视台却受经济条件的限制无法在竞争中取胜，电视剧资源越发短缺，"马太效应"已经开始显现。

除了在电视剧剧目上的选择外，对于电视剧的编排与包装的创新也成为综合频道电视剧竞争的重要策略，剧场化、大板块、主题化等编排方式普遍运用。剧场化的实质就是固定播出时间、固定电视剧类型以及针对目标受众进行时间安排的一种栏目化播出方式，目的是实现电视剧的细分和目标观众的约会意识，保证电视剧的收视效果，大板块和主题化则分别是对电视剧播出的时段和内容进行的划分。这些编排策略的运用，既能充分利用电视剧资源，保证电视剧的收视效果，又为电视剧的经营创造了新的盈利点。

以湖南卫视金鹰剧场"三月姐妹传奇"的编排为例，湖南卫视巧妙地利用"女性成长故事"这个主题的概念，将《大长今》、《金枝欲孽》、《青青河边草》和《阿信》四部反映不同年代、不同国度的女性成长历程的电视剧在一个时期内连续播出，尽管《大长今》已经不是首播，而《青青河边草》和《阿信》更是二三十年前的经典剧目，但是主题化的编排策略却带来了良好的收视效果。这种主题化的老剧新播也是一种电视剧的包装策略，新卖点的提炼犹如给老剧穿上了新装，同样能够吸引电视观众的注意，尤其契合中老年电视观众的怀旧心理。

在对内优化电视剧编播的同时，对外的强势宣传是提升电视剧影响力、关注度，进而提高收视率的重要手段。电视剧的宣传包括两个方面，一方面是频道内的宣传片播放、剧情介绍的字幕滚动、主题曲的播放、有奖收视的设置、频道其他栏目的相关内容制作等，另一方面是频道外的主创人员的造势、其他媒体上的宣传、相关活动的举办等。湖南卫视独播韩剧《大长今》的收视成功就与其充分运用各种手段进行的大肆宣传有着直接的关系。

电视剧不一定要在电视剧频道才能播出，但是综合频道过于频繁地推出强档电视剧，在某些程度上影响了电视剧频道的品牌建设，观众无法分身同时收看两台节目，造成了资源浪费。

三、综艺娱乐栏目仍然占据综合频道

娱乐节目是媒体满足受众高层次精神需求的重要节目类型，也是发挥和实现媒体影响力的基础和途径。在综合频道中，娱乐节目的价值不断得到挖掘和提升，成为频道中不可或缺的成分。

中央电视台综合频道近些年一直安排播出收视率高的综艺娱乐类栏目，经过不断调整，现在就有《星光大道》、《谢天谢地，你来啦!》、《正大综艺》、《出彩中国人》等综艺栏目，加上《精彩一刻》、《寻宝》及少儿动画节目，可见综艺栏目在综合频道中的地位。

省级卫视综合频道对综艺娱乐栏目也非常投入，纷纷斥巨资打造自己的品牌娱乐节目，力图通过优秀的娱乐节目聚集人气，提升收视率以及获得丰厚的回报。目前，许多综合频道都在尝试在晚间开通娱乐节目通道，打造晚间除电视剧之外的第二个黄金收视时段，除上面提到的央视晚间以娱乐节目为主的精品打包时段，湖南卫视、天津卫视、浙江卫视等都在这方面有比较大的动作。

目前综合频道的娱乐节目主要有三个来源：一是"自制"，以央视和湖南卫视为主要代表。央视综合频道汇集了中央电视台的优秀娱乐节目，如《星光大道》、《正大综艺》等，湖南卫视则不断推陈出新，保持其娱乐节目的优势。二是与制作公司联合制作，以部分省级卫视为主要代表。省级卫视与制作公司联合打造娱乐产品已经成为趋势，重庆卫视、东方卫视、浙江卫视、安徽卫视等都通过合作的方式制作娱乐节目。三是购买，以地面频道为主要代表。地面综合频道因为覆盖面积小、频道实力有限，制作娱乐节目的资源和经济条件不足，一般都通过购买或交换的方式获得娱乐节目。

但是，综合频道在引入综艺频道节目的同时损害了综艺频道的利益，如《星光大道》本是央视综艺频道的品牌栏目，几乎成了综艺频道的品牌代言人，但是现在也安排在央视综合频道播出，有些观众甚至会以为这个栏目就是综合频道的。《新闻调查》从栏目性质上应该属于新闻频道，但现在却是央视综合频道的招牌栏目之一。同时，一些综合频道的名牌栏目放到其他频道播放，在显示综合频道作用的同时也反映了专业频道没有自身的特点。

综合频道和各专业频道是整个传媒的共同组成部分，一荣俱荣，一损俱损。在节目的安排上，不但要在综合频道内部合理配搭，更要注意频道之间节目的安排，综合频道不应在损害其他频道之上发展，专业频道也要从大局出发，配合综合频道的节目安排，

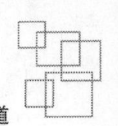

使各个频道有机发展，频道之间互相补充、互相照应，避免一盘散沙的不利局面，最终形成一个良性发展的频道体系。

具体来说，一方面，综合频道要发展、巩固自己的优势栏目，同时向有专业需要的受众推荐专业频道的特色节目，这既有利于提升综合频道在受众中的权威性，又有利于提高专业频道的收视率；另一方面，专业频道在安排节目时应避开综合频道收视高峰，这样既可以避免本频道的资源浪费、提高收视率，又可以满足受众对优秀节目的收视需求。例如综合频道与电视剧频道之间，综合频道的强档电视剧反映主旋律，在播出之前强烈宣传，具有频道优势和传播优势，电视剧频道可以在这一时段重播一些经典电视作品，而将其主打电视剧安排在非综合频道收视高峰之际播出。

第四节　电视综合频道的经营

电视媒介营销就是电视媒介为了取得良好的传播效果和经济效益，主动与市场进行沟通宣传，也指电视媒介为了扩大对市场的影响力和扩大市场占有率的自我宣传。对于电视媒介来说，它的营销不是单纯的媒介信息传播，也不是单向度的自我宣传，而是具有很强的目的性和功利性。

电视发展到今天，我们看到，作为一种媒体，电视的社会效益和经济效益都成为衡量电视机构发展的指标，而且，电视机构的创收能力和经营能力成为影响电视发展的头等大事。行政拨款的"断奶"，使得电视台不得不通过经营自收自支，维持电视台的正常运转，保证电视台发展的足够资金储备。如何在电视频道的经营上找到适合自己的道路，实现经营收入和社会效益的双丰收，成了电视频道都在研究的问题。

一、盈利模式

目前，国内综合频道的经营仍然表现为广告的单一经营，广告收入在绝大多数电视台的经营总收入中占到了90%以上的比例，有些电视台只有广告收入，没有其他经营收入。

媒体的"二次销售"理论指出了媒体盈利的两个基本模式，即媒体的两次销售。媒体第一次销售的是载体，是电视节目或栏目或频道，它们是有一定的价格的，正如纸质媒体销售的报纸或者杂志本身都有定价一样；第二次销售的对象是电视观众或读者或听众，媒体售卖的是由于观众和读者消费而带来的收视率和发行量，这样就产生了广告。实际上，媒体产业还存在第三种盈利的方式，就是通过衍生产品的开发、资讯的深度加工等增值服务实现利润。对于纸质媒体而言，前两次销售都是存在的，发行收入都能在总收入中占到一定比例。如在我国期刊的总收入中，87%是发行收入（销售载体），广告收入只占13%。报纸的发行收入虽然不可能这么高，但至少也能回收相当的成本，加上广告就能盈利。而电视媒体则一直依靠第二次销售来维持运转，广告收入一直都是电视媒体的生命线。这种只销售受众而不销售载体以及拓展增值服务的方式，导致了国内综合频道竞争的加剧，对于受众的争夺、对于收视率的追逐，最终都是为了在瓜分广告市场时多一份筹码。买方市场的出现，加剧了综合频道广告经营的难度。

而在广告收入中，电视剧广告收入占重要比例，这是目前综合频道经营收入的显著结构特征。中央电视台市场研究公司对全国卫视 2003 年 1 月 1—7 日 19：30—22：30 黄金时段广告额的监测数据显示：省级卫视的电视剧广告经营收入平均占到频道总收入的 33.3%，其中电视剧广告经营收入占频道广告收入 50% 以上的有 14 家。电视剧产出与投入的高比值是其他电视节目类型很难实现的，以北京电视台为例，它的广告收入的 50% 来源于电视剧，具体收益为 6 亿元左右，而投入的购片费用是 1 亿～2 亿元，产出是投入的 3～4 倍，利润相当可观。①

对于电视剧广告收入的过度依赖，使得对电视剧资源的争夺越发激烈，同时，由于电视剧片源质量的不确定性，电视频道的经营风险相对较大，无法形成长期稳定的收视率和广告收入。走出单一的盈利模式，创建多元化的盈利方式，才是综合频道能够持续稳健发展的重要保障。

二、电视综合频道的传播策略

电视频道是电视栏目及节目的排列组合，节目、时段与观众的准确对位是实现电视内容有效传播的基本前提。综合频道具有自身独特的传播策略，而栏目的编排和频道的架构就是传播策略的外化。

（一）内容符合原则

电视综合频道定位于满足电视受众最广泛的收视需求，频道内节目类型丰富多彩，在编排时要考虑各种节目类型的平衡关系，做到不同节目类型的合理搭配。

我们从代表性综合频道栏目编排中，可以看出新闻、电视剧及综艺、社教服务构成了综合频道的三大节目主体，换句话说，综合频道之"综合"，主要是对电视三大传统功能——信息、娱乐、服务——的综合，只不过在不同层次的电视媒体，三者的比重略有不同，地方电视台的娱乐类栏目所占比重更大。

---

① 喻国明：《变革传媒：解析中国传媒转型问题》，华夏出版社 2005 年版，第 46 页。

（二）观众适位原则

综合频道是大众化的电视频道，拥有广泛的受众群体，这些电视受众在收视习惯、收视兴趣、生活规律等方面会有所差别。对于频道内的某个电视节目类型来说，它会有一个目标群体，然后针对目标受众进行分众传播。要使节目、时段与观众实现对位，就必须充分考察每种节目类别的受众群体的特征，研究他们的收视习惯，从而进行对位编排，达到最好的传播效果。比如，深夜是以年轻人收视为主体的时段，那么这个时段的节目就一定要符合年轻人的审美要求。

综合频道在形成固定的编排模式之后，同样要审时度势，进行灵活的调整和合理的改动。科学的编排模式的形成会与观众之间建立良好的约会效果，保证观众的准时收看，而根据实际情况的变通也是满足观众不断变化的需求以及适应竞争需要的策略。所以，电视节目的编排绝不是一劳永逸的事情，而是需要科学调研和理性抉择的重要课题。

假期节目的编排是灵活性原则的最大化体现。假期可以分为日常的周末、五一和十一的假期以及春节假期等几类。近年来，电视频道在假期的灵活和特殊化编排上已经积累了经验，根据假期中电视观众收视习惯和收视时间的变化，电视频道会相应地改变编排策略，以适应电视观众的需求。在五一、十一假期中，还出现了将这几天作为整体进行特殊编排的现象，从而促成假日里的收视高峰。

（三）收视惯性原则

电视栏目化播出的目的之一就是固定播出时段、固定节目时长，培养和形成观众的约会意识，以达到惯性收视的效果。如今，综合频道为培养观众的收视惯性，开始出现将电视栏目一周横向打通编排的策略，打造出品牌时段、精品时段，保证观众对时段内栏目的持续关注，培养电视观众从对栏目的关注，放大为对时段的关注。

如央视综合频道每天22：38—23：38这个时段连续七天分别播出《侣行》、《出彩中国人》、《寻宝》、《撒贝宁时间》、《谢天谢地，你来啦！》、《开讲啦》、《等着我》七档精品栏目。从这七个栏目的选择来看，栏目的知名度、收视率和观众的满意度是一个重要的指标，另外在节目形态的丰富性上也有所考虑和选择。而这个精品时段的节目能够充分代表和反映央视电视节目的制作水平和能力，成为一个窗口。事实上，这也是一个竞争的窗口，一旦其中的某个栏目收视率下降或观众满意度降低，它就有被淘汰的危险，而其他优秀的节目也可以晋级到这个精品时段中来，《星光大道》成功进驻央视综合频道的例子就是很好的证明。

同样给人深刻印象的是凤凰卫视每天20：00—20：30时段的专题栏目，每周确定一个主题，曾经播出的如《风雨样板戏》、《云南知青》等，都给观众留下深刻印象，

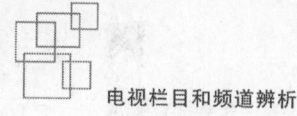

而且已经形成了品牌时段效应。

（四）控制观众流动原则

电视观众的收视流向大致分为三类：顺流、入流和溢流。顺流是指电视观众继续收看原频道的节目，不转换频道；入流是指电视观众从别的频道转入现在收看的频道；溢流则指电视观众从现在收看的频道转出，进入别的频道的收看阶段。频道编排中控制观众流动的原则，就是要使观众的流向保持为顺流和入流，而预防和避免出现溢流的现象，简单的说，就是在保持现有观众的持续收视的基础上，吸引其他观众的收视选择。

央视综合频道在改版中采取的板块策略就是控制观众流动的很好措施。2004年9月1日，央视综合频道改版的最大变化之一就是新闻板块的形成。原本在早间播出，创办历史十余年的《东方时空》被平移到傍晚时段，填补了晚间《新闻联播》之前的节目收视低谷区，为接下来的《新闻联播》提前预热。而《东方时空》、《新闻联播》和《焦点访谈》三档新闻栏目的联合，构建起一个强大的新闻板块。这三档新闻节目在内容方面会有重合之处，但在报道形式和报道深度上则大有不同，属于不同的电视新闻形态。《东方时空》是杂志型的新闻栏目，主要以记者采访为主进行新闻报道，时效性稍差；《新闻联播》以消息形态为主，时效性强，新闻内容简短明了；《焦点访谈》属于深度报道，主要针对一个问题进行深入的调查和报道。不同的新闻形态满足了观众不同层次的需求，其收视人群具有一定的交叉和兼容性，节目内容也相互呼应，产生良好的整体效应，牢牢地锁定了喜爱新闻节目的观众，避免了观众收视的溢流。经过这次改版，央视综合频道18：20—20：00两个小时时段具有强大的竞争力，实现了1＋1＞2的效果。

第五节　电视综合频道的品牌建设

频道的风格化是内在、稳定的传播形态和传播特质，是频道的传播内容与传播形式结合而形成的一种稳定而内在的特点。它包括频道总体的文化品格与审美风格及其相应的形象定位，文化品格与审美风格通过具体的频道节目内容加以体现，形象定位表现为频道的CI包装。品牌是无形资产，大到一个国家，小到一个班级，都会有自己的形象和理念识别系统。台标、话筒标志、频道形象宣传片、固定节目中播放的音乐，都是频道形象的组成部分。在此基础上，频道还应该形成一段时间内固定的频道精神、频道风格等。加大宣传力度，策划大型活动，提高知名度和影响力，推出主持人形象和其所主持节目的宣传片，这些都是频道品牌形象的组成部分。

电视频道由节目和栏目构成，品牌频道则需要品牌栏目的支撑。央视综合频道和省级卫视是品牌栏目的汇聚地，汇集了央视和省级电视台的重要精品栏目。从栏目来源上来看，一些品牌栏目是频道建设中自办的，经过栏目的培育期和成长期，逐渐成熟起来的；另外一些品牌栏目则是将电视台所属其他频道已经成熟的品牌栏目直接平移过来为我所用的栏目，进口型品牌栏目的出现无疑是电视台在节目资源配置上对于综合频道的扶持和照顾，为综合频道的发展和壮大保驾护航。

以央视综合频道为例。众所周知，央视综合频道是央视的旗舰频道，这个平台上展示的几乎都是央视的精品。现有的品牌栏目中，部分栏目是在央视一套中成长起来的，如《新闻联播》、《东方时空》、《新闻调查》等新闻产品，而其他一大批的综艺品牌栏目则来源于央视其他频道，在央视综合频道用打包的方式创建一个精品通道，展示给电视观众，保证了综合频道的频道品牌效应和品牌价值。

一、品牌活动：媒体活动力收获媒体影响力

利用传媒这个平台来做活动，用活动的影响力来提升传媒的知名度和影响力，打造媒体品牌，已经成为在"眼球经济"时代，现代媒体做大做强、增加媒体竞争力和号召力的重要策略。

比如，2005年是一个电视媒体以大型活动、赛事为武器进行品牌战场争夺的年份。央视综合频道的《年度人物评选》，湖南卫视的《蒙牛酸酸乳超级女声》、《仁和闪亮新主播》和《国球大典》，上海东方卫视的《莱卡我型我秀》，安徽卫视的《超级魅力主持秀》，重庆卫视的《微笑大使选拔赛》，你方唱罢我登场，电视观众目不暇接。品牌活动的媒体主角仍然是央视与省级卫视，区域地面综合频道常常以配角的姿态参与和协办。

品牌活动与媒体之间是相互促进、相互提升的良性互动关系。在媒体品牌活动的打造中，媒体的创意能力、执行能力得到充分锻炼和发挥，媒体与观众的互动、活动与节目的互动、节目与广告的互动都充分展开，优秀的媒体活动能力就会直接导致媒体品牌形象的强化以及媒体实力的彰显。

同时，媒体与企业在品牌活动中的深度合作，也促成了媒体品牌与企业品牌的相互提升效果，强强联合，品牌活动让媒体与企业实现了双赢。

媒体活动的资源是有限的，先入为主才能产生轰动效应，媒体品牌活动的圈地运动已经拉开帷幕。

二、品牌形象：媒体诉求传达

媒体的品牌形象也是媒体的一种资源。品牌形象已经成为一种无形的资产融入媒体

的经营运作中,它不仅成为体现媒体实力和影响力的重要指标,而且能为媒体的市场化运作带来更为广阔的运营空间。媒体的传播威力巨大,它在传播一般信息的同时,还发挥着重要的舆论导向作用,久而久之,一家优秀的媒体便会在受众的心目中树立起良好的品牌形象。这种品牌形象就是媒体的资源,因为任何形式的资源整合的实施,都是以已有的品牌形象为基础的。

在品牌的价值内容建立以后,传播战略中便需要大量的形象展示,包括标志、宣传口号和图形象征等,这是对观众的价值承诺,包括频道的产品或服务的水准以及对目标观众的明确定位,更重要的是,这是观众记住一个电视频道最容易的方式。

电视媒体的品牌形象是电视频道对观众的承诺、对频道的定位等内容的形象外化。电视媒体通过形象的塑造向观众清晰地传达自己的理念,形成观众对于媒体的感官认识和形象识别,是实现频道的形象区隔的一种策略。

综合频道在以差异化、个性化为策略的品牌经营中,打造鲜明独特的频道形象是最直接和直观传达频道理念的手段,是使频道的定位和特色能够到达目标受众最简洁的手法。因此,符合频道定位特色的频道形象设计和包装是综合频道品牌打造的重要内容。

三、差异化品牌道路

综合频道的发展历程中,同质化一直困扰和束缚着综合频道的革新。从央视综合频道模式的全国性推广采纳,到晚间黄金时段的电视剧比拼,再到频繁改版,综合频道一直都表现出"一窝蜂"式的冲动。比如,近年来省级卫视的改版盲目上马,改版的出发点是寻找个性化的出路,而结果则多是在不断的改版之中迷失方向,淹没在改版的漩涡之中。真正在改版中获得成功的,只有那些经过理性的分析、市场的考验、切实的行动,树立了别人无法复制的频道内容和特色的综合频道。发展模式的照搬和简单复制无法实现综合频道的真正革新,同质化竞争的继续演化,必然阻碍国内综合频道品质的提升和受众美誉度、满意度的提高。

综合频道已经进入了个性化和差异化竞争的时代,在相同的频道架构和节目样式之下,作出不同的特色和风格成为综合频道的追求。实际上,不论是专业频道还是综合频道,个性化、差异化都是频道生存的要诀。专业频道如果没有个性,也只不过是一堆相同内容电视节目的集散地,不可能具有竞争力和吸引力。综合频道则更加需要个性化、差异化,以便从众多频道中脱颖而出,鹤立鸡群。

虽然在目前的阶段,许多综合频道在个性塑造上缺少理性思考和科学考察,只是盲目地跟风,表现为:或者不切实际,只求标新立异;或者有了个性定位,却缺少节目支撑,节目未动,概念先行,频道成为一个概念下的空壳。

国内的综合频道在频道的架构和编排的模式上互相模仿或者直接照搬,因而频道的大体结构基本雷同（如表8-3所示）。

表8-3 综合频道全天各时段节目编排及2004年度各时段收视率

时　段	播出内容	收视率（%）	收视率排名
早晨时段（6:00—8:00）	新闻节目、天气资讯	2.5	第八位
上午时段（8:00—12:00）	电视剧、电视栏目	7.4	第六位
中午时段（12:00—13:00）	新闻节目	15.0	第四位
下午时段（13:00—17:00）	电视剧	7.7	第五位
傍晚时段（17:00—19:00）	新闻节目	15.4	第二位
晚间时段（19:00—22:00）	新闻节目、主打电视剧	44.0	第一位
夜间时段（22:00—24:00）	电视剧、电视栏目	17.2	第二位
深夜时段（0:00—2:00）	电视剧、重播节目	2.9	第七位
凌晨时段（2:00—6:00）	电视剧、重播节目	0.5	第九位

（收视率数据来源：央视－索福瑞媒介研究）

最新的资料也大体相似（见表8-4）：

表8-4 综合频道全天各时段编排模式

时　段	播出内容	收视率（%）（2014年）	收视率排名（央视内部）
早晨时段（6:00—9:00）	新闻节目、天气资讯	0.38	第二位
午间（11:30—13:30）	新闻节目	1.2	第一位
下午时段（13:30—19:00）	电视剧	1.05	第二位
晚间时段（19:00—23:00）	新闻节目、主打电视剧	2.8	第一位

（资料来源：《2013年2月央视收视盘点》，《传播力》第78期）

表8-4中所示的综合频道全天各时段编排模式在绝大多数综合频道中普遍适用，这种现象的出现，一方面反映了不同时段电视收视群体的收视需求，并且长此以往地培养起了电视观众的收视习惯，具有正面的积极意义；另一方面，千篇一律的模式又会导致频道节目的撞车和电视观众的分流，其弊端也是显而易见的。因此，尝试差异化的编排，会使综合频道在众多频道中脱颖而出，增加胜算。但是，不可否认，个性化、差异化的策略已经促成了个别综合频道的突围，而良性理智的竞争也会成为发展的趋势。差异化的品牌道路，谁能坚持到最后，谁才有机会成为最终的胜出者。

第九章 电视栏目和频道的策划

策划，本意为筹谋、计划或谋略，现在引申为实现特定的目标，提出新颖的思路对策即创意，并注意操作信息，制订出具体实施计划方案的思维及创意实施活动。策划是以目标为起点、以信息为基础素材、围绕创意这个核心展开的思维活动与实践活动。

任何一项策划活动都包含策划主体、策划过程、策划结果三个要素，相应地，电视栏目和频道的策划也包含策划人、策划流程、策划方案三要素。本章就分别对这三个要素略加梳理。

第一节 电视策划人

我国电视行业对策划重要性的认识，还是20世纪90年代的事，策划人的出现就更为晚近，但甫一出现，就引起实践和理论界的高度认识，并已经发挥着重要的作用。不过，客观地说，我国内地电视界的策划机制仍然处于初级阶段，策划人的素养、观念、知识结构、专业背景等，都有不尽如人意之处。本节专题讨论这一问题。

一、创新思维

成功的电视媒体策划人的成功都基于一个共同的思考方式，即创新思维。对于栏目策划者而言，这种思维方式表现为对栏目的选题、形式、风格等都力求创新。

创新思维是一种立足于事物发展规律，根据规律把握其发展倾向，预见其影响和作用的思维方式，它尚待检验，但是表现出的对事物的透视性分析和评价，使得它对事物的发展具有积极的引导作用。

电视媒体的发展是以电视栏目和节目为基础的，电视节目的发展必须依靠策划者对未来节目发展风格、构思、包装等多方面的精心设计和安排，说到底，媒体的发展首先是人的发展、思维的发展。这种思维发展最主要的表现就是对节目发展走向的预见性，这是一种总体的规划、一种全面的规划。从横向看，这种规划表现为对各类节目总体的设置，即制定一种发展目标和方向，设置一种标准和规格；从纵向看，这种规划表现在对单类节目的设计与预见上。无论发展趋势如何，这种预见都是一种时间上的展望，对未来的瞩目。这种预见可以以电视台为单元、以频道为单元、以栏目为单元。

创新思维启发了人类的改造意识，因为人的主观存在是和客观存在紧密相连的，人们在改造客观世界的同时也在不断改造自己的主观世界。在这种改造中，人形成了自己新的思考体系和价值观念，这种新的观念引导着他们不断创造、不断推陈出新、不断超越，这就是创新意识。这种创新是继承性的创新，即在对历史继承基础上的创新，这种创新意识符合新的价值体系的需求，其目的就是实现新的价值观念。

所谓栏目创新，包括内容创新和形式创新两个方面：内容创新主要涉及选题创新、故事创新、述评创新、观点创新等；形式创新涉及标题创新、包装创新、制作手法创新、广告创新、特技创新等。

二、品牌意识

"频道专业化，栏目个性化，节目精品化"，是20世纪90年代以来我国电视发展的战略选择。电视节目品牌是指电视节目同类产品中的精品，这种产品具有受众公信度和市场号召力，它不仅仅是一种优质节目产品，更创造了一种节目品牌文化。因为，节目品牌一旦形成，就产生了积极的社会功能。

一是节目品牌维护了节目受众的消费利益。电视节目是一种精神产品，是一种使受众赖以接受信息、提高素养、获得知识、娱乐生活的信息渠道，受众观看电视节目的目的是为了从中获得有益的信息；享用有价值的精神产品，从而不断丰富自我、完善自我、提高自我。一个优秀的电视节目不但可以满足观众的上述需求，更主要的是，它还可以帮助观众准确地筛选节目内容，有效地节省节目选择时间，正确地吸收有益的节目内容。这种品牌意识带来的最大优势就是维护了消费者对于文化精神产品的消费利益，间接保护了他们的消费权益，使得他们的消费期待获得了满足和保护。

二是节目品牌压缩了劣质节目的生存空间。好的电视节目是一种榜样，这种榜样是以市场效应和社会效益为参照系的。它一方面确立了电视观众的收视水准，另一方面确立了电视制作者的制作水准，这种水准的确立，提高了电视节目观众的欣赏品味，提升了电视节目价值评判的标准，将电视节目制作要求推向了一个新的高度。这种节目榜样的树立缩小了劣质节目的受众范围，占领了劣质节目的收视市场，争夺了劣质节目的广告份额。总而言之，它压缩了劣质节目的生存空间，优化了节目市场的传播。

三是节目品牌树立了创作者积极的制作形象。观众对节目的认可就是对创作群体的认可，一个优秀的节目品牌一旦形成，随即也就突出了节目组人员的群体形象。央视诸多优秀的电视节目策划者、创作者都是通过一个个优秀的栏目而被大众不断认识的。

节目品牌和策划人员之间形成了双向的积极互动效应，策划者策划了品牌，品牌反过来又烘托了策划者，这种关系为塑造新的节目品牌创造了新的契机。

四是节目品牌凝聚了节目组整体的制作才能。一个节目品牌就是一个有效的聚合剂，它具有一种聚合和粘连的功能，它依靠着自身的品牌影响与竞争实力将所有有才能、有智能的创作人员的积极性调动了起来。在保持品牌声誉、维护品牌效益、继续品牌成绩的过程中，它不断地挖掘着众人的智能与潜能，使节目不断开拓、创新，保持新的竞争实力，创造新的收视成绩。品牌节目的这种功能远远超过了一般节目，这也就是为什么一个节目一旦形成品牌就十分容易形成良性循环的原因。

五是节目品牌奠定了电视媒体的传播效力。首先，这种功能来源于节目品牌对媒体的间接介绍，大众透过节目进一步了解其所属媒体机构，并形成信息的良性接受心理；其次，品牌是一种精神产品，它具有传播的共振效力，易于形成传播的精神力量，产生一种收视强势群体；最后，品牌的垄断效应扩张了传播机构的传播权力，在传播内容、接受内容、传播效果上都使得传播机构拥有更多优势，这种优势提高了传播媒体的知名度，使得传播媒体拥有了更多制作产品、交流产品、交换产品、交易产品的机会。

三、经营意识

电视媒体的不断发展使得节目的制作方式也有了变化。以往的节目制作大多是导演制，而现在则大多采用制片人制。对导演和制片人的工作内容和性质有了更为合理和专业化的分工。现在导演往往只是负责节目的人员选拔、编排和制作，而制片人则需关注整个节目制作过程的各个环节，从节目选题到内容制作，从成品播出到效果监测，从成本核算到工资调配，从节目交流到市场交易，这些都是制片人需要把握的环节。这种变化将经营的理念融入了原来单纯的节目制作中，对于和制片人具有类似职责的策划人来说，树立电视节目的经营理念是一个非常重要的完善自身素质的环节。

电视节目经营原则，是树立电视节目策划经营者正常的经营观念，制定合理的经营制度，保障电视节目经营活动正常运作，实现电视节目经营价值的有力保证。一般来说，电视节目经营活动必须遵照以下原则。

（一）经济效益与社会效益双优原则

经济效益与社会效益双优原则，是指最大极限地实现节目经营的经济价值和社会价值。

（二）观众需求与舆论导向双赢原则

满足受众的需求是节目经营的主要任务，也是保证经营效益的主要因素。但是，作

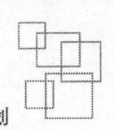

为节目经营者，不能仅仅以受众的需求为第一目标，对受众进行适当的舆论引导也是经营者义不容辞的社会职责。我国的电视节目研究者们经常强调媒体传播的喉舌作用和社会职责，这不仅符合新时期中国特色的传播研究，也符合媒体本身的传播职能。受众由于各自的文化素养、意识形态的差异，往往对节目内容的理解、分析和欣赏品味都不一样，运用传媒的力量适当地进行舆论引导，帮助受众树立正确的价值观念，是电视人应尽的职责。

（三）节目竞争与节目合作双优原则

竞争是节目经营的必然现象，是符合市场经济需求的。随着我国电视媒体的发展、电视媒体产业化进程的加速，电视节目开始了自主经营的时期。目前，我国各级电视台的地域覆盖面以及受众类别各具优势，为了各自市场生存的需要，节目之间必然存在激烈的竞争，但是竞争的同时，我们还要引导竞争，保证竞争的合理性和公平性，要实现合理竞争。

竞争并非不可以合作，合作并非是竞争的对立面。在电视节目经营中，合作常常是伴随着竞争同步进行的，既要创造独特的节目风格，引进优秀的节目资源，在节目市场上占据优势地位，也要善于利用外界的力量，寻求多方面的合作与交流，共同获取经济效益。

（四）节目创作与节目编排双优原则

在电视人重视节目制作、加大节目制作力度的时候，更应该意识到节目编排的作用。节目编排是在制作的基础上根据受众和媒体的需要，通过合理设置节目传输结构来优化传播效果。节目编排上一般要考虑这样几方面的因素：首先是编排的创新性，尽可能用新颖的节目满足受众；其次是编排的动态性，即保持信息传递的不断更替；再次是编排的节约性；最后是编排的节奏性。

四、知识和能力

（一）策划者的专业知识和技能

作为电视节目策划者，首先要具备一定的专业知识和技能。专业知识分为两类：一类是主专业类知识，另一类是相关专业类知识；专业技能分为三种：研究能力、实施能力、整合能力。

知识结构主要分为三类：一是该领域内新近发生的各类信息，比如新闻节目策划者需要知道新近发生的各类重大事件、政府部分相关动态等；二是业务操作范围内需要用到的专业知识，指业务操作知识；三是和专业相关的一些预备知识，这类知识是为了应急而准备的。

（二）策划者的特殊知识和能力

1. 法律知识与其他综合知识 策划者在进行节目策划时，常常需要涉及一些法律事务方面的问题，随着节目制作自由度的增加、节目内容涉及面的扩大，这些知识就越发显得重要。这种知识常常贯穿节目制作整个过程。例如对于国家机密的保守、暗访手段的运用与控制、取得信息资料的渠道与手法、对当事人的权益和隐私的保护、对节目制作抄袭手法的法律投诉等，这些都是策划者需要拥有的特殊知识，拥有这些知识是我们运用专业知识顺利地制作节目的保证。

除了法律知识外，其他综合知识还包括美学知识、伦理知识、科学知识以及各类社会知识等，这些知识将对策划者在制作节目过程中和当事人打交道、取得完整的信息资料、总结正确的理论观点以及归纳到位的信息点评提供有益的帮助。

2. 公关能力、交易能力、管理能力 当今的电视节目策划者已经不仅仅是一个单纯的节目制作者，他还是节目的总设计师，是节目的灵魂，他不仅负责专业内容的节目制作，还要负责专业外的事务处理，包括广告处理、对外节目交流与合作、人力资源管理和财务核算等。所以，作为当今的电视节目策划者，不仅需要培养专业内能力，还需要拥有一些特殊的能力，这里我们将这些能力总结为公关能力、交易能力和管理能力。

第二节 电视栏目策划流程

电视栏目策划是一个完整的过程，从获得策划灵感到确立策划目标，从着手拟订计划到具体步骤实施，从预期效果检测到市场受众调查，整个过程都是连贯而协调的。

一、收集信息

信息资料是策划的基础，也是目标确定的重要参考因素，一个好的策划也是从信息的收集开始的，因此，在策划前要重视资料收集。电视栏目策划要着重了解观众需求的新变化，要了解兄弟电视台有关栏目的设置与运作情况，了解本台栏目设置的空白点，了解当代电视发展的趋向，力求收集信息的全面、可靠，特别要注意收集系统外的原始信息，这一部分往往是策划当中的点睛之笔的原始依据，如中央电视台对美国CBS的《60分钟》、《现在请看》、《面对面》等栏目信息的收集整理。

栏目的设置与策划是一种决策性工作，而正确的决策又取决于对多种信息的掌握和对客观实际以及未来走向的准确判断，如果信息不充分，决策就失去了根本依据。信息不畅也可能导致决策失误。

信息的收集是由不同的目标和需求决定的,当今社会处于信息爆炸的时代,如果没有明确目标的信息选择,或者不加以限定地选择,将会无从策划,既定的策划也会失去有效的基础目标的确定,因此要从复杂的策划内容里发现最有价值的项目。但是仅有价值还不够,还必须找到卖点。有时价值就是卖点,有时价值不属于卖点。卖点是项目赖以出售的那个部分,项目好不好卖,有没有经济市场,能否引起广告主和观众的注意,特别是能否让广告主慷慨解囊,就看卖点如何。

因此,既有价值又有卖点的项目才是策划确定的目标。当目标初步确定之后,就要围绕这一预定的目标收集资料,以证实这一目标的确定是否正确。

需要获取的信息分为以下五类。

(一) 反馈信息

电视节目的反馈信息就是节目播出后收到的评价与反响。它来自社会各个阶层,受众、市场、媒介内部、同业对手等,它可以通过多种形式反映出来:民意调查、收视率图表、观众来信、行业会议、电话热线、广告指数、有线电视订户等。信息的反馈和信息的传播一样,都反映了信息不断循环的沟通过程。对电视节目策划而言,其作用就在于检验传播者的策划效果,证实传播者的策划预期,改进传播者的策划方案,启发传播者的策划灵感以及激发传播者的创作热情。

(二) 受众信息

大众媒体的受众是一个复杂、多变的因素,受众的年龄、职业、文化程度、收入水平以及受众的接受心理和行为等都会对媒介的发展产生影响,从而成为制约媒介定位的要素。在现代社会,由于媒体的增加和频道的增加,受众的主权得到了强化,受众的需求也日趋多样化。因此,受众的细分化已成为必然。

受众细分的标准主要有:

(1) 受众环境。包括地理区域、城市规模、通信条件等。这一指标对区域性媒介很有参考价值。

(2) 受众状况。包括人口数量、人口密度、年龄结构、性别比例、收入状况、职业结构、文化程度、社会阶层等。这一指标对媒介覆盖区域中可能达到的"触及率"(指媒介受众在覆盖区域总人口中所占的比率)具有预测价值。

(3) 受众兴趣。包括受众的生活方式、价值观念、利益追求等。这一指标对媒介的内容定位具有指导价值。

(4) 受众习惯。包括特定观众收看电视的时间与频道等。这一指标对媒介的内容与形式定位以及电视的时段安排都有一定的参考价值。

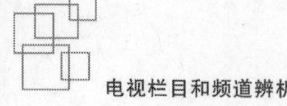

电视栏目和频道辨析

受众细分可以借鉴市场细分的几种常用方法。

（1）单一变数细分法。即根据影响受众需求的某一种因素为标准进行细分。比如，根据受众的年龄划分成不同的年龄段，由于同年龄段的受众需求有相对的一致性，这就为面向不同年龄段受众的媒体创造了存在的基础。例如，可以开办面向老年人的频道或栏目，如《夕阳红》等。

（2）多种变数细分法。即根据影响受众需求的两种或两种以上的因素进行观众细分。例如根据受众的地理区域、人口状况和兴趣爱好等几个因素，就可以发现地方性的生活、证券、音乐等栏目的发展空间。

（3）系列变数细分法。即根据影响受众需求的层次系数，逐步逐层地进行受众细分。对于综合性、全国性的大媒体较为适用。省级以上电视媒体依照受众的兴趣爱好、职业需求，可首先划分为新闻频道、经济频道、文艺频道、生活频道、教育频道等，然后可再按受众的职业结构、文化程度、社会阶层、生活方式等进行第二层次的细分，为栏目的设置提供依据。

（三）自身信息

自身信息是指有关策划单位群体、个体或组织内部各部门、各环节的信息。它主要包括软件资源和硬件资源两部分。

1. 软件资源 软件资源主要指人才资源，包括人员数量、人员素质、人员水平、人员能力。一个好的创意和策划，能否付诸实施，或在运作中能否产生预期的良好效果，最后都取决于人的作用。无论是在媒体策划阶段，还是在方案执行阶段，策划人一定要考虑是否有足够的合适人选投入。只要做到知人善任，把最合适的人选安排到相应的工作岗位，才能保证策划的顺利实施，否则，再好的策划也只是空中楼阁。有些栏目、节目的策划首先要考虑的是依据媒体现有人才的优势和长处，因人而设立栏目；有的电视台集中了若干名优秀的文艺编导，那么就可以文艺节目或娱乐节目为主攻方向；有的电视台纪录片创作队伍阵容强大，也就可能打纪录片创作的品牌；有的策划出发点是一个特定的人，如果是个即兴发挥很好的主持人，那么就可以为他策划一个节目。

人才资源历来是媒体各项策划的重要因素，因为一切策划方案都要靠合适的人去完成。凤凰卫视中文台开设的《小莉看时事》、《锵锵三人行》和《凤凰早班车》都是因人而定或因人的实施而成功的栏目的很好例证。

2. 硬件资源 开办一个新的电视频道，需要注入的资金就更多了，往往需要数百万甚至数千万元。据介绍，上海教育电视台创办时，注入资金就达5000万元，之后每年还要投入2500万元才能运转；如果要办一个综合频道的电视台，其投资可想而知将会更大。

电视是一个重装备、高消耗的媒体，其形声并茂、声画一体的优势在传统媒体中独树一帜，其受众面远远大于其他传媒。但是要办一个频道，却需要投放大量的现代电子摄录设备和运行资金。

即使办一个栏目或一个大型节目，资金与设备的投入也不在少数。12集电视纪录片《望长城》，在20世纪90年代初的中国屏幕上确实"火"了一把，它不仅再现了古老长城的厚重历史、纯朴的人文关怀，更重要的是开启了中国电视的纪实之风。对这样一部大制作、大手笔、大成功的作品，硬件的投入也不容忽视，仅日本TBS投入中方的采访车就有8辆，历时多年才得以完成。

现场直播是当代世界电视发展的趋势，遇有重大活动、重大新闻事件，各媒体都不遗余力、云集现场，以最快的速度、最好的质量向全世界传播，这既是实力的较量，也是创品牌的机会。凤凰卫视对美国"9·11"事件的直播报道就是一个例子。再如1997年香港回归，这是个举世瞩目的大事件，为搞好这一重大事件的报道，中央电视台开动了1660多人的队伍，其中仅赴港人员就达289人。技术系统投入了有史以来数量最多、性能最先进的设备，相当于一个省级台的规模，其中包括11辆转播车、9个演播室、21个卫星转发器、43套中继微波设备、200套ENG、250台录像机、11套多媒体设备和3架供航拍用的直升机，实现了72小时的连续播出。

具体言之，硬件资源至少包括这样一些项目：①资料信息。包括录像带、录音带、资料片、文字素材等方面的信息存储。现在的节目制作中常常是新老资料合用，用以增加节目的说服力和对比度。②设备技术信息。技术与设备是节目播出的保障，作为一个策划者应该了解现有的技术设备和技术力量，这样不仅在策划时可以根据实际情况来操作，采用合适的制作与传播手段，也可以在策划后避免因为技术和设备的因素而导致播出障碍，以实现传播效果最优化。③管理经营信息。包括节目制作、传播过程中的操作流程、管理环境、节目的经营状况、广告指数等，了解这些信息能为策划者提供节目制作的参考资料，为确立策划目标、实现策划效果起到积极的作用。④外事交流信息。指有关媒体或节目对外交流与活动的信息，它包括各类社会活动信息、商务活动信息。

（四）媒介信息

电视媒体之间的竞争是媒体定位中需要考虑的又一个重要的外部环境因素，不仅要面临新媒体的挑战与竞争，还要面临传统媒体间的竞争，更存在同类型媒体之间的竞争。

现在全国省级以上电视台都已拥有卫视频道，有近50套节目落地，一般城镇居民都可以收看到几十套电视节目。过去省级电视台妄自独尊的覆盖传播优势已不复存在，电视已从地域性覆盖变为全球或大区域性覆盖，观众凭着手中的遥控器已经有了大范围的选择余地，从而使电视媒体间的竞争更加激烈。

电视节目作为电视媒体内部的一个子系统，不仅受到宏观大系统的制约，更受到其他系统内部相关子系统的影响。作为媒体单元的组成部分，策划者在了解自身信息的同时也应该掌握他人信息，这样才能使自己在竞争中保持优势与特色。媒体间的竞争，说到底是内容的竞争、节目的竞争，谁拥有高质量的报道内容和精彩的节目，谁就赢得了受众。媒体受众市场的不断细分化，客观上加剧了媒体间的竞争，能否找准合适的市场定位并生产出高质量的媒体产品，决定着媒体的兴衰成败。而媒体定位正是要寻找媒体竞争对手的薄弱环节，发现市场空白点，从而选择正确的发展方向。凤凰卫视开办的《非常男女》节目很受欢迎，之前内地的电视台还没有类似的节目，大部分地区或单位也不准转播凤凰台的节目，所以也没有看过此类节目。湖南卫视及时抓住这个空白点，开办了一个类似的栏目《玫瑰之约》，节目播出后立即在全国引起轰动，这是一个填补空白的例子。但是，随之而来的是全国部分电视台竞相模仿，就有点泛滥了。再比如，中央电视台办了一个《焦点访谈》栏目，在全国引起很大反响，于是各电视台也竞相模仿，形成了一个电视"焦点"热。

在媒体的竞争中，要超越对手，我们并不完全反对跟进，但这不意味着容忍对别人节目的简单模仿和克隆。在电视节目的策划中，一定要有自己的独特之处，即使在跟进之中，也要有一二个亮点超过对手，有人把这叫作"跟进中的超越"。

北京电视台的《北京特快》，在创办之初定位于新闻专题性节目，以《东方时空》为赶超对象。他们经过分析研究发现，《东方时空》虽然标榜为新闻杂志节目，但新闻性并不突出，《东方之子》定位的不是新闻人物而是名人，《生活空间》讲述的不是老百姓的新闻故事，而更多涉及的是百姓情感、生活、家庭方面的故事，只有《焦点时刻》（后改为《时空报道》）具有新闻性，所以，从结构上看，《东方时空》还不能算完全的新闻性栏目。于是，北京电视台决定把《北京特快》的超越点定在强化新闻性上。另外，《北京特快》的策划者还发现，即使在新闻类的节目中，也还有不足之处，如《新闻联播》、《晚间新闻》，几乎都是短新闻的播放，而《焦点访谈》类的新闻专题性栏目又缺少短消息的补充。调查研究表明，如今的观众对新闻性栏目既有量的诉求又有深度的渴望，希望能在一个新闻性栏目中同时满足两方面的需要。正是基于这种情况，《北京特快》设置了消息板块"时讯快递"、"百姓热线"满足量的需要，又设置了"冷眼观潮"、"特别报道"满足深度的渴望，从而实现了量与深度的有机结合，深受北京观众的欢迎。

媒体竞争，既来自不同类型的媒体，又来自同一类型的媒体，还来自同一媒体内部的栏目与栏目之间。媒体间的竞争促使媒体的领导者们更加注重节目的质量，电视台频繁的改版、末位栏目淘汰制就是内部竞争中的产物。各栏目的制片人绞尽脑汁，想方设法从栏目的整体定位上策划出超越竞争对手的卖点。这股强劲的竞争之风竟然也波及栏目内的子栏目之间，如《东方时空》的子栏目《生活空间》在重新定位于"讲述老百姓自己的故事"后，仍然处于《东方之子》和《时空报道》两个子栏目的夹缝之间。因此，必须在栏目的运作上即从选题内容和拍摄手法上与之拉开距离，才能找到自己的立足之地。

（五）背景信息

背景信息是指和节目内容相关的、对节目传播具有影响的、来自社会大环境的信息，包括政策信息、经济信息、国际信息等。

政府对电视的宏观政策，对电视频道的审批、节目内容的审查，宣传方针、宣传原则、宣传目标、宣传要求的规定，是媒体策划定位中要遵循的重要依据。

为了及时报道社会重大事件，媒体必须时刻关注政府的动态信息，及时反映其行为与决策。2001年4月美国间谍侦察机闯入中国领空并撞落中国飞机，在没有中国许可的情况下擅自降落，这一事件引起了全世界的关注。究竟中国政府要如何处理该起事件？以何种方式回应美国？各大媒体除了派出人员前往事发地点外，都安排了记者常驻北京，密切观察中国高层动静，以便掌握第一手资料，及时作出后续报道。除了突发事件，节目制作者平时也要多加强与政府的联系，尽可能在各种政策、法规颁布之时及早知晓，作出新颖的、时效性较强的节目。

经济组织对媒体的控制主要使用经济手段，通过向媒体投资、提供广告、赞助等对媒体施加影响。有的采取联办栏目和节目的方式，借助媒体宣传自己、扩大影响；有的通过赞助，为企业做带有广告性质的变相的新闻报道，这样就导致了"有偿新闻"的产生，这种影响可诱使新闻媒体的员工背离职业道德，从而损害大众的利益，最终也损害媒体自身的利益。在市场化的今天，媒体作为产业，要想良性循环，离不开经济的支撑，当然也离不开投资方的经济支持，这些经济组织与媒体实际上是风险共担的利益结合体。一个媒体既要坚持自己的编辑思想和新闻工作准则，又必须考虑在政策许可范围内，尽可能降低经营风险，使合作者的利益得到保障，这些都是媒体的经营者在媒体定位时必须兼顾考虑的重要因素。

国际信息是指来自国际方面的、老百姓感兴趣的信息。随着国民文化素养的提高，人们对国际信息感兴趣的程度越来越深，同时由于中国国际政治地位和影响力的不断提升，许多国际信息和国内信息都存在一定的内在关联，作为策划者必须要关注这类信息的动态，用以丰富节目的资讯。凤凰卫视在这方面可谓起到了表率的作用，每一次国际上有关政治、经贸等方面的重要会议，节目组都派出记者作随访报道，并根据实际情况策划出不同的节目类型和播出形式，起到了非常好的传播效果。

二、信息资料的采集方法

（一）信息资料简采集原则

在我们对各类信息资料进行识别之后，下一个工作就是将零散的资料按照策划者心

中初拟的方案——搜集。对有益资料的搜集不是盲目的,它必须遵循一定的原则与规律:

1. 纵深原则 策划者在进行信息采集时,首先要注意信息的内部价值,不要被信息表面的现象所蒙蔽,要善于透过现象看到本质。许多信息具有假象性,采集信息时需要将信息向纵深挖掘、向横向拓宽,这样才能找到真正有价值的素材。

2. 精确原则 精确原则是指信息搜集要以事实为准绳,用真实的资料为节目提供策划的依据。

3. 时效原则 这里的时效包含了时间、时新、时宜三方面的含义。时间是指信息采集要依据时间而定,不可过早,不可过晚,应该符合节目策划时期的需要,这样的资料才具有价值;时新是指搜集的信息对当前的社会问题要具有针对性,过往的资料往往会显得说服力不强;时宜是指信息采集要对症下药,不要为了说明问题而擅用文不对题的佐证,这样会显得牵强。

(二) 信息资料的采集方法

1. 文献调查法 主要是指通过搜集各类文献资料或者通过对现有文献资料的分析来获得有用信息的方法。其方法可概括为三种:一是直接进行文献调查,即获取第一手资料,尽可能用眼见为实的资料增强说服力;二是间接进行文献调查,也就是要善于通过间接的渠道了解和掌握有用资料,为主题服务;三是注意获取非文献性信息,在从事文献资料的调查时,也应留意获取一些有价值的非文献性信息,以备需要。

2. 社会调查法 又称实际情况调查法,是一切以信息采集为目的的社会实践活动的总称。社会调查是提高对资料分析和观测效果的一种有效方法,它通过与社会的实际接触,获得更多在文献上难以找寻的最新信息,或者用文献难以反映的实物资讯,如一些新的观念、新的态度、新的方案和新的设备等。社会调查法主要是对人和物的实地考察,具体操作形式有访问法、问卷调查法、样品搜集法、现场调查法。

在信息的处理中,要注意信息的真伪辨析,包括信息产生的环境、来源、主流倾向、可行性、可信性等。对某些数据化的信息,在必要时还要进行深入的调查走访,比如,这部分观众为什么喜欢这类节目,也就是不但要知道受众需求什么,还要知道受众为什么有这种需求,这是进行正确决策的科学依据。

三、创意构思

创意指为了确定和表现栏目的主题而进行的一种创造性思维活动,它以富有创造性的主意、意念或点子贯穿在策划的全过程中,并以新颖的策划方案和可视(听)形态表现出来。

创意是策划的前提，是策划的核心，是策划的艺术境界。如果创意错了，再好的策划也不能取得良好的效果。创新构思包括以下几个方面。

（一）确定主题

所谓确定主题，就是明确节目表述的中心内容、核心理念。

制订方案的第一步就是策划者首先要和节目组的全体同仁讲明自己的构思、设想，对制作该节目宏观上的一个设计，希望形成的风格样式，希望产生的社会效应，然后再由各环节具体的操作人员商议和讨论这种方案的可行性；参与前期资料搜集的记者将自己实际掌握的信息展示出来，并根据自己的经验表述资料的价值和方案的实用性；策划者须根据群体意见的汇总来定夺最佳的传播方案。这种做法的价值在于将多种思路交汇起来，寻找最合适的传播方式，而且，事前的交流可以防止实际操作中的意见分歧和矛盾。

鲜明的主题是节目策划的第一步，它为节目的具体制作提供了方向。

对《东方时空》栏目成功的创意进行分析，对我们进行栏目策划是很有意义的。

《东方时空》栏目开播于1993年5月1日，每天7：00在中央电视台第一套节目首播，是中央电视台第一个早间板块节目，也是新闻评论部自我标榜的新闻杂志型电视栏目。说它是"自我标榜"，是因为初创阶段的栏目还不是纯粹的新闻杂志型栏目。直到1996年1月27日，《东方时空》在播出千期后进行改版，改版后作为纯粹的电视新闻杂志，才拥有了更高的收视率。

《东方时空》的最初创意，是基于满足观众多层次多方面需要的考虑，而在内容的设计上涵盖了栏目的新闻性、社会性、服务性和娱乐性，于是，在子栏目的安排上就有了相应的如下设计：《东方之子》8分钟、《东方时空金曲榜》8分钟、《焦点时刻》9分钟、《生活空间》8分钟，将4个小栏目名称里的一个字相连，便有了《东方时空》的名称。后来，由于评论部另一个"焦点栏目"——《焦点访谈》的诞生，而将《焦点时刻》子栏目改为《时空报道》。"金曲榜"栏目由于与"新闻"相去甚远，虽说观众也比较喜爱，但为了"纯粹"，也只得忍痛割爱，从此，《东方时空金曲榜》在栏目中消失，而以子栏目《面对面》取而代之。

《东方时空》子栏目《东方之子》是一个人物栏目。此前，中央电视台曾有一个影响深远的《人物述林》栏目，为了与其专题片式的摄制方法相区别，《东方之子》的策划者选择了访谈方式，其创意策划是考虑了以下几点：

一是对时代变化的适应。随着人类文化程度的不断提高，人的个性化发展趋势和与社会交流的要求变得越来越强烈，人们希望传媒提供更多的表现他们自己的机会。那种封闭式的、一厢情愿的、不和观众的心灵情感相交流的节目已经明显疏远了观众，处于尴尬的境地，而访谈则可以使电视节目和观众的交流更直接、更深入、更真切。

二是为了在屏幕上留下更多真实的话语和面容。不导演、不拔高，一切都是真实自然的流露和记录。

三是为了推出全新的主持人。这个强烈的愿望几乎成了创办这个栏目的最重要的一个因素。

四是出于"技术"上的考虑。如经费问题，考虑到节目的用量大，访谈相对来说制作简单、开支少、周期短。

（二）选择形式

栏目的传播形式是包装节目内容、传递节目信息的外在表现手法。栏目的传播形式有多种，从时间上看，分为录播和直播；从空间上看，分为自播和多地合播；从人员上看，分为单人主持、双人主持和多人主持；从类别上看，可以分为新闻、社教、文艺、服务；等等。选择形式时，要充分考虑这些因素。

如在综合性电视新闻节目中，受单位时间内信息量大的制约，大部分的新闻都采取动态新闻报道形式，即以消息的形式在现场播报，有时在某个特定的节日或时期，也可以采取连续报道和系列报道的形式来衬托一个时期的信息主题。

选择适当的栏目形式是一个非常重要的过程，不同的表现手法会使节目起到事半功倍或事倍功半的效果。

创意的价值在于创新，这是电视媒体获得最佳效果的制胜法宝。我们现在看到的很多电视娱乐节目都是清一色的歌舞小品、男女速配、欢乐游戏，其原因就在于互相"克隆"没有新的创意。创意并不反对借鉴，如果在借鉴的基础上有所超越与独创，仍然是较好的创意。

仍然以《东方之子》的形式为例。在表现形式上，《东方之子》采用了三种制作方式：

（1）单一访谈式。主持人与人物在某一固定环境中交谈，背景多以演播室为主，还可利用家里和办公室。

（2）访谈＋现场实录式。在主持人与人物的对话过程中，不断切入同期记录的人物活动；但这种纪实性段落必须体现人物的性格及其行为特点。

（3）访谈＋现场实录＋解说式。如果人物背景材料丰富，为传达更多的信息，可在访谈加现场实录的基础上适当使用解说词。

在人物选择上，《东方之子》注意把握焦点，即被访人独特的业绩与经历，以此作为整个交流过程的核心。它不以介绍人物的业绩和经历为主，不铺陈其成功或经历的具体过程，而是着重展示人物独特的世界和感受。以写意方法从"焦点"切入，抓住若干主要方面，深入开掘，以点带面，勾勒出独特的人物形象。《东方之子》还注意人物具有的新闻性，但点到即止，不刻意渲染，以区别于常见的新闻人物专访，特别注意挖掘与展示人物未曾被发现的、有价值的独特的"那一面"。另外，根据当今广大观众的基本需求，《东方之子》侧重揭示人物的"变化"，即对时代快速变化的应变能力、反应能力和相应的行为选择取向，给观众留下一种整体性的感受。

电视栏目的创意往往不能一蹴而就，而是需要一个不断发展的过程。目前，《东方时空》又进行了改版，将《时空报道》改为《时空连线》，并取消了《面对面》。《生活空间》在经历了一段时间的探索、发展之后，现已基本定型。《生活空间》创办之初的策划思路只是模仿《为您服务》，定位为一个服务性质的栏目，教人怎么过日子，内容飘移不定，还没有找到自己明确的目标。在尝试了各种改版方案之后，曾有一段时间定下了三个小板块：第一个板块是"健康城"——通过个案的发生传授健康知识，第二个板块是"红地毯"——文体明星的趣闻轶事，第三个板块为"老百姓八小时以外的生活"，以上三个节目每个长度为5分钟，隔天插花播出，而天天播出的栏目只有两个，即《走天下》2分钟——旅游节目，《话今日》1分钟——历史上的今日故事。

总之，栏目的创意要出新，必须打破框框，富于想象力，要在联想、意象的重组中创造机会。要善于反向思维、出奇制胜，超越习惯的思维方式。

四、成本核算

无论是频道还是栏目，都是开支巨大的，因此，策划中还必须考虑成本因素。

（一）开支费用

现在大部分的电视台都已采取了制片人制，由栏目制片人独立承包、核算和计划节目的全面运作，其中最主要的一个工作就是独立筹划节目经费的管理与支出，就是既要完成台里下达的任务，上交一定额度的广告收入，还要负担全体节目组的人员工资和奖金。策划者在制订节目方案时，要合理地计划制播过程中所需的设备、人员等费用，尽可能减少额外费用的支出，同时也要防止因经费紧张而出现制播受阻的情况。

（二）后勤调动

后勤调动是指除节目制作以外的其他附属协作部门协调工作的安排。一个节目的制作是一个复杂的系统工程，摄制仅仅是这个系统工程中的一个分支，这个系统工程的运作有赖于各个子系统的协助。策划者要事前筹划好并联系好各协作部门，特别是直播节目，防止出现因设备及其他专业人员缺乏而导致制播故障。

第三节　电视策划方案

电视策划的结果是形成策划方案，它是策划流程的最后一个环节，是在搜集信息、确定目标、协调各个环节之后，对创意构思的落实，其中的重要内容是栏目或频道的定位，定位准确与否，直接关系到栏目或频道的生存与发展问题。

"定位"是策划的一个重要内容，集中表现在内容与形式两方面，下面以栏目策划为例，略述之。

一、栏目的内容定位

（一）宗旨

栏目的内容定位是要解决一个栏目的目的与意义问题，它是一个栏目的主心骨、栏目的灵魂。

栏目的内容定位大致规范了栏目的性质、内容和表现范围，同时也是形成一个栏目特色的重要标志，《东方之子》定位于"浓缩人生精华"，《生活空间》定位于"讲述老百姓自己的故事"。《焦点访谈》原定位于"时事追踪报道，新闻背景分析；社会热点透视，大众话题评说"："时事"与"热点"点明了栏目内容报道的范畴，"报道"与"评说"标明了栏目采取"述评"结合的评论方式，"分析"与"透视"体现了栏目的报道深度。从1999年起，《焦点访谈》的定位语改为"用事实说话"。根据该栏目总制片人梁建增的解释，"用事实说话：一方面是从新闻的角度来讲，新闻要求讲事实，另一方面是从电视新闻评论的特点来看，我们的评论是用事实来说话，用事实来评论，而不像报纸社论那样，是包含论点、论据、论证的纯议论文的文体"。

中央电视台另一个名牌栏目《人与自然》的宗旨是：给观众以美的艺术享受，同时也潜移默化地影响观众，增强环保意识，热爱大自然，保护大自然，合理地利用大自然。下辖子栏目：《绿色视野》涉及环境保护和发展问题，《我和我的朋友》是人与自然交往中产生的许多特定情感和感人故事，《奥秘百科》是探索大自然、认识大自然的窗口，《生物圈》则展示丰富多彩、千姿百态的动物、植物以及微生物。

（二）选题

谨慎选题，要根据栏目的宗旨、性质、影响力、受众面以及当今社会的现实状况来设计节目内容，好的选题往往是成功的一半。一般来说，选题有这样几方面的技巧：

1. 选题要有热点　就是选题要是当今社会人们普遍关心、和人们生活息息相关的话题。《焦点访谈》是最为典型的代表性栏目,所谓"焦点",就是社会的热点问题。而现在逐渐成为热点的"民生新闻"类栏目,诸如《南京零距离》,选题则紧紧围绕和老百姓生活息息相关的热点话题,都取得了很好的成绩。

2. 选题要有时间性 就是选题往往和当时的社会环境或者某一特殊时段发生的重大事件相吻合。这对新闻栏目来说尤其重要。

3. 选题要有绝对性 就是选题需要保持自己的信息的唯一性,避免和其他电视媒体同类栏目相冲突。

4. 选题要有深入性 就是选题要善于从其他渠道的信息源中挖掘到对受众有吸引力的、有进一步阐述价值的引头,扩展开来。这些都是选题的一些基本要领,它对正确选题具有一定的帮助。凤凰卫视的《新闻今日谈》是一个新闻评论专题栏目,它每期节目都是根据当今世界上焦点性的问题或突发性事件加以评论,虽然时间不长,但是由于节目选题时效性强、观点独特,因而成为凤凰卫视的一个新闻评论品牌节目。

(三)受众定位

受众定位,就是确定栏目的目标受众,做到有的放矢。

一方面,要注意寻找受众群体的空白点,另辟新的发展空间;另一方面,要注意对受众群体进行新的分类重组,获得新的发展天地。比如,可根据受众的政治、经济、文化等社会背景的不同,或根据受众的年龄、性别、职业、文化程度和个人爱好的差异确定媒介的受众群体。

中央电视台的《经济半小时》将收视对象稳定在25~50岁之间、月平均收入在中等以上、拥有较高的消费能力和投资决策能力的高素质人群,并致力于更加贴近现实、关注民生,用大众化的社会经济新闻拓展更为广泛的收视群体。

大体来看,目前电视屏幕上的栏目绝大多数是公共性栏目,也就是说,多数栏目的观众并不限定在某一特定范围之内。诸如社会性节目《东方时空》、《焦点访谈》,经济性节目《经济半小时》、《经济广角》,文化节目《文化园林》、《文化长廊》,体育节目《体育大世界》、《体育大观》,以及科技节目、卫生节目等。公共性节目并不意味着无对象性,相反,由于其对象是整个社会,包含了不同职业、不同年龄、不同文化层次等多种因素,所以这一类栏目更需要加强节目的观众意识,使节目层次多样、丰富多彩,达到雅俗共赏。

(四)文化品位

文化品位是一个栏目根据自己的宗旨、观众群等因素对栏目内容文化程度的定位。

电视是大众传播,应以大众化为主体,这一点也是当今电视屏幕的现状。但是,大众传媒的电视毕竟还有教育功能、认知功能、提高观众审美水平的功能,故大众化不能是庸俗化、粗俗化，必须担负起提高观众文化素质的职责。所以，一定的文化品位是必不可少的。

当然，我们已说过，文化品位必须根据栏目的性质、内容、受众来确定，既不能都浅而白，也不能都去深奥、玄妙。

（五）民族特色、地方特色

中央台应有中国特色，各省、市地方台则需要办出地方特色。这是由于不同地域、不同民族在政治、经济、传统文化背景方面的差异引起的审美心理的不同。比如，广州电视台的《顺意坊》、《万紫千红》，上海电视台的《大舞台》，武汉电视台的《武汉掠影》，等等，就分别充满了浓郁而独特的粤味、沪味和汉味。这种具有鲜明地方特色的节目共振于社会的脉搏，使特定社会与电视融为一体，不可分离。

二、形式策划

在形式方面，栏目定位主要表现为节目的结构形态、表现形式以及时段选择等。

（一）结构形态

1. 杂志型 就是借用文字刊物的名称。杂，是不纯、混合的意思，志是指记事的书或文章。可这样解释：把不纯粹的内容和形式编在一起的刊物称杂志。电视专栏节目中的杂志片，实际上是一种借用语，是将不同的内容和形式的节目编排在一起的专栏节目。类似定期出版的文章刊物——杂志而得名，集新闻性、知识性、文艺性等各种节目之锦，内容丰富多彩，结构灵活自由，形式多样活泼。

杂志化的另一名称是板块化。"板块"是借用地质学中的一个概念，在电视学中用于对集合式电视节目的一种形象称呼。板块式电视节目是指具有基本固定播出时段及周期，内容融新闻、信息、服务、文化娱乐等多种节目类型为一体，多采用主持人串联式播出的大时段节目。

栏目的板块化、杂志化是大的趋势。像《东方时空》曾经由"东方之子"、"音乐电视"、"生活空间"、"焦点时刻"四个板块组成，《环球45分钟》开设了"地球探秘"、"人海萍踪"、"好望角"、"音乐厅"、"红舞鞋"、"金唱盘"、"国际传真"、"信不信由你"、"家庭滑稽录像"、"我怎么没想到"等十几个小板块。栏目在进行板块、杂志型结构定位时，必须注意各板块之间的有机联系。

可见，电视杂志的主要特点是：内容丰富，结构灵活，形式多样。

但是，栏目杂志化的"杂"并非"不纯粹"，并非杂乱无章，相反，"杂"的目的是为了使栏目内容与形式更鲜明、更突出。最明显的，栏目杂志化后，由于编排上板块化,所以其内容与结构都更加清晰、明白。栏目杂志化必须把握住这样一条原则:"杂"是"杂而不乱"、"杂而有序"。一个栏目在开设之初,就已有了内容、性质、形式的定位,这是专栏之所以成立的起点。栏目定位就已经规范了该栏目的主旨、内容与主要形式。如果脱离这一点,一味没有分寸地"杂",专栏也就名不副实、名存实亡了。特别是在内容上,一个专栏杂志化时绝不能去追求"包罗万象"、"包打天下",否则就成了大杂烩。

1987年1月,中央电视台开办《九州方圆》,把原来《为您服务》、《人物述林》、《祖国各地》、《兄弟民族》和《电视纪录片》等七个专栏节目合并为一个大型杂志型节目,并采用了综合节目主持人与各个小专栏的主持人串连的"大板块"结构形式。结果,这一组合的尝试失败了,收视率下降,只好重新恢复原貌。这一尝试未能成功的原因固然很多,但是,贪大求全,以为栏目杂志化就是包罗万象,从而将内容上相去十万八千里的栏目掺杂在一起则是主要原因。

《东方时空》的改版或许从正面给了我们启示。"音乐电视"虽然充满青春气息,充满活力,但放在"东方之子"、"生活空间"与"焦点时刻"之间,总让人觉得有些"跳",有点不伦不类,难以融为一个整体。事实上,《东方时空》在观众心中能树立起形象,恐怕也主要得力于"东方之子"、"生活空间"和"焦点时刻","音乐电视"显得有些"沉默",人们并没有过多地注意到它。改版后,以评论板块"面对面"代替"音乐电视",整个杂志就和谐、统一了,四个板块浑然一体。

总之,栏目杂志化在内容上"杂"又"不杂",在结构、形式上灵活自由。

2. 专题型 与杂志型栏目相对应的是专题型结构形式,即每期栏目由一个独立完整的报道构成,没有设计安排若干小栏目,像《焦点访谈》、《新闻调查》等,都是由一部纪录片式的报道、或调查式的报道、或访谈式的报道形式完成一期栏目内容的制作,使报道具有一定的深度。专题型的栏目结构在20世纪80年代和90年代初成为主流形式。20世纪90年代中期以后,杂志型栏目兴起,成为一种时尚。但很快我们就发现,20世纪90年代末期以来,专题型栏目又受到青睐。发展到当代,专题片与谈话节目方式的融合似乎又成为许多栏目选择和运用的形式。

(二) 表现形式

表现形式策划是指在节目选题设定之后,所考虑的节目内容的制作手法和播出形式。一般来说,制作手法要根据栏目的时间、性质、类别、地域等具体情况而定。中央电视台名牌栏目《焦点访谈》是一个监督性、批评性的新闻节目,为此,栏目策划者在素材搜集的过程中常常采用偷拍、暗访等手法,并且将这些过程真实地展现在观众面前,以获得不俗的收视效果和社会效应。

栏目的节目表现形式多种多样,可以是一个个短小精致的纪录片,可以是专题报道；可以是人物访谈，可以是对话形式；可以先期做好，也可以是现场播出，使观众成为节目的一部分；可以节奏激烈，可以舒缓。《东方时空》几个板块则综合运用多种方式，"东方之子"是人物专访，采用主持人与被访人物的双向交流形式；"音乐电视"采用介绍方式；"生活空间"好似一个个短小的纪录片，强调纪实性；"时空连线"则是话题专栏，有现场报道，强调深度报道，更要求主持人和专家独到的评析；"夕阳红"节奏缓慢；"七巧板"则活泼而明快。

播出形式有多种多样，从时间上分，有直播、录播两种；从场地上分，可以分为演播室播出和现场播出；从地域上分，可以分为本地独立播出和多台联合播出；等等，这些播出形式都是根据具体的节目需要来使用的。如一年一度的春节联欢晚会常常使用多地域、多场景、多媒体、多时空，录播直播相结合的形式，主要就是为了体现整个华人世界重大节日的浓重气氛。

（三）确定时段

这是栏目定位的重要内容，它涉及不少因素。

1．协调性 是整个电视台栏目设置的综合考虑，必须为整体服务，考虑相邻栏目之间的关系、衔接等。如《新闻联播》和《焦点访谈》的衔接，《新闻30分》和《共同关注》的衔接，等等。

2．对象性 要根据栏目受众来确定播放时间。比如，少儿节目不能太晚，过分对象化节目不宜占用黄金时段，老人节目安排在家人都去上班时的白天，等等。时段选择还应考虑到将不同电视台相同类型栏目在播放时间上互相错开，以免产生"撞车"。

3．稳定性 还须指出的是，栏目一旦定好位之后，不应随意变换，否则会显得立足不稳、缺乏信心。《东方时空》的改版就过于频繁：从1996年1月27日1001期开始，《东方时空》做了新的调整、改版，将《音乐电视》割爱，增加了主持人的言论小栏目《面对面》，同时将《焦点时刻》改名为《时空报道》，并侧重于社会新闻，以在名字和内容上区别于《焦点访谈》。新版《东方时空》不再设小栏目主持人，而设一名总主持；然后改到2小时，在非议中又改回来，接着成为现在的模样——《时空连线》、《百姓故事》、《东方之子》。定位的调整是为了使节目更加丰富、完善。

三、运作方式

从世界范围看，目前栏目运作方式大概有如下三种：

一是编导核心制。目前从国内栏目运作情况来看，这种运作方式最为普遍，很多栏目制片人实际上是挂名的，编导拿着经费操办节目，不考虑栏目的整体要求，这样，同一栏目中，不同编导的节目可能差异很大。但制片人并不控制编导，往往是栏目中个性很强的几个编导各行其是，这种体制容易发挥编导的个性和积极性，但从栏目整体看，也容易造成栏目的散乱。

二是制片人核心制。中央电视台从新闻中心开始逐渐实行制片人核心制，但现在情况也很复杂。制片人的功能、性质、作用及权力都不一样，很难说是统一的。但是从这一体制的标准来讲，制片人如果是核心，应掌握人、财、物的权力，而且应控制整个栏目的版式、节目的形态，各个编导作为他的部下去体现他的意图。像《东方时空》体现得较为明确，所以从节目上看不出编导的形象，感觉不出编导在活动，而感觉它是由制片人在操纵，这就能体现出它的核心。制片人给编导设置一种大的套路，不管谁做编导都必须按这种大模式走。

三是主持人核心制。在国外，主持人核心制是比较流行的一种方式。主持人就是一种形象，这种机制比较容易打知名度，主持人后面可能有庞大的制片人队伍、编导队伍、策划队伍，一个主持人的成功可能是背后一大批人努力的结果。只有主持人打出了形象，抢夺了市场，才可能获得巨额利润。目前我国这种真正意义上的以主持人为核心的栏目尚处于尝试或起步阶段，但可以肯定地说，主持人核心制是一种趋势。

四、电视频道的规划和设置

频道是电视传播的基本载体和通道，是电视形态相对完整性的体现。把频道运作经营好，发挥利用好频道资源是电视媒体的基本任务，其前提是把频道规划和设置好。

（一）电视频道规划和设置的原则

1. 专业要专，要突出传播主效果　电视媒体的传播目的决定电视传播的方向、原则和重点。在众多的传播内容和方式选择上，要突出主要目的和主效果。比如，要突出宣传教育引导功能，更好地为中心工作服务，可以设置新闻综合频道；要突出娱乐功能，丰富和活跃广大群众业余文体生活，可以设置文体频道。要把这种传播的目的性和重点作为设置频道的主要因素，否则就达不到预想目的，收不到预期效果。

2. 要努力适应受众需要　电视频道的定位如何，直接决定着在受众中体现出来的传播效果。我国电视媒体所体现的党和人民喉舌的属性决定了媒体目的与媒体受众需求的一致。在设置频道工作中要体现出鲜明的群众性特点，体现人文关怀的思想和理念。

3. 要突出民族特色和地域特色　电视频道设置的大忌就是千篇一律，重复雷同，缺乏特色。作为一种文化传播活动，没有特色就没有生命力。在设置电视频道时，要坚持从所处的民族和地域实际出发，挖掘本民族、本地域的历史文化、风土人情、自然景观等特色，与时代精神相融合，力求体现独到之处，坚持走以特色求发展的道路。

4. 要坚持从实际出发　要认真考察了解并运营好相应的电视频道所需要的人力、

物力和财力，在此基础上来审视自身的实力是否具备，是否经过努力就可以做到，以及频道正式运营后能够取得多大的社会效益和经济效益。尤为重要的是，要充分了解节目市场，充分考虑运作该频道是否有足够的节目，节目源是否能够得到保证。

5．要坚持少而精的原则 电视媒体的影响主要在于播出好的节目，而不在于拥有频道的数量。如果各方面能力有限，却要办众多的频道，反而会造成力量分散，哪个频道也运营不好。应该坚持控制频道数量，努力提高质量，把频道办成精品频道。

（二）电视频道规划和设置的基本方略

1．要做好市场调研 一是了解收视市场情况，找准与收视市场的结合点。在普遍了解受众收视规律的同时，要尽最大努力了解本频道覆盖范围内受众的收视心理、习惯和需求，找准频道与受众需求的结合点和突破口。二是了解电视市场情况。既要了解同一覆盖范围内电视频道的总体情况，更要尽可能了解国内外同类频道的运营情况，借鉴成功经验，注意汲取教训。三是了解节目市场，做到心中有数。要经常关注节目市场的阴晴冷暖，保证频道运营中高质量节目的储备充足。

2．更新频道设置的传统理念 由于历史形成的约定俗成，电视人在研究设置和划分电视频道时，基本上都按照频道传播内容的种类来进行，确定分为时政、经济、文体、影视等。这种设置和划分有合理的一面，既便于节目配置，也便于操作运营，其基本理念是从频道运营者的方便出发。但是，在电视频道迅猛增加的今天，这种划分不应再成为唯一的方法和原则。应该根据收视分众化的现实特点，根据频道多样化的实际，站在受众而不是媒体的角度，尝试从受众的特点和需求出发设置和划分频道。比如，从年龄结构出发，设置少儿频道、青年频道、老年频道；从职业特点出发，设置学生频道、白领频道、农民频道；从地域出发，设置城市频道、乡村频道；从民族出发，设置民族频道；等等。

3．寻找可能的空白点 应该说，随着电视业的繁荣发展，卫星电视超强覆盖，有线电视从城市扩展到乡村，寻找一定收视范围内的电视频道的空白点已经十分困难，尤其是寻找可以开办和操作、有较好前景的空白频道更是难上加难。但这并不等于说已经没办法突破和超越，只能和别人重复、交叉设置频道。要努力寻找可能存在的空白领域，根据自身的能力来填补空白。同时还可根据现有情况，选择可以进一步做活的角度、方向，努力加以超越。

4．集中力量进行突破 频道的设置十分重要，频道的运营工作更为复杂，设置不当，会使运营难度成倍增加。因而，设置频道要把理想状态和现实紧密结合起来，坚持实事求是，从实际出发，坚持少而精、宁缺毋滥的原则，避免盲目求大、求全和四面开花，要善于集中力量进行重点突破，保证频道的成功运营。

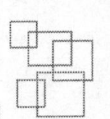

（三）完善电视频道设置和运营的策略

当前，频道设置和运营中存在的突出问题是：频道数量过多过滥，频道定位重复交叉，频道专业化程度不高。为了改变这种情况，需采取以下策略：

1. 宏观调控，压缩规模，优势互补 一是要树立频道专业化发展的长期性意识。要充分认识到，由于历史的原因和电视业的现状，电视频道专业化发展既需要资金的积累，也需要人力、物力的支持；既需要观念的转变，还需要市场的认同。事实表明，电视频道专业化还要经历一个逐步走向成熟的过程，避免表面化、形式化、名称化也还需要一个发展和探索的过程。二是要坚持从实际出发，集中力量办好特色频道。对于电视媒体来说，目标和发展方向已经明确，关键是要坚持从实际出发，量力而行，不能一哄而上地都搞专业频道。要坚持改革与创新，避免贪大求全，勇于压缩频道战线，集中有限的人力、财力、物力，办出真正有特点的频道、真正专业化的频道。三是要加强对电视频道发展的管理和调控。管理部门对电视频道的开办和设置要进一步加以完善和调控，要坚持统筹兼顾，合理布局，提倡优势互补，避免重复建设。

2. 强化运营，扩大影响，彰显特色 一是做好频道整体形象的策划和包装。频道设置以后，要从总体上进行研究策划，拿出确立频道整体形象的宣传方略，展示独特的频道形象，最大限度地吸引和影响受众。二是做好频道的节目编排。通过节目编排使频道整体风格突出、特色鲜明。要使频道节目的配置与频道定位相适应，有利于彰显频道风格和特色。要使频道播出节目的编排顺序、流程以至于具体的播出时间符合频道收视人群的收视习惯，最大限度地满足受众的需要。三是集中办好支撑频道的重点栏目。名牌栏目对电视频道乃至电视媒体自身的意义是不言而喻的。在一定的电视频道中播出自办的符合定位的精品节目，不仅是电视媒体的任务，也是提升频道品位、扩大频道影响、提高频道节目收视率的要求。四是适当举办有助于提升频道知名度和影响力的社会活动，增加受众对频道的认知，推进频道形象的树立。

（四）频道的栏目编排

1. 栏目设置的原则 栏目设置通常要遵循的原则是：

（1）功能性原则。电视栏目的设置应该随着客观实际的变化而不断更新，使电视的社会功能得到全面发挥。

（2）层次性原则。包括两个方面，一是电视受众的群落层次。表现为人口统计学特征的不同。二是受众的需求层次。表现为受众需求的不同。栏目设置要充分考虑这两个层次的交叉点，才能实现电视节目的对象化传播，提升频道的专业化程度。

（3）系统性原则。要求把电视台的各种节目资源作为统一的整体来运作，体现在频道中就是要发挥栏目的整体优势，实施最佳的编排策略。

(4) 多样性原则。电视节目内容多样性是为了适应受众需求层次的多样性，节目形态的多样性是为了适应受众群落层次的多样性。

根据以上专业化频道栏目设置的原则，在具体运作中就要考虑：

(1) 栏目时长。栏目时间长度取决于目标受众对某个特定节目的关注度和停留时间的长短。节目的时长不仅可以体现节目的总体布局（长短配合的结构体系），还可以体现出对目标受众的关照。有时，设置延长型节目也不失为一种策略。

在栏目编排这个环节，首先要考虑的是各类节目所占播出时间的比例，其次是节目之间的关联性。要形成节目资源的整体优势，就应该通过不同的方式形成"节目群"，即根据某一宣传思想，把几个不同类型或几个相关类型的节目有机地组合在一起，将具备符合受众某种心理特征的节目集中安排在一个特定的时间内播出。

(2) 栏目时段。栏目编排一般比较重视黄金时段，特别是晚间黄金时段。在这些时段，喜剧、戏剧、新闻杂志、体育和特别节目等针对家庭收视的节目比较适合播出，有利于形成观众递增的势头。这一时段的节目编排应采用大众化栏目和分众化栏目交叉进行的方式，力求在锁定目标收视群体的同时，通过大众化栏目提高整个时段的收视点数。但是重播节目在24小时之内一般以3次为上限，轮播方式虽然能够提高节目资源和时段资源优化配置的程度，但必须限制重播次数。

板块式节目是基于通过较长时间类似节目的安排，增加和挽留观众，把喜欢欣赏某类节目的受众由一个节目带到下一个节目而通常采取的策略。栏目化、板块化是实施频道专业化策略的重要手段。

(3) 评价尺度。为了满足不同受众群体多层次的客观需求，频道必须确立一个能够评判栏目设置专业化、对象化程度的尺度。

2. 节目内容的专业化程度

(1) 节目覆盖的受众群落层次。根据频道划分的方法和各节目的定位，可以把节目分为大众化、分众化、小众化等几个层次。这种划分单纯从节目目标受众的数量考察，对节目收视率具有参考意义。大众化指适宜专业频道主题下一切受众收看的节目。分众化指适宜频道主题下部分受众收看的节目。小众化是针对专业频道主题下某一特定范围受众收看的节目。鉴于小众化节目很少，大众化节目适合频道主题下的所有受众，因此分众化节目最能体现频道节目的受众层次性特征。从理论上讲，在三类节目中，分众化节目的比重越大、所分层次越高，频道对象的专业化特征越明显。

(2) 受众需求层次。受众对电视节目的需求可分为生活需求、文化娱乐需求、生产和工作需求、社会活动需求、发展进取创造需求等。受众的一般需求在综合频道是可以得到满足的，而受众的特殊需求只有在不同的专业频道才能得到满足。因此，在频道划分上必须进行宏观控制，指导专业频道为满足受众的不同需求进行不同层次的节目设置。尤其要不断丰富专业化频道的节目内容并开拓发展空间，为受众的各种需求提供令受众满意的服务。

（3）节目类型。在节目内容定位上不以"意见领袖"自居，而是从实实在在的关爱出发，为广大电视观众提供最及时最需要的信息。在实施频道专业化的过程中，要不断增加节目类型，拓展节目的多种功能，如教育、娱乐、益智等。同时要促进节目内容类型的多样性，如树立信息发布的权威性，对专题类节目进行广度和深度上的发掘、开拓等。

五、电视栏目策划方案

栏目策划的信息收集、创意构思、媒体定位完成之后，就要编制详细的策划方案，并付诸文本，形成方案；策划方案的写作过程乃是一个完善策划思路、理清思路的过程，策划方案的文本还是供领导审批的重要依据。因此，策划文本的撰写也是关系到策划能否成功实践的前提因素。

（一）策划方案框架

电视栏目策划方案一般包括这样几个因素：

（1）栏目目标定位。栏目宗旨、主题词、栏目受众、栏目总体框架、栏目制作播出周期。

（2）需求分析。

（3）栏目制作分析。

（4）主持人的选择和条件。

（5）栏目的运作方式。栏目运作阶段、栏目组成人员、栏目创收构想、栏目支出预算。

（6）包装和推广。

（二）策划方案实例

中央电视台《21：00 新闻栏目策划书》①

【传播理念阐述】

改造后的 21：00 新闻将是一档体现纯正新闻性和鲜明电视特征的全新栏目。

本栏目积极地与国际通行的新闻传播原理和运作方式接轨。反映世纪之交人类对社会和自然环境的监测，对生存状态的关注以及中国社会转型过程中一系列令人眼花缭乱的急剧变化。进一步树立中

---

① 见央视国际网站。

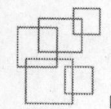

央电视台作为中国第一新闻媒体的社会公众形象,提高中央电视台新闻节目与境内外媒体的竞争能力。

本栏目重点体现电视新闻媒体的告知、启迪、监督等社会功能。

所谓告知,是指以快速的时效向观众传递密集的信息,满足观众的信息饥渴。所谓启迪,是指以透彻、通俗的分析对纷纭复杂的各种社会现象进行解释,以解受众心中之惑。所谓监督,是指以准确、尖锐的揭露唤起公众对社会腐败、阴暗现象的警醒与正视。这三大功能也可以通俗地称为"解渴、解惑、解气"。

本栏目在编辑方针上奉行两个基本原则:
(1)新闻与宣传分离的原则。
(2)事实与评论分离的原则。

一、栏目定位

本栏目是中央电视台继《新闻联播》之后,晚间时段最重要的一档综合性新闻节目,内容以国内新闻为主,包含重要国际新闻。融会大事,关注百姓。

二、内容构成

1. 一句话要闻。以十分简明、快节奏的方式报道当天的重要新闻(包括国内、国际)。
2. 最新收到的重要国内新闻。
3. 两条左右监督性报道,选取百姓关心的问题,多侧面组合报道,4~5分钟。
4. 国际快讯,3分钟左右。
5. 一组组合式深度报道,4~5分钟。
6. 配合当日重要新闻背景或新闻人物,2~4分钟。
7. 国内简要新闻。
8. 当天全国晚报新闻。

三、目标收视群体

新闻媒体或某一新闻栏目的受众通常有精英和大众两种基本取向。与之相对应,精英取向将着眼点放在新闻的社会意义上,大众取向则将着眼点放在新闻的趣味性上。对于收视群体的定位是栏目编辑必须清醒认识的问题。

由于没有时间进行科学详尽的受众调查和分析,我们只能根据21:00时段的特点作出如下判断。我们认为,21:00新闻与其前后播出《新闻联播》和《晚间新闻报道》的间隔时间都不长,而其他媒体21:00时段又大都以娱乐性节目为主打。因此,本栏目应以精英取向为主,兼顾一般观众。

本栏目主要收视群体将定位为政界、工商界和知识界人士。这三大类型的收视群体是国家精英阶层的主体,也是权威而严肃的新闻媒体必须重点争取的对象。这三大类型的收视群体密切关注国际国内的时事动态、关注国家大政方针的制定和实施、关注国民经济的发展和走向、关注文化教育事业的改革与振兴,尤为关注社会和经济中的主要矛盾以及制约改革发展的各类症结瓶颈。

我们相信,以上观众定位既能保证观众的数量,更能保证观众的质量。21:00时段的开机率较高,正属黄金时段,目前国内电视台在该时段以播放电视剧和综艺节目为主,以北京地区节目收视为例,除北京台一套在晚9:00轮换播出《中国体育报道》、《北京特快》外,均无专门而固定的新闻节目。本栏目播出后，主要竞争对手是凤凰卫视 21：00 的《时事直通车》，可能还有本栏目的模仿者。

但是，无论是从媒体的权威性、新闻资源的占有量，还是从中国内地观众的接近性和普适性看，本栏目的优势都是难以比拟的。因此，台领导提出实现收视率提高 3 个百分点的目标是有把握的。

四、优先报道的题材与领域

本栏目在题材的选择和新闻价值的判断上以新闻的关切度为主导指标，提供社会普遍关心、高度关注的新闻报道。

我国国情复杂，政治和经济发展具有极大的不平衡性，改革发展的机遇与大量社会问题并存。有鉴于此，本栏目应该有限关注宏观问题，但是这并不排斥见微知著，恰恰相反，从个案着手、从平民角度出发，透析带有普遍性的问题，这往往是切入报道的最佳方式。

对宏观问题的关注要求我们紧紧围绕国计民生选定报道领域与题材：

1. 政治和经济决策相关信息发布部门，立法和司法机构，国防与外交部门，重要经济活动场所，科技、文化教育以及其他社会公共事业等均是我们优先报道的领域。

2. 以经济建设为中心，推进民主与法治，推动改改革与开放，反腐惩贪的内容是我们优先关注的题材。

3. 舆论监督题材。

4. 突发事件报道。重大自然灾害、重大事故等。

5. 一般不予报道的对象与题材。

（1）没有实质意义的会议新闻。

（2）部门、地方和企业的经验总结式新闻。

（3）典型人物和先进集体的宣传性报道。

（4）群众中的轻度违法行为，如农贸市场的缺斤短两、街头商贩的违章经营等。

（5）一般性的新闻发布会、剪彩仪式。

（6）没有时效性和具体情节的新闻。

（7）一般性的社会新闻、软新闻。

（8）具有有偿新闻嫌疑的新闻。

（9）宣传纪律禁止播发的新闻。

6. 重大节庆日活动报道。报道角度避免与其他新闻栏目雷同，克服宣传腔，盛大场面固不可少，但不应充斥整个报道，可多从百姓角度折射。

以上取舍当以新闻价值为准，形式服从内容。

五、特别鼓励的报道样式

以下几种新闻报道样式将被特别鼓励在本栏目中大量采用：

1. 现场报道。重点报道鼓励记者在现场完成全部采访和报道内容，避免播音员和记者在机房进行后期配音。

2. 第一时效的报道。尽可能多地把现场信号引入演播室，尽可能多地在栏目中采用同步报道手段。

3. 当天和当晚的报道。本栏目的截稿时间为 21：20，本栏目鼓励报道当天 19：00 以后发生的新

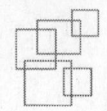

闻事件。

4. 第一反应的报道。本栏目鼓励播发当天重要新闻的背景报道、深度报道、跟进报道以及对当日新闻人物的采访报道。

5. 为保证第一时效和第一反应,鼓励演播室主持人进行远程图像或电话直播采访。

6. 连续报道。本栏目反对总结性的报道,鼓励对重要新闻事件的追踪式报道。

7. 多角度展示事件各个侧面和层面的组合式报道。

8. 充分展示事件发生发展过程和细节的报道。

9. 独家的揭秘性报道。

10. 采用特殊拍摄和采访手段的报道。

六、客观报道要义

1. 坚持正确的舆论导向,但要用实事说话,避免宣传性的主观报道。

2. 忠于事实。

(1) 事实和评论分离。

(2) 重要事实应以当事人的表述呈现出来,避免报道者主观臆断。

(3) 呈现的新闻应不含报道者的感情色彩。

(4) 平衡而公正地呈现问题的全貌,防止畸轻畸重。

(5) 监督性报道必须采访到被监督当事人。

(6) 给予报道所涉及的双方回应的机会。

3. 正确性与可靠的消息来源。在事实与评论分离的基础上,保证所报道事实的正确性以及有助于实现正确性的可验证性,将可以看到的、有实际证据支持的,而且又是经过认可的事实传递给公众,因此人的心理活动一般不能直接报道。

4. 平衡处理信息。编辑和记者有义务与新闻事件保持一段专业距离,对事件或议题的各种不同立场,应该妥善作出衡量和比较,避免呈现一面之词,去除记者的个人好恶与偏见。

5. 反对报道偏见。

七、语言风格规范

1. 目标。形成独特的话语系统,既有别于官方文件话语,又有别其他媒体、栏目或失之呆板或流于媚俗的套路,以文明社会中慎重有礼的语言编辑报道,确立一种植根于民族文化优秀传统、符合国际通行新闻语言规范的报道风格,在中文视听媒体中独树一帜,体现法治精神和文化意识。

2. 要求。

(1) 尽可能多地采用现场采访同期声。

(2) 标题及字版制作简洁规范。

(3) 语言色彩问题。报道者应使用通俗鲜活而又符合汉语规范和语言习惯的口语。根据客观报道原则,报道语言应当是中性的,不能使用有感情色彩的词汇,尤其是比较级和最高级的形容词和副词,以免以记者的先入之见(很可能是偏见或成见)误导观众。

(4) 法制报道语言问题。终审判决前司法对象一律称"犯罪嫌疑人",在报道其涉嫌犯罪过程中,尤应避免主观性。

3. 新闻叙述方式。坚持叙述方式的客观性,反对主观性的语言表述;讲究新闻叙述的技巧,要

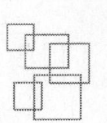

用讲故事的方式吸引观众，叙述过程要突出新闻点和新闻眼，反对平铺直叙，反对面面俱到。

八、视听形象设计

1. 播音形象。参照国内新闻栏目的各种风格，新闻播音员宜呈现庄重、稳健、大方得体的形象，在屏幕上应洒脱自信，有一定主体意识，给观众以依赖感。为凸显和保持栏目形象的固定性和个性特色，宜采用固定主播制，不宜与其他新闻栏目串播。

2. 播音风格。本栏目信息密集，为形成视听冲击力，并逐渐与国际标准靠拢。播报语速应比本台其他新闻栏目稍快，每分钟应在 260 字以上；语调应借鉴 CNN、BBC，无论是山崩地裂还是举国欢庆，都应平淡从容，不以物喜，不以己悲，从容镇定，一以贯之。

3. 现场拍摄要求。尽量使用三脚架进行拍摄；镜头中出现采访对象的标准是只能见到一边耳朵；推拉摇移的镜头要少，固定的中近景镜头要多，摄像记者要多捕捉现场的细节镜头。

4. 现场报道要求。记者的现场报道要自然流畅，有说服力，出镜记者要加强对现场细节的描述。

5. 记者出镜要求。近景出镜，镜头的下部要卡在记者衣服正数第四个纽扣的位置。

6. 栏目包装设计。

（1）片头：时长 12 秒。隔场片头 4 秒、突出 CCTV 标识和栏目特征。

（2）节目宣传片：时长 30 秒。一套滚动播出，展现 21∶00 新闻的全新面貌和节目特征。

（3）新闻提要：包装格式固定，与片头画面连接，提要内容为每日重要事件素材，附音乐、同期声及解说。

（4）图版：包括新闻图版、电话报道图版、地图图版，建议为活动背景。

（5）字体：字版字幕格式为黑体、白字。

九、消息来源

1. 新闻采访部。
2. 社会新闻部。
3. 地方新闻部。
4. 海外中心新闻部。
5. 经济信息中心。
6. 新华社。
7. 其他媒体。
8. 栏目信息采集和各部门通联网络。
9. 由观众热线、栏目网址构成的新闻线索网路——每天在节目片尾打出热线电话和网址。

主要参考文献

1. 傅显明，张隆栋. 外国新闻事业史简编［M］. 北京：中国人民大学出版社，1988.
2. 何丹. 电视文艺［M］. 北京：中国广播电视出版社，2001.
3. （美）吉妮·斯克特. 脱口秀：广播电视谈话节目的威力与影响［M］. 苗棣，译. 北京：新华出版社，1999.
4. （美）珍妮特·洛尔. 奥普拉·温弗瑞如是说［M］. 林达，译. 海口：海南出版社，2000.
5. （美）大卫·麦克奎恩. 理解电视——电视节目类型的概念与变迁［M］. 苗棣，赵长军，译. 北京：华夏出版社，2003.
6. 吕正标，王嘉. 电视新闻节目理念、形态与实务［M］. 北京：中国广播电视出版社，2004.
7. 任远. 电视纪录片新论［M］. 北京：中国广播电视出版社，1997.
8. 孙玉胜. 十年——从改变电视的语态开始［M］. 北京：生活·读书·新知三联书店，2003.
9. 项德生，郑保卫. 新闻学概论［M］. 武汉：武汉大学出版社，2000.
10. 汪文斌，胡正荣. 世界电视前沿［M］. 北京：华艺出版社，2001.
11. 赵玉明. 广播电视简明词典［M］. 北京：中国广播电视出版社，1999.
12. 赵玉明，等. 广播电视词典［M］. 北京：北京广播学院出版社，1999.
13. 宁匠. 电视娱乐节目理念设计与制作［M］. 北京：中国广播电视出版社，2003.
14. 韩青，郑蔚. 电视服务节目新论［M］. 北京：中国广播电视出版社，2005.
15. 刘桂林，陈万利，刘斌. 电视新闻栏目定位与运作实录［M］. 北京：中国广播电视出版社，2005.
16. 唐世鼎，黎斌. 世界电视节目荟萃［M］. 北京：中国传媒大学出版社，2005.
17. 张联. 电视节目策划技巧［M］. 北京：中国广播电视出版社，2002.
18. 张莉，张君昌. 中国电视十佳公共栏目［M］. 北京：新华出版社，2004.

19. 冷智宏，许玉琪. 电视生活服务节目定位、形态与包装［M］. 北京：中国广播电视出版社，2003

20. 徐舫舟，徐帆. 电视节目类型学［M］. 杭州：浙江大学出版社，2006.

21. 石屹. 电视纪录片——艺术、手法与中外观照［M］. 上海：复旦大学出版社，2000

22. 中国广播电视大事记（1936—1985）［M］. 北京：北京广播学院出版社，1987.

23. 中国广播电视大事记（1984—1995）［M］. 北京：中国广播电视出版社，1997.

24. 郭镇之. 电视传播史［M］. 北京：北京师范大学出版社，2000.

25. 郭镇之. 中国电视史［M］. 北京：文化艺术出版社，1997.

26. 石长顺. 电视栏目解析［M］. 武汉：华中科技大学出版社，2003.

27. （英）尼古拉斯·阿伯克龙比［M］. 电视与社会. 张永喜，等译. 南京：南京大学出版社，2002.

28. 中央电视台研究室. 中央电视台发展简史［M］. 北京：中国广播电视出版社，1993.

29. 甘惜分. 新闻学大辞典［M］. 郑州：河南人民出版社，1992.

30. 《电视研究》，1998—2013.

31. 《中国电视》，1996—2013.

32. 《现代传播》，1990—2013.

33. 《中国广播电视学刊》，1996—2013.